풀어쓴 성경 시리즈

사도행전, 풀어쓴 성경:
원문의 음성을 오늘의 목소리로 살려낸 번역과 메시지

강산 지음

사도행전, 풀어쓴 성경:
원문의 음성을 오늘의 목소리로 살려낸 번역과 메시지
(풀어쓴 성경 시리즈)

지음	강산
편집	김덕원, 이찬혁

발행처	감은사
발행인	이영욱
전화	070-8614-2206
팩스	050-7091-2206
주소	서울특별시 강동구 암사동 아리수로 66, 401호
이메일	editor@gameun.co.kr

종이책

초판발행	2023.11.30.
ISBN	9791193155240
정가	26,800원

전자책

초판발행	2023.11.30.
ISBN	9791193155264
정가	21,800원

Mountain's Bible Translation Series

Mountain's Bible Translation
of The Book of Acts

Mountain Kang

Nestle-Aland, Novum Testamentum Graece, 28., revidierte Auflage, hg. v. Barbara und Kurt Aland, Johannes Karavidopoulos, Carlo M. Martini und Bruce M. Metzger in Zusammenarbeit mit dem Institut für Neutestamentliche Textforschung, Münster, © 2012 Deutsche Bibelgesellschaft, Stuttgart.

지난 20년간 예배와 말씀, 기도와 눈물,
그리고 헌신과 섬김의 동역자가 되어준,
사랑하는 십자가 가족들에게 이 책을 헌정합니다.

| 개역개정판과 풀어쓴 성경의 인명/지명 음역 비교* |

지명		비티니아	비두니아
풀어쓴 성경	**개역개정**	사모스	사모
가자	가사	사모트라케	사모드라게
갈라티아	갈라디아	살라미스	살라미
갈릴래아	갈릴리	소파트로	소바더
네아폴리스	네압볼리	쉬라쿠사이	수라구사
다마스쿠스	다메섹	시나이산	시내산
데르베	더베	시르티스	스르디스
데살로니키	데살로니가	시리아 안티오키아	수리아 안디옥
로도스	로도	시칠리아	시실리
뤼스트라	루스드라	아레이오스 파고스	아레오바고
리비아	리비야	아리스타르코	아리스다고
리카오니아	루가오니아	아스돗	아소도
리키나	루기아	아카이아	아가야
마케도니아	마게도냐	아탈리아	아달리아
몰타	멜리데	아테네	아덴
뮈라	무라	아폴로니아	아볼로니아
뮈시아	무시아	안티오키아	안디옥
미틸레네	미둘레네	안티파트리스	안디바드리
밀레토스	밀레도	암피폴리스	암비볼리
베로이아	베뢰아	에티오피아	에디오피아

에페소	에베소	파포	바보
올리브산	감람산	팜필리아	밤빌리아
유대아	유대	페니키아	베니게
이집트	애굽	페르가	버가
이코니온	이고니온	포티폴리아	보디올
이탈리아	이달리야	포플리오	보블리오
아피우스	압비오	폰토스	본도
카우다	가우다	퓌로	부로
카이사리아	가이사랴	프리기아	브루기아
카파도키아	갑바도기아	프톨레마이스	돌레마이
칸다케	간다게	피닉스	뵈닉스
켕크레아이	겐그레아	피시디아 안티오키아	비시디아 안디옥
코린토	고린도	필리피	빌립보
코스	고스		
크니도스	니도	**인명**	
크레타	그레데	**풀어쓴 성경**	**개역개정**
키레네	구레네	갈리우스	갈리오
키오스	기오	니카노르	니가노르
키프로스	구브로	니콜라오	니골라
킬리키아	길리기아	다마리스	다마리
타르수스	다소	데오필로	데오빌로
트로아스	드로아	데메트리오	데메드리오
티레	두로	도르카	도르가
티아티라	두아디라	디오니시우스	디오누시오
파르티아	바대	루키오	루기오
파타라	바다라	뤼디아	루디아

바르사바	바사바	튀란노	두란노
바르예수	바예수	튀키코	두기고
베르니케	버니게	튜다	드다
삽피라	삽비라	트로피모	드로비모
세쿤도	세군도	티모테	디모데
셀류키아	실루기아	티몬	디몬
소스테네	소스데네	티티우스 유스투스	디도 유스도
스큐아	스게와	파르메나	바메나
스테판	스데반	펠릭스	벨릭스
아그리파	아그립바	포르키우스페스투스	보르기오 베스도
아니네아	애니아	프로코로	브로고로
아드라뮈테노	아드라뭇데노	프리스킬라	브리스길라
아르테미스	아데미	피톤	파이돈
아우구스투스	아구스도	하가보	아가보
아퀼라	아굴라	하나니아	아나니아
아폴로	아볼로		
에라스토	에라스도	기타	
유스투스	유스도	젤롯인	셀롯인
유튀코	유두고	트레이스타베르나이	트레이스타베르네
이울리오스	율리오		
코르넬리오	고넬료		
크리스포	그리스보		
클라우디우스	글라우디오		
클라우디우스뤼시아	글라우디오루시아		
타비타	다비다		
테르튈로	더둘로		

서문:
사도행전, 우리행전

사도행전을 읽을 때마다, 제 마음에 일어나는 특별한 2개의 단어가 있습니다. 하나는 "그다음"이고, 또 하나는 "뼈대"입니다. 사도행전은 바울의 동역자이며 의사였던 누가의 두 번째 글입니다. 데오필로^{데오빌로}에게 헌정된 첫 번째 책 "누가복음"에 이어서 "그다음"으로 연결되는 이야기지요. 우리는 누가복음을 비롯한 사복음서를 다 읽고 나면, 자연스레 "그다음은 어떻게 됐을까?" 하고 궁금해합니다. 예수님의 이야기는 마태, 마가, 누가 그리고 요한이라는 4명의 저자에 의해 풍성하게 기록됐지만, 그다음의 이야기는 누가만이 이어 나갔습니다. 그래서 너무나 귀하고 또한 감사한 마음이 듭니다. 사도행전은 예수님의 공생애 사역이 마무리된 후에 이어진 예수님의 첫 번째 제자들과 첫 번째 교회들의 후속 편입니다. 예수님의 복음이라는 그 작은 물결이 어떻게 거대한 파도가 됐는지 사도행전을 통해 알 수 있습니다.

아울러 사도행전은 "뼈대"입니다. 신약 성경을 관통하고 있는 등뼈와 같습니다. 이따금 성도들은 구약보다 신약이 더 어렵다고 말하기도 합니다. 그 이유는 대체로 역사 순서로 기록된 구약과 달리 신약은 역사 순서로 기록되어 있지 않기 때문입니다. 신약에서 역사서라고 할 수 있는 것은 사도행전이 유일합니다. 사도행전은 초대 교회부터 바울의 3차 전도 여행에 이어서 로마 여행까지 약 30년의 흐름을 보여줍니다. 그래서 사도행전을 잘 이해하고 나면 이후에 이어지는 13권 정도의 바울 서신과 잘 연결되는 것을 알 수 있습니다. 그래서 사도행전은 신약 성경을 관통하는 강물과 같습니다. 그러므로 우리는 사도행전을 꼼꼼히 잘 읽어야 합니다. 그러면 우리는 복음이 예수님의 십자가와 부활에서 마침표를 찍지 않고 그다음으로 넘어가는 더 위대한 통로가 되며, 신약 성경 전체를 관통해서 흘러가는 강물을 따라 우리의 신앙도 전진할 수 있습니다.

특별하지 않은 성경이 없겠지만 사도행전은 개인적으로 아주 특별한 사연이 있습니다. 십자가 교회를 개척하고 사도행전 강해를 두 번 했는데, 첫 번째 사도행전 강해를 할 때, 당시 불신자였던 저의 장인어른께서 교회에 처음 나오셨으며, 두 번째 사도행전 강해를 마칠 즈음에 장인어른께서 소천하셨기 때문입니다. 장인어른께서는 그렇게 두 번의 사도행전 사이에서 교회와 복음에 대한 오해와 상처를 치유하셨고 예수님을 자신의 주인으로 영접하셨으며 세례받으시고 평안함 가운데 주님의 품에 안기셨습니다. 제가 이렇게 개인적인 이야기를 하는 이유는 사도행전의 흐름이 한 영혼의 변화를 소중하게 여기기 때문입니다. 바로 그 한 사람, 한 사람의 변화가 사도행전의 뼈대입니다. 그러므로 예수님의 다음 이야기로 이어지면서 신약의 뼈대가 되는 사도행전은 우리 모두에게도 예수님을 구주로 고백한 그다음의 이야기가 되어야 하며, 우리 인생의 뼈대가 되어야 합니다. 그렇지 않다면 사도행전은 무가치한 다른 시대, 다른 사람의 이야기로 끝나 버릴 것입니다.

이전에 번역한 누가복음이나 욥기처럼, 이번 번역도 최선을 다했습니다. 당연히 헬라어 NA²⁸판을 기본으로 하여 제가 구할 수 있는 모든 번역본을 구해서 읽었습니다. 어떤 번역본은 구할 수가 없어서 기도하던 중에, 외국에 있는 지인들이 특별히 구매해서 보내 준 것도 있었습니다. 사도행전 관련한 번역본과 주석만 백 권 가까이 읽은 것 같습니다. 물론 이 과정에서 그 많은 책을 기쁘게 선물해 준 아름다운 섬김들에 감사드립니다. 다만 저의 부족한 실력으로 원문의 의미를 충분히 살리려고 하다 보니 다소 어색한 표현도 담게 됐습니다. 하지만 성령님께서 부족한 저에게 지혜를 주시고 성도님들이 기도해 주시고 감은사에서 최선을 다해 주셔서 또 한 권의 번역본이 나오게 됐습니다. 사도행전에서 여러 번 등장하는 설교문이나 연설문을 최대한 이해하기 쉽게 만드는 데 정말 많은 시간을 쏟았습니다. 아마도 그 부분에서 많은 도움이 되실 것입니다. 그리고 각 섹션 끝에는 사도행전에 대한 더 상세한 주해나 설교를 원하시는 분을 위해서 십자가 교회에서 함께 드린 주일 예배의 영상을 QR코드로 담았으니 참고하시면 될 것 같습니다.

무엇보다 감사한 것은 이번 사도행전 번역이 마무리될 즈음에 은사 되시는 박정수 교수님께서 사도행전의 인명과 지명에 대한 현대적 표기법에 관한 논문을 발표하시고 저에게 선물해 주셔서 사용할 수 있게 된 것입니다. 또한 여러 성도님께서 함께 소리 내어 읽어 주시고 검토해 주셔서 글의 표현이나 가독성이 훨씬 좋아졌습니다. 이동형 목사님과 정방울, 양시진 집사님 및 강효정 권찰님에게 이 자리를 빌려 진심으로 감사를 드립니다. 그리고 지도 작업을 해 주신 김종성 전도사님께도 정말 감사드립니다.

어떤 번역이든 번역을 위해 선택한 명사와 동사 그리고 표현과 내용에서 어느 정도 저자의 신학적이고 경험적인 이해가 긍정적으로 혹은 부정적으로 가미될 수밖에 없음을 고백합니다. 독자분들 중 번역에 동의가 되지 않는 분이 계시더라도 속상하게 생각하지 마시고 끝까지 읽어 보시길 부탁드립니다. 베드로의 사역에 대해 바울도 속상하게 생각한 적이 있으며, 바울의 전도 사역 과정에서 바나바나 마가도 분쟁했습니다. 우리는 모두 다르지만, 그 다름을 인정하고 배우면 성장할 수 있습니다. 잘못된 번역이 있다면 용서해 주시고 좋은 번역만 취하시면 좋겠습니다.

저는 이 번역본을 마무리하면서 다시금 처음에 말했던 "그다음"과 "뼈대"를 생각합니다. 부디 『사도행전, 풀어쓴 성경』을 통해서 말씀이 성경책과 강단에서 멈추지 않고 우리의 삶이라는 그다음으로 이어지길 바라고, 인생 가운데 잘못된 수많은 유행이나 정보라는 어설픈 부목(副木)에 삶을 기대지 말고 오직 하나님의 말씀을 위대한 뼈대로 삼아 든든하고 강건하게 승리하기를 바랍니다. 그래서 이 번역본을 읽고 나누는 모든 분에게 사도행전에서 우리행전으로 새롭게 이어지는 은혜가 있기를 기대합니다. 자, 이제 시작하겠습니다!

2023년 11월

안식월을 마무리하며

목사 강산

1. 성령님에 대한 약속을 주시고 승천하신 예수님(1:1-12)

1 ¹ 데오필로데오빌로님! 제가 이전에 먼저 쓴 〈누가복음〉에서는 예수님께서 사역하시고 가르치신 것에 대한 모든 내용으로 시작해서, ² 그분께서 첫 번째로 선택하신 제자들인 사도들에게 성령님을 통해 사명을 주시고 승천하신 날까지의 모든 일에 대하여 기록하였습니다. ³ 예수님께서는 십자가에서 고난받으시고 죽으신 후에 부활하셨고, 자신이 분명히 부활하셨다는 확실한 증거로 40일 동안 수많은 제자에게 직접 나타나셔서 보여 주셨습니다. 이어서 예수님께서는 자신의 십자가와 부활로 인해 시작된 하나님 나라에 대한 말씀들을 해 주셨습니다. ⁴ 특히 예수님께서는 제

자들이 모두 모인 자리에서 이런 중요한 명령을 내리셨습니다. "그대들은 예루살렘을 떠나지 말고 머물러 있어야 합니다! 바로 그대들이 나한테서 들은 그 약속, 아버지 하나님께서 하신 그 약속의 성령님을 기다려야 합니다! [5] 그 이유는, 이전에 그대들은 요한의 세례, 즉 물을 통한 회개의 세례를 받았지만, 이제부터는 그대들이 성령님을 통한 능력의 세례를 받게 될 때가 되었기 때문입니다. 얼마 지나지 않아서 바로 그 일이 일어날 것입니다!"

[6] 이에 제자들은 함께 모인 자리에서 부활하신 예수님께 "주님! 이스라엘 사람들을 위해 하나님의 나라를 회복시켜주시는 때가 혹시 지금입니까?"라고 계속 물어보았습니다. [7] 그러자 예수님께서는 제자들을 향해 다음과 같이 대답해 주셨습니다. "하나님의 나라가 완성되는 구체적인 시간이나 때에 대한 것은, 그대들이 알아야 할 것도 아니며 관심 가질 필요도 없습니다. 그것은 하나님 아버지께서 그분의 권한으로 결정해 놓으신 것입니다. [8] 오히려 그대들이 알아야 하고 초점을 맞춰야 할 것은 이것입니다. 바로 성령님을 받는 것입니다. 그 성령님께서 그대들 위에 임하시면 그대들은 나의 능력 있는 증인들이 될 것입니다. 그래서 예루살렘에서 시작하여 모든 유대아^{유대} 땅과 사마리아 지역을 넘어 땅끝까지 하나님 나라 복음을 전하게 될 것입니다."

[9] 예수님께서 이 말씀을 하신 후에, 제자들이 지켜보는 가운데 하늘 위로 올려지셨습니다. 그러자 영광스러운 구름이 그분을 둘러싸고 들어 올려서 제자들의 시야에서 사라지게 했습니다. [10] 그

렇게 승천하시는 예수님을 제자들이 한참이나 보고 있는데, 갑자기 흰옷을 입은 두 천사가 나타나 그들 곁에 섰습니다. 11 그리고 그 천사는 제자들에게 이렇게 말했습니다. "갈릴래아^{갈릴리} 사람들이여! 어째서 하늘만 쳐다보고 있습니까? 지금 예수님께서 하늘로 올라가시는 것을 여러분이 본 그대로, 그분께서는 다시 하늘에서 이 땅으로 오실 것입니다. 그러므로 다시 오실 주님을 만날 준비를 하십시오! 사명을 완성하십시오!"

12 그러고 나서 제자들은 그곳에서 예루살렘으로 돌아왔습니다. 예수님께서 승천하신 장소는 올리브라고 불리는 산^{감람산}으로, 예루살렘에서 안식일에 이동할 수 있도록 허용된 거리인 약 1.2킬로미터(2,000규빗) 정도 떨어져 있는 곳이었습니다(눅 24:50).

[사도행전 첫번째 부분(1:1-12)만 발신자인 누가가 수신자인 테오필로에게 편지 쓰는 예절을 현대적으로 적용하여 "경어체"로 번역했고, 이후 사도행전 문장에서는 본문의 간결한 표기와 풀어쓴 성경 번역본 전체의 통일성을 위해서 "평서체"로 번역을 연결했습니다.]

동영상 설교 QR 1. 위대한 이야기의 시작과 초점(행 1:1-12)

2. 가룟 유다를 대신하여 뽑은 맛디아(1:13-26)

1 ¹³ 예수님께서 승천하신 올리브_{감람}산에서 돌아온 사람들은 예루살렘으로 가서, 그들이 상당 시간 동안 함께 머물렀던 마리아의 집 2층의 넓은 공간으로 올라갔다(행 12:12). 그들은 예수님의 첫 번째 제자들로 베드로, 요한, 야고보, 안드레, 빌립, 도마, 바돌로매, 마태, 알패오의 아들 야고보, 젤롯인_{셀롯인} 시몬, 그리고 야고보의 아들인 유다였다. ¹⁴ 그들은 모두 한마음이 되어 기도하는 일에 신실하게 전념하고 있었는데, 그 11명의 제자들뿐만 아니라 그 제자들의 아내들과 다른 여러 여자 및 예수님의 어머니 마리아와 예수님의 동생들도 함께 그 자리에서 기도하고 있었다. ¹⁵ 그렇게 기도하던 사람들의 숫자가 점점 늘어서 대략 120명 정도 되던 어느 날, 베드로가 그 기도하는 제자들 가운데 일어나 이렇게 말했다. ¹⁶ "형제자매 여러분! 예수님의 십자가 처형에 앞장선 가룟 유다의 일은 실수나 우연에 의한 안타까운 일이 아니라, 이미 성령님께서 다윗의 입을 통해 구약 성경에서 반드시 일어나야 한다고 예언한 내용이 이루어진 것입니다. ¹⁷ 가룟 유다는 예수님께서 처음에 뽑으신 열두 사도의 수에 들어 있던 사람으로, 우리와 함께 사역의 한 부분을 담당했던 사람이었습니다. ¹⁸ 하지만 그 사람은 예수님을 팔아넘긴 죄책감에 절벽에서 자살했는데, 곤두박질친 몸이 터져서 그 내장이 전부 흘러나오는 비극적인 결말을 맞이하고 말았습니다. 또한 예수님을 팔아넘기면서 받은 돈은 그

가 나중에 거절하고 성전에 던지는 바람에, 종교 지도자들이 그 돈으로 나그네의 무덤을 위한 밭을 하나 사게 되었습니다. [19] 이러한 내용은 예루살렘에 사는 사람이라면 모두 다 알고 있는 것으로, 가룟 유다가 예수님을 팔아넘긴 대가로 받은 돈으로 산 그 밭을, 사람들의 통용어인 아람어로 '아켈다마아켈다마' 즉 '피의 밭'이라고 부르게 되었습니다. [20] 다시 말하지만, 이 일은 실수나 우연에 의해 일어난 것이 아니라, 이미 구약 성경에서 예언된 말씀이 이루어진 것입니다. 그래서 다윗이 쓴 시편 69편 25절에서 '배신한 자의 자리가 황폐하게 해 주시고 그곳에 아무도 사는 사람이 없게 하소서'라고 한 것이며, 또한 시편 109편 8절에서도 '그 배신자의 직분을 다른 사람이 빼앗게 하소서'라고 한 것입니다. [21] 그러므로 이제 우리는 가룟 유다가 빠진 자리를 다른 사람으로 채워야만 합니다. 그 자리에 합당한 사람은 예수님께서 우리와 함께 3년간 사역하시던 날들 동안 항상 함께했던 사람이어야 합니다. [22] 다시 말해서, 세례 요한이 세례를 주던 시간부터 예수님께서 부활하신 후 승천하신 때까지 동행한 사람으로, 우리와 함께 예수님의 부활하심에 대해 증인이 될 수 있는 사람 한 명을 뽑아야겠습니다."

[23] 그래서 모인 사람들은 두 명을 추천했는데, 한 명은 바르사바바사바라고도 불리고, 유스투스유스도라고도 불리는 요셉이라는 사람이었고, 또 다른 한 명은 맛디아라는 사람이었다.

[24-25] 그러자 모인 사람들은 함께 이렇게 기도했다. "모든 사람의 마음을 잘 아시는 주님! 이 두 사람 중에서 당신께서 택하신 자

가 누구인지 우리에게 보여 주십시오! 가룟 유다는 자신에게 주어
진 사명의 자리를 내팽개치고 처벌을 받아서 배신자가 당연히 치
러야 할 심판의 자리로 가 버렸으니, 이제 그의 빈자리를 합당한
사람이 감당하게 하여 주소서!" ²⁶ 그러고 나서 모인 사람들은 그
추천된 두 사람의 이름으로 제비를 뽑았다. 그러자 맛디아의 이름
이 적힌 제비가 뽑혔고 그렇게 해서 맛디아가 열두 사도의 숫자
안에 들어가게 되었다.

동영상 설교 QR 2. 가장 먼저 해야 할 일(행 1:13-26)

3. 성령님께서 오시다(2:1-4)

2 ¹ 드디어 기다림과 준비의 시간이 충분히 채워졌다. 예수님의 십자가 사건이 있었던 유월절 후에 50번째 되는 날인 오순절, 바로 그날이 된 것이다. 초대 교회 성도들이 모두 한자리에 모여서 기도하고 있었다. ² 그때 그곳에 이런 일이 일어났다! 갑자기 하늘에서 강력한 바람의 휘몰아치는 소리가 그들이 앉아서 기도하고 있는 그 집, 그 장소를 가득 채웠다. ³ 또한 번개가 치듯이 여러 갈래로 갈라지는 불 같은 혀들이 하늘에서 내려와 그곳에서 기도하고 있는 모든 사람들 한 명, 한 명 위에 내려앉았다. ⁴ 그러자 그곳에 있던 모든 사람은 성령님으로 가득 채워지고 충만해져서, 그들의 혀가 각각 성령님께 사로잡혔고 성령님께서 말하게 하시는 은혜와 능력에 따라 다양한 방언들로 말하기 시작했다.

동영상 설교 QR 3. 성령이 오셨네(행 2:1-4)

4. 방언 체험과 베드로의 첫 설교 1(2:5-21)

2　⁵ 바로 그때, 천하의 여러 나라와 민족들로 유배된 후에, 디
아스포라로 살고 있던 경건한 유대인들이 오순절을 지키
려고 예루살렘에 와 있었다. ⁶ 예수님의 제자들이 함께 모여 기도
하던 장소 주변을 지나가던 그들의 귀에 여러 사람이 방언으로 기
도하는 소리가 들리자, 모두가 놀라서 그곳으로 모였고 술렁거리
기 시작했다. ⁷ 무엇보다 기도하는 사람들의 소리에 귀 기울여 보
니, 모든 디아스포라 유대인들이 흩어져 사는 다양한 지역의 언어
를 사용해서 그들이 무엇인가를 말하고 있다는 것을, 이방인의 땅
도 아닌 바로 이곳 예루살렘에서 자신들의 지역 언어를 듣게 되었
기 때문이다. 그래서 그들은 큰 충격을 받고 너무나 놀라워서 이
렇게 말했다. "아니! 지금 다양한 지역의 방언으로 말하고 있는 저
사람들이 전부 무식한 촌 동네 출신인 갈릴래아갈릴리 사람들이 아
닌가? ⁸ 어떻게 저 사람들이 우리 각자가 태어난 지역의 외국 언
어들을 습득해서 우리가 알아들을 수 있는 수준으로 말하는 언어
적인 능력을 갖추게 된 거지? ⁹ 우리들 중에는 파르티아바대 사람
들, 메디아 사람들, 엘람 사람들, 메소포타미아 사람들, 유대아유대
사람들, 그리고 카파도키아갑바도기아 사람들, 폰토스본도 사람들, 아시
아 사람들도 있고, ¹⁰ 거기다 프리기아브루기아 사람들, 팜필리아밤빌리
아 사람들, 이집트애굽 사람들, 키레네구레네에 인접한 리비아리비야 지
역의 사람들, 그리고 로마에 거주하는 사람들도 있으며, 아울러 태

생적 유대인들과 유대교로 개종한 사람들, ¹¹ 크레타^{그런데} 사람들, 아라비아 사람들까지 다양하게 있는데, 지금 이 갈릴래아 사람들이 하나님께서 행하신 위대한 일들에 대해서 방언으로 기도하고 고백하며 예언하는 내용을, 우리가 거주하고 있는 지역의 언어로 듣게 되다니!"

¹² 이렇게 방언하는 소리로 인해 모인 사람들은 모두 깜짝 놀랐고 믿기 어려운 상황에 충격을 받아서 서로에게 이렇게 말했다. "도대체 이게 무슨 일이며, 앞으로 어떤 일이 일어나려는 것일까?" ¹³ 하지만 일부 다른 사람들은 "저 사람들! 달콤한 새 포도주를 잔뜩 마시고 취한 것이군!" 하면서 조롱하기도 했다.

¹⁴ 그러자 베드로가 열두 사도들과 함께 일어나서 큰 소리로 이렇게 말했다. "유대아 땅과 예루살렘에 거주하거나 또한 오순절을 맞이해 이곳에 방문한 모든 분들이여! 지금 일어나고 있는 이 현상의 의미가 무엇인지 설명해 드릴 테니, 이제부터 제가 하는 말을 잘 들어 보십시오! ¹⁵ 일단, 어떤 사람들은 우리가 술 취했다고 하는데, 전혀 그런 것이 아닙니다. 지금은 겨우 오전 9시밖에 안 되었습니다. ¹⁶ 오히려 지금 일어난 이 모든 일은 구약 선지자 요엘을 통해서, 하나님께서 예언하신 것이 이루어진 것입니다(욜 2:28-32). ¹⁷ 요엘 선지자는 이렇게 예언했습니다. '하나님께서 말씀하셨다. 마지막 때가 이르면, 내가 나의 영, 곧 성령을 너희들의 모든 육체 위에 부어 줄 것이다. 그러면 너희들의 아들과 딸들은 예언하게 될 것이며, 너희들의 젊은이들은 환상을 보게 될 것이며,

너희들의 연장자들은 꿈을 꾸게 될 것이다. [18] 아울러 그때에, 나의 남자 종들과 여자 종들에게도 내가 성령을 부어 줄 것이다. 그러면 그들이 예언하게 될 것이다. [19] 이어서 내가 위로 하늘에서는 놀랍고 경이로운 현상들이 나타나게 할 것이고, 아래로 땅에서는 특별한 표적들이 일어나게 할 것이다. [20] 그것은 바로 피와 불과 짙은 연기와 같은 현상들로 새로운 시대가 전환되는 표시와 상징들이다. 해가 빛을 잃어서 세상이 어둡게 될 것이고, 밤하늘의 맑았던 달도 핏빛으로 바뀔 것이다. 그리고 바로 이러한 징조들이 지나고 나면, 위대하고 영광스러운 주님의 날이 올 것이다. [21] 바로 그때 주님의 이름을 부르는 사람, 곧 자기 인생의 주인을 예수님으로 고백하고 영접하는 모든 사람은 누구든지 구원을 받게 될 것이다!'"

동영상 설교 QR 4. 새로운 언어, 새로운 시대(행 2:5-21)

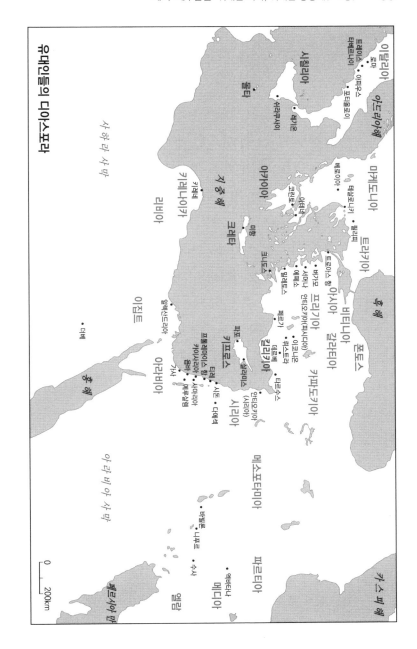

유대인들의 디아스포라

5. 베드로의 첫 설교 2:

"주와 그리스도가 되게 하셨느니라"(2:22-36)

2 ²² "지금 이 자리에 모인 모든 이스라엘 사람들이여! 여러분은 제가 지금부터 말하는 나사렛 사람, 예수님에 대한 내용을 귀 기울여 들으시기 바랍니다! 예수님은 지난 3년간 수많은 능력과 기적 및 표적들을 여러분에게 보여 주심으로, 자신이 하나님께서 보내신 분이라는 것을 확실하게 증명해 보이셨습니다. ²³ 여러분이 이미 알고 있는 것처럼, 정말로 그분은 여러분들 가운데서 그 모든 일을 행하셨습니다. 바로 그 예수님이 사람들의 재판과 판결로 넘겨지신 것은 우연에 의한 것이 아니라 하나님께서 이미 이 모든 것을 계획하고 의도하신 뜻대로 이루어진 것입니다. ²⁴ 그런데도 여러분은 그분이 무슨 엄청난 신성모독과 반역의 죄를 지은 사람처럼 취급하여 구약 율법도 모르는 부정한 이방인(로마인)의 손에 맡겨 십자가 처형으로 못 박아 죽였습니다. 하지만 하나님께서는 그 예수님을 사망의 고통이라는 매임에서 푸신 후에 다시 생명으로 일으켜 살리셨습니다. 그 이유는 바로 그분 자체가 생명이시기에 절대로 사망 아래에 억눌려 있을 수 없으셨기 때문입니다. ²⁵ 바로 이 놀라운 부활의 사건과 역전의 복음을 다윗이 오래전에 시편 16편에서 이렇게 말했습니다.

'저는 항상 제 앞에 계신 주님을 바라보고 있습니다. 바로 그분은

저를 보호하시고 인도하시는 방향인 저의 오른쪽에 계십니다. 그
래서 저는 어떤 상황에서도 전혀 흔들리지 않습니다. [26] 그러므
로 저의 마음은 언제나 기쁘고 저의 입술은 늘 즐거운 찬양으로
가득하며, 또한 저의 육체는 영원한 소망 위에 서 있습니다. [27] 당
연히 하나님께서는 저의 영혼을 죽은 사람의 장소에 버려두지 않
으실 것이며, 당신의 거룩한 존재를 흙 속에서 썩도록 내버려 두
지 않으실 것입니다. [28] 하나님께서는 저에게 생명의 길들을 알
게 하시고 그 방향으로 인도해 주셨습니다. 그래서 저는 당신이
당신과 늘 함께하는 그 영원한 임재의 기쁨을 저에게 충만하게
하실 것을 확신합니다!'

[29] 형제자매 여러분! 그런데 여기서 여러분에게 분명하게 말하고
넘어가야 할 것이 하나 있습니다. 다윗은 시편 16편에서 위대한
소망과 육체의 썩지 않음과 영원한 임재에 대해 말했지만, 그것이
궁극적으로 다윗 자신에 대한 내용이 아니라는 것입니다. 우리의
조상인 다윗은 분명히 죽어서 삶을 마감했고 우리가 잘 알고 있는
묘지에 매장되어서 오늘에 이르고 있기 때문입니다(왕상 2:10). [30]
그러므로 다윗은 자신에 대해서 이런 내용을 고백한 것이 아니라,
선지자로서 예언을 한 것입니다. 그는 자신이 아니라, 하나님께서
그의 후손 중에 다른 사람을 자신의 왕좌에 앉게 하실 것을 알았
습니다(삼하 7:12-14; 시 89:3-4). 그래서 하나님께서는 바로 그 사람에
대해서 이러한 내용이 확실하게 일어날 것을 바라보시고 다윗을

통해 강력한 맹세를 하도록 하신 것입니다. 바로 그렇게 다윗이 한 맹세의 내용이 시편 16편입니다. 31 다시 말해서 다윗은, 자신이 아니라 우리의 메시아이신 예수 그리스도께서 영원히 죽음의 상태에 머물지 않으시고 다시 일어나 부활하실 것을 미리 내다보고서 '그분은 죽음의 장소(하데스)에 버려지지 않을 것이며 그분의 육신은 그곳에서 썩게 되지 않을 것이다'라는 내용을 예언으로 말한 것입니다."

32 "그리고 정말 그 다윗의 예언대로, 예수님께서는 십자가에 못 박혀 죽임을 당하셨지만, 하나님께서 그분을 다시 일으켜 살려 내셨습니다(부활하게 하셨습니다). 정말 그대로 되었습니다! 우리가 바로 이 모든 사건을 직접 보고 체험한 증인들입니다! 33 그렇게 부활하신 예수님을, 하나님께서는 온 세상을 다스리는 가장 높은 자리인 자신의 하늘 보좌 오른쪽에 앉게 해 주셨습니다. 그러자 예수님께서는 하나님 아버지께서 약속해 주신 성령님을 받으셔서 우리에게 바로 오늘 오순절에 선물로 부어 주신 것입니다. 여러분들이 오늘 보고 체험한 이 모든 현상이 바로 그것입니다."

34 "다시 말하지만, 다윗은 [예수님처럼] 하늘로 올라가지 못했고 하나님 보좌 우편에도 앉지 못했습니다. 다윗이 시편 16편에서 말한 내용은 바로 십자가에서 죽으신 후에 부활하셔서 하나님 보좌 우편에 앉으실 예수님에 대해서 예언한 것입니다. 하나님께서는 다윗을 통해 예수님이 장차 온 세상을 다스릴 하늘의 왕이 되신 후에, 하늘의 위대한 선물들(은사들)을 내려 주실 것에 대해서 미리

선포하게 하신 것입니다. 그래서 다윗은 또 다른 시편인, 시편 110편에서 다음과 같은 내용을 예언한 것입니다."

'나의 주인 되신 하나님께서 나의 주님이신 예수님께 말씀하셨습니다. 너는 나의 오른쪽에 앉으라[나의 오른쪽에 앉아서 온 세상을 다스려라]! 35 너의 원수들을 내가 너의 발 아래에 완전히 정복시키고 굴복시키는 그때까지!'

36 "그러므로 모든 이스라엘 사람들은 오늘 일어난 이 모든 놀라운 오순절 사건의 가장 핵심적인 근원과 목적을 분명히 아십시오! 여러분이 십자가에 죽도록 처형시킨 예수님을, 하나님께서는 우리 모두의 주인이시요, 메시아(구원자)로 세우셨다는 것입니다! 그러므로 이 세상에 예수님 외에 다른 주인은 없고, 다른 구원자는 없습니다. 우리는 이제 그분을 우리 인생의 주인이요 구원자로 영접하고 섬기며 그분의 다스림을 받아야 합니다!"

동영상 설교 QR 5. 주와 그리스도가 되게 하셨느니라(행 2:22-36)

6. 베드로의 첫 번째 설교에 대한 반응(2:37-41)

2 ³⁷ 베드로의 첫 번째 설교를 들은 사람들은 강력한 찔림을 마음에 받고서, 베드로와 다른 사도들을 향해 이렇게 물었다. "형제 여러분! 그렇다면 이제 우리가 무엇을 해야 하나요?" ³⁸ 그러자 베드로는 그들을 향해 이렇게 대답해 주었다. "여러분은 지금 즉시 예수님을 주인과 구원자로 인정하지 않고, 이 세상의 다른 것들을 주인 삼아 살아온 지난 삶에 대해 회개하십시오! 그리고 여러분이 지금까지 지은 죄를 주인 삼아 살아온 삶에 대해서 죽어서 그 죄의 문제를 해결 받고 용서받도록, 여러분 각자가 예수님의 이름으로 세례를 받으십시오! 그러면 성령님을 선물로 받게 될 것입니다! ³⁹ 이것은 하나님께서 여러분과 여러분의 자녀를 위해 주신 약속입니다. 유대아^{유대} 땅 가까이에 사는 사람부터 세상 끝에 사는 사람까지, 하나님께서 부르실 때, 바로 그 찔림과 은혜의 말씀과 음성에 응답하는 사람은 누구든지 이 약속을 받아 누릴 수 있습니다!"

⁴⁰ 베드로와 사도들은 이 외에도 더 많은 내용과 말씀으로 예수님께서 그들의 주인이시며 구원자이심을 철저하게 증명했고, 그래서 그들이 전한 복음을 듣고 찔림 받은 자들에게는 "지금 즉시 죄로 인하여 변질되고 삐뚤어진 이 시대에서 구원을 받으세요!"라고 말하면서 권면하고 도전했다. ⁴¹ 그 결과, 바로 그날 하나님의 말씀을 온전히 마음에 받아들이고 회개와 연합의 세례에 참

여하여 예수님의 제자가 된 사람들이 3천 명가량 더해졌다.

동영상 설교 QR 6. 생명의 반응, 생명의 흐름(행 2:37-41)

7. 하나님께서 꿈꾸시는 교회(2:42-47)

2 ⁴² 이제 초대 교회 성도들은 다음과 같은 일에 자신들의 시간과 돈과 마음을 다 쏟아서 집중하고 전념했다. 바로 사도들의 가르침을 배우는 것과 그 배운 말씀을 일상의 삶에 적용하기 위한 교제에, 이어서 성도들과 함께 육적인 음식을 함께 나누는 것과 영적인 기도들을 함께 나누는 것에 말이다. ⁴³ 그러자 사도들을 통해서 하나님의 살아 계신 역사인 기적과 표적이 일어났고, 모든 사람은 건강한 두려움으로 하나님을 경외하게 되었다.

⁴⁴ 초대 교회 성도들은 모두 한 장소에 정기적으로 모여서 함께 예배드렸으며, 그들이 가진 물건을 공유해서 서로 나누어 사용했다. ⁴⁵ 그렇게 하려고, 성도들은 자기 재산이나 물건을 계속 팔아서 그 돈을 교회로 가져왔고, 교회는 그 돈으로 성도들 중에서 가난하고 도움이 필요한 사람이 있으면 누구에게든지 도움을 주었다. ⁴⁶ 또한 성도들은 날마다 한마음으로 성전에 모이는 것에 최선을 다했고, 흩어지면 성도들의 가정별로 돌아가며 소그룹으로 모여서 큰 기쁨과 순수한 마음으로 식탁 교제를 나누었다. ⁴⁷ 그 결과 성도들은 하나님께 찬양과 영광을 돌리는 삶을 살게 되었고, 주변의 모든 사람은 그런 성도들을 칭송하였다. 주님께서는 날마다 초대 교회에 구원받는 새로운 사람들을 더해 주셨다.

동영상 설교 QR 7. 우리가 꿈꾸는 교회(행 2:42-47)

8. 성전 호라이오스 문의 기적(3:1-10)

3 ¹ 어느 날 베드로와 요한이 늘 해오던 습관을 따라 오후 3시(제9시) 기도 시간에 맞추어서 예루살렘 성전으로 올라가고 있었다. ² 그 성전 동쪽에는 이방인의 뜰에서 여인의 뜰로 들어가는 호라이오스(아름다운) 문이 있었는데, 바로 그 문 앞에는 태어날 때부터 제대로 걸어 본 적이 전혀 없는 한 남자가 사람들에 의해 옮겨져 있었다. 그 남자는 거기서 성전 안으로 들어가는 사람들에게 구걸하면서 살았다. ³ 그 남자는 성전으로 들어가는 베드로와 요한을 보고, 자신에게 자선을 베풀어 달라고 계속 구걸했다. ⁴ 이에 베드로와 요한이 그 남자를 유심히 바라보고서 이렇게 말했다. "형제님! 우리를 보십시오!"

⁵ 그러자 그 남자는 얼마라도 돈을 받게 되리라 기대하며 베드로와 요한을 쳐다보았다. ⁶ 이에 베드로가 다음과 같이 말했다. "은과 금은 나에게 없습니다. 하지만 내가 가진 것을 당신에게 줍니다. 바로 나사렛 출신의 메시아 예수님의 이름으로 당신은 지금 즉시 일어나서 걸으십시오!" ⁷ 이어서 베드로는 그 남자의 오른손을 꽉 잡은 후에 힘껏 당겨서 일으켜 세웠다. 그러자 그 남자의 두 발과 발목에 있는 복사뼈에 힘이 들어가기 시작했다. ⁸ 그리고 그 남자는 스프링처럼 일어나 서게 되었고 이어서 계속 걸을 수 있게 되었다. 그 남자는 베드로 및 요한과 함께 예루살렘 성전 안으로 들어갔다. 그러면서 그 남자는 걷기도 하고 뛰기도 하며 하나님을

찬양했다. ⁹⁻¹⁰ 그러자 주변에 있던 모든 사람이, 그 남자가 걸어 다니면서 하나님께 찬양하는 것을 보게 되었다. 그리고 바로 그 남자가 성전의 호라이오스 문에 앉아서 늘 구걸하고 있던 바로 그 남자라는 사실을 확실히 알게 되었고, 그 남자에게 일어난 기적적인 치유 사건으로 인해 엄청난 충격과 놀라움에 사로잡히게 되었다.

동영상 설교 QR 8. 내게 있는 것(행 3:1-10)

9. 성전 문의 기적을 통한 메시지 1(3:11-16)

3 ¹¹ 성전 문에 앉아 있다가 치유를 받은 그 남자는 베드로와 요한의 곁에 딱 붙어서 계속 동행을 하였고, 그 남자가 기적적으로 치유되었다는 소식을 들은 많은 사람이 엄청나게 놀라워하면서 달려오니, 그들은 모두 예루살렘 성전 동쪽에 있는 '솔로몬의 주랑'이라는 장소에 모이게 되었다. ¹² 많은 사람이 모인 것을 보고, 베드로는 그들을 향해 이러한 반응의 말을 했다. "이스라엘 사람들이여! 어째서 그렇게 놀란 표정을 하고 있습니까? 이 남자가 걸을 수 있도록 한 것이 마치 우리의 인간적인 능력이나 경건으로 이루어진 것처럼 우리를 바라보십니까? ¹³ 아브라함의 하나님, 이삭의 하나님, 야곱의 하나님이신 우리 선조들의 하나님께서 성전 호라이오스(아름다운) 문에서 일어난 기적을 통해 그분의 위대한 사명을 이루신 종, 구원의 길이 되신 예수님을 영광스럽게 하셨습니다(출 3:6; 사 52:13). 여러분이 빌라도 앞에서 부인하고 사형으로 넘겨준 바로 그분을 말입니다. 심지어 총독 빌라도가 무죄라고 판결하고 풀어 주기를 결정했음에도 불구하고, 여러분이 고집스럽게 주장하여 십자가에서 처형시킨 바로 그 예수님을 말입니다. ¹⁴ 여러분은 그 거룩하시고 의로우신 예수님, 진리이신 예수님을 정반대로 판단하고 평가했으며, 오히려 살인죄로 감옥에 있는 사람(바라바)을 풀어 달라고 요구하기까지 했습니다. ¹⁵ 바로 그렇게 여러분은 생명의 주인이신 예수님을 죽였습니다. 하지만 하나

님께서는 바로 그분을 죽은 자들로부터 일으키셔서 부활의 생명으로 살려내셨습니다. 바로 이 놀라운 일에 우리가 증인입니다! [16] 결국 예수님의 이름으로, 예수님의 능력으로, 예수님 바로 그분이 가지고 계신 믿음에 근원하여서 여러분이 이미 잘 알고 있는 남자분, 바로 항상 성전 문에 앉아서 구걸하던 이 남자분이 온전한 치유를 받게 된 것입니다. 다시 말해서 그 예수님의 이름, 곧 예수님을 통해 나온 그 믿음이 오늘 여러분이 보는 앞에서 이루어진 온전한 치유 기적의 근원입니다(요 14:6; 히 12:2)."

동영상 설교 QR 9. 나의 신념에서 주님의 믿음으로(행 3:11-16)

10. 성전 문의 기적을 통한 메시지 2(3:17-26)

3 [17] 베드로가 이어서 말했다. "자 이제! 여러분! 여러분과 여러분의 지도자들이 하나님의 종이요, 거룩하고 의로우신 분이며, 생명의 주인이 되신 메시아 예수님을 거절하고 십자가에 사형시킨 것은 잘 알지 못해서 한 일이라고 저는 이해합니다. [18] 놀라운 사실은, 여러분이 잘 알지 못하고 한 일, 즉 예수님을 십자가에서 죽게 한 그 일은 갑작스럽게 일어난 일도 아니고 어쩔 수 없이 일어난 일도 아니라는 것입니다. 오히려 메시아 예수님께서 우리의 죄를 위해 고난당하시고 십자가에서 죽으실 것을 하나님께서 이미 구약의 모든 선지자를 통해 예언하신 것이며, 때가 되어 그 예언을 이루신 것입니다(시 22편; 사 50:6; 53장). [19] 하지만 그렇다고 해서 여러분이 예수님을 십자가에서 사형시킨 일이 절대 가볍게 넘어갈 일은 아닙니다. 여러분은 분명히 메시아 예수님께 최악의 범죄를 저질렀습니다. 그러므로 여러분은 회개해야 합니다. 메시아 예수님에 대해 잘못 알았고, 잘못 반응했고, 잘못 결정했고, 잘못 행동한 모든 것에 대해서 돌이켜야 합니다. 그래서 여러분이 지은 죄들을 모두 씻어내고 제거해야 합니다! [20] 그렇게 하면, 하나님의 임재로 충만한 하늘나라가 여러분의 영혼에 임하게 되는 새로운 시간을 맞이하게 될 것입니다. 그것은 바로 여러분을 위해 하나님께서 오래전부터 미리 준비하신 구원자 예수님을 여러분의 영혼에 주인으로 보내 주시는 것입니다. [21] 다만, 예수님께

서 완전히 다시 오시는 재림의 때는 아직 기다려야 합니다. 그래서 하나님께서 태초부터 그분의 거룩한 선지자들의 입을 통해 예언하신 그때, 이 세상의 모든 것이 온전히 회복되는 바로 그때가 오기 전까지는, 예수님께서도 하늘 보좌 우편에서 온 세상을 통치하시며 그때를 기어이 기다리고 계시는 것입니다(히 3-4장; 계 19-22장)."

22 "이제 여러분은 이러한 구원자 예수님과 그분께서 역사 속에 펼치시는 구원의 흐름을 바로 알아서 올바른 흐름으로 옮겨야 합니다. 바로 이 구원의 흐름에 대한 위대한 증인들의 메시지를 들어 보십시오! 모세가 신명기 18장과 레위기 23장에서 다음과 같이 말했습니다. '나와 같은 선지자 한 명을, 나보다 더 위대한 궁극적인 선지자 한 분을 하나님께서는 너희들을 위해 세우실 것이며 너희들 중에서 일으키실 것이다. 그분이 바로 메시아이시다! 너희들은 바로 그분이 너희들을 향해 하시는 모든 말씀을 철저하게 듣고 순종해야 한다(신 18:15)!' 23 만약 여러분이 위대한 선지자 모세가 한 말을 무시하고, 그 모세가 예언한 궁극적인 선지자이며 메시아이신 예수님의 말씀을 듣지 않고 순종하지 않는다면, 누구든지 하나님의 백성으로부터 끊어지고 완전한 멸망을 당하게 될 것입니다. 24 아울러 사무엘부터 시작해서 후대로 이어지는 모든 구약의 선지자들이 예언한 내용은, 바로 그 궁극적인 선지자이시며 구원자이신 예수님에 대한 것이었고, 바로 그분께서 이루어 가실 위대한 구원의 시간과 흐름에 대한 것들이었습니다. 25 여러분은

바로 그 선지자들의 영적 흐름과 예언의 약속을 잇고 연결하는 특권과 책임을 가진 후손들입니다. 바로 그 특권이자 책임은 우리의 첫 번째 선조가 되는 아브라함을 향해 하나님께서 굳게 약속하시고 예언하신 내용으로 '아브라함아! 너의 그 후손, 바로 메시아(예수님)를 통해서 너의 민족과 이 땅에 있는 모든 사람이 복을 받게 될 것이다'라고 하신 축복입니다(창 22:18; 갈 3:8-29)! [26] 다시 말해서, 하나님께서는 죄와 타락으로 죽을 수밖에 없는 이 세상에서 여러분을 돌이켜서 구원의 복을 주시고자 하나님의 종이신 메시아 예수님을 온 세상에 전파하시고자 가장 먼저 우리를 위해 그 메시아 예수님을 보내 주신 것입니다. 즉, 우리 유대인이 이 복음의 첫 번째 수혜자이며, 우리 유대인을 통해 또한 세상 모든 사람에게 이 구원의 복은 연결되고 이어지게 됩니다(롬 1:16). [문제는 여러분이 바로 그 메시아 예수님을 통해 온 세상이 받게 될 복의 흐름에 통로가 되지 못하고 방해물과 걸림돌이 되어 버린 것입니다. 그러므로 바로 지금 회개하여 그 축복의 통로를 회복하여 구원의 복이 먼저 여러분 자신에게 이루어지게 하고 이어서 온 세상으로 흘러가게 하십시오!]"

동영상 설교 QR 10. 생명의 흐름으로 들어갈 기회(행 3:17-26)

11. 산헤드린 공회 앞에 선 베드로와 요한(4:1-22)

4 ¹ 솔로몬의 주랑에 모인(행 3:11) 이스라엘 사람들을 향하여 베드로와 요한이 하나님의 말씀을 전하고 있을 때, 갑자기 제사장들과 성전 경비대장과 사두개인들이 들이닥쳤다. ² 그들은 매우 불쾌한 태도를 노골적으로 드러냈다. 그 이유는 베드로와 요한이 예수님을 메시아로 선포하며 죽음에서 부활하신 분으로 백성들에게 가르쳤기 때문이다. ³ 그래서 그들은 현장에서 베드로와 요한을 강압적으로 체포했다. 그리고 이미 저녁이 다 되었기 때문에 다음 날에 심문하려고 감옥에 던져 넣고 하룻밤을 지키도록 간수까지 세워 놓았다. ⁴ 그러나 바로 그날, 베드로와 요한이 선포한 말씀을 듣고 남자만 5천 명 정도의 사람들이 예수님을 믿게 되었다.

⁵ 이윽고 다음 날이 되자, 예루살렘의 지도자들과 장로들 및 서기관들이 성전의 재판 자리로 모였다. ⁶ 그 재판 자리에는 대제사장 안나스와 가야바가 있었고 요한과 알렉산더를 비롯하여 바로 그 대제사장 가문 출신의 친족들이자 권력자들이 모두 모였다. ⁷ 그들은 반원 형태의 재판 자리를 갖추고서, 그들의 가운데에 베드로와 요한을 세운 후에 이런 질문으로 심문을 시작했다. "너희들은 도대체 무슨 능력으로, 다시 말해서 누구의 이름과 권위로 어제의 행동과 말을 한 것이냐?"

⁸ 그러자 베드로가 성령으로 충만해져서 그들에게 다음과 같

이 대답했다. "이스라엘 백성의 지도자분들과 장로님들이여! ⁹ 만약 어제 성전 호라이오스(아름다운) 문에서 한평생 걷지 못하던 병든 남자가 온전히 치유된 기적의 그 선한 일에 대해서, 어떻게 그 남자가 그렇게 놀라운 변화와 구원을 받을 수 있었는지에 대해서 우리를 통해 제대로 알기를 원한다면, ¹⁰ 여러분에게 분명히 알려드리겠습니다! 여러분과 모든 이스라엘 백성은 잘 들으십시오! 바로 나사렛 사람 메시아(그리스도) 예수님의 이름으로 그 놀라운 치유의 기적과 구원의 사건이 일어난 것입니다! 여러분은 예수님을 십자가에서 처형시켰지만 하나님께서는 그분을 죽은 자들로부터 일으키셔서 부활의 생명이 되게 하셨습니다. 바로 그분의 이름으로 그 남자가 여러분 앞에서 건강하고 온전하게 회복되어 일어나게 된 것입니다! ¹¹ 스스로 대단한 건축자처럼 자부하는 여러분이 쓸모없는 돌처럼 그분을 버렸지만, 하나님께서는 그분을 위대한 하나님 나라 성전과 교회의 모퉁잇돌로 일으켜 세우신 것입니다 (시 118:22). ¹² 그러므로 하늘 아래에서 죄로 죽어가는 우리를 살리고 구원할 수 있는 이름은, 바로 예수님의 이름 외에 그 어떤 것도 없습니다!"

¹³ 베드로와 요한의 담대한 태도와 대답을 보고 들은 종교 지도자들은 큰 충격을 받았다. 그들이 알기로는 베드로와 요한은 제대로 된 교육도 받지 않은 평범한 사람들이었기 때문이다. 하지만 이제 그들은 베드로와 요한이 예수님과 함께 있었다는 것을 제대로 알게 되었다. ¹⁴ 아울러 그들은 베드로와 요한 곁에서 분명히 치

유를 받은 그 남자가 서 있는 것도 보았기 때문에 그 어떤 반박할 말도 없었다. [15] 그래서 종교 지도자들은 심문을 멈추고, 베드로와 요한에게 잠시 공회 밖으로 나가 있으라고 큰 소리로 명령한 후에, 자기들끼리 회의를 따로 했다. [16] 그들은 이런 말을 나누었다. "우리는 이제 어떻게 해야 할까요? 이번 사건은 저 사람들을 통해 일어난 너무나 주목할 만한 표적이고, 예루살렘에 사는 모든 사람에게 명백하게 알려진 사건이라서, 우리도 더는 감추거나 부인할 수 없게 되었습니다. [17] 우리가 할 수 있는 일은 이 정도입니다. 이 표적과 사건에 대한 소문이 더 이상 백성들에게 퍼져 나가지 않도록 저 사람들(베드로, 요한)에게 더는 그 예수라는 이름으로 말하지 못하도록 협박하도록 합시다." [18] 그래서 종교 지도자들은 베드로와 요한을 다시 불러서 더는 예수의 이름으로 사람들에게 말하거나 가르치지 말라고 명령했다.

[19] 이에 베드로와 요한은 그들에게 다음과 같이 대답했다. "여러분의 말을 듣는 것과 하나님의 말씀을 듣는 것 중에 어떤 것이 바른 것입니까? 여러분이 판단해 보십시오! [20] 우리는 하나님의 말씀을 듣겠습니다! 우리는 우리가 본 것과 들은 것을 말하지 않을 수 없기 때문입니다!" [21] 그러자 종교 지도자들은 베드로와 요한에게 더 무서운 말로 위협한 후에 풀어 주었다. 성전 호라이오스 문에서 일어난 그 사건에 대해서 모든 백성이 하나님께 영광을 돌렸기 때문에 그들은 베드로와 요한을 처벌할 그 어떤 명목도 발견할 수 없었던 것이다. [22] 나중에 알고 보니 성전 호라이오스 문

에 앉아 있다가 하나님의 놀라운 치유 표적을 체험하게 된 그 남자의 나이는 40살이 넘었다고 한다.

동영상 설교 QR 11. 환란아 내게 오라!(행 4:1-22)

12. 위기에도 기도하며 나누는 교회 공동체(4:23-37)

4 ²³ 산헤드린 공회의 투옥과 심문에서 풀려난 베드로와 요
한은 자신들의 영적 가족인 교회 공동체로 곧장 돌아가서,
성도들에게 대제사장과 장로들이 말한 내용을 그대로 전달했다(행
21:6; 24:23). ²⁴ 모든 내용을 다 들은 성도들은 한마음 한뜻으로 하
나님을 향해 다음과 같이 통성으로 기도했다. "하늘과 땅과 바다,
그리고 그 안에 있는 모든 것을 창조하신 위대하신 주권자 하나님
이시여! ²⁵ 당신께서는 우리의 선조이자, 당신의 종인 다윗에게 성
령의 감동을 주셔서 시편 2편에서 이렇게 말하게 하셨지요. '왜 이
방 민족들은 분노하고 세상 사람들은 헛된 짓을 하려고 하는가?
²⁶ 그들이 하는 가장 헛된 짓으로, 이 땅의 왕들을 내세우고 지도
자들이 다 함께 모여서 창조주 하나님과 그분의 아들이며 구원자
이신 메시아 예수님을 대항하고 적대하는구나!' ²⁷⁻²⁸ 정말로 그
말씀처럼 지금도 이 예루살렘 성에는, 하나님께서 기름 부어 세우
신 거룩한 종 예수님을 대항하는 무리들이 모였습니다. 그들은 바
로 헤롯 안디바와 빌라도 총독이며 그들과 뜻을 같이하는 이방인
들과 이스라엘 백성들입니다. 하지만 겉으로 보기에 그들은 하나
님께서 하시는 일을 막는 것 같아도, 실제로 그들은 하나님의 능
력과 뜻으로 계획하신 모든 일들이 온전히 이루어지기 위해서 하
나님께서 의도하신 대로 하고 있는 것입니다. ²⁹ 그러므로 바로 지
금, 온 세상의 주인이신 하나님이시여! 그들의 위협을 받는 우리

를 돌보아 주시고, 이런 위기 속에서도 담대하게 당신의 말씀을 전하고 선포할 능력을 주시옵소서! ³⁰ 당신의 손, 당신의 능력을 우리에게 베풀어 주셔서, 당신의 거룩한 종 예수님의 이름으로 병든 사람을 치유하고 이 땅에 하늘의 표적과 기적들이 일어나도록 역사해 주십시오!" ³¹ 이런 내용으로 모든 성도가 함께 기도하기를 마치자, 성도들이 모여 있던 장소가 흔들렸고 성도들의 영혼은 성령충만해졌다. 그래서 그들은 위기 상황에서도 두려워하지 않고 담대하게 하나님의 말씀을 계속 전하고 선포했다.

³² 이제 믿음으로 충만해진 교회 공동체는 모든 성도의 마음과 뜻을 모아 하나가 되었다. 그래서 자신이 소유한 것 중에서 그 어떤 것도 자신의 것이라고 주장하는 이기적인 사람이 아무도 없었고 모든 것을 함께 나누어 사용했다. ³³ 또한 사도들은 설교와 사역을 통해서 예수님께서 부활하신 증거를 강력한 능력으로 선포하고 증명해 주니, 성도들은 큰 은혜를 받고 누리게 되었다. ³⁴ 또한 초대 교회 안에는 무엇이든 결핍되거나 부족한 사람이 없게 되었다. 왜냐하면 밭이나 집을 소유한 사람들이 그것을 팔아서 그 판 값을 계속 가져왔기 때문이다. ³⁵ 그렇게 자신의 소유물을 판 값을 사도들 앞으로 가져오면, 교회는 성도들의 필요에 따라서 그것을 나누어 주었다. ³⁶ 그 한 예로, 사도들이 '바나바(위로와 권면의 사람)'라는 별명으로 부르는 요셉이라는 사람이 있었는데, 그는 킬리키아_{길리기아} 남쪽 지중해 북동쪽에 있는 키프로스_{구브로} 섬 출신의 레위 지파 사람이었다. ³⁷ 바로 그 바나바는 자신이 소유하고 있던

땅을 팔아서 그 값을 사도들 앞에 가져왔다.

동영상 설교 QR 12. 생명의 흐름, 생명의 조합(행 4:23-37)

13. 하나니아와 삽피라의 비극(5:1-16)

¹ 바나바가 자신의 땅을 팔아서 교회 성도들을 위해 가져 온 이후에, 이와 대조되는 사건이 일어났다. 하나니아^{아나니} ^아(하나님께서 은혜를 베풀어 주셨다)라는 이름을 가진 사람과 그의 아내 인 삽피라^{삽비라}(아름다운 사람)도 자신들의 재산인 작은 땅을 팔았다. ² 하나니아는 땅을 팔아서 생긴 돈에서 일부를 떼어 감추어 두었 는데, 아내인 삽피라도 그 사실을 알았다. 그런 다음 하나니아는 마치 땅을 판 값의 전부를 바치는 것처럼 말하면서, 실제로는 일 부 금액만 가져와서 사도들 앞에 내놓았다(수 7:1). ³ 그러자 베드로 는 하나니아에게 이렇게 질문했다. 회개할 기회를 준 것이다. "하 나니아 형제님, 왜 형제님의 마음을 사탄이 전부 차지하도록 허락 했습니까? 어째서 성령님을 속이고 땅 판 값의 일부를 떼어 감춘 후에, 마치 전부를 바치는 것처럼 거짓된 행동을 하는 것입니까? ⁴ 제가 언제 형제님에게 땅을 팔아서 가져오라고 했으며, 그 판 값 의 전부를 가져와야 한다고 명령했습니까? 그 땅은 처음부터 형 제님의 마음대로 할 수 있는 형제님의 소유물이고, 그 땅을 판 후 에 받은 돈도 형제님의 마음대로 사용할 수 있는 것인데, 어째서 이렇게 기만적인 행동을 계획하고 실행한 것입니까? 형제님은 자 신의 모든 것을 헌신해서 나누고 있는 것처럼 보이려고 모든 사람 을 속이는 범죄를 저지른 것입니다. 더 심각한 것은 사람에게만 거짓말로 속인 것이 아니라 하나님에게까지 거짓말로 속인 것입

니다! 5 베드로의 말을 듣자마자, 하나니아는 쓰러졌고 그의 혼은 그의 몸을 떠났다. 이 모든 이야기를 들은 사람들은 엄청난 두려움에 사로잡혔다. 6 교회 청년들이 일어나서 죽은 하나니아의 시체를 천으로 감싼 후에, 들고 나가서 매장했다.

7 약 3시간 정도 시간이 지난 후에, 죽은 하나니아의 아내 삽피라가 교회로 들어왔다. 그녀는 자기 남편에게 어떤 일이 일어났는지 전혀 모르는 상태였다. 8 베드로는 삽피라에게도 같은 질문을 했다. 회개할 기회를 준 것이다. "삽피라 자매님, 저에게 솔직히 말해 주십시오. 오늘 땅을 팔아서 교회에 내놓으셨는데, 정말로 자매님 부부가 땅을 팔아서 받은 금액 전부를 드린 것입니까?" 그러자 그녀는 당당하게 "네! 전부입니다!"라고 대답했다. 9 그래서 베드로는 삽피라에게 이렇게 말했다. "어째서 자매님 부부는 하나님의 영이신, 성령님을 시험하고 속이는 일에 한마음 한뜻이 되었습니까? 자 보십시오! 지금 자매님의 남편인 하나니아를 들고 나가서 매장하고 돌아오는 청년들의 발이 교회 문 앞에 이르렀습니다. 그리고 그들은 바로 이어서 자매님의 시체도 똑같이 들고 나가게 될 것입니다." 10 그러자 삽피라는 그 즉시 베드로의 발 앞에 쓰러졌고 그녀의 혼은 그녀의 몸을 떠났다. 하나니아의 시체를 매장하고 온 청년들은 삽피라가 죽은 것을 보고, 그녀의 시체도 밖으로 들고 나가서 그녀의 남편인 삽피라 옆에 함께 매장했다.

11 이 사건을 들은 모든 성도와 사람들은 하늘의 두려움에 사로잡혔다. 12 이 사건으로 초대 교회는 건강한 두려움으로 인해 정화

되어서, 사도들의 손과 능력을 통해 표적과 기적들이 사람들에게 계속해서 많이 일어났으며, 모든 성도도 흩어지지 않고 한마음이 되어서 솔로몬의 주랑에 모여 날마다 말씀과 기도를 나누었다. [13] 이제 나머지 외부 사람들은 교회를 쉽게 생각할 수 없었기에, 함부로 성도의 모임에 끼어들지 못했다. 그럼에도 백성들은 교회와 성도들을 높이 평가하고 칭송했다. [14] 이런 상황에도 불구하고 많은 사람이 교회로 나아와 주님을 향한 진정한 믿음을 고백했고, 많은 수의 남자와 여자들이 성도가 되었다. [15] 그 결과 베드로가 넓은 길로 지나갈 때면, 그 거리로 사람들이 쏟아져 나와서 간이침대나 들것 위에 병든 사람들을 들고 와서 눕혀 놓았다. 그 이유는 베드로의 그림자라도 그 병든 사람들 위에 덮여서 치료받기를 바랐기 때문이다. [16] 또한 예루살렘 근처 도시들에 사는 많은 사람까지 모여들었는데, 자기 가족이나 이웃 중에서 병든 사람들과 더럽고 악한 영으로 고통받는 사람들을 교회와 사도들에게로 데려온 것이다. 그러면 그들은 모두 치유받고 회복되었다.

동영상 설교 QR 13. 아나니아와 삽비라를 제거하라(행 5:1-16)

14. 사도들에게 닥친 위기와 기회(5:17-42)

5 ¹⁷ 그즈음 대제사장과 그를 추종하는 세력인 사두개파 사람들이 모두 들고일어났다. 초대 교회의 명성과 사도들의 능력에 대해 듣고서 시기와 질투로 가득해졌기 때문이다. ¹⁸ 그래서 그들은 그들이 가진 힘과 권위를 사용하여 사도들을 강압적으로 붙잡아서 공공 감옥 안에 던져두었다. ¹⁹ 그런데 한밤중에, 주님의 천사가 나타나 감옥의 문을 열고, 사도들을 구출해 주었다. 그리고 그 천사는 사도들에게 이렇게 말했다. ²⁰ "그대들은 어서 나가십시오! 그리고 성전에 들어가서 모든 백성에게 하나님의 말씀, 생명의 말씀을 선포하십시오!"

²¹ 천사의 말을 들은 사도들은 그 새벽에 성전으로 들어갔고 거기서 하나님의 말씀, 생명의 말씀을 선포하고 가르쳤다. 그즈음 재판 장소에 도착한 대제사장과 그의 측근들은 산헤드린 공회를 열어서 회원(사두개인, 바리새인)들 모두를 소집했다. 아울러 재판받아야 할 사도들도 감옥에서 끌어오라고 지시했다. ²² 그런데 그 지시를 받은 사람들이 감옥으로 가 보니, 사도들을 그 감옥 안 어디에서도 찾을 수가 없었다. ²³ 그래서 산헤드린 공회로 돌아와서 이렇게 보고했다. "저희가 감옥에 가 보니, 감옥의 모든 문은 확실하게 잠겨져 있었고 그 문 앞을 지키는 사람들도 제대로 서 있었습니다. 하지만 정작 감옥 문을 열어 보니 그 안에 아무도 없었습니다." ²⁴ 이 보고를 들은 성전 경비대장과 대제사장들은 큰 충격을

받아서 이게 무슨 일이며, 앞으로 어떤 일이 일어나게 될지에 대해 수군거리면서 매우 당황해 하였다. ²⁵ 바로 그때, 어떤 사람이 산헤드린 공회에 들어와서 이런 보고를 했다. "보십시오! 감옥에 있던 그 사람들이 지금 성전 안에 서서 백성들을 가르치고 있습니다!" ²⁶ 그 즉시 성전 경비대장은 병사들을 데리고 가서 사도들을 끌고 왔다. 하지만 지난번처럼 강압적으로는 할 수 없었다. 왜냐하면 주변에 있는 백성들이 돌로 칠까 두려웠기 때문이다.

²⁷ 그렇게 그들은 사도들을 끌고 와서 산헤드린 공회 앞에 세웠다. 그리고 대제사장은 심문하기 시작했다. ²⁸ 대제사장은 이렇게 말했다. "우리가 이미 너희들에게 그 예수라는 인간의 이름으로 어떤 가르침도 말하지 말라고 하지 않았느냐? 그런데 너희들은 우리의 권위와 명령을 무시하고 예루살렘을 그 예수라는 인간에 대한 너희들의 가르침으로 가득 채우고 있으며 그래서 그 예수라는 인간이 십자가에서 피 흘리며 죽임당한 책임을 우리에게 덮어씌우려고 하고 있다!" ²⁹ 이에 대해 베드로와 사도들은 다음과 같이 대답했다. "먼저 산헤드린 공회의 권위와 명령에 순종하지 않았다는 비난에 대해서 답변하자면, 누구든지 사람의 권위나 명령에 순종하는 것보다 하나님의 권위와 명령에 순종하는 것이 당연하며, 반드시 그렇게 해야 합니다. 이어서 여러분이 가르치지 말라고 하는 예수님에 대해서 바로 답변하자면, ³⁰ 여러분은 예수님을 십자가 나무에 매달아서 잔인하게 죽였지만, 우리 선조들의 하나님께서 바로 그분을 일으키셔서 부활의 생명이 되게 하셨습니

다. [31] 그뿐 아니라, 하나님께서는 그분을 하늘 보좌의 우편으로 올려주셔서 온 세상을 다스리는 통치자/왕이 되게 하시고, 구원자가 되도록 하셨습니다. 그래서 이스라엘 사람들이 그분을 향해 삶의 방향과 이야기를 바꾸는 회개를 통해 지금까지 지은 죄에서 벗어나고 용서받을 수 있는 은혜와 기회를 선물해 주신 것입니다. [32] 우리는 바로 이 놀라운 소식과 복음의 증인들입니다. 아울러 성령님께서도 우리가 전하고 가르치는 내용과 하나님 말씀의 증인이십니다. 하나님께서는 이 복음에 순복하는 자들에게 바로 그 성령님을 보내 주셨기 때문입니다." [33] 이러한 사도들의 대답을 들은 산헤드린 공회의 사람들은 마치 톱질을 당하는 것 같은 찔림과 마음의 상처를 받게 되어 크게 화를 냈고 사도들을 죽여 버리기로 결심했다.

[34] 그러자 산헤드린 공회에 참석한 사람 중에서, 모든 백성에게 존경받는 율법 교사이자 바리새인인 가말리엘이 일어났다. 그리고 사도들에게 잠시 밖으로 나가 있으라고 큰 소리로 명령했다. 이제, 가말리엘은 산헤드린 공회 사람들에게 다음과 같이 말했다. [35] "이스라엘 사람들이여! 저 사람들에게 하려고 하는 일에 대해서 좀 더 신중하고 조심하기를 바랍니다! 그 이유를 말씀드리겠습니다. [36] 얼마 전에 '튜다ᄃᄃ'라는 사람이 있었습니다. 그는 자신을 자칭 예언자라고 말하며, 마술로 사람들을 유혹해서 특별하고 대단한 사람으로 자신을 소개하였지요. 그래서 약 400명 정도의 사람들이 그를 추종했습니다. 하지만 그가 죽고 나자 그를 믿고 따

르던 사람들이 모두 흩어졌고 아무것도 아닌 것이 되었습니다. [37] 그 후에도 갈릴래아갈릴리 출신인 '유다'라는 사람이 있었습니다. 그 사람도 호적을 하던 시기에 일어나서 황제에게 세금 내기를 거부하며 백성들을 선동해서 자신을 따르도록 했습니다. 하지만 그 사람도 죽고 나자 그를 믿고 따르던 사람들이 모두 흩어지고 말았습니다. [38] 제가 지금 여러분에게 무슨 말을 하고 있는지 아시겠지요? 나사렛 예수라는 사람을 따르는 이 사람들에게 더는 신경 쓰지 마시고 그냥 내버려 두십시오! [39] 만약 그들의 일이 이 땅에서 시작된 사람들의 말장난일 뿐이라면, 그들이 계획하고 의도한 일들은 이루어지지 못하고 스스로 철저히 무너져 내릴 것입니다. 하지만 만약 그들의 일이 하늘에서, 바로 하나님으로부터 시작된 일이라면, 여러분은 절대로 그들을 파괴하거나 무너뜨릴 수 없을 것입니다. 고집스럽게 그들을 핍박하고 공격하다가 결국 끝에 가서 하나님을 대항하고 적대하는 존재가 되지 않도록 주의하라는 말입니다." 그러자 산헤드린 공회 사람들은 이러한 가말리엘의 말에 설득당했다. [40] 그래서 산헤드린 공회는 밖에 있던 사도들을 다시 불러서 채찍질만 한 후에 더 이상 예수의 이름으로 가르침을 전하지 말라고 경고하고 그들을 풀어 주었다.

[41] 이러한 처분에 대하여 사도들은 기뻐하면서 산헤드린 공회 앞에서 떠났다. 그들은 예수님의 이름을 위해서 수치와 멸시를 당하고 채찍질 당하는 것을 철저하게 가치 있고 합당한 것으로 받아들인 것이다. [42] 이어서 사도들은 날마다 성전에서와 여러 집(가정)

에서 예수님을 메시아로 선포하고 가르치는 복음 전파를 멈추지 않고 계속해 나갔다.

동영상 설교 QR 14. 마음의 화살표, 영혼의 나침반(행 5:17-42)

15. 초대 교회의 갈등과 일곱 사역자의 선출(6:1-7)

6 ¹ 그즈음에 예수님을 믿고 따르는 제자들의 숫자가 점점 늘어나게 되자, 교회 안에는 갈등도 일어나게 되었다. 헬라어를 사용하는 디아스포라 출신 유대인 제자들이 히브리어를 사용하는 예루살렘 출신 유대인 제자들에게 자신들의 과부들이 매일의 음식 배급에서 무시당하거나 제외되고 있다고 불평한 것이다.

² 그러자 열두 사도들이 제자들을 전부 불러 모아놓고 이렇게 말했다. "여러분은 우리 사도들이 이 문제에 개입하여서 직접 해결해 주기를 바라겠지만, 우리가 음식을 나눠 주고 식탁 봉사를 하느라 하나님의 말씀을 준비하고 전하는 일에 소홀히 하는 것은 전혀 합당하지 않은 방향입니다. ³ 그러므로 형제자매 여러분! 우리는 다음과 같이 제안합니다. 여러분은 여러분 중에서 좋은 평판으로 검증된 사람들, 다시 말해서 성령과 지혜로 충만한 사람으로 7명의 사역자를 뽑으십시오. 그러면 우리는 그 사람들에게 과부들을 섬기고 음식을 나눠 주는 사역을 맡기도록 하겠습니다. ⁴ 그래서 우리 사도들은 기도하는 사역과 말씀을 준비하고 전하는 사역에 전념할 것입니다."

⁵ 그러자 이러한 사도들의 결정과 방향에 대해서 모든 제자가 한마음으로 기쁘게 받아들였다. 그래서 제자들은 다음과 같은 7명의 사역자를 뽑았다. 믿음과 성령으로 충만한 사람인 스테판스데반,

빌립, 프로코로^{브로고로}, 니카노르^{니가노르}, 티몬^{디몬}, 파르메나^{바메나}, 그리고 원래 이방인이었으나 유대교로 개종한 안티오키아^{안디옥} 사람 니콜라오^{니골라}. ⁶ 제자들이 사도들 앞에 그 7명의 사역자를 세웠다. 그러자 사도들은 그들을 위해서 기도하고 안수해 주었다. ⁷ 그 결과 하나님의 말씀이 계속 성장하고 확장되었고 예루살렘에서 예수님을 믿고 그분을 따르기로 결단하는 제자들의 숫자가 엄청나게 증가하였다. 심지어 유대인 제사장 중에서도 많은 사람이 예수님을 믿는 삶에 헌신하고 충성하게 되었다.

동영상 설교 QR 15. 문제의 사람, 해결의 사람(행 6:1-7)

16. 스테판의 사역과 사로잡힘(6:8-15)

6 ⁸ 초대 교회의 사역자로 안수받은 스테판스데반은 하나님의 은혜와 능력이 충만했기에, 많은 사람 앞에서 계속 하나님 나라의 복음을 전했고 여러 가지 기적과 표적도 행하였다(행 6:5). ⁹ 하지만 이러한 스테판의 사역과 그가 전하는 복음에 대적하는 사람들이 일어났다. 그들은 '자유인들의 모임'이라는 이름의 회당 소속 사람들로, 키레네구레네와 알렉산드리아, 그리고 킬리키아길리기아와 아시아 출신의 디아스포라 유대인들이었다. 그래서 그들은 스테판과 논쟁을 했다. ¹⁰ 그러나 그들은 스테판과의 논쟁에서 이길 힘과 능력이 없었다. 그 이유는 스테판이 가지고 있는 하나님의 지혜와 성령님의 능력을 단순히 인간의 말이나 논리로는 능가할 수 없었기 때문이다.

¹¹ 그래서 그들은 스테판을 교묘한 방법으로 공격하기 시작했다. 은밀하게 사람들을 매수해서 "스테판이 모세의 율법과 하나님과 성전에 대해 신성모독 하는 말을 들었다"라는 거짓 증거를 제시한 것이다. ¹² 또한 그들은 백성들 및 장로들과 서기관들을 선동해서, 스테판을 체포했고 결국 산헤드린 공회에서 재판받도록 끌고 왔다. ¹³ 아울러 그들은 거짓 증인들을 세워서 공회의 재판 앞에서 이렇게 말하도록 했다. "저 스테판이라는 인간이 거룩한 장소인 성전과 하나님의 말씀인 율법에 대해서 적대적인 말을 끊임없이 쏟아 놓고 있습니다! ¹⁴ 그 근거 중에 하나로 저 스테판이라는

인간이 메시아라고 믿는 '나사렛 예수가 이 거룩한 장소인 성전을 파괴할 것이고 모세가 우리에게 전해 준 전통들을 변경할 것이다' 라고 말한 것을 우리가 들었습니다!" [15] 이러한 증언으로 인해, 공회 안에 앉아 있던 모든 사람이 스테판을 주목하게 되었다. 공회의 위엄과 거짓 증언의 공격으로 인해 위축될 것 같았지만, 그 순간 스테판의 얼굴은 마치 천사의 얼굴처럼, 하나님의 얼굴처럼 되어 있는 것을 모두가 보게 되었다.

동영상 설교 QR 16. 걸림돌의 사람, 디딤돌의 사람(행 6:8-15)

제2부
사마리아와 다마스쿠스:
한 알의 밀알, 복음의 확장(7-12장)

17. 스테판의 마지막 설교(7:1-53)

7 ¹ 이에 대제사장 가야바가 스테판스데반에게 이렇게 질문했다. "저 사람들이 너에게 고소한 내용들이 사실이냐?"

아브라함의 이야기

² 그러자 스테판이 대답했다. "첫 번째로, 여러분이 문제를 제기한 하나님의 말씀과 율법에 대해 이야기를 하겠습니다. 이 자리에 계신 형제자매님들! 그리고 산헤드린 공회의 지도자분께! 제가 드릴 말씀, 곧 위대한 구원 역사의 흐름 속에서 하나님께서 주신 선물인 하나님의 말씀 곧 율법에 대해서, 하나님께서는 어떻게 하셨고 우리 선조들은 어떻게 했는지 알려 드릴 것이 있으니 모두 제 말

을 잘 들어 주십시오! 여러분이 잘 아는 것처럼, 영광의 하나님께서는 우리의 선조가 되는 아브라함에게 나타나셨지요. 바로 아브라함이 하란에 거주하기 전, 메소포타미아 지역의 우르에 살 때 말입니다. ³ 그리고 하나님께서는 아브라함에게 '너는 너의 친척의 땅을 떠나서 내가 너에게 보여줄 땅, 바로 이곳, 가나안 땅으로 가거라'라고 명령하셨지요. ⁴ 그래서 아브라함은 하나님의 말씀에 순종하여 갈대아 사람들의 땅을 떠나 하란까지 와서 살았습니다. 그리고 거기서 아버지 데라가 죽었지요. 그 후에 아브라함은 지금 우리가 살고 있는 바로 이 땅으로 왔습니다. ⁵ 하지만 하나님께서는 아브라함에게 발 한 걸음 담길 만한 작은 땅도 유산으로 주지 않으셨지요. 다만 약속을 하나 하셨습니다. 그것은 바로 이 땅을 아브라함의 후손에게 유산으로 주시겠다고 하신 것입니다. 당시에 아브라함에게는 단 한 명의 자식/후손도 없었는데 말입니다. ⁶ 그럼에도 하나님께서는 아브라함에게 '너의 후손은 반드시 태어날 것이고 다른 나라(이집트)로 가서 종이 될 것이다. 거기서 400년 동안 압제와 학대를 당할 것이다'라고 말씀하셨습니다. ⁷ 이어서 하나님께서는 '하지만 너의 후손이 많아져서 큰 민족을 이룬 후에, 그 민족을 종으로 삼아 압제하고 학대하는 그 나라(이집트)를 내가 반드시 심판할 것이며 그 모든 일이 일어난 후에(출애굽 후에) 그들은 바로 이 땅으로 돌아와서 나를 섬기고 예배하게 될 것이다'라고 말씀하셨습니다. ⁸ 이어서 하나님께서는 자신이 하신 말씀을 확실하게 하시고자, 아브라함에게 할례의 약속/언약을 주셨지요. 놀랍게도 그 나이 많은 아브라함이 이삭을 아들로 낳았고 하나님의 약속대로 태어난 지 8번째 되는 날에 할례도 행하였습니다. 그 후에 이삭을 통해서 야곱이 태어났고, 야곱을 이어서 12명의 선조들(지파의 지도자들)이 태어났지요. 당연히 그들에게도 할례를 행하여 하나님과 약속/언약의 관계를 맺게 되었습니다.

야곱과 요셉의 이야기

9 그러던 중에 우리 선조들(야곱의 아들들)은 요셉을 시기해서, 그를 이집트애굽으로 팔아 버리는 사건이 있었습니다. 그럼에도 하나님께서는 요셉과 함께하셨습니다. 10 하나님께서는 노예로 팔려가서 고생하는 요셉을 모든 시련과 어려움에서 구해 주시고 이집트의 바로 왕 앞에서 특별한 사람으로 인정받을 수 있게 은혜와 지혜를 더해 주셨습니다. 그 결과 요셉은 이집트와 이집트의 왕실 전부를 다스릴 수 있는 위치에까지 올라가게 되었습니다. 11 그러다가 그즈음 온 이집트와 가나안 땅 위에 그 어떤 추수도 할 수 없는 극심한 기근이 닥쳤습니다. 우리의 선조들조차 전혀 먹을 것을 구할 수 없는 비참한 시련의 때가 닥친 것이죠. 12 바로 그때, 야곱은 '이집트에는 곡식이 있다'라는 소문을 듣게 되었습니다. 이집트의 총리가 된 요셉이 하나님의 지혜로 7년의 풍년 때에 7년의 흉년을 준비했기 때문이죠. 13 그래서 야곱은 곡식을 구하려고 자신의 아들들인 우리의 선조들을 첫 번째로 이집트 땅으로 보냈습니다. 14 그리고 두 번째로 이집트를 방문했을 때, 요셉의 형들은 요셉이

그들의 동생이라는 것을 알게 되었고 바로에게도 요셉의 가족들이 이집트에 왔다는 소식이 전해지게 되었지요. [15] 결국 요셉은 사람을 보내서 자신의 아버지인 야곱에게 이집트 땅으로 오시도록 하였습니다. 그의 아버지 야곱뿐만 아니라 그의 모든 친족 75명의 사람들까지요. [16] 그래서 야곱은 이집트로 이주해서 살게 되었고 거기서 생을 마감하게 되었습니다. 물론 요셉의 형제들인 우리의 선조들도 다 거기서 생을 마감하였지요. 다만 요셉의 아버지인 야곱이 죽은 후에, 그의 유골을 가나안의 세겜 땅으로 가져가 거기서 매장을 하였습니다. 그 이유는 바로 그곳에 아브라함이 자기 아내 사라의 장례를 위해서 세겜 땅의 주인이었던 하몰의 아들들로부터 돈을 내고 구입한 땅이 있었기 때문이죠(창 23:18-20; 수 24:32).

모세와 광야 이야기

[17] 세월이 흘러서, 하나님께서 아브라함에게 약속하신 그때가 가까워졌습니다. 바로 아브라함의 후손이 하늘의 별과 바다의 모래알처럼 많아져서 하나님께서 선물로 주신 약속의 땅에서 살게 되는 그때 말입니다. 정말로 아브라함의 후손들은 이집트 땅에서 엄청난 숫자로 증가하고 많아졌습니다. [18] 하지만 그즈음, 이집트에는 이전의 요셉을 전혀 알지 못하는 다른 왕이 등극하고 말았습니다. [19] 그 새로운 이집트의 왕은 자신의 이익을 위해서 교활한 정책으로 이집트에 살던 우리 민족을 괴롭히고 압제했습니다. 심한 노

역을 시킬 뿐만 아니라, 태어난 아기들까지 죽이거나 버려서 후손이 이어지지 못하도록 한 것입니다. ²⁰ 바로 그때 모세가 태어났습니다. 그는 하나님의 특별한 은혜를 받아서 매력적이고 아름다웠습니다. 이집트 왕의 유아 살해 정책에도 불구하고 모세는 부모님의 보호 아래 3개월 동안 양육되었습니다. ²¹ 하지만 결국 모세의 부모님도 어쩔 수 없이 모세를 나일 강에 버려야 했습니다. 그런데 놀랍게도 갈대 상자에 버려진 아기 모세를 바로의 딸이 발견하여 집어 올렸고, 자신의 양자로 삼아서 양육해 주었습니다. ²² 그리고 모세는 이집트의 왕실에서 이집트의 모든 최고 훈련을 받게 되었습니다. 그래서 그는 말하는 것과 행동하는 것에 탁월한 능력을 소유한 사람이 되었습니다. ²³ 다시 세월이 흘러, 모세가 40살이 되었을 때, 그는 고통받고 억압받는 자기 민족을 돌아보고(방문하고) 그들을 구해 내기 위해서 특별한 일을 해야겠다는 각오를 하게 되었습니다. ²⁴ 그래서 모세는 왕궁을 떠나 자기 민족이 사는 곳으로 나가 보았는데, 자기 민족 중에 한 사람이 부당하게 이집트 사람으로부터 학대당하는 것을 보고 복수해 주었습니다. 즉 괴롭힘을 당하는 자기 민족의 사람을 위해서 이집트 사람 하나를 쳐 죽인 것입니다. ²⁵ 모세는 바로 그 사건을 시작으로, 하나님께서 자신을 통해 이스라엘을 구원하려고 하신다는 것을, 자신의 동족인 이스라엘의 형제자매들이 깨달을 것이라고 생각했습니다. 하지만 그들은 전혀 깨닫지 못했습니다. ²⁶ 모세는 다음 날에도 자기 민족이 사는 곳에 가 보았습니다. 그런데 이번에는 이스라엘 사람

들이 자기들끼리 싸우고 있는 것을 보게 되었습니다. 그래서 모세
는 그들이 서로 화해하게 만들고자 이런 말을 했습니다. '이보시
오! 당신들은 서로 같은 민족이고 한 형제가 아닙니까? 그런데 왜
서로에게 잘못된 행동을 하는 것입니까?' ²⁷ 그러자 싸우던 사람
들 중에서 자신의 친구에게 먼저 잘못된 행동을 한 사람이 모세를
밀치며 다음과 같이 말했습니다. '이봐! 누가 당신에게 우리를 위
해 지도자나 재판관이 돼 달라고 했어? ²⁸ 어제는 이집트 사람을
쳐 죽이더니, 오늘은 나를 죽이려는 거야?' ²⁹ 그 말을 들은 모세는
그 자리를 떠나서 도망가고 말았습니다. 그리고 여기저기를 떠돌
아다니다가 미디안 땅에서 한 여자를 만나 가정을 꾸리고 아들 둘
을 낳게 되었지요.

³⁰ 그렇게 또 다시 세월이 40년이나 더 흘러서 모세가 80살쯤
되었을 때, 하나님께서는 모세에게 나타나셨습니다. 시나이^{시내}산
이 있는 한 광야에서 천사가 불타는 떨기나무의 불꽃 가운데 있는
것을 보게 된 것입니다. ³¹ 모세는 처음에 떨기나무에 붙은 불이 그
나무를 완전히 소멸시키지 않고 계속 타고 있는 모습이 이상하고
신기해서, 그 광경을 자세히 보려고 접근했는데, 바로 그때 하나님
의 음성이 들린 것입니다. 하나님께서는 모세에게 이렇게 말씀하
셨습니다. ³² '나는 하나님이다! 네 조상들의 하나님이요, 아브라함
과 이삭과 야곱의 하나님이다!' 바로 그 음성을 들은 모세는 너무
나 무서워서 똑바로 쳐다볼 수도 없게 되었습니다. 그러자 하나님
께서는 모세에게 이어 말씀하셨습니다. ³³ '모세야! 네 발에 신은

신발을 지금 즉시 벗어라! 네가 서 있는 땅은 거룩한 곳이기 때문이다! 34 내가 내 백성 이스라엘이 이집트에서 고난과 학대를 당하는 것을 충분히 보았으며 그들의 신음과 한숨을 분명히 들었다. 그래서 이제 내가 그들을 이집트 땅에서 구출/구원해 주려고 이곳에 왔으며, 바로 너를 보내서 그 일을 할 것이다. 그러므로 너는 지금 이집트로 가거라!'

35 맞습니다! 바로 그 모세입니다! 한때 사람들이 '누가 당신에게 우리를 위해 지도자나 재판관이 돼 달라고 했어?'라고 무시했던(행 7:27) 바로 그 모세를 하나님께서는, 떨기나무에서 그에게 보여 주셨던 천사의 손, 즉 하늘의 능력을 부어 주셔서 우리 민족의 지도자와 구원자로 보내 주신 것입니다. 36 결국 모세는 수많은 기적과 표적들을 이집트 땅과 홍해에서 행하여 이스라엘 민족을 구출/구원하였습니다. 그리고 광야에서 40년의 세월 동안 그들을 이끌었지요. 37 그리고 바로 그 모세는 우리 이스라엘 후손들에게 아주 중요한 예언을 하나 했습니다. 바로 '하나님께서 미래에 너희들을 위해, 너희들 중에서, 나와 같은 선지자, 즉 구원 역사의 흐름을 완성하게 될 특별한 선지자(예수님), 바로 그분을 세우실 것이다'라고요(신 18:15). 38 또한 바로 그 모세는 광야를 지나가던 이스라엘 공동체, 즉 구약의 교회 공동체를 위해서 시나이산에 올라가 천사들과 함께 말하며 하나님께서 우리에게 주신 생명의 말씀들, 바로 십계명을 포함해서 율법의 말씀들을 받아서 우리에게 전해 준 사람입니다! 39 하지만 우리 선조들은 바로 그 위대한 모세와

모세가 하나님으로부터 받은 하나님의 말씀, 곧 율법에 순종하기를 원하지 않았습니다. 오히려 모세와 모세가 전해 준 하나님의 말씀을 그들의 마음/중심으로 거절하고 거역해서 생명의 방향인 가나안이 아니라, 사망의 방향인 이집트로 계속 돌아가려고 했습니다. ⁴⁰ 그래서 우리 선조들은 모세가 하나님의 말씀을 받으려고 시나이산에 올라가 있는 동안 아론에게 '이집트에서 우리를 구출해서 인도한 그 모세라는 사람은 어떻게 되었는지 모르겠으니, 우리 앞에서 우리를 이끌 수 있는 신들을 만들어 주시오!'라는 정말 끔찍한 요구를 한 것입니다. ⁴¹ 그러자 아론과 우리 선조들은 그때에 송아지 형상으로 우상을 만들었고, 사람의 손으로 만든 그 우상을 향해 제사를 드리며 기뻐 날뛰었습니다. ⁴² 결국 하나님께서는 이스라엘에 대한 태도를 바꾸셨습니다. 더는 그들을 보호하지 않으시고 그들이 하늘의 별들을 신으로 삼아서 예배하고 우상 숭배하는 대로 내버려 두신 것입니다. 그래서 선지자들은 하나님의 마음과 태도를 담아서 자신들의 책에 이런 기록을 남긴 것입니다. '이스라엘 사람들아! 너희들이 광야를 통과하던 40년 동안 한 번이라도 하나님께 바른 제사나 예배를 드린 적이 있었느냐? ⁴³ 오히려 너희들은 자녀를 희생시키는 끔찍한 이방신인 몰록의 신전과 앗수르 사람들이 섬기는 토성 신인 레판의 별을 적극적으로 받아들이고 그것들을 만들어서 숭배하였다. 더 이상 너희들은 하나님을 참된 신으로 섬기지 않고, 하나님이 만든 것들을 신으로 삼아 숭배하였다. 그러니 이제 내가 어떻게 하겠느냐? 나는 너희들

을 포로로 만들어서 바벨론 땅 너머로 쫓아내 버릴 것이다(암 5:25-27).'

성막과 성전에 대한 이야기

44 두 번째로, 여러분이 문제를 제기한 성전에 대해 이야기를 하겠습니다. 우리 선조들에게는 하나님께서 주신 또 하나의 선물인 '증거의 장막'이 있었습니다. 이집트에서 나온 후에 광야에서, 하나님께서 모세에게 모양을 보여 주시고 그대로 만들라고 하신 명령에 따라서 세워진 '하나님과 사람이 만나는 거룩한 장소'인 성막이지요. 45 모세의 시대에 만들어진 그 성막은 다음 세대들이 잘 계승해서 여호수아와 함께 가나안 땅을 점령할 때까지 보존되었고, 그 후에 가나안에 있는 이방 민족들을 하나님께서 우리 선조들 앞에서 다 쫓아내신 다음에는 다윗의 시대 때까지 물려받아서 보존되었습니다. 46 다만 하나님으로부터 특별한 은혜를 받았던 다윗은, 야곱의 집 곧 이스라엘 백성들을 위해서 하나님의 성전을 짓게 해 달라고 하나님께 간절히 기도하였습니다. 47 그 결과 다윗의 아들인 솔로몬이 하나님의 성전을 지을 수 있게 되었지요. 48 하지만 아무리 화려한 성전 건축물이 지어진다고 해도, 온 우주보다 크신 창조주 하나님은 이 세상의 그 어떤 인간의 건축물 안에 거하실 수가 없습니다. 그래서 이사야 선지자는 다음과 같이 말한 것입니다. 49 '하나님께서 말씀하신다! 하늘은 나의 보좌이고 땅은 나의 발판이다! 그런데 그 가운데 있는 어느 영역에 내가 들어갈

집을 짓겠다는 것이냐? 그 어떤 공간/장소에 내가 온전하고 영원히 쉴 수 있는 자리를 마련할 수 있겠느냐? 50 세상 모든 것이 내 손으로, 바로 내가 만든 것이 아니냐? 그런데 어떤 장소를 너희들이 나를 위해 만들었다는 말이냐? 그 어떤 성전이 특별하다는 것이냐(사 66:1-2)!'

마지막 결론과 적용

51 결론적으로 여러분은 지금 율법을 지키지 않고, 성전을 무시하는 죄를 지었다고 하면서 저를 공격하고 있지만, 실제로는 여러분이 여러분의 선조들처럼 율법을 소유만 했을 뿐 전혀 지키지 않고 있으며, 인간의 화려함으로 성전을 지어 올리기만 했을 뿐 그 안에 하나님께서 거하지 않으신다는 것을 전혀 모르고 있습니다. 여러분은 정말 목이 곧은 완고한 사람들이며, 마음과 귀에 할례를 받지 못한 불순종의 사람들입니다! 그래서 여러분은 여러분의 선조들이 했던 것처럼 하나님/성령님께 반대하고 대적하기만 하고 있습니다! 52 바로 그런 여러분의 모습을 바꾸고 회개시키고자, 하나님께서 수많은 선지자들을 보냈지만, 여러분의 선조들은 그들을 모두 핍박하고 죽였습니다. 심지어 구약의 모든 선지자가, 궁극적인 선지자요 의인으로 예언하고 기다렸던 분, 바로 모든 율법의 완성이시고 성전의 본체가 되시는 분, 하나님의 아들 예수님을 여러분은 배척하고 죽였습니다! 53 결국 여러분은 하나님께서 천사들을 통해 전해 준 율법을 받고서도, 다시 말해서 하나님께서 보

내신 말씀 그 자체이신 예수님을 만나고서도, 그 율법과 그 말씀
에 전혀 순종하지 않고 있다는 것입니다!"

동영상 설교 QR 17. 하나님의 흐름, 우리의 흐름(행 7:1-53)

18. 스테판의 순교와 이어지는 핍박(7:54-8:3)

7 ⁵⁴ 이러한 스테판스데반의 설교를 들은 유대인들은 마치 톱질을 당하는 것 같은 찔림과 마음의 상처를 받기 시작했고 스테판을 적대하며 이를 갈았다. ⁵⁵ 하지만 성령으로 충만해진 스테판은 주변에 있는 사람들이 아니라 하나님께 초점을 맞추고 하늘을 바라보고 있었다. 그러자 하늘이 열렸고 스테판은 하나님의 영광과 예수님께서 하나님의 오른쪽에 서서 계신 것을 보게 되었다(마 26:64; 눅 22:69; 엡 1:20; 골 3:1; 히 1:3). ⁵⁶ 그래서 스테판은 이렇게 말했다. "보십시오! 완전히 열린 하늘과 하나님 오른쪽에 서서 계신 하나님의 아들, 바로 그 참된 사람이신 예수님을 제가 지금 봅니다!"

⁵⁷ 그러자 산헤드린 공회에 모여 있던 유대인들은 스테판이 하는 말이 듣기 싫어서 큰소리를 지르며 자신들의 귀를 막았다. 그리고 그들은 일제히 스테판을 향해 달려들었다. ⁵⁸ 그들은 스테판을 예루살렘 성 밖으로 끌고 나가서 절벽 아래로 던진 후에, 계속 돌을 던졌다. 그 과정에서, 스테판을 죄인이라고 거짓 증거했던 증인들은 돌을 던지는 데 걸리적거리는 겉옷을 벗어서 '사울'이라는 이름을 가진 한 청년에게 맡겨두었다. ⁵⁹ 그들은 흥분하여 계속 돌을 던졌다. 하지만 돌에 맞으면서도 스테판은 하나님을 향해 이렇게 부르짖어 기도했다. "나의 주인 되신 예수님! 나의 영을 받아주소서!" ⁶⁰ 스테판은 무릎을 꿇고 큰 소리로 외쳤다. "주여! 저 사

람들의 죄를 용서해 주옵소서(시 31:5; 눅 23:46)!" 이 마지막 말을 마친 후에 스데반은 죽음의 잠으로 들어갔다.

8 ¹ 스데반이 돌에 맞아서 죽임당한 것에 대해서, 사울은 지극히 당연하게 여겼다. 스데반을 죽인 사람들과 같은 마음을 품은 것이다. ² 결국, 그때부터 예루살렘의 여러 지역에서 모임을 가지던 가정 교회에도 큰 핍박이 시작되었다. 그래서 예루살렘에는 사도들만 남게 되었고 나머지 모든 성도는 유대아유대와 사마리아 땅으로 흩어지게 되었다. 다만 몇몇 경건한 사람들이 모여서 스데반의 장례를 치러주었고 그를 위해 크게 울며 슬퍼하였다. ³ 이제 예수님을 믿는 성도들의 핍박자로 등장한 사울은 교회를 계속 파괴하였다. 예수님을 믿는 집들을 찾아내서 들어간 후에, 남자여자를 막론하고 끌어낸 후에 모조리 감옥 안에 처넣었다.

동영상 설교 QR 18. 스데반의 죽음과 생명(행 7:54-8:3)

19. 사마리아로 퍼져 나가는 복음(8:4-25)

8 ⁴ 그럼에도 불구하고 이러한 교회를 향한 핍박으로 인해 흩어진 성도들은 그 위기를 기회로 삼아 하나님의 말씀을 복된 소식으로 전하면서 여러 지역을 통과해 나아갔다. ⁵ 특히 7명의 사역자 가운데 한 사람인 빌립은 사마리아 지역의 한 도시로 내려가서, 예수님이 바로 메시아(구원자)라고 계속 선포하고 전했다. ⁶ 그러자 많은 사람이, 빌립이 전하는 복음을 듣고 또한 복음의 실제적인 증거가 되는 것으로, 그가 행하는 표적들을 보고서 하나같이 빌립을 따르기 시작했다. ⁷ 그 이유는 빌립을 통해서 많은 사람을 사로잡았던 더러운 영들이 큰 소리를 지르며 떠나갔고 중풍병과 하반신 장애로 고통받던 많은 사람도 치유받았기 때문이다. ⁸ 그래서 사마리아에 있는 그 도시에는 세상의 즐거움과는 비교할 수 없는 종류의 기쁨이 일어나게 되었다.

⁹ 바로 그 도시에는 '시몬'이라는 이름을 가진 사람도 살고 있었는데, 그는 마술을 통해 사마리아 사람들을 놀라게 했고 스스로 자신을 대단한 사람으로 자랑하고 선전했다. ¹⁰ 그러자 그 도시에 있는 낮은 계층의 사람들부터 높은 계층의 사람들까지 모두가 시몬에 대하여 "이 사람은 신의 수준이라고 할 수 있는(해당하는) 위대한 능력을 갖춘 사람이다"라고 말하며, 그를 추종했다. ¹¹ 그렇게 오랜 시간 동안, 마술을 통해서 사람들을 놀라게 했기에, 사마리아 사람들은 시몬을 계속 추종했던 것이다. ¹² 하지만 이제 그 도시에

만연한 마술의 흐름이 복음의 흐름으로 바뀌는 때가 왔다. 그즈음에, 빌립이 하나님의 나라와 그 나라의 주인 되시는 예수 메시아 (구원자)의 더 위대한 이름과 능력을 복음으로 전했다. 그러자 그 도시의 남자들과 여자들이 빌립이 전한 복음을 듣고 세례도 받게 되었다. ¹³ 심지어 마술사 시몬도 스스로 믿고 세례까지 받은 후에 빌립에게 달라붙어서 따라다녔다. 시몬은 빌립을 통해서 일어나는 여러 가지 표적들과 능력들을 보고서 계속 놀라워하였다.

¹⁴ 그러던 중에, 예루살렘에 있는 사도들에게 '사마리아 사람들도 하나님의 말씀을 받아들였다'라는 내용의 보고가 전달되었다. 그 소식을 들은 사도들은 사마리아 성도들을 위해 베드로와 요한을 파송했다. ¹⁵ 예루살렘에서 사마리아로 내려온 사도들은 사마리아 성도들의 영적 상태를 파악한 후에 그들에게 성령님이 임하시도록 기도해 주었다. ¹⁶ 그 이유는 사마리아 성도들이 그때까지 주인 되신 예수님의 이름으로 물세례만 받았을 뿐, 그 누구도 성령세례를 받지 못하여 그들 위에 성령님께서 임하시고 역사하신 체험이 전혀 없었기 때문이다. ¹⁷ 그래서 베드로와 요한이 사마리아 성도들 위에 안수 기도하자, 그들 모두에게 성령님께서 임하시는 현상이 일어났고, 그들은 그렇게 성령님을 만나고 받아들이게 되었다.

¹⁸ 사도들이 안수해서 기도하자 사람들에게 성령님이 임하시는 현상을 본 시몬은, 베드로와 요한에게 자기 돈을 주면서 ¹⁹ 이렇게 부탁했다. "사도님들! 저도 이러한 권위와 능력을 가질 수 있

도록 해 주십시오! 제가 누구에게든지 안수하면 그 사람이 성령을 받는 현상이 일어날 수 있도록 말입니다." [20] 그러자 베드로는 시몬을 향해 이렇게 대답했다. "당신은 당신의 돈과 함께 지옥으로 떨어질 것입니다! 당신은 지금 하나님의 선물인 성령님을 돈으로 사고파는 물건 수준으로 변질시켰습니다! [21] 당신은 하나님 앞에서 변질된 신앙을 가지고 있으니, 앞으로 당신은 하나님 나라의 어떤 영역에도 들어갈 수 없을 것이며, 하나님 말씀의 어떤 부분도 누릴 수 없을 것입니다! [22] 그러므로 즉시 그 악한 마음과 태도에 대해 회개하십시오! 주님께 지금 회개의 기도를 드리십시오! 당신이 진심으로 회개한다면, 당신의 그 잘못된 마음의 의도와 태도에 대해서 용서받게 될 것입니다! [23] 내가 보니, 지금 당신의 영혼은 독약 같은 악과 쇠사슬 같은 불의에 사로잡혀 있는 상태입니다!" [24] 그러자 시몬은 다음과 같이 대답하며 간청했다. "사도님들! 저를 위해 대신 하나님께 간구의 기도를 좀 올려주세요! 그래서 방금 사도님들이 말씀하신 내용 중에서 나쁜 것이 단 하나도 저에게 닥치지 않도록 말이에요!" [25] 그렇게 두 사도는 주님의 말씀을 철저하게 선포하고 증거한 후에, 예루살렘으로 돌아갔다. 그 과정에서 그들은 사마리아에 있는 다른 많은 지역에도 복음을 전해 주었다.

동영상 설교 QR 19. 우리의 부족함, 하나님의 채우심(행 8:4-25)

20. 빌립과 에티오피아 내시의 만남(8:26-40)

8 ²⁶ 그즈음, 주님의 한 천사가 나타나 빌립에게 이렇게 말했다. "그대는 일어나서, 예루살렘에서 약 80킬로미터 남서쪽에 있는 가자^{가사}로 이르는 광야 길로 내려가십시오!" ²⁷ 그래서 빌립은 일어나서 그 길로 내려갔다. 그랬더니, 그 길에서 에티오피아^{에디오피아} 여왕, 칸다케^{간다게}의 모든 국가 보물을 책임지는 고위 관직의 내시 한 사람을 보게 되었다. 그 내시는 하나님을 경외하는 이방인으로 예루살렘에서 예배를 드리려고 왔던 것이다. ²⁸ 때마침 예루살렘에서 예배드리기를 마친 내시는 고국으로 돌아가고 있었는데, 그는 여행용 마차 위에 앉아서 이사야 선지자의 글을 계속 소리 내어 읽고 있었다.

²⁹ 그러자 성령님께서 빌립에게 "너는 가거라! 저 내시의 여행용 마차 가까이 붙어라!"라고 말씀하셨다. ³⁰ 그래서 빌립이 달려가 그 여행용 마차 가까이에 이르자, 내시가 이사야 선지자의 글을 읽는 소리를 듣게 되었다. 이에 빌립은 그 내시에게 "지금 읽으시는 내용에 대해서 이해가 되십니까?"라고 물어보았다. ³¹ 그러자 그 내시는 "설명해 주는 사람이 없어서, 도대체 이해가 잘 안 됩니다"라고 대답하고서, 빌립에게 올라와서 자기 옆에 앉으라고 초청하였다. ³² 바로 그때, 내시가 읽고 있던 성경 구절은 바로 다음과 같은 이사야 53장의 말씀이었다. '그는 도살될 양처럼 끌려갔고 털 깎는 사람 앞에 있는 어린양처럼 조용했다. 그렇게 그는

아무 말도 하지 않았다. ³³ 그는 억울하고 비참한 상태로 공정한 재판마저 받지 못했다. 그렇게 갑작스럽게 죽임을 당했기에 그를 이을 후손조차 없었다(후손에 대해서 말할 수도 없었다). 가장 의로운 사람을 최악의 범죄자로 취급해서 생명을 빼앗아 버린 그 비극적인 사건에 대해서, 그 세대의 사람들에 대해서 무엇이라고 말해야 할까?'

³⁴ 내시는 빌립에게 다음과 같이 물어보았다. "이 성경 구절에서 선지자 이사야가 말하는 이 사람이 도대체 누구입니까? 선지자 자신입니까? 아니면 다른 사람을 말하는 것입니까?" ³⁵ 그래서 빌립은 입을 열어서 진리를 알려 주었다. 바로 그 이사야의 성경 구절로부터 시작해서 그 모든 이야기의 궁극에 계신 예수님에 관한 이야기, 바로 우리를 구원하신 복음의 이야기를 전해 준 것이다. ³⁶ 그렇게 두 사람이 예수님과 복음에 대한 이야기를 하면서 길을 가다가, 어떤 물이 있는 장소에 도착하게 되었다. 그러자 그 내시는 빌립에게 이렇게 말했다. "때마침 여기에 물이 있네요! 저도 세례를 받을 수 있겠지요? 제가 지금 세례를 받는 데 어떤 문제나 부족함이 있나요?" ³⁷ [고대의 많은 사본에는 이 구절이 없음] 이에 빌립이 이렇게 말했다. "만약 그대가 마음을 다해 예수님을 믿는다면 지금 세례를 받을 수 있습니다." 그러자 그 내시는 다음과 같이 대답했다. "나는 메시아 예수님을 하나님의 아들로 믿습니다."

³⁸ 이어서 그 내시는 여행용 마차를 세우라고 소리쳐 명령한 후에, 마차가 멈추자 빌립과 함께 물로 내려갔다. 그리고 거기서

빌립은 내시에게 세례를 베풀었다. ³⁹ 세례를 마치고 두 사람이 물에서부터 올라오자, 주님의 성령께서 빌립을 사로잡으시고 공간 이동을 시키셨다. 그래서 내시는 더는 빌립을 볼 수 없게 되었다. 하지만 세례받은 내시는 기뻐하면서 자신의 길을 계속 갔다. ⁴⁰ 성령님께서 공간 이동을 시켜주심으로, 이제 빌립은 아스돗^{아소도}에 나타났다. 빌립은 거기서부터 카이사리아^{가이사랴}에 도착할 때까지 해안 도로를 따라 있는 모든 성과 도시들을 지나가면서 계속 복음을 전했다(행 21:8-9).

동영상 설교 QR 20. 우리의 부족함, 하나님의 채우심 2(행 8:26-40)

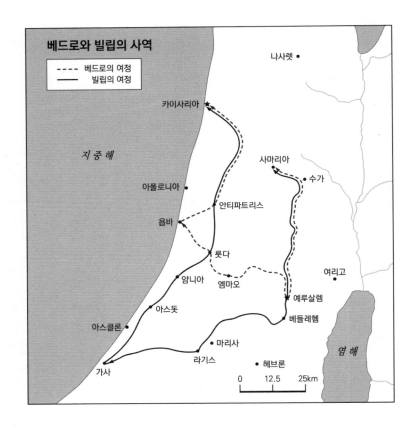

21. 부활의 주님을 만난 사울(9:1-19)

9 ¹ 한편 사울은 예수님을 믿는 제자들에 대해서 하나님의 율법과 성전을 파괴하는 이단이라고 생각하여, 적대감과 살기의 태도로 씩씩거리며 대제사장 가야바에게 가서, ² 예루살렘에서 북북동 방향으로 약 200킬로미터 떨어진 다마스쿠스^{다메섹}에 있는 회당들을 거점으로 그 지역에서 활동할 수 있는 추천 편지들을 써 달라고 요청했다. 남자든 여자든, 예수님을 유일한 '길'이라고 믿고 그 흐름에 소속된 사람들을 발견하게 되면 모조리 사로잡아 예루살렘으로 끌고 오기 위해서였다.

³ 그렇게 모든 것을 준비해서 길을 가던 사울에게 이런 일이 일어났다. 그가 다마스쿠스에 가까워졌을 때, 갑자기 하늘에서 특별한 빛이 비취더니 그를 사로잡아 버린 것이다.

⁴ 그래서 사울은 땅에 엎어지고 말았고, 그런 자세로 특별한 하늘의 음성을 듣게 되었다. "사울아! 사울아! 왜 너는 나를 뒤쫓아 괴롭게 하느냐?" ⁵ 이에 사울은 그 음성을 향해 질문했다. "당신은 도대체 누구십니까?" 그러자 그 음성은 이렇게 대답했다. "내가 예수다! 네가 뒤쫓아 박해하며 괴롭게 하는 바로 그 예수다! ⁶ 이제 너는 일어나서 다마스쿠스 성(도시)안으로 들어가거라! 그러면 네가 지금부터 해야만 할 일을 누군가 알려 줄 것이다."

⁷ 하지만 사울과 동행하던 사람들은 하늘에서 어떤 소리가 나는 것은 느낄 수는 있었으나 그 소리가 무슨 말인지 알아들을 수

는 없었고 아무것도 볼 수 없었기에, 아무 말도 못 하고 서 있을 수
밖에 없었다(행 22:9). 8 땅에 엎어져 있던 사울은 주변 사람들에 의
해서 일으킴을 받았다. 사울은 눈을 뜨고 있었지만, 아무것도 볼
수 없는 상태였기 때문이다. 그래서 일행의 손에 이끌려서 다마스
쿠스 성(도시)안으로 들어가게 되었다. 9 이어서 3일 동안 사울은
아무것도 보지 못하고, 아무것도 먹지 못하고, 아무것도 마시지 못
한 채로 지냈다.

10 한편, 다마스쿠스 성(도시)에는 하나니아^{아나니아}라는 이름을 가
진 주님의 제자 한 명이 살고 있었다. 예수님께서는 환상 중에 그
를 부르셨다. "하나니아야!" 그러자 하나니아가 대답했다. "네 주
님! 제가 여기 있습니다!" 11 이에 예수님께서는 하나니아에게 "너
는 일어나서 다마스쿠스 동문에서 서문으로 곧게 이어지는 도로
인 '곧은 길'이라는 이름을 가진 거리로 가거라! 거기서 유다의 집
으로 들어가서 '타르수스^{다소} 사람'이라고 불리는 사울을 찾거라!
가 보면, 그가 기도하고 있을 것이다. 12 아울러 그는 이미 하나니
아라는 이름을 가진 사람이 들어와서 자신에게 안수 기도해 주는
것과 그로 인해 다시 앞을 보게 되는 것을 모두 환상으로 보았다"
라고 말씀해 주셨다.

13 그러자 하나니아는 다음과 같이 대답했다. "주님! 그 사울이
라는 사람이 예루살렘에서 당신의 성도들에게 얼마나 악한 짓을
많이 했는지에 대해서 여러 사람을 통해 제가 들었습니다. 14 그뿐
만 아니라, 여기 다마스쿠스에서도 당신의 이름을 부르는 모든 사

람을 체포할 수 있는 권한을 대제사장으로부터 받아서 온 사람입니다."

15 하지만 예수님께서는 하나니아를 향해 다음과 같이 말씀하셨다. "하나니아야! 내 말에 순종하여서 사울에게 가거라! 그는 앞으로 수많은 이방인과 왕들, 그리고 이스라엘 사람들 앞에서 나의 이름을 전하기 위해 택함을 받은 특별한 사람이다. 16 그래서 나는 그가 앞으로 나의 이름을 전하기 위해서 얼마나 많은 고난을 받아야 할지를 보여 줄 것이다." 17 결국, 하나니아는 예수님의 말씀에 순종하여 출발했고 사울이 있는 집을 찾아 그 안으로 들어갔다. 그리고 사울에게 안수하며 이렇게 말했다. "사울 형제님! 형제님이 다마스쿠스로 오던 길에 나타나신 분, 바로 예수님께서 나를 보내셨습니다. 이제 그분께서 형제님의 눈을 다시 보게 해 주실 것이고 성령님으로 형제님의 영혼을 충만하게 하실 것입니다." 18 하나니아의 안수 기도가 마치자마자 사울의 눈에 있던 비늘들이 떨어져 나가서 그는 다시 볼 수 있게 되었고 일어나서 세례도 받았다. 19 이후에 사울이 음식을 먹었더니 강건해졌다. 이제 사울은 다마스쿠스에 있는 주님의 제자들과 함께 며칠 동안 지냈다.

동영상 설교 QR 21. 반드시 만나야 할 사람(행 9:1-19)

22. 사울의 변화된 시간표(9:20-31)

9 ²⁰ 그리고 사울은 즉시 다마스쿠스^{다메섹}에 있는 여러 회당에서 '예수님은 하나님의 아들이시다'라는 복음의 핵심을 선포하고 전했다(롬 1:1-4; 행 13:16-41). ²¹ 그러자 사울의 말을 들은 사람들은 모두 엄청난 충격을 받게 되었고 그가 전하는 놀라운 내용과 완전히 달라진 태도로 인해 다음과 같이 말했다. "저 사울이라는 사람은 원래 예루살렘에서 예수의 이름을 부르며 믿는 자들을 끝장내던 사람이 아닌가? 그리고 여기 다마스쿠스에서도 그들을 사로잡아서 예루살렘에 있는 대제사장들에게로 끌고 가려고 온 것이 아니었나?" ²² 하지만 사울이 그런 반응에 신경 쓰지 않고, 하나님께서 주시는 힘을 더 크게 얻어서 예수님이 바로 우리의 메시아(구원자)이심을 구약 성경 말씀을 인용하고 통합하여서 증명하자, 다마스쿠스에 살고 있던 유대인들은 당황했고 소란이 일어났다.

²³ 그런 식으로 상당한 날들 동안 사울이 계속 복음을 전하자, 다마스쿠스의 유대인들은 그를 죽여서 제거해 버리기로 공모하였다. ²⁴ 그러다가 그들의 은밀한 살해 계획이 사울에게 알려지게 되자, 그들은 아예 공개적으로 사울을 죽여서 제거하고자 다마스쿠스의 성문들을 밤낮으로 지켰다. ²⁵ 이에 사울의 제자들이 밤에 사울을 몰래 데리고 가서, 큰 갈대 바구니에 태운 후에 성벽 너머로 내려보내어 탈출시켜 주었다(고후 11:32-33).

26 다마스쿠스를 떠나 예루살렘에 도착한 사울은 예루살렘에 있는 예수님의 제자들과 교제하고 사귀고자 계속 만남을 시도했지만, 그들은 모두 사울을 두려워했고 정말 사울이 예수님의 제자가 되었는지 그 진의에 대해서 믿지 못했다. 27 그러자 바나바가(행 4:36) 사울을 데리고 사도들에게 가서, 사울이 길에서 어떻게 주님을 만났으며, 주님께서 사울에게 어떤 말씀을 하셨으며, 아울러 사울이 다마스쿠스에서 얼마나 담대하게 예수님의 이름으로 복음을 전했는지에 대해서 전부 알려 주었다. 28 그래서 사울은 사도들과 함께 지낼 수 있게 되었으며, 제자들과 함께 예루살렘의 여러 지역에서 삶과 사역을 공유하고 동참하면서 예수님의 이름을 담대하게 전하였다.

29 특히 사울은 과거에 스테판(스데반)을 죽였던 헬라파 유대인들과 복음에 대해 논쟁을 계속했다. 그러자 그들이 사울을 죽이고자 손을 쓰려고 했다. 30 이에 사울을 죽이려는 계획을 철저히 알아낸 성도들이 사울을 데리고 카이사리아(가이사랴) 항구로 내려갔다. 그리고 거기서 사울의 고향인 타르수스(다소)로 보냈다. 31 결국 그런 과정을 통해 유대아(유대)와 갈릴래아(갈릴리), 그리고 사마리아에 흩어져 있는 교회들은 하나님의 건강한 공동체로 세워지고, 주님을 중심으로 한 경외함과 성령님께서 함께하심으로 격려하시고 인도하시는 흐름 속에서 성숙한 공동체로 성장하며, 성도들의 숫자도 증가하는 강한 공동체로 커지면서, 복음의 평안을 누리게 되었다.

23. 베드로의 기적들(9:32-43)

9 ³² 그 후에 이런 일이 있었다. 베드로가 예루살렘을 떠나 여러 지역을 두루 통과해서 지나가다가 예루살렘에서 북서쪽으로 약 40킬로미터 떨어져 있는 지역인 룻다에 사는 성도들을 만나러 간 것이다. ³³ 그곳에서 베드로는 아니네아애니아라는 이름을 가진 한 남자 성도를 만나게 되었는데, 그 성도는 무려 8년이나 중풍병에 걸려서 마비된 상태로 침대에 누워 있었다. ³⁴ 그래서 베드로는 그 성도에게 이렇게 선포했다. "아니네아 형제님! 메시아 예수님께서 그대를 치유하십니다! 지금 즉시 일어나십시오! 그리고 지금까지 계속 누워 있던 침대는 정리하십시오! 그러자 즉시 아니네아가 치유를 받고 일어났다. ³⁵ 이러한 놀라운 치유 기적을 보고 들은 룻다와 바로 옆 평야 지대인 사론에 사는 모든 사람이 예수님을 믿게 되었고 그분을 주인으로 고백하여 자신들의 삶을 돌이키고 바꾸었다.

³⁶ 또한 룻다에서 북서쪽으로 약 20킬로미터 떨어진 해안 지역인 욥바에는 타비타다비다라는 이름을 가진 여자 제자가 살고 있었는데, 그녀의 이름을 헬라어로 번역하면 '도르카도르가', 즉 '가젤/사슴'이라는 뜻이었다. 그녀의 삶은 온통 선한 행실과 자비로운 구제의 섬김으로 가득 차 있었다. ³⁷ 그런 도르카가 그즈음에 병들었고 결국 죽고 말았다. 사람들은 장례 절차에 따라서 죽은 그녀의 몸을 씻은 후에 위층 다락방에 눕혀 놓았다. ³⁸ 마침 베드로가

욥바에서 멀지 않은 룻다에 있다는 소식을 들은 욥바 성도들은 두 명의 성도를 보내서 베드로에게 다음과 같이 간청했다. "베드로 사도님! 지체하지 마시고, 최대한 빨리 우리가 있는 이곳으로 와 주시기를 부탁드립니다!" 39 연락을 받은 베드로는 즉시 일어나서 성도들과 함께 욥바로 갔다. 그곳에 도착하자, 사람들은 베드로를 죽은 도르카가 눕혀 있는 다락방으로 안내했는데, 그곳에 함께 서 있던 과부들은 모두 울면서 도르카가 살아 있을 때, 자신들과 사람들을 위해 선물로 만들어 준 튜닉들(tunics)과 겉옷들을 보여 주었다. 40 이에 베드로는 모두 잠시 밖으로 나가 있어 달라고 부탁한 후에, 무릎을 꿇고 기도했다. 그리고 기도를 마친 베드로는 시체를 향해 몸을 돌이킨 후에 이렇게 선포했다. "타비타 자매님! 지금 일어나십시오!" 그러자 타비타의 눈이 열렸고 베드로를 보더니 일어나서 앉았다. 41 베드로는 타비타에게 손을 내밀어서 그녀를 붙잡아 일으켜 주었다. 그리고 밖에서 기다리는 성도들을 불러서 오게 한 후에, 조금 전까지 슬퍼하던 과부들에게 다시 살아난 타비타를 만나게 해 주었다. 42 이렇게 또 한 번의 놀라운 치유 기적이 욥바 전 지역에 알려지게 되자, 이 소식을 보고 들은 많은 사람이 예수님을 믿고 그분을 자기 삶의 주인으로 영접하게 되었다.

43 그 후에 베드로는 욥바에 있는 가죽공인 '시몬'이라는 사람과 함께 그의 집에서 상당한 날을 머물렀다.

동영상 설교 QR 23. 베드로의 기적 너머로(행 9:32–43)

24. 코르넬리오와 베드로의 하나님(10:1-23)

10 ¹⁻² 욥바에서 북쪽으로 약 50킬로미터 떨어진 카이사리아_{가이사랴}에 '이탈리아_{이달리야} 부대'라고 불리는 로마 보병대의 백인 대장으로 코르넬리오_{고넬료}라는 사람이 살고 있었다. 코르넬리오는 로마인/이방인이었지만 경건한 사람이고 온 집안 식구들과 함께 '하나님을 경외하는 사람'이었다. 특히 그는 가난한 유대인을 위해 많은 구제와 자선을 베풀었으며 하나님을 향해 규칙적이고 신실한 기도 생활을 해 왔다. ³ 어느 날 코르넬리오가 유대인의 기도 시간인 오후 3시 정도에 기도를 하다가, 하나님의 천사가 환상 중에 나타나는 것을 보게 되었다. 그 천사는 "코르넬리오!" 하며 그의 이름을 불렀다. ⁴ 이에 코르넬리오는 그 천사를 똑바로 바라보고서 두려움에 사로잡혀 이렇게 말했다. "무슨 일입니까? 주님!" 그러자 천사는 이렇게 대답했다. "당신의 신실한 기도와 구제의 섬김이 하나님 앞에 소제의 향기가 올라가듯이 기억되어, 하나님의 특별한 은혜를 받게 되었습니다(레 2:2, 9, 16; 시 141:2; 빌 4:18; 히 13:15-16). ⁵ 그러므로 지금 그대는 욥바로 사람을 보내서 베드로라는 이름을 가진 시몬을 초청하십시오! ⁶ 베드로는 바닷가에 있는 가죽공인 [베드로와 동명이인인] 시몬의 집에서 환대를 받으며 머물고 있습니다." ⁷ 그 천사가 이렇게 하나님의 말씀을 전하고 떠나자, 코르넬리오는 가정 하인들 중에서 2명을 부르고 충성된 부하들 중에서 하나님을 믿는 경건한 군인 1명을 불렀다. ⁸ 그리고

모든 내용을 자세히 설명한 후에, 그들을 욥바로 보냈다.

⁹ 코르넬리오가 보낸 3명의 사람들은 카이사리아를 출발해서 그다음 날 정오(낮 12시)쯤에 목적지인 욥바 성(도시)에 거의 도착하게 되었는데, 마침 그때 베드로는 기도하려고 옥상에 올라가 있었다. ¹⁰ 식사 시간이 다 되었기에, 베드로는 배가 고팠고 음식이 먹고 싶었다. 물론 그 시간에 사람들은 식사 준비 중이었다. 바로 그때 베드로는 하나님께서 보내신 특별한 환상을 체험하게 되었다. ¹¹ 베드로가 본 특별한 환상은 이랬다. 갑자기 하늘이 열리고 아마포로 만든 큰 보자기 형태의 그릇이 내려오는데, 그 보자기의 네 귀퉁이가 묶여서 매달린 상태로 땅으로 내려오고 있었다. ¹² 그 보자기 안에는 네발로 움직이는 여러 가지 동물들과 땅에 기어다니는 동물들 및 하늘을 나는 동물들이 가득 들어 있었다.

¹³ 바로 그때 베드로는 다음과 같은 하늘의 소리를 듣게 되었다. "베드로야! 일어나서 저 동물들을 도축해라! 그리고 요리해서 먹어라!" ¹⁴ 이에 베드로는 "주님! 저는 절대로 그렇게 할 수 없습니다! 그 이유는 제가 지금까지 율법의 말씀(레 11장)에 따라 유대인들이 먹도록 규정되어 있는 거룩한 동물이나 음식(코셔/코셰르) 외에 다른 평범한 동물이나 음식 재료, 즉 거룩하지 않고 깨끗하지 않은 동물이나 음식은 일체 먹은 적이 없기 때문입니다"라고 대답했다. ¹⁵ 그러자 베드로는 두 번째로 다음과 같은 하늘의 소리를 듣게 되었다. "하나님께서 '깨끗하다'고 말씀하시는 것을 너는 더 이상 '그렇지 않습니다'라고 주장하지 말아라!" ¹⁶ 심지어 이런 특별

한 환상과 소리가 3번이나 반복하여 일어난 후에, 그 아마포로 만들어진 그릇은 하늘로 올라갔다.

¹⁷ 이에 베드로는 자신이 본 특별한 환상이 어떤 의도와 의미를 전하려고 하는 것인지에 대해서 매우 갈등하고 고민하고 있었다. 그런데 바로 그때! 코르넬리오가 보낸 사람들이 여러 집을 수소문하다가 시몬의 집을 발견하여 그 집의 문 앞에 도착했다. ¹⁸ 그들은 문 앞에서 큰 소리로 그곳에 베드로라고 불리는 '시몬'이라는 사람이 그 집에 환대를 받아 머물고 있는지 물었다. ¹⁹ 바로 그때 옥상에서 자신이 본 특별한 환상에 대해 깊이 생각하고 있던 베드로에게, 성령님께서는 이렇게 말씀하셨다. "자! 3명의 사람이 지금 너를 찾고 있다! ²⁰ 그러니 너는 아래층으로 내려가거라! 그리고 그 어떤 의심이나 염려도 하지 말고 그들과 함께 가거라! 내가 그들을 너에게 보냈기 때문이다!" ²¹ 그래서 베드로는 아래층으로 내려가 자신을 찾아온 사람들에게 이렇게 물었다. "제가 바로 여러분이 찾는 사람입니다. 어떤 이유로 여기까지 저를 찾아오셨습니까?"

²² 그러자 그들은 다음과 같이 대답했다. "저희들은 로마 백인대장인 코르넬리오 님이 보내서 온 사람들입니다. 코르넬리오 님은 의로운 분이고 하나님을 경외하는 분으로, 그 지역의 모든 유대인들이 그분을 존경하고 인정합니다. 바로 그 코르넬리오 님이 거룩한 천사에 의해서 특별한 하나님의 음성을 듣게 되었습니다. 바로 베드로 님을 그분의 집으로 모셔서 하나님의 말씀을 들으라

고 하신 것입니다.” [23] 이 모든 사정을 다 들은 베드로는 집 안으로 들어오라고 하며, 그들을 환대하고 하룻밤 머물도록 하였다. 그리고 다음 날 일어나서, 베드로는 그들과 함께 카이사리아로 떠났다. 베드로는 그 여정에 욥바 출신의 유대인 성도 6명도 함께 데리고 갔다(행 10:45, 11:12).

동영상 설교 QR 24. 수준과 차원 너머로(행 10:1-23)

25. 코르넬리오를 만난 베드로(10:24-35)

10 ²⁴ 그다음 날에, 베드로와 성도들은 카이사리아^{가이사랴}에 도착했다. 코르넬리오^{고넬료}는 자신의 친척들과 가까운 친구들을 모두 불러 모아 놓고 베드로 일행을 기다리고 있었다. ²⁵ 베드로가 코르넬리오의 집으로 들어가자, 코르넬리오는 베드로를 환대하면서 그의 발 앞에 엎드리며 큰절을 했다. ²⁶ 그러자 베드로는 코르넬리오를 일으켜 세우면서 "일어나십시오! 저도 사람일 뿐입니다!"라고 말했다. 이어서 베드로는 코르넬리오와 함께 짧은 인사와 대화를 나누며 집 안으로 들어갔다. ²⁷ 집 안에 들어가 보니, 많은 사람이 모여 있는 것을 발견하게 되었다. ²⁸ 이에 베드로는 그곳에 모인 사람들을 향해 이렇게 말했다. "여러분이 이미 잘 아시는 것처럼, 유대인이 이방인과 교제하거나 이방인의 집을 방문하여 식사하는 것 같은 가까운 만남은 금기이고 율법으로 금지되어 있습니다. 하지만 하나님께서 저에게 나타나셔서 '어떤 민족이나 사람에게도 거룩하지 않다거나 깨끗하지 않다고 말하지 말라'고 하셨습니다. ²⁹ 그래서 저는 당신의 초청을 거절하지 않고 이곳에 왔습니다. 그러니 이제 저를 이곳에 초청한 이유를 말씀해 주십시오."

³⁰ 그러자 코르넬리오는 다음과 같이 대답했다. "4일 전, 이 시간 즈음, 그러니까 오후 3시 정도에 제가 저의 집 안에서 기도를 하고 있었습니다. 그런데 갑자기 빛나는 옷을 입은 한 사람/천사

가 제 앞에 나타났습니다. ³¹ 그리고 그 사람/천사는 저에게 이렇게 말했습니다. '코르넬리오 형제님! 당신의 신실한 기도를 하나님께서 들으셨고 당신의 구제와 섬김이 하나님께서 기억하시는 수준에 이르게 되었습니다. ³² 그러므로 그대는 욥바로 사람들을 보내어 베드로라고 불리는 시몬을 초청하십시오! 그는 지금 바닷가에 사는 시몬의 집에서 환대를 받으며 머물고 있습니다.' ³³ 그래서 저는 즉시 당신께 사람들을 보냈고, 당신이 이렇게 오신 것입니다. 이렇게 와 주셔서 정말 감사드립니다. 우리는 전부 하나님께서 당신을 통해 주시는 모든 말씀을 듣고자 이 자리에 모였습니다. 우리는 지금 단순히 사람 앞에 있는 것이 아닙니다. 간절한 마음으로 하나님 앞에 있습니다."

³⁴ 그러자 베드로는 입을 열어서 말하기 시작했다. "참으로 저는 분명히 알게 되었습니다! 하나님께서는 유대인의 하나님만이 아니라 모든 민족의 하나님이심을 말입니다! 하나님께서는 그 어떤 사람의 국적이나 신분이나 성별에 따라서 차별적으로 대하지 않으시는 공평하신 하나님이심을 말입니다(약 2:1)! ³⁵ 오직 하나님께서는 그 어떤 사람이라도 그분을 경외하며 옳은 삶을 사는 사람을 인정하시고 받아 주시며 만나 주시는 분이시라는 사실을 말입니다!"

26. 코르넬리오 가정에 임한 복음과 성령님(10:36-48)

10 ³⁶ 베드로는 이어서 말했다. "하나님께서 먼저 이스라엘 사람들, 즉 유대인들에게 전해 주신 복음의 핵심은 이것입니다. 죄로 인하여 분리된 하나님과 사람의 관계를 메시아(구원자) 예수님을 통해서 다시 화해하고 화평하게 하신 것이며, 바로 그 화해와 화평을 이루신 예수님이 모든 사람과 우주의 주인이시라는 것입니다! ³⁷ 여러분이 이미 알고 있는 것처럼, 그 복음의 말씀이 갈릴래아갈릴리에서 시작되어 유대아유대 전역으로 퍼져 나가기 시작된 첫 번째 사건은 바로 세례 요한이 회개의 세례를 선포하면서부터였습니다. ³⁸ 이어서 바로 그 세례 요한에게 세례를 받으시고 동일하게 회개의 메시지로 복음 선포를 시작하신 나사렛 출신의 예수님께, 하나님께서는 성령님과 능력을 기름처럼 부어 주셨습니다. 그러자 예수님께서는 이스라엘 땅을 지나가시며 선한 일을 하시고 마귀에 의해 사로잡힌 모든 사람을 치유하시며 하나님의 나라가 임하게 하셨습니다. 하나님께서 예수님과 함께하셨기 때문입니다. ³⁹ 우리는 예수님께서 유대아 땅과 예루살렘에서 행하신 모든 것의 증인들입니다. 하지만 사람들은 예수님께서 행하신 모든 것을 다 체험하고서도 그분을 나무로 만든 십자가에 매달아서 사형시켰습니다. ⁴⁰ 그러나 하나님께서는 그분을 3일 만에 다시 살리셔서 죽음에서 일어나게 하셨고, 그렇게 그분이 부활하셨다는 증거를 분명하게 보여 주셨습니다. ⁴¹ 물론 모든 사람이 그 부활의 예수님을 만나 볼 수는

없었지만, 하나님께서 미리 선택하신 증인들에게는 예수님께서 나타나셔서 자신을 보여 주셨습니다. 우리가 바로 그 증인입니다. 우리는 죽음에서 일어나신 부활의 예수님과 함께 음식을 먹고 마시기까지 했습니다(눅 24:42-43; 요 21:12-15). ⁴² 바로 그 부활의 예수님께서는 우리에게 '자신(예수님)이 하나님에 의해 살아 있는 자들과 죽은 자들의 심판자로 임명되셨다'는 것을 모든 사람에게 철저하게 증거하라고 명령하셨습니다. 다시 말해서, 예수님께서 장차 이 세상 모든 사람을 심판하러 다시 오신다고 말입니다. ⁴³ 이러한 복음의 내용, 즉 예수님의 존재와 사역에 대해서 구약의 모든 선지자도 예언하고 증언하였습니다. 결국 구약 선지자들이 예언한 복음의 핵심적인 내용은 예수님을 믿는 모든 사람은 바로 그분의 이름으로 죄의 문제를 해결 받아 구원받게 된다는 것이었습니다(사 52:13-53:12; 겔 36:25-26)."

⁴⁴ 베드로가 이렇게 한참 복음을 전하는 중에, 그곳에서 말씀을 진지하게 듣고 받아들인 모든 사람 위에 성령님께서 임하셔서 그들을 사로잡으셨다. ⁴⁵ 코르넬리오^{고넬료}의 집에 있던 이방인들에게도 성령님의 선물(은사)이 부어지는 것을 보고, 베드로와 함께 카이사리아^{가이사랴}까지 동행한 유대인 신자들도 깜짝 놀랐다. ⁴⁶ 그 이유는 베드로의 복음을 듣던 이방인들이 오순절에 유대인들이 그랬던 것처럼 방언으로 말하며 하나님을 소리 높여 찬양하는 것을 분명히 들었기 때문이다. ⁴⁷ 그러자 베드로는 다음과 같이 반응했다. "이방인들도 우리 유대인들처럼 성령님을 만났으며 그분의 선물(은사)을

받았습니다! 그렇다면 그 누가 감히 이방인들이 세례를 받아서 하나님의 나라 공동체에 들어오는 것을 막을 수 있겠습니까?”

⁴⁸ 그래서 베드로는 그곳에 모인 이방인들에게 메시아(구원자) 예수님의 이름으로 세례받으라고 말하고, 그들 모두에게 세례를 베풀었다. 그러자 세례받은 코르넬리오 및 그와 함께 세례받은 사람들은 베드로에게 조금 더 머물면서 자신들과 함께 말씀을 나누고 교제하기를 간청했다.

동영상 설교 QR 26. 복음의 본질과 목적(행 10:36-48)

27. 오해와 반대 너머로!(11:1-18)

11 ¹ 베드로를 제외한 11명의 사도들과 유대아^{유대} 땅 여러 지역에서 그들과 함께 살고 있던 성도들은 하나님의 말씀인 복음을 이방인들도 받아들였다는 소식을 듣게 되었다. ² 하지만 베드로가 카이사리아^{가이사랴}를 떠나서 예루살렘에 올라오자, 할례를 받은 유대인 출신 그리스도인들이 베드로를 향해 강하게 비난했다. 그들은 다음과 같은 말을 베드로에게 했다. ³ "당신은 할례를 받지 않은 이방인들의 집에 들어갔고 심지어 그들과 함께 식사까지 했습니다. 어째서 율법에 어긋나는 일을 한 것입니까? 지금 당장 해명해 보십시오(행 10:28)!"

⁴ 그러자 베드로는 그들을 향해 자신에게 일어난 일들을 차례대로 자세하게 설명하기 시작했다. ⁵ "내가 욥바 성(도시)에서 기도하고 있었는데, 갑자기 환상으로 들어가서 특별한 체험을 하게 되었습니다. 아마포로 만든 큰 보자기 형태의 그릇이 하늘에서부터 내게로 내려온 것입니다. ⁶ 이 환상 속에서 보여지는 것들에 내가 주목하고 자세히 관찰해 보니 다음과 같은 것들을 보게 되었습니다. 바로 네발로 움직이는 여러 가지 동물들과 야생 동물들, 그리고 땅에 기어다니는 동물들 및 하늘을 나는 동물들을 보게 된 것입니다. ⁷ 이어서 나에게 이렇게 말하는 소리를 들었습니다. '베드로야! 너는 일어나서 저것들을 도축해라! 그리고 요리해서 먹어라!' ⁸ 그래서 나는 다음과 같이 대답했습니다. '주님! 저는 절대로

그렇게 할 수 없습니다! 그 이유는 제가 지금까지 율법의 말씀(레 11장)에 따라 다른 평범한 동물이나 음식 재료, 즉 거룩하지 않고 깨끗하지 않은 동물이나 음식을 먹은 적이 없기 때문입니다.' ⁹ 그러자 하늘로부터 다음과 같이 대답하는 소리를 듣게 되었습니다. '하나님께서 깨끗하다고 말씀하시는 것을 너는 그렇지 않다고 주장하지 말아라!' ¹⁰ 심지어 이런 특별한 환상과 소리가 3번이나 반복해서 일어난 후에, 그 모든 것들은 하늘로 올라갔습니다. ¹¹ 그리고 그 환상이 끝나는 바로 그때에 우리가 머물고 있었던 집 앞에 3명의 사람이 도착한 것입니다. 그 사람들은 카이사리아로부터 나를 초청하려고 보냄받은 사람들이었습니다. ¹² 또한 성령님께서 나에게 그 어떤 의심이나 염려도 하지 말고 그들과 함께 가라고 하셨습니다. 그래서 나는 여기 있는 욥바 출신의 유대인 그리스도인 형제 6명과 함께 카이사리아에 있는 코르넬리오고넬료의 집으로 간 것입니다. ¹³ 카이사리아에 도착해 보니 우리를 초청한 백인 대장 코르넬리오가 말하길, 자신도 집에서 천사가 서 있는 것을 보게 되었는데, 그 천사가 다음과 같이 말했다고 합니다. '당신은 욥바로 사람을 보내어 시몬, 곧 베드로라고 불리는 사람을 이곳으로 초청하세요. ¹⁴ 그러면 그 베드로가 와서 당신에게 하나님의 말씀을 전해 줄 것인데, 바로 그 복음의 말씀으로 인해 당신의 모든 집안 사람들이 구원을 받게 될 것입니다.'"

¹⁵ "그래서 나는 성령님께서 말씀하신 대로 카이사리아로 갔고 백부장 코르넬리오의 가족과 그곳에 모인 모든 사람들에게 복음

을 전했습니다. 그러자 놀랍게도 내가 복음의 말씀을 전하기 시작하자 성령님께서 그곳에 모인 모든 사람들 위에 내려오셔서 역사하셨습니다. 오순절날 성령님께서 우리 유대인 그리스도인들에게 처음으로 내려오셔서 역사하신 것과 똑같이 말입니다. 16 그 순간 나는 예수님께서 이전에 '세례 요한은 여러분에게 물로 세례를 주었지만 얼마 지나지 않아서 여러분은 성령님께서 주시는 세례를 받게 될 것입니다'라고 하신 말씀이 기억났습니다(마 3:11; 요 1:26, 33). 17 그래서 저는 이런 결론에 이르게 되었습니다. '메시아 예수님을 주님으로 믿는 우리 유대인들이 받은 선물(성령님)을 하나님께서 이방인인 그들에게도 동일하게 주셨다면, 내가 어찌 감히 하나님께서 하시려는 일을 막을 수 있겠는가?' 나는 하나님께서 이방인들에게 복음을 주시고, 복음을 받아들인 그들에게 성령님을 보내 주시는 위대한 구원 역사의 통로가 되는 것이 마땅했습니다. 그러므로 그들의 집으로 들어갔으며 그들과 함께 교제한 것입니다."

18 베드로의 모든 말을 들은 사람들은 더 이상 비난할 수 없었고 침묵으로 하나님께서 하신 일을 인정하게 되었습니다. 그래서 그들은 하나님께 영광을 돌리며 이렇게 고백했다. "그렇다면, 이방인들에게도 하나님께서 생명의 복음을 누릴 수 있는 회개의 은혜를 주신 것입니다!"

동영상 설교 QR 27. 오해와 반대 너머로(행 11:1-18)

28. 안티오키아 교회와 그리스도인(11:19-30)

11 ¹⁹ 한편 그 무렵에, 스테판스데반의 순교 사건으로 인해(행 6:8-8:4) 흩어진 유대인 성도들은 여러 지역을 통과해서 지나가다가 북쪽 해안 지역인 페니키아베니게와 지중해의 섬인 키프로스구브로, 그리고 시리아의 수도인 안티오키아수리아 안디옥까지 가게 되었다. 처음에 그들은 오직 유대인들에게만 하나님의 말씀인 복음을 전했다. ²⁰ 그러다가 유대인 성도 중에서 키프로스와 키레네구레네 출신 몇 사람이 안티오키아로 가서 그곳에 있는 이방인, 즉 헬라인들에게도 주인 되신 예수님에 대한 복음을 전하게 되었다. ²¹ 그러자 하나님의 임재와 능력의 손길이 그들과 함께하여 많은 사람이 믿고 주님께로 돌아왔다.

²² 이렇게 이방인들도 하나님의 말씀을 듣고 믿게 되었다는 소식을 예루살렘 교회의 성도들도 듣게 되었다. 그래서 예루살렘 교회는 바나바(행 4:36, 9:27)를 안티오키아로 파송했다. ²³ 바나바는 안티오키아에 도착해서 하나님의 은혜가 그곳에 임한 것을 보고 기뻐했다. 그래서 안티오키아에 있는 모든 이방인 성도들에게 주님을 향한 마음을 언제나 강하고 신실하게 지키라고 권면해 주었다. ²⁴ 바나바는 선한 사람이고 성령과 믿음으로 충만한 사람이었기에 안티오키아 교회에서 사역하는 동안 많은 사람이 예수님을 믿고 주님께로 돌아옴으로 성도가 증가되는 역사가 있었다.

²⁵ 이에 바나바는 사울을 동역자로 초청하고자 타르수스다소로

갔다. ²⁶ 그리고 바나바는 사울을 찾아서 그를 안티오키아로 데려왔다. 그렇게 바나바와 사울은 안티오키아 교회에서 온전히 한 해 동안 모임을 하고 하나님의 말씀을 가르쳤다. 그러자 안티오키아 교회에서 예수님을 믿는 제자들은 처음으로 '그리스도인, 즉 메시아(그리스도)를 따르는 사람들'이라는 칭호를 얻게 되었다.

²⁷ 그즈음에, 예루살렘으로부터 예언의 은사를 가진 성도들(선지자들)이 안티오키아로 내려왔다. ²⁸ 그 성도들 중에서 하가보⁽ᵃᵍᵃᵇᵒ⁾라는 이름을 가진 선지자가 일어나서 성령님의 감동을 받아 말하기를 로마제국에 큰 기근이 곧 일어날 것이라고 예언했다. 그리고 정말로 클라우디우스⁽ᵏˡᵃᵘᵈⁱᵒ⁾ 황제 때에 그 예언대로 큰 기근이 일어났다. ²⁹ 그러자 안티오키아 교회의 이방인 제자들은 각자 자신의 형편에 따라 최선을 다해 유대아⁽ᵘᵈᵃᵉ⁾ 땅에 살고 있는 형제자매된 유대인 성도들을 위해 구제 헌금을 보내기로 결정했다. ³⁰ 그래서 안티오키아 교회의 이방인 성도들은 구제 헌금을 모아서, 바나바와 사울을 통해 유대아 땅 예루살렘 교회의 장로들에게 보냈다.

동영상 설교 QR 28. 나를 너머 우리로!(행 11:19-30)

29. 헤롯 아그리파의 운명(12:1-25)

12 ¹ 그즈음에, 헤롯 대왕의 손자인 헤롯 아그리파^{아그립바 1}
세는 유대인들에게 환심을 사고자, 자신의 권력을 사용
하여 교회의 몇몇 사람들에게 악하고 폭력적인 손길을 뻗쳤다. ²
그는 먼저, 세베대의 아들이며 요한의 형제인 야고보를 칼로 죽였
다. ³ 야고보의 죽음에 대해 유대인(지도자)들이 기뻐하는 것을 보
고, 헤롯 아그리파 1세는 추가로 베드로도 체포하였다. 그 일은 누
룩 없는 빵을 먹어야 하는 무교절 기간에 일어났다. ⁴ 그래서 헤롯
은 바로 처형하지 못하고 체포한 베드로를 감옥에 가두어 두었다.
군사 4명이 4조가 되어서 철저히 베드로를 지키도록 하였고 유월
절이 끝나면 바로 백성들 앞으로 사형 집행을 위해 끌어내기로 결
정했다. ⁵ 그렇게 베드로는 감옥에 갇히고 말았고 같은 시각 교회
는 베드로를 위해서 하나님을 향해 계속적으로 뜨거운 기도를 하
고 있었다.

⁶ 헤롯 아그리파 1세가 끌어내어서 처형시키려고 한 바로 그
전날 밤에, 베드로는 감옥 안에서 잠자고 있었다. 사슬에 매인 베
드로 곁에서 2명의 군사가 지키고 있었고, 감옥 문밖에도 2명의
군사가 보초를 서서 계속 지키고 있었다. ⁷ 그런데 놀랍게도, 주님
의 천사가 나타났다! 그러자 빛이 그 감옥 안을 비췄다. 천사는 베
드로의 옆구리를 쳐서 깨우고 "베드로여! 어서 일어나십시오!"라
고 말했다. 그 순간 베드로의 양손에 있던 사슬들이 풀어졌다. ⁸ 이

어서 그 천사는 베드로를 향해 "베드로여! 허리띠를 매고 샌들 끈도 묶으십시오!"라고 말했다. 그래서 베드로는 그렇게 했다. 그러자 그 천사는 "겉옷을 입고서 나를 따라오십시오!"라고 말했다. 그래서 베드로는 감옥을 나와서 그 천사를 계속 따라갔다. 9 하지만 베드로는 이 모든 상황이 그저 환상을 보는 것이라고 생각할 뿐, 실제로 일어나는 일이라고는 꿈에도 몰랐다. 10 그렇게 베드로는 첫 번째 보초/경비병을 지나갔고 두 번째 보초/경비병도 통과해서 쇠로 만든 문에 도착했다. 그 문은 감옥의 터널이 끝나고 도시로 이어지는 문이었는데, 베드로 앞에서 자동으로 열렸다. 그래서 베드로와 천사는 감옥을 나와 도시의 거리로 나오게 되었다. 그 즉시 천사는 베드로를 떠났다. 11 바로 그때 베드로는 정신을 차리고 다음과 같이 말했다. "이제야 내가 이 모든 것이 실제로 일어난 일이라는 것을 알았도다! 주님께서 그분의 천사를 보내셔서 헤롯의 손아귀와 유대아유대 사람들의 악한 계획에서부터 나를 구해 주셨구나!"

12 이어서 베드로는 마가라 불리는 요한의 어머니, 마리아의 집으로 갔다. 그곳에는 많은 성도가 모여서 베드로를 위해 기도하고 있었다. 13 베드로가 마리아의 집 입구에 있는 문을 두드리니, 로데라는 이름의 여자 하인이 문 가까이 다가왔다. 14 로데는 문밖에서 들리는 소리가 베드로의 음성이라는 것을 확실히 알게 되자, 너무나 기쁜 나머지 그 문을 열지도 않고 안으로 뛰어 들어가서 문에 베드로가 서 있다고 성도들에게 알렸다. 15 그러자 성도들은 로데

에게 "네가 헛소리를 하는구나!"라고 말했다. 하지만 로데가 사실이라고 계속 주장하자, 그들은 "그렇다면 베드로의 천사일 것이다!"라고 반응했다. ¹⁶ 그러는 동안 베드로가 계속 문을 두드리자, 그 소리를 들은 사람들이 문을 열어 보니, 정말로 베드로가 서 있는 것을 보게 되었고 모두 깜짝 놀랐다. ¹⁷ 이에 베드로는 손짓으로 조용히 해 달라고 표시한 후에, 그들에게 주님께서 어떻게 자신을 감옥에서부터 이끌어 내셨는지를 자세히 알려 주었다. 이어서 베드로는 "여러분은 이 모든 일을 예수님의 동생인 야고보와 교회의 형제자매들에게 알려 주십시오!"라고 당부한 후에 그곳을 떠나 다른 곳으로 갔다.

¹⁸ 다음 날이 밝아 오자, 군사들 사이에서는 도대체 어떻게 베드로가 감옥을 탈출한 것인지에 대해 적지 않은 소동이 일어났다. ¹⁹ 이에 헤롯은 베드로를 철저히 찾아보았지만 발견하지 못하자, 감옥을 지켰던 군사들을 고문하고 심문한 후에 끌고 나가서 죽이라고 명령했다. 이후에 헤롯 아그리파 1세는 유대아 땅을 떠나 카이사리아^{가이사랴}에 가서 머물렀다.

²⁰ 당시에 헤롯은 티레^{두로}와 시돈 사람들을 향해 화가 나 있었다. 그러자 티레와 시돈 사람들은 한마음으로 헤롯을 만나러 와서 당시 헤롯의 침실 업무를 담당하는 수석 보좌관인 블라스도에게 헤롯과 화해할 수 있도록 설득해 달라고 계속 요청했다. 그 이유는 티레와 시돈 사람들이 헤롯 왕이 지배하는 갈릴래아^{갈릴리} 지역의 곡식을 식량으로 공급받고 있었기 때문이다. ²¹ 그래서 특별한

날을 선택해 그들이 만나게 되었고 헤롯은 왕의 예복을 갖춰 입고 왕좌에 앉아서 그곳에 모인 사람들을 향해 일장 연설을 하였다. 22 헤롯이 말을 하고 나자, 그곳에 모인 군중들은 이렇게 소리쳤다. "헤롯 왕의 목소리는 사람의 음성이 아니라 하나님의 음성이다!" 23 그러자 즉시 하나님께서는 천사를 보내서 헤롯을 강하게 치셨다. 그 이유는 헤롯이 자신에게 합당하지 않은 말을 듣고 나서 그 영광을 하나님께 돌리지 않았기 때문이다. 결국 헤롯은 얼마 지나지 않아서 배 속에 생긴 벌레에게 먹혀 숨을 거두었다.

24 그러나 하나님의 말씀인 복음은 계속 성장했고 그 말씀을 듣는 사람들은 계속 증가되었다. 25 그즈음 바나바와 사울은 예루살렘에서 구제 헌금을 전달하는 사역을 마무리하고 다시 안티오키아안디옥로 돌아갔다. 그 돌아가는 길에서 그들은 마가라고 불리는 요한을 동역자로 삼아 데리고 갔다(골 4:10).

동영상 설교 QR 29. 억울함과 정죄함 너머로!(행 12:1–25)

30. 키프로스 전도(13:1-13)

13 ¹ 당시 시리아 안티오키아^{수리아 안디옥} 교회에는 예언의 은사를 가진 선지자들과 가르침의 은사를 가진 교사들이 있었는데, 그중에는 바나바, 니게르('검다'는 뜻)로 불리는 시므온, 키레네^{구레네} 사람인 루키오^{루기오}, 어린 시절에 분봉왕 헤롯 안티파스 1세와 함께 자란 마나엔, 그리고 사울이 있었다(고전 14:29-32; 엡 3:5). ² 이제 그들이 주님을 향해 함께 예배드리고 금식하며 기도하는 중에 성령님께서 이런 말씀을 하셨다. "너희들은 나를 위해서 바나바와 사울을 구별하여 세워라! 내가 그들을 불러서 특별한 사명을 맡길 것이다."

³ 그래서 안티오키아 교회 성도들은 금식을 하고 나서, 바나바

와 바울에게 안수 기도를 함으로 더 넓은 세상에 복음을 전하기 위해 그들을 파송했다. 4 그렇게 파송받은 바나바와 사울은 성령님의 인도를 받아서 안티오키아를 떠나 서쪽으로 약 26킬로미터 떨어진 항구 셀류키아실루기아로 내려갔고, 거기에서 배를 타고 남서쪽으로 약 100킬로미터 정도 떨어진 키프로스구브로섬으로 갔다. 5 키프로스섬의 동쪽 끝에 있는 항구 살라미스살라미에 도착한 바나바와 사울은 먼저 유대인의 회당에서 하나님의 말씀인 복음을 선포하고 전했다. 그 여정에 그들은 마가 요한을 조력자요 조수로 데리고 다녔다.

6 살라미스 항구에서 사역을 마친 그들은 그곳을 떠나 키프로스섬을 관통하여 두루 다니다가 서쪽 끝에 있는 파포바보까지 이동했다. 그곳에 도착해 보니 마법을 하는 '바르예수바예수'라는 사람을 만나게 되었다. 그는 유대인이었지만 거짓 선지자였다. 7 그 마술사는 키프로스섬의 총독인 서기오 바울 곁에서 책사와 같은 역할을 하며 붙어 있었다. 총독은 지성적이고 총명한 사람이었기에 바나바와 바울을 불러서 하나님의 말씀을 들려 달라고 요청했다. 8 하지만 '교활한 마술사'라는 뜻의 이름을 가진 그 마술사 엘루마(바르예수)는 총독이 하나님의 말씀을 듣고 믿음을 가지지 못하도록 계속 방해하고 적대적인 태도로 반응했다.

9 그러자 사울은 말씀 전하기를 잠시 멈추고 성령으로 충만한 상태가 되어 그를 노려보고서, 10 이렇게 말했다. "모든 속임수와 비열함으로 가득한 자야! 마귀의 아들아! 모든 올바르고 의로운

것에 대적하는 존재야! 주님의 바른길에 대해서 왜곡하고 방해하는 짓을 지금 당장 멈추지 못하겠느냐? [11] 바로 지금 주님의 손이 네 위에 임하실 것이다! 그래서 너는 한동안 밝은 태양을 보지 못하고, 앞도 볼 수 없는 상태가 될 것이다!" 그러자 그 즉시 마술사의 눈에 안개와 같은 흐릿함과 어두움이 덮쳤다. 그래서 그는 자신의 손을 잡아 이끌어 줄 사람을 찾고자 계속 주위를 더듬거리게 되었다. [12] 이 모든 광경을 본 총독은 예수님에 대한 믿음을 가지게 되었고, 예수님에 관한 가르침을 받고서 큰 충격과 감동을 받게 되었다.

[13] 그 후에, 파포 항구에서 배를 타고 떠난 [이전까지 사울로 불리던] 바울 일행은 위쪽에 있는 팜필리아밤빌리아의 페르가버가로 갔다. 하지만 거기서 요한 마가는 그 일행을 떠나 예루살렘으로 돌아가 버렸다.

동영상 설교 QR 30. 생명의 흐름, 성령의 흐름(행 12:24-13:13)

31. 피시디아 안티오키아 전도(13:14-41)

13 ¹⁴ 그 후 바울과 바나바는 페르가^{버가}를 지나서 직선거리로 약 160킬로미터 떨어진 내륙에 있는 피시디아 지역의 안티오키아^{비시디아 안디옥}에 도착했다. 그곳에는 유대인들이 많이 살고 있었기에, 그들은 안식일마다 회당에 들어가 앉았다. ¹⁵ 회당 예배 시간의 순서에 맞춰 모세 오경에 있는 율법 말씀과 선지서의 글들을 낭독한 후에, 회당장들은 바나바와 바울에게 "형제들이여! 그대들 중에 혹시라도 이곳에 모인 하나님의 백성들을 위해 권면할 말이 있다면 나눠 주시오!"라고 말했다.

¹⁶ 이에 바울이 일어난 후, 손을 아래로 흔들어 주의를 집중시킨 다음에 이렇게 말했다. "이스라엘 사람들과 하나님을 경외하는 이방인들이여! 지금부터 제가 하는 말을 잘 들어 주십시오! ¹⁷ 지금 이곳에 모인 우리 모두의 하나님, 바로 이스라엘 백성의 하나님께서는 우리의 선조들을 선택하셨습니다. 그리고 그들이 이집트^{애굽} 땅에서 노예로 낮고 비참한 삶을 살고 있을 때, 그 백성을 높이셨고 그분의 강력한 팔과 능력으로 그곳에서부터 끌어내어 구원해 주셨습니다. ¹⁸ 이어서 하나님께서는 약 40년 동안 광야에서 우리 선조들의 불평과 거역을 참으시며 신실하게 인도해 주셨습니다. ¹⁹ 그리고 가나안 땅에 도착하자, 원래 그곳을 차지하고 있던 일곱 민족(신 7:1)을 모두 낮추시고 멸망시키신 후에, 그들의 땅을 우리 선조들에게 유산으로 주셨습니다. 이 모든 일이 다 이루어지는 데

약 450년의 세월이 걸렸습니다. ²⁰ 그리고 그 후에도 하나님께서는 이스라엘을 구원하시고 인도하시기 위해 사사들을 보내 주시고, 사무엘 선지자도 보내 주셨습니다."

²¹ "이어지는 역사 속에서 이스라엘 백성들은 하나님께 왕을 요구했습니다. 그래서 하나님께서는 그들에게 베냐민 지파 출신인 기스의 아들, 사울을 첫 번째 왕으로 주셔서 40년간 나라를 다스리게 하셨습니다. ²² 하지만 사울이 실패함으로, 하나님께서는 사울을 폐위시키셨고 그다음으로 다윗을 그들을 위해 왕으로 일으켜 세우셨습니다. 그리고 다윗을 승인하시고 그에게 증거가 되는 말씀을 다음과 같이 하셨습니다. '내가 다윗을 보니, 내 마음에 딱 맞는 사람임을 알게 되었다. 그는 나의 모든 뜻을 이 땅에 행할 사람이다(삼상 13:14; 시 89:20)!' ²³ 하나님께서는 증언하시고 약속하신 대로, 그분의 뜻을 이 땅에 행하고 성취할 궁극적인 존재로 그 다윗의 후손인 예수님을 메시아(구원자)로 이스라엘 백성에게 보내 주셨습니다."

²⁴ "바로 그 예수님이 공식적으로 나타나시기 전에, 그분이 진정한 메시아(구원자)이심을 알게 하고 준비하게 하고자, 하나님께서는 특별한 사람을 먼저 보내셨습니다. 세례 요한이 먼저 예수님 앞에서 모든 이스라엘 백성에게 회개의 세례를 선포한 것입니다. ²⁵ 그 증거로 세례 요한은 자신의 여정이 마무리될 즈음에, 이렇게 말했습니다. '여러분은 나를 누구라고 생각합니까? 나는 메시아(구원자)가 아닙니다. 이제 보십시오! 제가 사라지고 나면 그분이 나

타나실 것입니다. 그분이 얼마나 대단하시며, 그분의 사역이 저와 비교하면 얼마나 위대한 것인지 비유적으로 표현하자면, 저는 그분이 신으시는 샌들의 끈을 풀 만한 자격이나 능력도 가지고 있지 않습니다.' 26 아브라함의 후손인 형제자매 여러분! 그리고 이스라엘 사람들과 함께 하나님을 경외하는 이방인 여러분! 지금 중요한 것은 온 세상을 구원하실 말씀, 바로 그 말씀이 성육신하신 메시아(구원자) 예수님을 하나님께서 우리를 위해 보내 주셨다는 것입니다!"

27 "그런데 가장 먼저 그 구원의 말씀이신 예수님을 알아보아야 할 예루살렘의 거주민들과 그들의 지도자들이 그분을 알아보지 못했습니다. 메시아(구원자) 예수님께서 오신다고 예언한 내용이 담긴 선지자들의 말씀을 안식일마다 항상 반복해서 읽고서도 그분을 알아보지 못한 것입니다. 그래서 그들은 정말 구약의 선지자들이 예언한 대로 그분을 정죄하고 심판하리라는 내용을 실행했고 성취하고 말았습니다. 28 즉, 그들은 예수님에 대해 사형시킬 만한 그 어떤 죄를 찾아내지 못했음에도, 로마 총독 빌라도에게 그분을 십자가에 올려서 죽여 달라고 요청했습니다. 29 그래서 구약 성경에서 그분에 대해 예언한 그대로, 모든 것이 이루어졌습니다. 그분은 정말로 십자가 나무에 못 박혀 죽임을 당하신 것입니다. 그리고 그 십자가 나무에서 내려진 예수님은 무덤 속에 안치되셨습니다(신 21:22-23; 행 5:30; 갈 3:13). 30 하지만 하나님께서는 그 예수님을 죽은 자들로부터 일으켜 세우셨습니다(행 13:22)! 31 아울

러 예수님께서는 많은 날 동안 자신이 부활했음을 증거하셨습니다. 갈릴래아^{갈릴리}에서부터 예루살렘을 향한 여정에 동참했던 제자들에게 부활하신 모습을 보여 주신 것입니다. 그래서 그 제자들은 지금 이스라엘 백성들에게 예수님의 부활을 증거할 증인들이 되었습니다 ³² 우리 역시 그 부활의 증인이기에, 우리의 선조들에게 하나님께서 주신 약속이 성취되었다는 놀라운 소식을 여러분에게 지금 복음으로 전하고 있습니다. ³³ 바로 그 성취된 하나님의 약속이란, 우리의 죄를 위해서 예수님이 죽으심으로 죽음이라는 우리의 과거가 해결되었고, 하나님께서 십자가에서 죽으신 예수님을 다시 일으켜 세우심으로 하나님의 자녀들인 우리에게 새로운 미래가 열렸다는 것입니다. 이 놀라운 약속의 성취에 대한 증거로, 시편 2편에 이런 기록이 있습니다. '너는 나의 아들이다, 내가 오늘 너를 낳았다(시 2:7)!' ³⁴ 이것은 하나님께서 메시아(구원자)이신 예수님을 죽은 자들로부터 부활로 일으켜 세우심으로 다시는 육체의 죽음이라는 썩음과 부패의 과거로 후퇴하지 않도록 역사하신 것입니다. 그래서 하나님께서 이런 말씀을 또 하신 것입니다. '내가 다윗의 거룩하고 신실한 것들, 곧 다윗에게 약속한 궁극적인 선물의 축복들을 너희들에게 주겠다.' ³⁵ 그래서 그 궁극적인 선물의 축복인 부활에 대해 시편 16편에는 '당신께서는 당신의 거룩한 자를 절대로 썩거나 부패하도록 내주지 않으실 것입니다(시 16:10)'라고 되어 있습니다. ³⁶ 어떤 사람은 이 시편의 내용이 다윗에게 해당되는 것이라고 생각하지만, 실제로 다윗은 자신의 시대를 섬기고 하나님의 뜻에 따라 죽어서 장사되었습니다. 자신의 선조들처럼 땅에 묻혀서 썩고 부패하게 되었습니다. 다시 말해서 이 시편이 약속한 궁극적인 축복의 대상은 다윗이 아니라는 말입니다! [37] 그러면 이 시편이 약속한 궁극적인 축복의 대상은 누구일까요? 바로 예수님이십니다! 하나님께서 십자가에서 죽으신 예수님을 다시 일으켜 세우심으로, 예수님은 절대로 썩거나 부패하지 않는 부활의 생명을 누리게 되신 것입니다. 그리고 바로 그 예수님을 믿고 그분과 연합한 우리도 모두 동일한 부활의 생명을 누리게 됩니다(갈 2:20)!"

[38] "그러므로 지금 이 자리에 계신 형제자매 여러분이 반드시 알아야 할 것은 이것입니다! 예수님의 십자가 죽음을 통해 여러분의 모든 죄가 용서받고 해결 받게 된다는 것이며 [39] 여러분이 모세의 율법으로 아무리 애써도 하나님과의 바른 관계를 이룰 수 없었던 것을 예수님의 부활 생명을 통해서 얻게 되어 하나님 앞에서 의로운 존재가 된다는 것입니다. 지금 우리가 여러분에게 복음으로 전하고 선포하는 내용의 핵심이 바로 이것입니다. [40] 이러므로 이제 여러분은 주의하십시오! 이러한 복음의 진리를 듣고도 거절한 사람들에게 구약의 선지자들이 경고로 예언한 내용이 닥치지 않도록 말입니다. [41] 그 구약 선지자들이 경고로 예언한 내용은 다음과 같습니다. '보아라! 하나님의 말씀을 비난하고 멸시하는 자들아! 너희들은 심한 충격으로 놀라게 될 것이며, 심판을 받아 소멸될 것이다! 내가 너희들의 시대에 위대한 일을 행했지만, 너희

들은 그것을 믿지 않았기 때문이다! 하나님께서 보내신 어떤 사람이 와서 너희들에게 그 모든 것을 설명해 주었는데도 말이다(합 1:5; 고전 16:22)!"

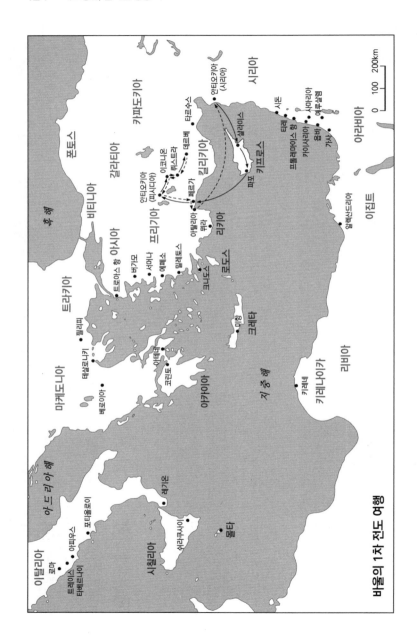

바울의 1차 전도 여행

32. 이코니온 전도(13:42-14:7)

13 ⁴² 피시디아 안티오키아^{비시디아 안디옥}의 회당에서 복음 전하기를 마무리하고 바울과 바나바가 밖으로 나가자, 그곳에 모였던 사람들은 다음 안식일에도 오늘 전해 준 말씀과 연결하여 같은 말씀을 전해 달라고 요청했다. ⁴³ 그렇게 회당의 예배가 끝나서 사람들이 흩어진 후에도, 바울과 바나바가 전한 복음에 은혜받은 많은 유대인과 하나님을 경외하여 유대교로 개종한 많은 사람이 바울과 바나바를 따라갔다. 그래서 바울과 바나바는 대화를 통해 그들에게 복음에 대해서 더 많은 내용을 설명해 주었으며, 복음의 핵심에 있는 하나님의 은혜에 신실하게 머물라고 권면해 주었다. ⁴⁴ 그다음 안식일이 되자, 피시디아 안티오키아에 사는 거의 모든 사람이 주님의 말씀을 들으려고 회당으로 모였다. ⁴⁵ 하지만 그렇게 모여드는 무리를 본 일부 불신하는 유대인들은 질투와 시기의 마음으로 가득해져서 바울이 회당에서 전하는 복음 내용에 대해 비방하고 모욕하는 말과 태도로 시비를 걸었다. ⁴⁶ 그러자 바울과 바나바는 그들을 향해 다음과 같이 담대하게 말했다. "우리가 전하는 이 복음, 바로 하나님의 말씀은 유대인인 여러분에게 가장 먼저 전해져서 받아들이는 것이 마땅한 것이었습니다(창 12:3; 롬 1:16). 하지만 여러분이 이 복음을 비방하고 거절함으로 스스로 이 영원한 생명을 받기에 합당하지 않은 존재임을 증명하고 있습니다! 그러므로 보십시오! 우리는 이제부터 유대인에게 먼

저 전하려고 했던 복음의 순서를 바꾸어서 이방인들을 향해 나아
가겠습니다! 그렇다고 하나님의 구원 계획을 변경시키는 것은 아
닙니다. 원래 하나님께서 원하시는 흐름대로 우리가 나아가는 것
입니다. [47] 이렇게 된 것은 주님께서 이사야 49장 6절에서 이사야
를 통해 하신 예언, 즉 '내가 너를 이방인들을 위한 빛으로 세웠다!
너를 통해 세상 끝까지 구원을 이루게 하기 위함이다!'라는 말씀
을 이루는 것입니다."

[48] 이러한 바울과 바나바의 말을 들은 이방인들은 매우 기뻐하
면서 자신들을 위해 주어진 하나님의 말씀에 영광을 돌렸다. 이에
복음의 말씀을 받아들여서 영원한 생명을 얻도록 정해진 사람들
은 누구나 그 복음을 믿었다. [49] 그렇게 복음은 그 근방의 모든 지
역에 두루 퍼져 나갔다. [50] 하지만 일부 불신하는 유대인들은 피시
디아 안티오키아에 살고 있는 이방인들 중에서 하나님을 경외하
는 귀족 부인들과 최고위 계급에 있는 남자들을 선동하고 자극해
서 바울과 바나바를 박해하도록 만들었다. 그래서 바울과 바나바
는 피시디아 안티오키아 경계 밖으로 쫓겨나고 말았다. [51] 이에 바
울과 바나바는 자신들의 발에 묻은 먼지를 그 반대하는 사람들을
향해 털어 버리고서(막 6:11; 눅 9:5), 그곳을 떠나 남동쪽으로 약 160
킬로미터 떨어진 이코니온이고니온을 향해 나아갔다. [52] 복음을 전해
준 바울과 바나바는 떠났지만 복음을 받아들여 예수님의 제자가
된 피시디아 안티오키아의 성도들은 기쁨과 성령으로 충만했다.

14

¹ 이어서 이코니온에서도 피시디아 안티오키아에서 일어난 일과 비슷한 일이 일어났다. 바울과 바나바가 이코니온에 있는 유대인들의 회당에 들어가서 이전과 동일하게 주님의 말씀인 복음을 전하자, 그 결과로 유대인들과 헬라인들의 많은 무리가 그 복음을 믿게 되었다. ² 하지만 바울과 바나바가 전한 복음에 대해 거부하고 불신하는 유대인들은 방금 믿음을 가지기 시작한 이방인들의 마음에 독을 넣는 것 같은 악한 짓을 하였다. 그들을 선동하고 자극해서 믿음의 형제가 된 바울과 바나바에게 적대적인 말과 행동을 하게 만든 것이다. ³ 그럼에도 불구하고 바울과 바나바는 이코니온에 상당한 시간 동안 머물면서 담대하게 복음을 전했다. 그들이 주님께서 주시는 힘으로 그분을 증거하니, 주님께서는 그들의 손으로 표적들과 기적들이 일어나게 해 주심으로 그들이 전하는 주님의 말씀, 즉 은혜의 말씀을 확증해 주셨다. ⁴ 결국, 이코니온의 사람들은 두 가지 흐름으로 나뉘게 되었다. 한 흐름은 바울과 바나바의 메시지를 믿지 않는 유대인들과 함께 복음에 적대적인 사람들이었고, 또 다른 흐름은 그 복음을 믿어서 두 사도(바울과 바나바)와 함께하는 사람들이었다. ⁵ 그러던 어느 날, 이런 일이 일어났다. 복음에 적대적이던 이방인들과 유대인들이 그들의 지도자들과 함께 사도들을 습격해서 폭력을 사용하고 돌로 치려고 계획한 것이다. ⁶ 그들의 계획을 미리 알아차린 바울과 바나바는 그곳을 떠나 리카오니아루가오니아 지역의 도시(성)들인 뤼스트라루스드라와 데르베더베 및 그 주변의 지역으로 피했다. ⁷ 그리고

거기에서도 바울과 바나바는 계속 복음을 전했다.

동영상 설교 QR 32. 생명의 반응, 구원의 반응(행 13:42-14:7)

33. 뤼스트라 전도(14:8-28)

14 ⁸ 이어서 바울과 바나바가 뤼스트라루스드라에 도착해 보니, 그곳에는 발과 다리의 능력을 상실한 어떤 남자가 있었다. 그 남자는 태어날 때부터 전혀 걸어 본 적이 없는 하반신 장애인이었다. ⁹ 하지만 그 남자는 바울이 전하는 복음의 메시지를 집중해서 듣고 있었다. 바울도 그 남자에게 초점을 맞추어 바라보니, 그 남자 안에 그 장애로부터 치유를 받을 만한 믿음이 있음을 알게 되었다. ¹⁰ 그래서 바울은 그 남자에게 큰 소리로 이렇게 말했다. "그대는 그대의 발로 똑바로 일어나시오!" 그러자 그 남자가 벌떡 일어나더니 주변을 걸을 수 있게 되었다. ¹¹ 이에 그 주변에 있던 사람들이 바울이 행한 기적을 보고 나서, 그 지역 언어인 리카오니아루가오니아 말로 다음과 같은 내용을 큰 목소리로 외쳤다. "신들께서 사람의 모습을 하시고 우리에게로 내려오셨도다!" ¹² 그래서 그 지역 사람들은 바나바를 '제우스'라고 부르고, 바울은 주도적으로 말을 하는 사람이라서 '헤르메스'라고 불렀다.

¹³ 이어서 뤼스트라 성(도시) 밖에 신전을 두고 제우스 신을 섬기던 제사장 한 명이 황소들과 화환들을 성문으로 가져와서 그 지역 사람들과 함께 바울과 바나바에게 제사를 드리려고 하였다. ¹⁴ 처음에는 그 지역 말(언어)이라서 알아차리지 못했지만, 잠시 후에 그 상황을 알아차린 바나바와 바울, 두 사도는 자신들의 겉옷을 찢고 제사를 드리려 하는 무리 안으로 들어가서 소리를 지르며, ¹⁵

다음과 같이 말했다. "여러분! 어째서 이런 짓을 하십니까? 우리는 신이 아닙니다. 우리도 여러분과 똑같은 감정을 가진 사람일 뿐입니다! 우리가 여러분에게 복음을 전한 이유는 이러한 헛되고 어리석은 짓을 그만두고, 하늘과 땅과 바다, 그리고 그 안에 있는 모든 것을 창조하신 살아 계신 하나님께로 돌아오도록 하기 위해서입니다. 16 이전 세대에 많은 이방 민족들이 자신들의 가짜 신들에게 제사 드리며 자기들 마음대로 살아가는 것을, 하나님께서는 참고 기다리셨습니다. 17 하지만 그렇다고 하나님께서 자신이 유일한 창조와 경배의 신이라는 것을 감추시고 드러내지 않으신 것은 아니었습니다. 하나님께서는 우리 인간들을 위해 온갖 선한 일들을 해 주셨습니다. 하늘에서 비를 내려 주셔서 추수 때에 풍성한 음식으로 여러분의 마음에 기쁨을 충만하게 하심으로 하나님께서 살아 계시고 역사하심을 보여 주신 것입니다!" 18 바울과 바나바는 이렇게 말하여서 자신들에게 제사드리려는 무리를 겨우 막을 수 있었다.

19 하지만 얼마 후, 피시디아 안티오키아비시디아 안디옥와 이코니온이고니온 지역에서부터 온 어떤 유대인들이 뤼스트라 사람들을 선동해서 바울에게 돌을 던지게 만들었다. 돌에 맞은 바울이 움직이지 않자, 죽은 줄로 알고 그를 뤼스트라 성(도시) 밖으로 끌어내었다. 20 이에 제자들이 뤼스트라 성(도시) 밖으로 나가서, 쓰러져 있는 바울 주변을 둘러싸자, 바울은 다행히 일어나서 뤼스트라 성(도시)안으로 다시 들어갔고 다음 날 바나바와 함께 데르베데베로 떠났다. 21

데르베에서도 바울과 바나바는 복음을 전했고, 그 복음을 받아들인 상당한 숫자의 사람들을 제자로 삼았다. 그리고 데르베의 사역을 마무리한 후에 그들은 [그들이 왔던 길을 거꾸로 돌아서] 뤼스트라와 이코니온을 지나 피시디아 안티오키아으로 갔다.

²² 그 돌아오는 길에서, 바울과 바나바는 각 지역 제자들의 영혼을 굳세게 하고 믿음으로 구원의 흐름 안에 머물러 있으라고 권면하면서 "우리가 하나님 나라에 들어가기 위해서는 반드시 많은 고난과 핍박을 감당하고 통과해야 합니다"라고 말해 주었다. ²³ 아울러 바울과 바나바는 각 지역 교회에 성도와 제자들을 이끌 지도자로서 장로들을 선택하고 임명한 후에, 그들을 위해 기도하고 금식했으며 그들이 믿는 주님께 그들을 맡겨 드렸다. ²⁴ 그러고 나서 바울과 바나바는 피시디아 지역을 거쳐서 팜필리아^{밤빌리아} 지역으로 갔다. ²⁵ 이어서 그들은 밤빌리아 지역의 페르가^{버가}에서 복음의 말씀을 전한 후에, 아탈리아^{앗달리아} 항구로 내려갔다. ²⁶ 그곳에서 바울과 바나바는 배를 타고 시리아 안티오키아^{수리아 안디옥}으로 돌아왔다. 그들에게 복음 전도의 사명이 처음으로 시작되고 주어진 바로 그 장소로 말이다.

²⁷ 시리아 안티오키아에 도착한 바울과 바나바는 성도들을 모아서 1차 전도 여행 기간에 하나님께서 자신들과 함께하신 모든 사역을 보고했다. 아울러 하나님께서 어떻게 이방인들에게 믿음의 문을 열어 주셨는지에 대해서 나누었다. ²⁸ 그러고 나서 바울과 바나바는 시리아 안티오키아 교회에서 성도들과 약 1년 정도, 적

지 않은 시간 동안 함께 지냈다.

34. 예루살렘 회의(15:1-21)

15 ¹ 그 후에, 유대아^{유대} 지역으로부터 어떤 유대인 성도들이 시리아 안티오키아^{수리아 안디옥}로 와서, 안티오키아 교회 성도들에게 "여러분이 만약 모세가 율법으로 준 관습에 따라 할례를 받지 않으면, 여러분은 구원받을 수 없습니다"라고 계속 가르쳤다. ² 이로 인하여, 유대에서 온 성도들과 안티오키아 교회의 바울과 바나바 사이에서 적지 않은 논쟁과 토론이 일어나게 되었다. 결국, 이 문제를 해결하기 위해서 바울과 바나바를 안티오키아 교회의 성도들 중에서 몇 사람과 함께 예루살렘의 사도들과 장로들에게 보내기로 결정했다. ³ 그래서 바울과 바나바 및 성도 몇 사람은 안티오키아 교회의 전송을 받고 출발했다. 그들은 예루살렘으로 가는 길에 있는 페니키아^{베니게}와 사마리아 지역의 성도들을 만나서 이방인들이 복음을 받아들이고 주님께로 돌아온 소식을 자세히 알려 주었다. 그러자 그 지역들에 있던 모든 성도가 기뻐했다.

⁴ 예루살렘에 도착한 바울과 바나바 및 안티오키아 교회 성도들은 예루살렘 교회의 사도들과 장로들 및 성도들에 의해서 환영받은 후에, 하나님께서 그들과 함께 행하신 모든 일들과 안티오키아 교회의 역사와 부흥을 자세히 말해 주었다. ⁵ 이어서 회의가 시작되었다. 유대교 바리새파 출신 중에서 예수님을 믿는 성도 몇 사람이 일어나서 이렇게 말했다. "이방인 성도들은 반드시 할례를

받아야 하며, 또한 모세의 율법을 지키도록 지시해야만 합니다." [6] 당연히 그 자리에는 이방인 신도들도 할례를 받아야만 하는가에 대한 문제를 해결하기 위해서 예루살렘의 사도들과 장로들도 함께했다.

[7] 그 자리에 모인 사람들이 해결책을 찾고자 많은 논쟁과 토론을 벌인 후에, 베드로가 일어나서 사람들에게 이렇게 말했다. "여러분! 여러분이 이미 잘 알고 있는 것처럼, 얼마 전에 하나님께서 나를 선택하시고 나의 입을 사용하셔서 코르넬리오고넬료 가정의 이방인들에게 복음을 전하게 하시고 그들이 메시아 예수님을 믿도록 하셨습니다(행 10:28-29). [8] 더욱이 모든 사람의 마음을 아시는 하나님께서 바로 그 이방인들에게 성령님을 보내 주심으로 그들이 참된 하나님의 백성이요 성도가 되었음을 증명해 주셨습니다. 오순절에 우리에게 일어난 것과 동일하게 말입니다(행 11:17)." [9] 이것을 통해, 참으로 하나님께서는 우리 유대인이든, 저 이방인이든 차별하지 않으신다는 것을 분명하게 보여 주셨습니다! 하나님께서 하시려는 일은 할례를 받느냐 받지 않느냐가 아니라, 믿음을 통해 그들의 마음을 깨끗하게 하는 것이었습니다(갈 2:15-16)! [10] 그런데 어째서 지금 여러분은 감히 하나님을 시험하려고 하십니까 (출 17:2; 신 6:16; 마 4:7)? 우리 선조들도 감당할 수 없었고, 우리도 감당하지 못한 관습이라는 무거운 멍에를 이방인 제자들의 목에 두려고 하느냐는 말입니다! [11] 오직 우리 유대인들이 주 예수님의 은혜로 구원을 받은 것처럼, 저 이방인들도 동일하게 주 예수님의

은혜로 구원받는다고 믿습니다!"

¹² 이에 모든 사람이 침묵하게 되었다. 이어서 바나바와 바울이 안티오키아 교회를 비롯해서 여러 이방인들에게 복음을 전할 때, 하나님께서 자신들을 통해 얼마나 많은 표적과 기적을 행하셨는지에 대해 이야기하였고 나머지 사람들은 그런 내용을 잠잠히 들었다. ¹³ 이렇게 모든 사람이 조용해지고 나자, 야고보가 마지막으로 이 문제를 마무리하는 말을 다음과 같이 했다. "여러분! 나의 말을 잘 들어 주십시오! 시몬 베드로가 처음 말한 것처럼, ¹⁴ 하나님께서는 유대인뿐만 아니라, 이방인들에게도 그분의 이름을 부를 하나님의 백성으로 삼으시고자, 그들을 찾으시고 은혜를 베풀어 주신 것이 분명합니다! ¹⁵ 아울러 이것은 이미 구약 선지자들이 한 말씀과도 일치합니다(구약 선지자의 말씀이 그것을 지지합니다). ¹⁶ 특히 아모스서 9장 11-12절에는 다음과 같이 기록되어 있습니다. '이 일 후에, 내(하나님)가 돌아와서 다윗의 무너진 장막을 다시 건축할 것이다. ¹⁷ 그리고 파괴된 것들을 내가 다시 건축해서, 그것을 바로 세울 것이다. 그러면 이스라엘의 남은 자들이 주님을 다시 찾게 될 것이고, 나(하나님)의 이름을 부르는 모든 이방인도 나를 주님으로 찾게 될 것이다. ¹⁸ 이 모든 내용은, 이것을 행하시는 주님의 말씀이다! 이것은 영원 전부터 알려진 것이다(사 2:2, 45:20-23; 슥 2:11, 8:22; 호 3:4-5; 렘 12:15-16)!'"

¹⁹ "그러므로 나 야고보는 다음과 같이 결정합니다. 하나님께로 돌아온 믿음의 이방인들에게 할례와 유대인의 관습을 행하라

고 하여, 그들을 괴롭게 하지 마십시오! ²⁰ 다만 이방인 성도들의 우상 숭배와 부정한 일들을 금지시키고 이로 인하여 발생하는 음행 및 목 졸라 죽인 짐승이나 고기를 피와 함께 먹는 일들을 하지 않도록 편지를 쓰는 정도로 하는 것이 좋겠습니다. ²¹ 그 이유는 이미 오랜 세월 동안 여러 도시의 회당에서 안식일마다 모세의 율법을 낭독하여 이방인들도 그런 내용을 잘 알고 있기 때문이며, 이방인 성도들이 이런 내용에 대해서 더 알기를 원한다면 회당에 참석하여 하나님의 말씀을 듣고 배우면 되기 때문입니다."

동영상 설교 QR 34. 인생의 갈등, 복음의 해결(행 15:1-21)

35. 예루살렘 회의 결과의 전달(15:22-35)

15 ²² 그때(그리고 나서), 사도들과 장로들은 온 성도들과 함께 예루살렘 회의에서 결정된 내용을 전달하기 위해 예루살렘 교회 성도들 중에서 믿을 만한 사람을 뽑아서 바울 및 바나바와 함께 시리아 안티오키아수리아 안디옥 교회에 보내기로 결정했다. 그래서 선택된 사람은 '바르사바바사바(안식일의 아들)'라고 불리는 유다 그리고 실라였다. 그들은 예루살렘 교회에서 리더의 위치에 있는 사람들이었다. ²³ 바로 그들을 통해서 전달된 편지 내용은 다음과 같다. "여러분과 함께 신앙의 형제가 된 예루살렘 교회의 사도들과 장로들은, 안티오키아와 시리아 및 킬리키아킬리기아 교회의 이방인 출신 성도님들에게 인사드립니다. ²⁴ 우리는 최근에 우리가 있는 예루살렘의 유대인 성도들 중에서 어떤 사람들이 여러분에게 가서 '구원을 받으려면 반드시 할례를 받아야 한다'라는 잘못된 말을 하면서 여러분의 마음을 힘들게 하고 동요시킨다는 소식을 들었습니다. 우리는 그들에게 그런 말을 하라고 지시하지도 않았는데 말입니다(갈 1:7, 2:12). ²⁵ 그래서 우리는 만장일치로 이 문제에 대해서 바른 결정을 내렸고 그 결정된 내용을 여러분에게 전해 주기 위해, 우리가 사랑하는 바나바 및 바울과 함께 예루살렘 교회의 성도 중에서 몇 사람을 선택해 여러분에게 보내기로 하였습니다. ²⁶ 여러분이 이미 잘 알고 있는 것처럼 바나바와 바울은 우리의 주인 되신 메시아 예수님의 이름과 복음을 위해 자신의 생

명을 바친 사람들입니다. [27] 아울러 우리는 유다와 실라도 함께 여러분에게 보냅니다. 그들은 우리가 회의를 통해 내린 바른 결정에 대해 여러분을 직접 만나서 잘 알려 줄 것입니다. [28] 우리가 회의를 통해 결정한 내용은 이렇습니다. 성령님과 우리는 이방인 성도들에게 다음에 언급하는 아주 필수적인 금지조항을 제외하고 할례와 같은 그 이상으로 무거운 짐과 고통을 더 추가하여 요구하지는 않을 것입니다. [29] 다만 방금 언급한 필수적인 금지조항으로 우상 숭배에 참여하는 것, 거기서 바친 목 졸라 죽인 짐승의 고기나 피를 먹는 것, 그리고 그 자리에서 일어나는 음란한 행위는 스스로 철저히 멀리해야 합니다. 그렇게만 한다면 여러분의 신앙과 삶은 거룩하고 건강하게 될 것입니다. 여러분 모두가 강건하기를 바랍니다(행 15:20)!"

[30] 이러한 내용이 담긴 편지를 들고 바울, 바나바, 유다, 그리고 실라는 예루살렘 교회 성도들과 작별 인사를 한 후에, 시리아 안티오키아로 내려갔고 안티오키아 교회 성도들을 모은 후에 그 편지의 내용을 전달했다. [31] 큰 소리로 편지를 낭독하자, 그 편지에 담긴 격려와 권면의 내용으로 인해 안티오키아 교회 성도들은 기뻐했다. [32] 아울러 함께 온 유다와 실라는 예언의 은사가 있는 선지자들이었기에, 추가적인 권면의 말씀을 많이 전해 주었고, 그런 하나님의 말씀을 통해 안티오키아 교회 성도들의 믿음을 견고하게 해 주었다. [33] 짧은 시간이었지만, 그렇게 안티오키아 교회의 사역을 마무리한 그들은 성도들과 평안의 작별 인사를 나누고 자

신들을 원래 보냈던 예루살렘 교회로 떠났다. 34 [하지만 실라는 안티오키아 교회에 머물기를 좋게 여겨서 그곳에 남았다.] 35 이제(또한) 바울과 바나바도 안티오키아 교회에 계속 머물면서 다른 많은 사람과 함께 주님의 말씀을 가르치고 복음을 전했다.

36. 2차 전도 여행의 시작에 발생한 분리(15:36-16:5)

15 ³⁶ 어느 정도 시간이 지난 후에, 바울은 바나바를 향해 다음과 같이 말했다. "우리가 얼마 전에 주님의 말씀인 복음을 전했던 모든 지역으로(행 13:4-14:26) 돌아가서 다시금 방문해 봅시다! 그래서 그곳의 성도들이 어떻게 신앙생활을 하고 있는지 점검해 봅시다!" ³⁷ 그러자 바나바는 그 여정에 마가라고 불리는 요한을 다시금 데리고 가고자 했다. ³⁸ 하지만 바울은 지난 여정 중에 팜필리아밤빌리아에서 그들과 함께하지 않고 떠나 버린 마가(요한)를 다시금 전도 여정의 동행자로 데리고 가지 않는 것이 당연하다고 보았다(행 13:13). ³⁹ 이에 바나바와 바울 사이에서 심한 논쟁과 다툼이 일어났고, 결국 두 사람은 서로 갈라서고 말았다. 그래서 바나바는 마가(요한)를 데리고 키프로스구브로섬을 향해 배를 타고 떠났다. ⁴⁰ 그러자 바울은 실라를 두 번째 전도 여행의 동행자로 선택했고, 시리아 안티오키아수리아 안디옥 교회 성도들이 전해 주는 주님의 은혜를 받은 후에 전도 여행을 떠났다(행 15:22). ⁴¹ 바울과 실라는 안티오키아 북쪽의 육로를 통해 시리아와 킬리키아길리기아 지역을 통과해 갔고 그곳에 있는 교회들을 굳건하게 하였다.

16 ¹ 그러던 중, 그들은 데르베더베를 지나서 뤼스트라루스드라에도 도착했는데, 그곳에는 아주 특별한 예수님의 제자가 한 명 있었다. 바로 헬라인 아버지와, 신앙을 가진 유대인 어머니의 아들로 티모테디모데라는 이름을 가진 형제였다! 티모테는 주

변 지역인 뤼스트라와 이코니온^{이고니온}의 성도들에게도 이미 인정 받고 칭찬받는 예수님의 제자였다(딤후 1:5). ² 바울은 티모테가 마음에 들었고 그와 함께 전도 여행을 하기를 원했다. ³ 그래서 바울은 티모테를 데리고 와서 할례받도록 했다. 그 이유는 구원의 문제 때문이 아니라, 그 주변 지역에 있는 유대인들 때문이었다. 티모테의 아버지가 헬라인, 즉 이방인이라는 사실을 주변 유대인들이 다 알고 있었기 때문이다. 바울은 티모테에게 분명한 인종적 정체성을 확립해 주려고 한 것이었다. ⁴ 그렇게 한 팀이 된 바울과 실라 그리고 티모테는 아시아 지역의 여러 도시들을 지나가면서, 예루살렘 회의에서 사도들과 장로들에 의해 결정된 내용들을 지키도록 전해 주었다. ⁵ 그 결과 아시아 지역의 교회들은 굳건한 믿음을 가지게 되었으며, 신앙을 가지는 사람들의 수가 날마다 늘어났다.

동영상 설교 QR 36. 헤어짐 그리고 만남(행 15:36-16:5)

37. 아시아의 거절, 유럽의 환대(16:6-15)

16 ⁶ 바울과 실라 그리고 티모테디모데는 부르기아와 갈라티아갈라디아 지역을 통과해야 했다. 왜냐하면 성령님께서 그곳 아시아 지역에 하나님의 말씀 전하는 것을 막으셨기 때문이다. ⁷ 이에 그들은 뮈시아무시아 지역까지 간 후에, 북동쪽 방향인 비티니아비두니아 지역으로 가고자 계속 시도했지만 그곳에서도 예수님의 영께서 허락하지 않으셨다. ⁸ 그래서 그들은 뮈시아 지역을 지나서 북서쪽 끝, 해안에 있는 트로아스드로아 항까지 내려갔다(고후 2:12; 행 20:5-12). ⁹ 그러자 밤에 한 환상이 바울에게 나타났다. 어떤 마케도니아마게도냐 사람이 서서 바울을 부르며 이렇게 간절히 부탁하는 것이었다. "마케도니아 지역으로 건너오셔서 우리를 구해 주십시오!"라고. ¹⁰ 그렇게 바울은 그 환상을 보고 나서, 실라, 티모테, 그리고 트로아스 지역에서 함께 전도팀에 합류하게 된 나, 누가에게 그 내용을 알려 주었다. 그래서 우리는, 하나님께서 마케도니아 지역 사람들에게 복음을 전하기 위해 우리를 부르시는 것이 확실하다고 판단했고, 아시아 지역을 떠나서 마케도니아 지역으로 갈 길을 찾기 시작했다. ¹¹ 이에 우리는 트로아스 항구에서 배를 타고 출발해서 사모트라케사모드라게 섬까지 곧장 갔고, 그다음 날에는 마케도니아 지역 해안의 첫 번째 항구 도시인 네아폴리스네압볼리에 도착하게 되었다. ¹² 그리고 거기서 출발해서 필리피빌립보로 갔다. 필리피는 마케도니아의 도시들 중에서 최고의 위상을 가진 로

마 식민지였다. 바로 그 필리피에서 우리는 며칠 동안 머물렀다.

¹³ 며칠 후 안식일이 되어서, 우리는 필리피 도시의 성문 밖에 있는 강가로 나가서 기도할 만한 장소가 있을까 하고 찾고 있었다. 그러다가 그곳에 모여 있는 여자들을 발견하게 되었고 그녀들에게 우리는 복음에 관한 이야기를 나누었다. ¹⁴ 특히 그곳에 모여 있던 여자들 중에는 티아티라ᵈᵘᵃᵈᶤʳᵃ 도시 출신으로 하나님을 경외하는 자주색 옷감 장사(사업가)로 뤼디아ᵉᵘᵈᶤᵃ라는 이름을 가진 한 여자가 있었는데, 그녀는 우리가 하는 말을 계속 잘 들었다. 그러자 주님께서 그녀의 마음을 열어서 바울이 전하는 복음의 말씀에 집중하게 하셨다. ¹⁵ 그 결과 뤼디아는 자기 집안 식구들과 함께 세례를 받았다. 그리고 그녀는 우리를 불러서 이렇게 말했다. "여러분이 저를, 주님을 믿는 신실한 성도라고 확신하신다면 저의 집에 오셔서 머무십시오! 제가 여러분의 숙식을 책임지고 섬기겠습니다!" 그렇게 뤼디아는 우리를 강권하여서 환대해 주었다.

동영상 설교 QR 37. 거절 그리고 환대(행 16:6-15)

38. 필리피의 기적과 감금(16:16-24)

16 ¹⁶ 그 후에 이런 일이 있었다. 우리가 [규칙적으로] 기도하는 장소로 가다가 피톤^{파이돈} 영에 사로잡힌 어떤 여자 노예를 만나게 된 것이다. 그 여자 노예는 사람들에게 점을 쳐 주어서 자신의 주인들에게 많은 돈을 벌어 주고 있었다. ¹⁷ 그런데 그 여자 노예가 따라오더니, 바울과 우리에게 큰 소리로 "이 사람들은 가장 높으신 하나님의 종들이다! 이들은 너희들에게 구원의 길을 전파한다!"라고 계속 말하는 것이다. ¹⁸ 문제는 그 여자 노예가 날마다 계속해서 이렇게 하니, 바울이 매우 곤란하고 힘들게 되었다. 그래서 바울은 돌이켜서 그 여자 안에 있는 영에게 이렇게 선포했다. "내가 너에게 메시아 예수님의 이름으로 명령한다! 그녀에게서 당장 나와라!" 그러자 즉시 그 영이 그녀의 몸에서 나갔다.

¹⁹ 문제는 그 여자 노예의 주인들이었다! 그들은 그녀를 계속 돈벌이로 이용해 먹을 수 있는 소망이 사라져 버린 것을 보고, 바울과 실라를 붙잡아서 그 도시의 넓은 광장에 있는 지도자들 앞으로 끌고 갔다. ²⁰ 특히 그 도시의 치안을 담당하는 관리들에게 바울과 실라를 끌고 간 후에, 다음과 같이 말했다. "이 사람들은 유대인들인데, 우리의 도시 필리피^{빌립보}를 매우 큰 혼란에 빠트리고 있습니다! ²¹ 아울러 이 사람들은, 로마인으로서 우리가 받아들일 수도 없고 받아들여서 행동하기에 합당하지도 않은 불법적인 관습을 전파하고 있습니다!" ²² 그러자 주변에 있던 사람들도 함께

일어나서 바울과 실라를 향해 적대적인 말과 고소를 했다. 그래서 필리피의 치안을 담당하는 관리들은 바울과 실라의 옷을 찢은 후에 몽둥이로 때리라고 명령했다. 23 결국, 그들은 바울과 실라에게 심한 몽둥이질을 하고 나서 감옥 안으로 던졌으며, 간수에게 명령하여 두 사람을 단단히 지키도록 하였다. 24 그래서 명령을 받은 간수는 바울과 실라를 감옥 안쪽에 던져 넣었고 무거운 나무로 만든 족쇄에 두 사람의 발을 단단히 채워 두었다.

동영상 설교 QR 38. 인간이란 무엇인가?(행 16:16-24)

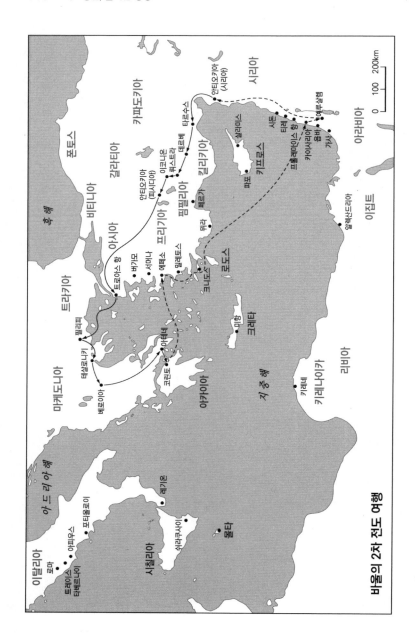

바울의 2차 전도 여행

39. 필리피 감옥과 간수 가정의 구원(16:25-40)

16 ²⁵ 밤 12시쯤에, 바울과 실라는 하나님께 계속 기도하고 찬송도 하였다. 그 소리를 감옥 안에 있던 다른 죄수들도 듣고 있었다. ²⁶ 그런데 갑자기 엄청난 지진이 일어나서 감옥의 기반/바닥이 흔들리게 되었다. 아울러 그 즉시 감옥의 문들이 모두 열리고 죄수들을 묶고 있던 쇠사슬도 모두 풀어졌다. ²⁷ 깜짝 놀라 잠에서 깨어 일어난 간수는 감옥의 문들이 열린 것을 보고 자신의 칼을 빼어 자살하려고 했다. 당연히 죄수들이 도망갔으리라 생각했기 때문이다(행 12:19). ²⁸ 바로 그때, 바울은 큰 소리로 이렇게 외쳤다. "당신 자신을 해치지 마십시오! 우리가 모두 도망가지 않고 다 여기에 있습니다!"

²⁹ 그러자 그 간수는 등불을 가져오라고 하고서 감옥 안으로 뛰어 들어갔다. 그는 두려움에 사로잡혀서 떨리는 몸으로 바울과 실라 앞에 엎드렸다. ³⁰ 그리고 바울과 실라를 감옥 밖으로 인도해서 나간 후에, 간수는 이렇게 물었다. "선생님들! 제가 이 곤경에서 구출/구원받기 위해 무엇을 해야만 할까요?" ³¹ 그러자 바울과 실라가 이렇게 대답했다. "당신의 주인으로 예수님을 환영하고 그분을 믿으십시오! 그러면 당신과 당신의 가족 모두가 구원받게 될 것입니다!" ³² 이어서 바울과 실라는 간수와 그의 집에서 함께 사는 모든 사람에게 주님의 말씀, 즉 복음을 전했다. ³³ 그리고 나서, 바로 그 밤 그 시간에 간수는 바울과 실라를 데리고 가서 맞은 상

처를 씻어 주었고 간수와 그의 모든 가족은 즉시로 세례를 받았다. 그들은 서로 씻어 주고 씻김 받은 것이다. ³⁴ 또한 그 밤에 간수는 바울과 실라를 인도하여 자기 집 안으로 초대했고, 음식을 준비하여 대접했다. 그렇게 간수는 자신과 자기 가족이 모두 하나님을 믿게 된 것에 대해 크게 기뻐했다.

³⁵ 다음 날 아침이 되자, 필리피^{빌립보}의 치안을 담당하는 관리들이 집행관들을 통해서 "그 사람들을 풀어 주라!"라고 지시를 내렸다. ³⁶ 이에 그 간수는 자신이 전달받은 지시를 바울에게 다음과 같이 알려 주었다. "치안을 담당하는 관리들이 사람을 보내어 선생님들을 풀어 주라고 합니다. 그러니 이제 선생님들은 감옥에서 나가셔서 평안히 가십시오!" ³⁷ 그러자 바울은 그 사람들을 향해 이렇게 말했다. "로마 시민권을 가진 우리를 재판도 하지 않고 공개적으로 때리고 감옥에 집어넣더니, 이제 와서 조용히 우리를 쫓아내겠다는 것입니까? 그렇게는 안 됩니다! 그들이 직접 와서 우리를 데리고 나가라고 하십시오!"

³⁸ 집행관들은 바울이 한 말을 필리피의 치안을 담당하는 관리들에게 보고했다. 관리들은 바울과 실라가 로마 시민권을 가진 사람이라는 것을 듣고 두려움에 사로잡혔다. 로마 시민은 정식 재판 없이 매질을 하지 못하도록 규정되어 있었기 때문이다. ³⁹ 그래서 관리들은 직접 바울과 실라에게 와서 사과하고 그들을 달랬다. 그리고 그들을 배웅하며 필리피에서 떠나 달라고 부탁했다. ⁴⁰ 그렇게 바울과 실라는 감옥에서 나와서 뤼디아^{루디아}의 집으로 갔다. 그

곳에서 기다리고 있던 믿음의 형제자매들을 만나 위로하고 격려한 후에, 바울과 동역자들은 필리피를 떠났다.

동영상 설교 QR 39. 구원의 흐름, 성탄의 흐름(행 16:25-40)

40. 데살로니키와 베로이아 전도(17:1-15)

17 ¹ 이제 바울과 함께한 일행은 암피폴리스^{암비볼리}와 아폴로 니아^{아볼로니아}를 거쳐서 마케도니아^{마게도냐}의 수도인 데살 로니키^{데살로니가}에 도착했다. 데살로니키에는 유대인들의 회당이 있 었다. ² 그래서 바울은 평소 습관대로 회당에 들어가서 그곳에 모 인 사람들을 만났고, 그들에게 3번의 안식일을 통해 구약성경 말 씀을 자세히 설명해 주었고 그들과 토론도 했다. ³ 특히 바울은 구 약성경 말씀을 철저히 풀어서 강해를 함으로, 세상을 구원하실 메 시아는 반드시 십자가의 고난을 겪으시고 죽음에서 부활하셔야 함을 알려 주면서 "내가 여러분에게 전하고 선포하는 그분, 바로 예수님이 그 구원자이신 메시아이십니다!"라고 말했다. ⁴ 그러자 그곳에 모인 사람 중에서 몇몇 사람들은 바울의 말을 받아들여 믿 었고 바울과 실라를 추종하며 함께하기로 했는데, 그들 중에는 하 나님을 경외하는 헬라인들도 많이 있었고 데살로니키의 최상류층 지도자들의 부인들도 적지 않았다.

⁵ 하지만 이런 흐름에 대해 시기하는 유대인들이 거리의 불량 배들을 데려와서 무리를 만든 후에 그 도시를 소란스럽고 혼란스 럽게 만들었다. 아울러 바울의 전도팀을 환대하여 자신의 집에 머 물도록 한 야손의 집을 습격해서 바울과 그 일행을 찾았는데, 그 이유는 그들을 군중들 앞에 끌고 가기 위해서였다. ⁶ 결국 바울과 그 일행을 발견하지 못하자, 그 불량배들은 야손과 성도 몇 명을

그 도시의 지도자들 앞에 끌고 갔다. 그들은 그 자리에서 크게 소리 지르며 "온 세상을 혼란스럽게 만들고 분란을 일으키는 자들이 여기까지 왔습니다!"라고 고소했다. ⁷ 이어서 그들은 "이런 자들을 야손이 환대하여 자기 집에 받아들였습니다. 이자들은 모두 가이사 황제의 명령과 법을 반대하는 행동을 하고 예수라는 다른 황제, 즉 다른 왕이 있다고 주장합니다!"라고 말했다. ⁸ 그들은 이렇게 말해서, 그 말을 들은 사람들과 그 도시의 지도자들을 동요하게 만들었다. ⁹ 결국 데살로니키의 지도자들은 바울과 그 일행이 로마의 법을 어기지 않고 그 장소를 떠날 거라는 약속으로 상당한 금액의 보석금을 야손과 사로잡은 성도들로부터 받은 후에, 그들을 풀어 주었다.

¹⁰ 바로 그날 밤에 데살로니키 성도들은 바울과 실라를 신속하게 베로이아^{베뢰아}로 보냈다. 그렇게 베로이아에 도착한 바울과 실라는 그곳에 있는 유대인들의 회당에 들어갔다. ¹¹ 그런데 베로이아 사람들은 데살로니키 사람들보다 더 좋은 성품과 자질을 가지고 있었다. 그래서 그들은 하나님의 말씀을 매우 간절하게 받아들였고, 바울이 전한 복음의 말씀이 정말로 진리인지를 알아보고자 날마다 성경 말씀을 철저히 찾아보고 연구하였다. ¹² 그래서 그 도시의 많은 사람이 믿음을 가지게 되었으며 헬라인 귀족 부인들과 남자들 중에서도 적지 않은 사람들이 믿음을 고백하게 되었다(행 20:4).

¹³ 하지만 베로이아에서 바울에 의해 하나님의 말씀인 복음이

전해지고 있다는 소식을 들은 데살로니키의 유대인들은 그곳까지 찾아와서 소동을 일으키고 사람들을 선동하여 믿지 못하게 만들었다(행 14:19). ¹⁴ 그래서 베로이아의 성도들은 신속하게 바울을 바닷가까지 배웅한 후에, 해안길을 통해 이동해서 가도록 호위하는 사람을 붙여서 보내 주었다. 다만 실라와 티모테디모데는 조금 더 그곳에 남았다. ¹⁵ 이에 호위하는 사람들은 바울을 아테네아덴까지 안전하게 인도해 주었다. 아테네에 도착한 바울은 자신을 호위해 준 사람들에게 '실라와 티모테에게 최대한 빨리 자신에게 오라'는 부탁을 전해 달라고 했고, 그 부탁을 받고서 그 사람들은 다시금 베로이아로 떠났다.

동영상 설교 QR 40. 두 도시의 능력(행 17:1-15)

41. 아테네 전도(17:16-34)

17 ¹⁶ 이제 바울은 실라와 티모테디모데가 오기를 기다리면서 아테네아덴의 여러 지역을 돌아다녀 보니, 그 도시에 우상이 가득한 것을 보게 되었고 그의 영혼 안에서 거룩한 분노가 일어나게 되었다(고전 13:6). ¹⁷ 그래서 바울은 회당에 가서는 유대인들 및 하나님을 경외하는 이방인들과 토론했고, 길거리나 광장에서는 매일 만나는 사람들에게 하나님의 말씀을 전하고 그들과 이야기했다. ¹⁸ 특히 에피쿠로스 철학자들 및 스토아 철학자들이 바울과 많은 논쟁을 하였다. 그러자 어떤 사람들은 바울에 대해서 "이 떠버리가 도대체 무슨 이야기를 하려고 하는 것인가?"라고 말하기도 했고, 또 다른 사람들은 "우리가 모르는 외국의 신(神)들을 전하려는 사람인가 보다!"라고 말하기도 했다. 그 이유는 바울이 당시 헬라 사람들이 대다수 인정하지 않는 '부활'을 복음으로 전했기 때문이다. ¹⁹ 그래서 사람들은 바울을 아테네의 다양한 사상을 발표하고 동시에 그 사상이 올바른 것인지를 판결하는 장소인 아레스의 바위 언덕, 즉 아레이오스 파고스아레오바고로 데리고 가서 이렇게 말했다. "당신이 계속 말하고 가르치는 그 새로운 내용에 대해서 우리가 자세하게 알 수 있습니까? ²⁰ 당신은 최근에 매우 낯선 것들을 우리에게 들려주었기 때문입니다. 그래서 우리는 지금 여기서 그 내용이 어떤 의미인지를 제대로 알아보고 싶습니다." ²¹ 실제로 아테네 사람들과 그곳에 사는 외국인들은 오로지

새로운 지식, 즉 가장 최신의 사상이나 이야기에 대해서 말하거나 듣는 것에만 관심을 가졌고 그것을 위해 시간을 사용했다.

²² 그래서 바울은 아레스의 언덕, 즉 아레이오스 파고스의 한 가운데에 서서 다음과 같이 말했다. "아테네 시민 여러분! 내가 보니, 여러분은 모든 면에서 종교적이고 영적인 것들에 참으로 많은 관심을 가진 분들이라는 것을 알게 되었습니다. ²³ 그 이유는 내가 아테네의 여러 지역을 두루 다녀보니, 여러분이 많은 신을 위해 숭배하는 형상과 제단들을 마련해 놓은 것을 보았기 때문입니다. 그중에서 특히 인상적이었던 것은, '알지 못하는 신에게'라는 문구를 새겨 넣은 제단이었는데요, 나는 오늘 여러분에게 여러분이 알지도 못하면서 제단을 만들어서 숭배하는 바로 그 신에 대해서 알려 드리겠습니다. ²⁴ 그 신은 우주와 그 안에 있는 모든 것을 만드신 창조의 신이십니다. 그분은 하늘과 땅의 주인이시기에 사람의 손으로 만든 그 어떤 성전 건물 안에 거주하실 수도 없고, 거주하시지도 않으십니다. ²⁵ 또한 그분은 무엇인가 부족하거나 필요하신 것이 없는 분이시기에 사람의 손에 의해 보살핌을 받지도 않으시고 그럴 필요도 없으신 분이십니다. 오히려 그분은 우리 사람을 비롯하여 모든 만물에 생명과 호흡을 주시고 필요한 모든 것을 채워 주시는 분이십니다. ²⁶ 더 나아가, 그분은 한 사람(아담)을 통해 이 세상의 모든 민족을 만드셨고, 그들이 다양한 땅의 영역에서 살게 하셨으나, 동시에 그들 각자에게 살아갈 시간과 공간의 경계와 한계를 정하신 분이십니다. ²⁷ 하나님께서 이렇게 하신 목

적은 우리가 그분을 찾아서 만나기를 원하시기 때문입니다. 우리가 그분을 찾고 구하면 누구나 그분을 만날 수 있고 경험할 수 있습니다. 정말로 하나님은 우리 각 사람으로부터 멀리 계시지 않습니다. 오히려 아주 가까이 계십니다. ²⁸ 그래서 여러분이 잘 아는 크레타^{그레데}섬의 시인 에피메니데스와 알렉산드리아의 클레멘스는 '우리는 모두 그 하나님을 힘입어 이 세상에서 산다'라고 말했고 시칠리아^{시실리}섬의 시인 아라토스도 '그러므로 우리도 그 하나님의 혈통이고 후손이다'라는 말을 한 것입니다. ²⁹ 이렇게 우리가 하나님의 혈통이자 후손이라는 사실을 알게 되었으니, 이제는 더 이상 금이나 은이나 돌에 인간이 조각하여 만든 우상이나 형상을 하나님이라고 부르거나 숭배하는 일은 그만두는 것이 마땅합니다. ³⁰ 그런 무지의 시간과 시대는 지나갔습니다. 우리가 이전에 잘 몰라서, 우상들을 숭배하던 시간과 장소에 대해서는 하나님께서 넘어가 주셨습니다. 하지만 이제는 하나님께서 이 세상의 모든 사람과 모든 장소가 바로잡히도록 회개하라고 명령하십니다! ³¹ 우리가 지난날의 잘못된 삶을 바로잡고 회개해야 하는 이유는, 하나님께서 이 모든 것을 심판하시는 날을 정하셨기 때문이며, 그 심판의 날이 다가오기 때문입니다. 그날에, 하나님께서는 특별한 한 사람, 바로 메시아 예수님을 통하여 이 세상의 모든 사람을 공의롭게 심판하실 것입니다. 어떻게 예수님이 그런 대단한 심판을 하실 수 있냐구요? 하나님께서 십자가에서 죽으신 예수님을 부활하게 하심으로 모든 사람 앞에서 메시아 예수님이 이런 위대한 마지막 심판의 심판관이 되시기에 합당한 분이라는 믿을 만한 증거를 보여 주셨기 때문입니다."

³² 그러자 바울의 설교를 들은 사람 중에서 어떤 사람들은 바울이 말한 죽은 자들의 부활이라는 내용 때문에 바울을 조롱하기도 했고, 또 다른 사람들은 관심을 보이며 "우리는 당신이 방금 말한 내용을 다음에 또 들어 보고 싶습니다"라고 말하기도 했다. ³³ 그렇게 아레이오스 파고스에서 바울의 설교가 끝났고, 바울은 그 자리에서 떠났다. ³⁴ 하지만 바울의 설교를 들은 사람 중에서 몇몇 사람은 바울에게 가까이 와서 따르며 바울이 전한 복음을 믿었다. 그런 사람 중에서는 아레이오스 파고스 의회(법정)의 고위직에 있는 의원(판사)인 디오니시우스디오누시오라는 사람도 있었고, 다마리스다마리라는 여자도 있었으며, 그 외에 다른 남자들도 있었다.

동영상 설교 QR 41. 우리의 복음은 너무 작다(행 17:16-34)

42. 코린토 전도(18:1-11)

18 ¹ 이러한 일들이 있은 후에, 바울은 아테네아덴를 떠나서 약 80킬로미터 떨어진 아카이아아가야 지역의 수도, 코린토고린도로 갔다. ² 그리고 그곳 코린토에서 바울은 아퀼라아굴라라는 이름을 가진 폰토스본도 출신의 유대인을 만났다. 그는 원래 이탈리아(로마)에 살았는데 클라우디우스클라우디오 황제(주후 41-54년)가 모든 유대인에게 추방 명령을 내리는 바람에 이탈리아(로마)를 떠나서 그의 아내인 프리스킬라브리스길라와 함께 코린토로 최근에 오게 되었다. 바울은 아퀼라와 프리스킬라 부부에게 가서, 그들과 함께 지냈다. ³ 바울과 그 부부는 모두 천막을 만드는 기술과 관련된 직업을 가지고 있었기 때문에 함께 일하고 함께 살 수 있었던 것이다.

⁴ 그러다가 바울은 안식일이 되면 매주 회당에 가서 유대인들과 헬라인들에게 복음을 전하고 그들과 토론함으로써 지속적으로 그들을 설득했다. ⁵ 그러던 중에, 마케도니아마게도냐 지역에서 사역을 하던 동역자인 실라와 티모테디모데가 아카이아 지역으로 내려와 코린토에 도착함으로 바울과 합류하게 되었다. 그때 바울은 하나님의 말씀에 사로잡혀서 복음을 전하는 일에 전념하고 있었다. 특히 바울은 유대인들에게 예수님이 바로 모든 유대인들이 그토록 기다리던 구원자인 메시아라고 최선을 다해 증거하곤 했다. ⁶ 하지만 유대인들은 반대하고 저항했으며 심지어 비방하며 욕하기까지 했다. 그러자 바울은 자신의 옷을 심하게 털어버리면서 다음

과 같이 말했다. "여러분이 복음을 거절했으니 그로 인한 책임은 여러분의 머리 위에 떨어지게 될 것입니다! 나는 이제 여러분에게 아무런 책임이 없습니다. 그러므로 나는 지금부터 방향을 바꾸어서 이방인들에게 집중적으로 복음을 전할 것입니다!"

⁷ 그러고 나서, 바울은 그곳을 떠난 후에 하나님을 경외하는 이방인으로 티티우스 유스투스^{디도 유스도}라고 하는 사람의 집으로 들어갔다. 그 사람의 집은 유대인의 회당 옆에 붙어 있었다. ⁸ 아울러 회당장인 크리스포^{그리스보}도 자신의 모든 가족과 함께 예수님을 믿게 되었다. 또한 코린토 사람들 중에서 많은 이들이 복음을 듣고서 믿었으며 세례도 받았다. ⁹ 그러던 어느 밤에 주님께서 환상을 통해 나타나셔서 바울에게 다음과 같이 말씀하셨다. "바울아! 너는 두려워하지 말아라! 포기하지 말고 계속 말하고 침묵하지 말아라! ¹⁰ 왜냐하면 내가 너와 함께하기 때문이며, 그 누구도 너를 대적하여 공격하지 못하고 너를 해롭게 하지 못하도록 내가 너를 지켜줄 것이기 때문이다. 그 이유는 이 도시에 나의 백성이 될 사람들이 많이 있기 때문이다!" ¹¹ 그래서 바울은 코린토에서 오랜 시간 머물렀다. 무려 1년 6개월 동안 바울은 그곳에 머물면서 그들에게 하나님의 말씀을 전하고 가르쳤다.

동영상 설교 QR 42. 누구를 만나는가, 누구로 만나는가_(행 18:1-11)

43. 갈리우스의 재판과 2차 전도 여행의 마무리(18:12-23)

18 ¹² 그러던 중에 갈리우스갈리오가 아카이아아가야 지역의 총독으로 있을 때(주후 51-52년), 특별한 한 사건이 발생했다. 코린토고린도 지역에 있는 유대인들이 연합해서 바울을 반대하고 공격하는 시위를 일으켰고 그를 공식적인 재판 장소(베마)까지 끌고 간 것이다. ¹³ 그 자리에서 유대인들은 바울에 대해 "이 사람은 로마가 승인한 종교인 유대교의 율법에 어긋나는 방식으로 하나님을 예배하고 섬기라고 합니다. 이것은 불법적이고 반역적인 행동입니다!"라고 고소했다. ¹⁴ 이 말을 들은 바울은 자신을 변호하는 말을 하려고 했다. 하지만 그 전에 갈리우스가 바울의 말을 막고 유대인들을 향해 다음과 같이 먼저 말했다. "유대인 여러분! 여러분이 고소하는 사건이 악행이나 범죄행위와 연관된 것이라면 나는 얼마든지 참고 들어줄 수 있습니다. ¹⁵ 하지만 여러분의 종교 안에서 논쟁이 되는 용어나 관습에 대한 이해와 해석의 차이로 인한 문제에 관해서는 여러분끼리 해결하고 처리하기를 바랍니다. 나는 여러분의 종교 문제에 대해서 재판관이 되고 싶은 생각이 전혀 없습니다!" ¹⁶ 갈리우스는 이렇게 자신의 말을 마치고 그 공식적인 재판 자리에서 사람들을 모두 쫓아냈다. ¹⁷ 그러자 유대인들은 그 공식적인 재판 자리 앞에서 그들의 새로운 회당장인 소스테네소스데네를 붙잡은 후에 마구 때렸다. 하지만 갈리우스는 그 장면을 보고서도 전혀 상관하지 않았다.

¹⁸ 그래서 바울은 코린토에서 충분한 시간 동안 머물며 복음을 전할 수 있었다. 그리고 나서 바울은 코린토의 항구인 켕크레아이겐그레아에 가서 머리카락을 잘랐다. 그 이유는 그가 하나님께 맹세한 것이 있었기 때문이다(민 6:1-21). 그 후에 바울은 코린토 교회의 성도들에게 작별 인사를 하고서 프리스킬라브리스길라, 아퀼라아굴라 부부와 함께 시리아수리아 지역으로 떠나는 배를 타고 그곳을 떠났다. ¹⁹ 배를 타고 가다가 에페소에베소에 도착한 바울은 그곳에 프리스킬라, 아퀼라 부부를 머무르게 해 놓고서, 회당에 들어가 유대인들에게 복음을 전하고 말씀에 대해 토론했다. ²⁰ 그러자 에페소의 유대인들이 바울에게 좀 더 많은 시간 동안 그곳에 머물러 주기를 요청했다. 하지만 바울은 그럴 수 없다고 말하며 거절했다. ²¹ 바울은 그들과 작별 인사를 하면서 "하나님께서 원하신다면 다시 여러분에게로 내가 돌아오겠습니다"라고 말한 후에, 배를 타고 에페소를 떠났다. [그러나 프리스킬라와 아퀼라 부부는 에페소에 남았다.] ²² 에페소에서부터 약 900킬로미터 정도 되는 긴 항해 끝에, 바울은 카이사리아가이사랴 항구에 도착했고, 카이사리아에 내린 후에는 다시 약 100킬로미터 거리의 예루살렘까지 올라가서 그곳의 교회 성도들을 만난 후에, 시리아 안티오키아수리아 안디옥으로 돌아갔다. ²³ 시리아 안티오키아에서 어느 정도 시간(약 9개월 정도)을 보낸 후에, 바울은 다시금 3차 전도 여행을 떠났다. 갈라티아갈라디아와 프리기아브루기아 지역의 교회들을 차례대로 지나가면서 모든 제자의 영혼과 신앙을 굳게 해 주었다.

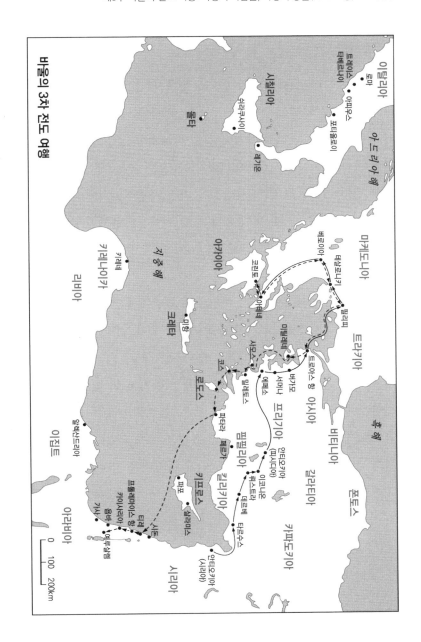

바울의 3차 전도 여행

44. 3차 전도 여행의 시작과 아폴로의 사역(18:24-19:7)

18 ²⁴ 그즈음에, 이집트애굽의 알렉산드리아 출신으로 아폴로아볼로라는 이름을 가진 한 유대인 남자가 에페소에베소에 도착했다. 그는 특히 구약성경을 이해하고 설명하는 데 아주 탁월한 능력을 가진 사람이었다. ²⁵ 그는 또한 주인 되신 예수님에 대한 진리도 배웠고 뜨거운 열정을 가진 사람이었기에 구약성경과 연결하여 예수님에 대해 깨달은 것들을 사람들에게 정확하게 말하고 가르쳤다. 하지만 그는 하나님의 구원 역사에서 요한의 세례까지만 이해하고 있었다.

²⁶ 그러던 중에, 아폴로가 에페소의 회당에서 담대하게 하나님의 말씀 전하는 것을, 그 자리에 참석했던 프리스킬라브리스길라와 아퀼라아굴라가 듣게 되었고 그들은 아폴로를 자신들의 집으로 초대해서 하나님의 구원 역사에 관한 전체 이야기를 더 넓고 더 크게 설명해 주었다. ²⁷ 이에 아폴로는 에페소를 떠나 아카이아아가야 지역으로 가서 복음을 전해야겠다는 결심을 하게 되었다. 그러자 에페소 교회 성도들이 그를 격려한 후에, 아카이아 지역의 제자들이 그를 환영해 주기를 부탁한다는 편지를 적어서 함께 보냈다. 그렇게 아폴로는 에페소를 떠나서 아카이아로 가게 되었고, 그곳에 도착한 아폴로는 주님의 은혜로 믿음을 가지게 된 코린토고린도의 많은 성도에게 신앙적으로 큰 도움을 주게 되었다. ²⁸ 그 이유는 아폴로가 그곳의 유대인들에게 매우 논리적이고 탁월한 언어적 능

력으로, 구약성경의 내용들을 강해하여 '예수님이 바로 유대인이 기다리던 그 메시아(구원자)'라는 진리를 공개적이고 압도적으로 증명했기 때문이다.

19 ¹ 그렇게 아폴로가 코린토에서 사역하고 있을 때, 바울은 3차 전도 여행으로 시리아 안티오키아수리아 안디옥를 떠나 아시아와 부르기아의 북쪽 지역을 통과해서 에페소까지 내려왔고 거기서 몇몇 제자들도 만나게 되었다. ² 바울은 그들에게 이런 질문을 했다. "여러분이 믿음의 고백을 한 후에, 성령님을 만났습니까?" 그러자 그들은 바울에게 다음과 같이 대답했다. "우리는 성령님에 대해 제대로 들어본 적도 없습니다." ³ 그래서 바울은 다시 질문했다. "그러면 여러분은 어떤 세례를 받았습니까?" 그러자 그들은 "요한의 세례를 받았습니다"라고 대답했다. ⁴ 이에 바울은 그들에게 "요한이 준 세례는 회개의 세례로서 완성이 아니라 준비였습니다. 바로 세례 요한 뒤에 오시는 분, 바로 진정한 하나님 나라의 주인이신 예수님을 믿기 위한 준비인 것입니다"라고 말해 주었다. ⁵ 그렇게 바울을 통해 하나님의 구원 역사인 하나님 나라 복음에 대한 모든 내용을 들은 에페소의 제자들은 주인 되신 예수님의 이름으로 세례를 다시 받았다. ⁶ 그리고 바울이 그 제자들 위에 두 손을 올리고 기도하자, 성령님께서 그들 각자 위에 임하셨고, 그 결과 그들은 모두 방언도 하고 예언도 하게 되었다. 오순절의 역사가 동일하게 일어난 것이다(행 2:4, 10:46). ⁷ 그때 그곳에서 성령님을 만난 사람들은 모두 합쳐서 12명 정도였다.

45. 에페소 사역 (19:8-22)

19 ⁸ 그때부터 바울은 3달 동안 유대인의 회당에 들어가서 담대하게 복음을 전했다. 그 복음의 핵심인 하나님 나라에 대해서 제대로 설명하고 논증하여 믿게 한 것이다. ⁹ 하지만 어떤 사람들은 바울이 전하는 내용에 대해 마음을 강퍅하게 해서 전혀 믿으려고 하지 않았다. 심지어 하나님 나라의 복음과 그 진리의 길에 대해 사람들 앞에서 공개적으로 비난하고 악한 말까지 쏟아냈다. 그래서 바울은 회당에서 떠나 자신을 따르는 제자들을 선별하여 모은 후에, 튀란노두란노라는 사람의 건물 공간을 빌려서, 그곳에서 하나님 나라의 복음을 철저하게 가르쳤다.* ¹⁰ 그렇게 바울은 2년간 꾸준히 복음을 전했다. 그러자 아시아 지역에 사는 유대인과 헬라인을 포함하여 거의 모든 사람이 예수님과 그분의 말씀을 듣게 되었다(행 20:31). ¹¹ 아울러 하나님께서는 에페소에베소에서 바울의 손을 사용하셔서 기적적인 능력들도 많이 행하셨다. ¹² 그래서 바울의 얼굴에 둘렀던 수건이나 허리에 감았던 앞치마를 가져와 병든 사람 위에 두면 그들을 아프게 하던 병들이 사라지고, 그들을 지배하던 악한 영들도 떠나갔다(고후 12:12; 롬 15:18-19).

¹³ 바울의 이러한 기적적인 능력이 얼마나 유명하고 영향력이 있었던지, 심지어 당시에 떠돌아 다니며 마술과 축귀 사역을 하던

---

*   서방 본문에 의하면 바울은 사람들의 낮잠 시간인 오전 11시부터 오후 4시까지 튀란노 서원에서 사역했다고 한다.

일부 유대인들도 악한 영에 사로잡힌 사람들에게 "내가 바울이 전파하는 그 예수의 이름으로 너희들에게 명령한다"라고 말하며 예수님의 이름을 사용하기까지 했다. ¹⁴ 그 한 예로, 자칭 제사장 가문의 후손이라고 하는 유대인으로 스큐아스게와라는 사람의 일곱 아들들도 예수님의 이름을 그렇게 이용하고 있었다. ¹⁵ 그러던 중에, 어떤 사람을 사로잡고 있던 악한 영이 그 스큐아의 일곱 아들들에게 반응하면서 이렇게 말했다. "내가 예수님도 알고 바울도 잘 알고 있다. 그런데 도대체 너희들은 누구냐?" ¹⁶ 이렇게 말한 후에, 그 악한 영은 자신이 사로잡은 사람을 이용해서 스큐아의 일곱 아들 모두에게 거칠게 달려들었다. 그 결과 그들은 옷이 다 벗겨지고 심한 상처를 입고서 그 악한 영이 사로잡은 사람의 집에서부터 도망쳐야 했다. ¹⁷ 이 소식이 에페소에 있는 모든 유대인과 헬라인에게 알려지자, 그 지역에 사는 모든 사람은 두려움에 압도되었고 주인 되신 예수님의 이름은 큰 존귀와 명예를 얻게 되었다.

¹⁸ 이로 인하여, 많은 사람이 성도가 되어서 주님 앞으로 나왔다. 그들은 지금까지 자신들이 마음대로 살아온 삶을 공개적으로 고백하고 회개하였다. ¹⁹ 심지어 에페소에서 마술과 마법을 하던 사람들 중에서 상당한 수의 사람들은 자신들이 지금까지 사용했던 마술과 마법에 관련된 책들을 모아 모든 사람이 보는 앞에서 불태우기도 했다. 그렇게 불탄 책들의 가격을 합치면 은화 오만 개나 되는 엄청난 돈이었다. ²⁰ 그렇게 주님의 말씀은 힘차게 확장되고 계속적으로 강한 영향력을 발휘했다.

²¹ 이제 그렇게 어느 정도 에페소의 사역이 마무리되자, 바울은 마음으로 자신이 마케도니아^{마게도냐} 지역과 아카이아^{아가야} 지역을 돌아본 후에 예루살렘으로 갈 계획을 세웠다. 아울러 "내가 아시아와 유럽의 사역을 마무리한 후에는 반드시 로마도 가 볼 것이다"라고 결단했다. ²² 그래서 바울은 동역자들 중에서 티모테^{디모데}와 에라스토^{에라스도} 2명을 먼저 마케도니아 지역으로 보내고, 자신은 조금 더 아시아 지역에 남아서 사역을 했다.

동영상 설교 QR 45. 누구의 통치를 받는가?_(행 19:8-22)

46. 에페소의 소동과 해결(19:23-41)

19 ²³ 그즈음에 상당히 큰 소동이 일어났다. 하나님 나라의 복음이 에페소에베소에 퍼져 나갔기 때문이다. ²⁴ 그 소동의 시작은 이랬다. 데메트리오데메트리오라는 이름을 가진 사람이 있었는데, 그는 아르테미스아데미 신전을 작은 모형으로 만들어서 파는 은세공업자였다. 데메트리오는 그런 기술을 가진 세공업자들을 거느리고 사업을 하고 있었으며 그들과 함께 상당히 큰 수익을 누리고 있었다. ²⁵ 바로 그 데메트리오가 자신과 같은 직업을 가진 사람들을 모두 모은 후에, 이렇게 말했다. "여러분! 우리가 상당히 부유하게 사는 이유는 바로 이 사업 때문이라는 것을 여러분도 잘 아실 것입니다. ²⁶ 그런데 여러분이 이미 보고 들으셨듯이, 바울이라는 인간이 이곳에 와서 많은 사람에게 '사람의 손으로 만든 것은 신이 아니다'라고 말하는 바람에, 에페소뿐만 아니라 아시아에 있는 거의 모든 지역 사람들을 설득하여 그들의 마음을 바꿔놓고 있습니다. ²⁷ 이렇게 되면, 우리의 사업이 위태롭게 될 뿐만 아니라, 비천해지게 됩니다. 더 나아가 에페소에 있는 위대한 여신 아르테미스의 신전이 무시당하게 될 뿐만 아니라, 아시아 전역을 중심으로 온 세상이 숭배하는 아르테미스 여신의 위엄이 땅에 추락하게 될 수도 있습니다." ²⁸ 이에 데메트리오의 말을 들은 사람들은 분노로 가득 차서 "에페소 사람들의 여신 아르테미스는 위대하다!"라고 계속 소리치고 부르짖었다. ²⁹ 그러자 에페소 전체에 큰

혼란과 소동이 퍼져 나갔고, 사람들은 합심하여 바울과 함께 다니던 가이오와 마케도니아^{마게도냐} 사람 아리스타르코^{아리스다고}를 사로잡아 함께 극장(연극장) 안으로 몰려 들어갔다.

³⁰ 가이오와 아리스타르코를 구해 내고자 바울은 그 군중 안으로 들어가려고 결심했지만, 제자들은 바울이 그곳에 들어가지 못하도록 계속 막았다. ³¹ 마찬가지로 에페소에서 바울과 친분을 맺은 몇몇 아시아 지역의 지도자들도 사람을 보내서 말하기를, 바울이 절대로 그 극장(연극장) 안으로 들어가게 하지 말라고 계속 부탁했다. ³² 한편, 막상 그 극장(연극장) 안에 모인 다양한 사람들은 다양한 내용으로 제각기 소리를 지를 뿐이었다. 그곳에 모인 사람들의 무리 안에는 혼란만 가득했다. 심지어 대다수 사람이 그곳에 모인 이유조차 제대로 몰랐다. ³³ 이런 상황을 보고 있던 유대인들은 유대교와 바울이 전하는 복음의 종파가 전혀 다른 종교의 내용이라고 주장하고자 알렉산더를 그 무리 안으로 들여보냈다. 알렉산더는 사람들을 조용히 시키려고 계속 손짓하면서, 어떻게든 말을 해 보려고 했다. ³⁴ 하지만 그곳에 모인 사람들이, 알렉산더가 유대인이라는 사실을 알고 나자 더 큰 목소리로 하나가 되어, 거의 2시간 동안 그들은 "에페소 사람들의 여신 아르테미스는 위대하다!"라고 더욱 소리쳤다.

³⁵ 마침내 에페소에서 강력한 권위를 가진 서기관이 그 자리에 와서 모인 사람들을 진정시킨 후에, 이렇게 말했다. "에페소 시민 여러분! 에페소에 있는 아르테미스 여신의 신상을 제우스 신께서

내려주셨다는 사실과 에페소 사람들은 바로 그 위대한 여신의 신전 봉사자요 수호자라는 사실을 모르는 사람이 여기 누가 있습니까? ³⁶ 다시 말하지만, 이러한 사실들은 그 누구도 부인할 수 없는 분명한 것입니다. 그러니 여러분은 더 이상 흥분하지 말고 진정해야 하며, 그 무엇도 함부로 결정하거나 행동해서는 안 됩니다. ³⁷ 이렇게 말하는 이유는, 실제로 아르테미스 신전의 어떤 물건을 훔친 것도 아니고 우리의 여신을 모독하지도 않은 저 두 사람(가이오와 아리스타르코)을 여러분이 이곳에 죄인처럼 끌고 왔기 때문입니다. ³⁸ 그러므로 만약에 데메트리오와 그의 동업자인 은세공업자들이 어떤 사람에 대해 소송하길 원한다면, 법정이 항상 열려 있으며 총독들도 항상 있으니 법적 절차에 합당하게 서로 고소하기를 바랍니다! ³⁹ 하지만 그런 법적 절차에 해당하지 않는 수준에서 해결하고 싶다면, 한 달에 3번씩 열리는 시민 모임(에클레시아)에서 합법적으로 해결하면 됩니다. ⁴⁰ 그런데도 이런 식으로 소동을 일으키게 되면, 오히려 우리가 반란죄로 고소당할 위험이 있습니다. 오늘 일어난 소동에 대해서 로마 정부가 문책한다면, 우리는 그것에 대해 합당한 이유나 원인으로 대답할 수 있는 것이 전혀 없기 때문입니다." ⁴¹ 서기관은 그러한 말로 그곳에 일어난 모임(에클레시아)을 다 해산시켰다.

동영상 설교 QR 46. 크도다! 하나님의 나라여!(행 19:23-41)

47. 3차 전도 여행의 마무리와 트로아스의 유튀코 사건(20:1-12)

20 ¹ 데메트리오^{데메드리오}로 인한 에페소^{에베소}의 소동이 마무리된 후, 바울은 그곳의 사역을 매듭지으려고 제자들을 불렀다. 그는 그들을 격려하고 권면의 말을 한 후에 작별 인사하고서 마케도니아^{마게도냐} 지역으로 떠났다. ² 바울은 마케도니아 지역의 여러 장소를 지나가면서 그곳에 있는 성도들을 격려하고 권면의 말도 많이 해 주었다. 그리고 그는 그리스 지역에 이르렀다. ³ 바울은 그곳(코린토)에서 3달 동안 사역하며 지낸 후에, 배를 타고 시리아^{수리아} 지역으로 가려고 했다. 하지만 유대인들이 자신을 항구나 배에서 공격하려는 음모가 일어나는 바람에, 그는 여행 경로를 수정하여 위쪽에 있는 마케도니아 지역을 통해 육로로 돌아서 가기로 결정했다.* ⁴ 시리아 안티오키아^{수리아 안디옥}으로 돌아가는 바울의 여정에는 베로이아^{베뢰아} 사람인 퓌로^{부로}의 아들 소파트로^{소바더}, 데살로니키^{데살로니가} 사람인 아리스타르코^{아리스다고}와 세쿤도^{세군도}, 데르베^{더베} 사람인 가이오, 티모테^{디모데}, 아시아 사람인 튀키코^{두기고}와 트로피모^{드로비모}, 이렇게 7명의 사람이 함께했다.**

---

* 바울은 아마도 여기서 3개월 동안 사역하면서 로마서를 썼을 것이다. 참고로 서방 본문에서는 이 구절이 "유대인들이 바울을 해치려고 음모를 꾸미며, 바울은 시리아를 향해 가기로 했지만, 성령님께서 그에게 마케도니아를 통해 돌아가라고 말씀하셨다"라고 되어 있다.

** 아마도 이 사람들은 어려운 예루살렘 교회를 위해 구제 헌금을 모은 유럽 지역과 아시아 지역의 성도 대표였을 것이다. 아울러 이후 5절에서 그들이 먼저 배로 출발한 이유도 당시 육지에 많았던 도적들의 위험을 피해 구제 헌금

⁵ 일단 7명의 사람은 먼저 배를 타고 출발하여 아시아 지역의 트로아스드로아로 갔고, 거기서 우리(바울과 누가)가 오는 것을 기다렸다. ⁶ 그 후에 우리(바울과 누가)도 출발하여, 육로로 마케도니아 지역의 필리피빌립보까지 갔다. 그곳에서 누룩 없는 빵을 먹는 무교절을 지킨 후에, 우리는 배를 타고 7명의 사람이 기다리는 아시아 지역의 트로아스로 갔다. 필리피에서 트로아스까지 항해하는 데 5일이 걸렸으며, 트로아스에 도착해서는 7일을 보냈다(행 16:11). ⁷ 한 주간의 마지막 날인 안식일(토요일)이 지나고 첫 번째 날(주일)에* 그곳의 모든 성도가 함께 모여서 빵을 나눠 먹었다. 바울은 다음 날에 트로아스에서 떠날 계획이었기에, 밤늦은 시간까지 계속해서 하나님의 말씀을 전하고 이야기도 나누었다. ⁸ 성도들이 모인 그 장소는 어떤 건물의 위층으로 밤의 어두움을 밝히고자 횃불로 된 등불이 상당히 많이 있었다. ⁹ 그곳에는 유튀코유두고라는 이름을 가진 소년 아이도 참석하여 창문틀에 걸터앉아 있었는데, 바울이 밤늦은 시간까지 계속해서 말씀을 전하고 이야기를 나누니, 몰려오는 졸음을 이기지 못하고 그만 3층 높이의 건물 아래로 떨어지고 말았다. 사람들이 내려가 그 소년을 일으켜 보니 이미 죽어 있

　　을 안전하게 지키고자 앞서 보냈기 때문인 것으로 보인다(고전 16:3-4; 롬 15:27).

*　학자들에 따라서는 '모짜에이 샤밧'(מוצאי שבת), 곧 해가 지고 안식일(토요일)이 끝나는 저녁 시간에 모였다고 보기도 한다. 하지만 사도행전에서 이방인 누가는 유대식 날짜 체계보다는 로마식 날짜 체계를 사용하고 있으며, 특히 '첫 번째 날'이라는 표현은 그다음 날로 보는 것이 더 좋다고 생각된다.

었다. [10] 바울은 즉시 내려가서, 죽은 그 소년의 몸 위로 자기 몸을 덮고 꼭 껴안은 후에 이렇게 말했다. "여러분 동요하지 마시고 침착하십시오! 이 소년의 생명은 아직 그의 안에 있습니다(왕상 17:21; 왕하 4:34-35)!" [11] 그런 후에, 바울은 다시 위층으로 올라가서 성도들과 함께 빵을 나눠 먹었고 아침 해가 뜰 때까지 여러 가지 이야기도 나눈 후에 트로아스를 떠났다. [12] 나중에 성도들은 살아난 그 소년을 집으로 잘 데리고 갔고, 죽었다가 살아난 그 소년 유튀코의 이야기로 인해 많은 성도가 큰 은혜와 위로를 받았다.

동영상 설교 QR 47. 위기의 멈춤, 위기의 전진(행 20:1-12)

48. 밀레토스에서 에페소 장로들을 향한 고별 설교(20:13-38)

20 ¹³ 트로아스드로아를 떠날 때, 바울은 그 반도의 반대편에 있는 앗소까지 걸어가겠다고 해서, 우리(누가와 7명의 성도)는 먼저 배를 타고 앗소로 이동했다. 우리가 앗소에서 기다리다가 바울이 도착하면 그를 배에 태우기로 한 것이다. ¹⁴ 앗소에 도착한 우리는 얼마 후 바울을 만나게 되었기에, 그를 배에 태워서 레스보스 섬의 남동쪽 해안 항구인 미틸레네미틀레네로 갔다. ¹⁵ 미틸레네에서 항해를 이어 나가자, 그다음 날에 키오스기오섬 앞바다에 이르렀고, 그다음 날에는 사모스사모 섬에 다다랐으며, 그다음 날에는 밀레토스밀레도 항구에 도착했다. ¹⁶ 그즈음 바울은 에페소에베소에 들르지 않고 그냥 지나가기로 결정했다. 그 이유는 그가 오순절까지 예루살렘에 도착하기 원했고, 그렇게 하려면 아시아 지역(에페소)을 방문하느라 시간을 지체해서는 안 되었기 때문이다. ¹⁷ 그래서 바울은 밀레토스에서 사람을 보내, 약 50킬로미터 떨어진 에페소의 장로들이 그곳으로 오도록 부탁했다.

¹⁸ 에페소 장로들이 밀레토스에 도착하자, 바울은 그들에게 다음과 같이 특별한 메시지를 전했다. "내가 아시아 지역에 와서 복음을 전하기 시작한 첫 번째 발걸음부터 에페소에 있는 여러분과 함께 모든 시간을 어떻게 사역했는지에 대해서는, 여러분이 아주 잘 알 것입니다. ¹⁹ 내가 에페소에서 주인 되신 예수님을 위해 노예가 되어 섬긴 모든 사역의 모습은 철저한 겸손과 눈물이었고 유대

인들이 나를 공격하고자 꾸민 음모로 인해 닥친 시련들이었습니다. 20 하지만 나는 그런 어려움에 낙망하거나 포기하지 않고 여러분의 영혼에 유익한 것이라면 어떤 것도 빠트리지 않고 전했으며, 공개적인 장소든 개인적인 성도의 집이든 장소에 상관없이 하나님의 말씀을 가르쳤습니다. 21 또한 유대인에게든지 헬라인에게든지 철저하게 하나님 나라 복음을 증거하면서, 모든 사람이 하나님을 향해 회개해야 하며 우리의 주인 되신 예수님을 믿어야 한다고 선포했습니다. 22 이제! 나는 성령님의 이끄심에 사로잡혀 예루살렘으로 가고 있습니다. 그곳에 도착하면 나에게 어떤 일이 일어나게 될지는 나도 정확하게 모릅니다. 23 다만 내가 지나온 모든 도시와 지역에서 성령님께서 계속 말씀해 주시는 것은, 나의 앞에 결박과 환란이 기다리고 있다는 것입니다. 24 그러나 주인 되신 예수님께서 나에게 주신 일생의 사명을 완수하는 것, 즉 하나님 나라와 그 은혜의 복음을 철저히 증거하는 것을 완수하기 위해서는 내 목숨조차 전혀 가치 있는 것으로 여기지 않습니다(고후 4:7; 빌 3:8; 딤후 4:7). 25 이제까지 나는 하나님 나라의 복음을 전하면서 여러분 모두를 만났고 여러분과 함께했지만, 지금 이후로는 더 이상 여러분이 나의 얼굴을 볼 수 없을 것입니다. 오늘이 여러분을 만나는 마지막이 될 것입니다. 26 그러므로 내가 분명히 할 말이 있습니다. 나는 최선을 다해서 여러분 모두에게 복음을 전했습니다. 그러니 지금부터 그 복음에 대한 책임은 여러분의 것입니다. 27 나는 정말로 여러분 모두에게 하나님의 뜻을 철저하게 전했기 때문입니다. 28 에페소 교회의 장로들인 여러분은 자신의 영혼과 성도들의 영혼에 집중하십시오! 예수님의 피로 구원하신 교회를 여러분이 잘 돌보고 다스리도록, 성령님께서 여러분을 지도자와 책임자로 세우셨기 때문입니다. 29 내가 분명하게 말해야 할 경고가 하나 있습니다. 내가 떠난 후에 에페소 교회 안에 늑대 같은 존재들이 들어와서 양 떼 같은 성도들을 해칠 것입니다(마 7:15; 딤전 1:3-7; 계 2:2). 30 그 늑대 같은 존재들은 여러분 안에서 생겨날 것입니다. 그들은 예수님의 제자인 성도들을 변질시키고 자신들을 추종하게 만들고자 거짓되고 왜곡된 말을 할 것입니다. 31 그러므로 여러분은 철저하게 깨어 있으십시오! 지난 3년간 밤낮으로, 내가 여러분 한 사람 한 사람을 위해 눈물을 흘리며 훈계한 내용들을 기억하십시오!"

32 "이제! 나는 여러분을 하나님께 맡기니, 여러분도 그분의 은혜로운 말씀에 철저히 의지하기를 바랍니다. 그 이유는 하나님의 말씀을 통해 여러분이 능력 있는 영적 존재로 성장하게 되며, 모든 거룩한 하나님의 백성들과 함께 구원의 완성이라는 유산(상급)을 받아 누리게 되기 때문입니다. 33 나는 여러분 중에서 그 누구의 금이나 은이나 옷을 탐내지 않았습니다. 34 여러분이 잘 아는 것처럼, 나 자신과 나와 함께하는 사역자들의 생활비를 위해서 직접 손으로 일해서 번 돈으로 그것을 감당했습니다. 35 나는 항상 열심히 일해서 생활비를 벌었을 뿐만 아니라 그것을 가난하고 약한 성도들에게 나누고 섬기는 모습을 통해, 여러분도 그렇게 해야

한다는 모범을 보여 주었습니다. 그래서 우리의 주인 되신 예수님께서 '받는 것보다 주는 것이 더 복되다!'라고 하신 말씀을 여러분이 기억하고 배우도록 한 것입니다."

³⁶ 이 모든 말을 마친 후에, 바울은 무릎을 꿇고 그곳에 있는 모든 사람과 함께 기도했다. ³⁷ 그들은 모두 많은 눈물을 흘렸고 바울의 목을 감싸고 안아주면서 작별의 인사를 나누었다. ³⁸ 그들이 그토록 많은 눈물을 흘리며 엄청나게 슬퍼한 이유는, "더 이상 여러분은 나의 얼굴을 볼 수 없을 것입니다. 오늘이 여러분을 만나는 마지막 날이 될 것입니다"라는 바울의 말 때문이었다. 그들은 그렇게 배 안으로 올라가는 바울을 보내 주며 작별했다.

동영상 설교 QR 48. 진정한 마지막이 주는 위대한 선물(행 20:13-38)

49. 바울의 예루살렘 여정을 향한 반대와 결단(21:1-16)

21 [1] 이제 떠나야 할 때가 되었다. 밀레토스밀레도에서 에페소에베소 교회의 장로들과 눈물의 작별을 하고 난 후에, 우리(바울과 누가 및 7명의 동행자)는 배를 타고 코스고스섬을 향해 똑바로 나아갔다. 다음 날에는 로도스로도섬에 도착했고 바로 이어서 파타라바다라로 항해했다. [2] 파타라에 도착하니, 우리는 약 650킬로미터 떨어진 페니키아베네게 지역으로 항해하는 다른 배를 발견하게 되었고 그 배로 갈아탄 후에 출항하여 여정을 이어 갔다. [3] 우리가 탄 배는 중간에서 만나게 되는 키프로스구브로 섬의 오른쪽 해변으로 돌면서 항해했다. 그리고 이어서 시리아(페니키아) 지역에 있는 티레두로 항구에 도착했고, 배는 잠시 그곳에서 정박해야 했다. 그곳에서 배의 화물을 내려놓아야 했기 때문이다.

[4] 우리는 배가 정박한 7일 동안 티레에 있는 제자들을 찾아가서 만났다. 그런데 그곳의 제자들은 성령님의 감동을 받아서 바울에게 계속 말하기를, 절대로 예루살렘에 올라가지 말라고 했다. [5] 하지만 바울은 그들의 말에도 불구하고 예루살렘을 향한 여정을 포기하지 않았다. 그렇게 티레에서 머무는 시간이 끝나자, 우리(바울과 전도팀)는 배를 타려고 항구로 출발했다. 그러자 티레의 제자들은 자신의 아내와 아이들까지 모두 함께 나와서 우리를 도시 외곽의 해변까지 전송해 주었다. 우리는 해변에서 그들과 함께 무릎을 꿇고 마지막 기도를 했다. [6] 우리는 티레의 성도들과 서로서로 작

별 인사를 하고서 배로 올라갔다. 그리고 성도들도 자신의 집으로 돌아갔다.

7 드디어 우리는 항해를 마무리하게 되었다. 티레에서 출발해서 프톨레마이스돌레마이 항구에 도착한 것이다. 우리는 배에서 내린 후에 그곳의 성도들을 만나 인사하고 그들과 함께 하루를 지냈다. 8 그리고 그다음 날, 우리는 카이사리아가이사랴로 걸어갔다. 그곳에는 초대 교회 7명의 사역자들 중에서 한 사람이었던 빌립이 살고 있었다. 그래서 우리는 빌립의 집에 들어가서 그와 함께 머물렀다. 9 빌립에게는 4명의 딸이 있었는데, 모두 예언의 은사가 있는 처녀들이었다.*

10 우리가 그렇게 빌립의 집에서 여러 날을 머물고 있었는데, 어느 날 유대아유대 지역에서 한 사람이 우리를 찾아왔다. 그는 바로 하가보아가보라는 이름의 선지자였다. 11 하가보는 우리에게 다가와서, 바울의 허리띠를 가져간 후에, 자신의 손과 발을 묶고서 이렇게 예언했다. "성령님께서 다음과 같이 말씀하십니다. 이 허리띠의 주인이 되는 사람을 예루살렘에서 유대인들이 바로 이렇게 묶을 것입니다. 그리고 그를 이방인들의 손에 넘겨줄 것입니다."

12 하가보의 예언을 들은 후에, 우리는 바울에게 예루살렘으로 올라가지 말라고 계속 간청했다. 우리뿐만 아니라 그곳에 있었던

---

* 성경에 등장한 예언의 은사가 있는 여자들은 다음과 같다. 미리암(출 15:20), 드보라(삿 4:4), 훌다(왕하 22:14), 노아댜(느 6:14), 이사야의 아내(사 8:3), 안나(눅 2:36-38).

다른 사람들도 똑같이 말했다. ¹³ 하지만 바울은 그들의 말에도 불구하고 예루살렘을 향한 여정을 포기하지 않았다. 오히려 바울은 다음과 같이 대답했다. "어째서 여러분은 눈물로 나의 마음을 아프게 하는 것입니까? 나는 우리의 주인 되신 예수님의 이름을 위해 예루살렘에서 죄인처럼 묶이는 것뿐만 아니라 사형을 당하는 것까지도 각오하고 있습니다." ¹⁴ 아무리 해도 바울의 각오가 흔들리지 않았기에, 우리는 더 이상 부탁하기를 그만두고 오직 "주님의 뜻이 이루어지기를 원합니다"라고 하며 이야기를 마무리했다. ¹⁵ 며칠 후에, 우리는 결국 짐을 챙겨서 예루살렘으로 올라갔다. ¹⁶ 우리가 예루살렘으로 올라가는 여정에 몇몇 카이사리아^{가이사랴}의 제자들도 동행했다. 그들은 우리에게 그곳에 사는 오래된 제자로 키프로스^{구브로} 출신의 나손이라는 사람을 소개해 주어서 그 사람의 집에서 환대받고 유숙할 수 있도록 섬겨 주었다.

동영상 설교 QR 49. 무엇에 흔들리는가? 무엇을 흔드는가?(행 21:1-16)

제4부
바울의 마지막 여정:
로마로, 땅끝으로(21B-28장)

50. 예루살렘에 도착한 바울의 난관(21:17-26)

21 ¹⁷ 그렇게 우리(바울, 누가, 7명의 동행자, 카이사리아의 제자들)가 예루살렘에 도착하자, 그곳의 성도들은 우리를 기쁘게 환영해 주었다. ¹⁸ 다음 날, 바울은 우리와 함께 예루살렘 교회의 지도자인 야고보를 만나려고 갔는데, 그 자리에 예루살렘 교회의 장로들도 모두 모여 있었다. ¹⁹ 바울은 먼저 그곳에 모인 사람들과 인사를 나누었고, 그 후에 그동안 이방인들의 지역에서 행한 자신의 사역을 통해서, 하나님께서 이루신 구원의 역사들에 대해 하나씩 자세히 말해 주었다.

²⁰ 바울의 사역 보고를 다 듣고 나자, 그곳에 모인 사람들은 하나님께 영광을 돌렸다. 이어서 그들은 바울에게 다음과 같은 말을

했다. "바울 형제님! 형제님도 잘 아는 것처럼, 유대인 중에서 예수님을 믿는 사람들이 수천, 수만 명인데, 그들은 모두 구약의 율법에 대해 강력한 열정을 가진 사람들입니다. ²¹ 문제는 그들이 형제님에 대해서 잘못된 소식을 듣고서 그것을 사실로 착각하고 있다는 것입니다. 그것은, 형제님이 모세의 율법을 변질시켜서 이방인들에게 가르칠 뿐만 아니라 심지어 유대인들에게도 자녀들에게 할례를 행할 필요가 없다고 하여 구약의 전통을 지키지 못하게 만든다는 내용입니다. ²² 그러니 어떻게 하면 좋겠습니까? 형제님이 예루살렘에 왔다는 소식을 이제 곧 그들이 듣게 될 것이 분명한데 말입니다."

²³ "그래서 우리가 해결책으로 특별한 제안을 하나 드립니다. 그 제안대로 형제님이 따라주면 좋겠습니다. 지금 우리에게는 나실인 서원을 한 사람이 4명 있습니다(민 6:9-15). ²⁴ 아울러 그 사람들의 서원한 기간이 마무리될 때가 되었으니, 형제님이 그들을 데리고 가서 정결케 하는 제사를 그들과 함께 드리고, 그들이 머리를 깎고 마무리하는 제사 비용을 형제님이 후원해 주는 것입니다. 그러면 형제님에 대해 잘못 알고 있었던 일부 유대인들의 오해가 풀릴 것입니다. 바울 형제님은 율법을 반대하거나 변질시키는 사람이 아니라 오히려 그 율법을 잘 지키는 사람이라고 인정받게 될 것입니다. ²⁵ 그렇다고 이방인까지 구약의 모든 율법과 유대인의 전통을 지키라는 것은 아닙니다. 우리가 이미 예루살렘 회의에서 결정해서(행 15장) 이방인들에게 편지한 내용대로, 이방인 그리스도

인들은 우상의 제물과 피, 그리고 목 졸라 죽인 고기와 음행의 문화 정도만 금지하고 조심하면 됩니다.”

²⁶ 그래서 바울은 그 제안을 받아들였다. 다음 날, 바울은 나실인 서원을 마무리하는 사람들을 데리고 가서 자신과 그들을 위한 정결 예식을 한 후에, 성전 안으로 들어가서 제사장에게 정결 기간이 마무리되는 날짜와 그때(7일 후)에 각 사람을 위해서 제물을 바치겠다고 약속하고 신고했다.

동영상 설교 QR 50. 피할 수 없는 것, 피하지 말아야 할 것(행 21:17-26)

51. 예루살렘의 폭동과 천인 대장의 도움(21:27-40)

21

²⁷ 7일간의 정결 예식이 모두 마무리될 즈음에, 오순절
을 맞이하여 예루살렘에 온 아시아 지역 출신의 일부
유대인들은 성전 안에서 바울이 있는 것을 보게 되었다. 그들은
갑자기 흥분하여 주변에 있는 유대인들을 선동했고 바울을 난폭
하게 붙잡았다. ²⁸ 그 과정에서 그들은 이렇게 소리쳤다. "이스라
엘 사람들이여! 와서 우리를 도와주십시오! 저 바울이라는 인간은
유대인인 하나님의 백성에 대해서, 율법에 대해서, 그리고 이 거룩
한 성전에 대해서 부정적이고 적대적인 놈입니다! 저놈은 가는 곳
마다 그런 내용을 가르쳤습니다. 심지어 헬라인들을 성전 안으로
데리고 들어왔습니다. 그래서 이 거룩한 장소를 부정하게 만들고
오염시켰습니다."

²⁹ 그들이 이렇게 말한 원인은 철저히 오해로 인한 것이었다.
그들이 예루살렘 성안에서 헬라인(이방인)인 에페소에베소 사람 트로
피모드로비모가 바울과 함께 다니는 것을 보았기에, 바울이 성전 안
에 있는 것을 보고 성전 안에 이방인이 들어가면 안 되는 구역에
이방인 트로피모도 함께 데리고 들어갔으리라고 단정해 버린 것
이다(행 20:4). ³⁰ 이에 따라 예루살렘 성안에서는 대혼란이 일어났
다. 많은 유대인이 달려들어서 바울을 붙잡았고 그를 성전 밖으로
끌고 나갔다. 그러자 성전 안에서는 더 이상 소란이 일어나지 않
도록 신속하게 성전 문들이 닫혔다.

³¹ 밖에서 유대인들은 바울을 때려서 죽이려고 폭력을 가했다. 그러자 예루살렘에서 일어난 그 폭동의 소식이 안토니아 요새에 있던 로마 수비대의 천인 대장에게 보고되었다. ³² 천인 대장은 즉시 로마 군사들과 백인 대장들을 준비시켜 그들과 함께 그 폭동의 현장으로 달려갔다. 유대인들은 로마의 군사들과 천인 대장을 보고 나서 바울 때리기를 멈추었다. ³³ 그들 가까이 간 천인 대장은 바울을 체포했고, 2개의 쇠사슬로 그를 묶으라고 명령했다. 이어서 그는 바울이 누구이며, 무슨 짓을 했는지 물어보았다. ³⁴ 그러자 그곳에 모인 유대인들은 각자 서로 다른 말을 했고, 어떤 사람은 계속 소리만 질러댔다. 그런 혼란 속에서, 천인 대장은 이런 소동이 일어난 이유를 전혀 알 수가 없었다. 그래서 그는 일단 바울을 군영 안으로 끌고 가라고 지시했다.

³⁵ 안토니아 요새 위에 있는 로마 군영으로 가는 계단에 도착하자, 유대인 무리가 더 난폭해졌다. 그래서 로마 군사들은 바울을 들어 올려서 데리고 갔다. ³⁶ 그곳에 모인 유대인들이 무리를 이루어서 따라오면서 "저놈을 없애 버려라!"라고 계속 소리쳤기 때문이다. ³⁷ 겨우 로마 군영에 도착해서 안으로 들어가려는 순간, 바울은 천인 대장에게 다음과 같이 그리스어(헬라어)로 말했다. "내가 당신에게 할 말이 있는데, 해도 되겠습니까?" 그러자 천인 대장은 놀라서 대답했다. "당신은 그리스어를 할 줄 아는군요! ³⁸ 그러면 당신은 얼마 전에 사람들을 선동해서, 4천 명의 칼잡이들을 광야로 이끌어 갔던 그 이집트(애굽) 사람이 아닙니까?" ³⁹ 이에 바울은

다음과 같이 대답했다. "나는 사실 유대인입니다. 절대로 과소평가해서는 안 되는 킬리키아^{길리기아} 지역의 대도시, 타르수스^{다소}의 시민이기도 합니다. 그러니 부탁이 하나 있습니다. 저 아래에 있는 유대인들에게 내가 잠깐 말할 수 있도록 기회를 주십시오!" 40 천인 대장은 바울의 부탁을 허락해 주었다. 바울은 안토니아 요새의 계단 위에 서서 아래에 있는 유대인들에게 손짓하여 매우 조용한 상태로 만든 후에, 히브리어(아람어)로 말하기 시작했다.

동영상 설교 QR 51. 오해와 사망의 흐름에서 구원하소서(행 21:27-40)

52. 바울의 아폴로기아(22:1-21)

22 ¹ "나의 동포이며 선배가 되는 여러분! 지금부터 내가 여러분에게 하는 고백과 해명의 말을 잘 들어 주십시오!" ² 그곳에 모인 유대인들은, 바울이 자신들에게 자기 민족의 언어인 히브리어(아람어)로 호소하는 말을 듣고서 더 조용해졌다. 그러자 바울은 말을 이어 갔다.

³ "나는 진정한 유대인입니다. 나는 킬리키아길리기아 지역의 타르수스다소에서 태어나서 이곳 예루살렘에서 자랐으며, 가말리엘 문하에서 우리 조상들의 엄격한 율법을 따라서 철저하게 배우고 훈련받았습니다. 그래서 지금 여러분이 그러는 것처럼, 나 또한 하나님을 향한 열정과 헌신이 강력한 사람이었습니다(롬 10:2). ⁴ 심지어 나는 예수님을 구원과 생명의 길로 믿는 사람들이라면 남자든 여자든 상관없이 체포해서 감옥 안에 넣었고 사형까지 시키며 그리스도인들을 박해했습니다. ⁵ 내가 엄청난 열정을 가지고 그런 일을 한 것에 대해서는 대제사장과 모든 장로가 증인입니다. 나는 그들로부터 다마스쿠스다메섹에 있는 우리 형제들에게 쓴 공식적인 문서(체포 영장)를 받아서 그곳에 있는 이단자들, 바로 그리스도인들을 체포하고 예루살렘으로 끌고 와 처벌받게 하려고 다마스쿠스로 가고 있었습니다."

⁶ "그런데 갑자기 특별한 일이 일어났습니다. 내가 다마스쿠스에 거의 다 도착할 즈음에, 그러니까 그때는 정오쯤 되었는데, 갑

자기 하늘로부터 태양보다 밝은 엄청난 빛이 내 주변과 내 위에 쏟아진 것입니다. ⁷ 나는 그 빛에 압도되어 땅바닥으로 엎어지고 말았습니다. 그러자 한 음성이 이렇게 말하는 것을 들었습니다. '사울아! 사울아! 너는 왜 나를 적대시하고 박해하느냐?' ⁸ 당황한 나는 이런 질문으로 반응했습니다. '도대체 당신은 누구십니까?' 그러자 그분은 나에게 이렇게 말씀하셨습니다. '나는 네가 그토록 적대시하며 박해하는 나사렛 예수다!' ⁹ 그 충격적인 상황과 장소에 나와 함께했던 사람들도 있었지만, 그들은 쏟아지는 빛만 보았을 뿐 나에게 직접 말씀하시는 예수님의 그 음성을 듣지는 못했습니다. ¹⁰ 이에 나는 '주님! 제가 무엇을 해야 하나요?'라고 여쭈었습니다. 그러자 주님께서는 나에게 이렇게 대답해 주셨습니다. '너는 일어나서 다마스쿠스로 들어가거라! 그러면 네가 앞으로 해야 할 모든 사명에 대해서 누군가 와서 알려 줄 것이다.' ¹¹ 그때 나는 엄청나게 영광스러운 그 빛의 충격으로 인해 앞을 볼 수 없는 상태가 되었습니다. 그래서 나와 동행하던 사람들의 손에 이끌려서 다마스쿠스로 들어갔습니다. ¹² 그곳에는 하나니아^{아나니아}라는 사람이 있었는데, 그는 구약의 율법에 따라 경건하게 살아가는 사람이었고, 그곳에 사는 모든 유대인에게도 인정받는 사람이었습니다. ¹³ 바로 그 하나니아가 나를 찾아와 내 곁에 서서 이렇게 말해 주었습니다. '사울 형제님! 눈을 뜨십시오!' 그러자 즉시 나는 다시 시력을 회복하여 그를 볼 수 있게 되었습니다. ¹⁴ 이어서 하나니아는 나에게 이렇게 말했습니다. '사울 형제님! 우리 선조들의 하나님께서 형제님을 예비하시고 선택하셨습니다. 바로 형제님이 그 의로우신 분(예수님)을 만나 보고 그분의 입에서 나오는 말씀과 사명을 받아서 순종하도록 말입니다. [15] 그 이유와 목적은, 사울 형제님이 보고 들은 것들을 모든 사람에게 알리고 전하는 사람, 바로 예수님의 증인이 되는 것입니다. [16] 자! 이 위대한 부르심 앞에 그대는 어째서 머뭇거리고 있습니까? 지금 즉시 일어나서 세례를 받으십시오! 그래서 형제님이 지은 모든 죄를 씻어 버리십시오! 예수님을 그대 인생의 주인으로 환영하고 그분의 이름을 부르십시오!'"

[17] "그렇게 한 뒤에, 나에게는 또 다른 일이 일어났습니다. 내가 다마스쿠스에서 예루살렘으로 돌아와서 성전에 들어가 기도를 하는 중에, 하나님의 깊은 임재 속으로 들어가게 되었습니다. [18] 그때 나는 주님을 보게 되었으며, 그분께서 이렇게 말씀하시는 것을 들었습니다. '사울아! 너는 서둘러서 이곳 예루살렘에서 빨리 떠나거라! 그 이유는 이곳 예루살렘에 있는 유대인들이 나에 대하여 네가 말하는 증언을 전혀 받아들이지 않을 것이기 때문이다!' [19] 그래서 나는 주님께 다음과 같이 대답했습니다. '주님! 그럴 필요가 있을까요? 제가 회당들을 돌아다니며 당신을 믿는 사람들을 붙잡아서 가두고 때렸다는 것에 대해서, 그들은 이미 잘 알고 있습니다. [20] 심지어 주님의 증인이었던 스테판(스데반)이 순교의 피를 흘릴 때에도 저는 그 자리에 동참했고 그의 죽음에 동의했습니다. 스테판에게 돌을 던져 죽이던 자들의 겉옷을 지키면서 말입니다.'

²¹ 하지만 주님께서는 나를 향해 강하게 말씀하셨습니다. '너는 지금 예루살렘을 떠나거라! 나는 너를 이방인에게 복음을 전하도록 멀리 보낼 것이다!'"

동영상 설교 QR 52. 이것이 나의 간증이요.(행 22:1-21)

53. 바울의 로마 시민권(22:22-30)

22 ²² 거기까지 바울이 하는 말을 듣고 있던 유대인들은, 갑자기 바울의 말을 멈추게 만드는 소리를 질렀다. "저 놈을 당장 죽여라! 저런 놈은 이 세상에 더 살 필요가 없다!"라고 외쳤다. ²³ 이어서 그곳에 있던 유대인들은 악에 받친 말로 소리 질렀고, 자신들의 겉옷을 벗어 던지고 하늘로 먼지를 날리며 자신들의 분노를 표출했다.

²⁴ 그러자 천인 대장은 큰 소리로 바울을 안토니아 요새에 있는 군영 안으로 끌고 가라고 명령했다. 그리고 왜 유대인들이 바울에게 그토록 살기를 가지고 고함치는지 그 이유를 제대로 알아보고자 채찍질을 해서 심문하라고 지시했다. ²⁵ 이에 채찍질하려고 나무 형틀에 있는 가죽끈들로 바울을 끌어당겨서 묶기 시작하자, 바울은 옆에 서 있는 백인 대장을 향해 다음과 같이 말했다. "로마 시민을 정식 재판도 하지 않고 이렇게 함부로 채찍질부터 하는 것이 로마법에 합당한 것입니까?" ²⁶ 바울의 말을 듣고 깜짝 놀란 백인 대장은 곧바로 천인 대장에게 가서 다음과 같이 보고했다. "천인 대장님! 어떻게 하시렵니까? 저 사람이 로마 시민이라고 합니다!"

²⁷ 그래서 천인 대장은 바울에게 와서 다음과 같이 물었다. "나에게 분명히 대답하시오! 그대는 로마 시민입니까?" 이에 바울은 "그렇습니다"라고 대답했다. ²⁸ 그러자 천인 대장은 다음과 같이

반응했다. "나는 많은 돈을 써서 로마 시민권을 샀습니다." 이에 바울은 "나는 태생적인 로마 시민권자입니다"라고 말해 주었다. [29] 조금 전까지 바울을 심문하려고 했던 사람들은 그 즉시 바울에게서 물러갔다. 동시에 바울이 로마 시민이라는 사실을 알게 된 천인 대장은 그를 묶고 채찍질하려고 한 것에 대해서 걱정하기 시작했다(행 16:38). 왜냐하면, 로마 시민은 합당한 재판 없이 묶거나 채찍질하지 못하도록 로마법이 금지하고 있기 때문이었다. [30] 다음 날이 되자, 천인 대장은 왜 유대인들이 그토록 바울을 죽이려고 고소하고 공격하는지, 그 분명한 이유를 알고자 노력하기 시작했다. 일단 바울을 자유롭게 풀어 주었고 유대인들에게 제사장들과 모든 산헤드린 공회를 소집하라고 명령했다. 그리고 이 모든 문제와 상황을 해결하고자 그 자리에 바울을 데리고 가서 그들 앞에 세웠다.

동영상 설교 QR 53. 나에게 주어진 것(행 22:22-30)

54. 산헤드린 공회 앞에 선 바울(23:1-11)

23 ¹ 모든 산헤드린 공회 의원들이 모인 자리에서, 바울은 그들을 바라보고 다음과 같이 말을 시작했다. "형제 여러분! 나는 오늘까지 하나님 앞에서 바르고 선한 양심을 따라 모든 말과 행동을 했습니다(행 20:18-20, 33-35; 고후 1:12, 2:17, 4:2)." ² 하지만 이 말을 들은 대제사장 하나니아^{아나니아}는 바울 옆에 서 있는 사람들에게 바울의 입을 때리라고 명령했다. ³ 이에 바울은 하나니아를 향해 다음과 같이 말했다. "회칠한 벽 같은 위선적인 사람이여! 맞아야 할 사람은 내가 아니라 당신입니다! 하나님께서 당신을 때리실 것입니다! 왜냐하면 지금 당신은 심판의 자리에 앉아서, 율법에 따라 나를 합당하게 재판한다고 생각하겠지만, 실제로 당신은 그 율법을 어기면서 합당하지 않게 나를 때리라고 소리치고 있기 때문입니다(마 23:27)!" ⁴ 그러자 바울 옆에 서 있던 사람들이 "당신이 감히 하나님의 대제사장을 모욕하는 것입니까?"라고 경고했다.

⁵ 이에 바울은 다음과 같이 말했다. "아! 나는 저분이 대제사장인줄 몰랐습니다. 출애굽기 22장 28절에 '백성의 지도자를 모욕하거나 악한 말을 쏟아 내지 말라'라고 기록된 것을 나도 알고 있습니다." ⁶ 이어서 바울은 그곳에 모인 산헤드린 공회의 구성원들이 절반 정도는 사두개파 사람들이며, 나머지 절반 정도는 바리새파 사람들이라는 것을 알게 되었다. 그래서 바울은 다음과 같이 큰

소리로 말했다. "형제 여러분! 나는 바리새인이며, 바리새인의 아들입니다! 내가 지금 이런 재판을 받게 된 가장 큰 이유는 바로 죽은 자들의 '부활'이라는 위대한 소망을 내가 믿기 때문입니다(빌 3:5; 행 13:32-33, 26:5)." 7 결국 바울의 이 말 한마디로 인해, 그곳에 모인 바리새인들과 사두개인들 사이에서 심한 논쟁이 시작되었고 하나로 모였던 그 모임은 둘로 갈라지게 되었다. 8 그 이유는, 사두개인들은 부활도 없고 천사도 없고 영적인 존재도 없다고 주장했으나 반대로 바리새인들은 그 모든 것이 있다고 믿었기 때문이다.

9 그래서 그곳에 모인 사람들 사이에서 고성과 소란이 크게 일어났다. 특히 바리새파에 소속된 서기관들 중에서 몇 사람이 일어나 다음과 같이 말했다. "우리가 볼 때, 저 바울이라는 사람에게는 아무런 잘못도 없습니다! 저 사람이 그토록 열심히 이방 사람에게 복음을 전하게 된 것이 혹시라도 하나님의 영이나 천사가 말해 주었기 때문이라면 어쩔 수 없는 것 아닙니까?" 10 결국 심각한 수준의 분쟁과 소란이 일어나게 되자, 천인 대장은 혹시라도 로마 시민권을 가진 바울이 그들에 의해 찢겨서 살해당하지 않을까 염려가 되었다. 그래서 군사들을 내려보내 바울을 그들로부터 구출하여서 안전한 군영 안으로 들어가게 하라고 명령했다. 11 그날 밤, 주님은 바울 곁에 가까이 오셔서 다음과 같이 말씀해 주셨다. "바울아! 염려하지 말고 용기를 내어라! 이곳 예루살렘에서 네가 담대하게 복음을 전한 것처럼, 앞으로 로마에서도 하나님 나라 복음을 증거해야만 할 것이기 때문이다(행 19:21)!"

55. 예루살렘에서 카이사리아로(23:12-35)

23 ¹² 다음 날 아침이 밝아 오자, 일부 유대인들이 특별한 모임을 만들어서 "바울을 죽이기 전까지는 절대로 먹지도 않고 마시지도 않겠다"라는 말로 저주의 맹세를 했다. ¹³ 그러한 저주의 맹세에 동참한 사람들이 40명이 넘었다. ¹⁴ 그들은 대제사장들과 장로들을 찾아가서 다음과 같이 말했다. "우리는 모두 바울을 죽이기 전까지는 절대로 먹지도 않고 마시지도 않겠다는 저주의 맹세를 했습니다. ¹⁵ 그러니 그대들은 산헤드린 공회원들과 함께 천인 대장에게 가서 강하게 요구하십시오. 바울에 대한 심문을 더 자세하고 정확하게 해 보려 한다고 말하면서, 어떻게든 그를 안토니아 요새에서 나와서 그대들이 있는 곳으로 내려오도록 말입니다. 그렇게만 한다면 우리가 중간에 숨어서 준비하고 있다가 그가 공회로 가까이 오기 전에 제거해 버리겠습니다!"

¹⁶ 다행히도, 그들이 숨어 있다가 바울을 죽이려고 한다는 대화 내용을 바울의 조카(바울의 누이의 아들)가 듣게 되었다. 그 조카는 달려서 안토니아 요새의 병영 안에 들어갔고, 그곳에 있는 바울에게 이 모든 내용을 알려 주었다. ¹⁷ 이에 바울은 백인 대장 중에서 한 명을 불러 다음과 같이 부탁했다. "이 젊은이를 바로 지금 천인 대장에게 데려가 주십시오. 이 젊은이가 그분에게 꼭 해야 할 말이 있기 때문입니다." ¹⁸ 그래서 그 백인 대장은 그 젊은이를 천인 대장에게 데려갔다. 그리고 백인 대장은 천인 대장에게 다음과 같이

보고했다. "죄수 바울이 저에게 부탁하기를, 이 젊은이가 천인 대
장님에게 해야 할 말이 있으니 꼭 데려가 달라고 부탁해서 이렇게
함께 왔습니다." ¹⁹ 그러자 천인 대장은 그 젊은이의 손을 잡고 자
신의 개인적인 공간으로 데려간 후에, 그에게 말했다. "그래, 네가
나에게 꼭 해야겠다는 말은 무엇이냐?" ²⁰ 이에 그 젊은이는 다음
과 같이 대답했다. "일부 유대인들이 단단히 결심했습니다. 그래
서 바울에 대해 더 정확한 무엇인가를 심문한다는 구실로, 어떻게
든 내일 바울을 안토니아 요새에서 나와 그들이 있는 공회로 내려
오도록 천인 대장님에게 요청할 것입니다. ²¹ 하지만 천인 대장님
은 절대로 그들의 요청을 들어주시면 안 됩니다! 왜냐하면 그들이
실제로 원하는 것은 매복하고 있다가 바울을 죽이는 것이기 때문
입니다. 그들 중에서 40명 넘는 사람들이 바울을 죽이기 전까지는
절대로 먹지도 않고 마시지도 않겠다는 저주의 맹세를 했습니다.
그리고 오직 당신의 허락이 떨어지기만을 기다리며 준비하고 있
습니다." ²² 그렇게 모든 것을 파악한 천인 대장은 그 젊은이에게
"네가 나에게 이런 내용을 알려 주었다고 그 누구에게도 누설해서
는 안 된다"라고 당부한 후에, 그를 돌려보냈다.

    ²³ 이어서 천인 대장은 2명의 백인 대장을 불러서 다음과 같은
명령을 내렸다. "너희들은 지금 즉시 200명의 중무장한 보병, 70
명의 기마병, 그리고 200명의 창병을 준비하라! 그래서 밤 9시가
되면 카이사리아가이사랴로 이동할 수 있도록 대기시켜라!" ²⁴ 또한
천인 대장은 카이사리아에 있는 펠릭스벨릭스 총독에게 바울을 안

전하게 데리고 갈 수 있도록, 그가 탈 수 있는 동물(노새나 나귀)들까지 준비하라고 지시했다. 25 아울러 천인 대장은 다음과 같은 내용을 담은 편지도 써서 보냈다. 26 "[발신자] 클라우디우스 뤼시아^{클라우디오 루시아}는 [수신자] 존경하는 펠릭스 총독님께 인사드립니다. 27 제가 보내 드리는 이 바울이라는 사람은 유대인들에게 붙잡혀서 거의 죽임을 당할 뻔했습니다. 하지만 저는 그가 로마 시민이라는 사실을 알고 즉시 군사들과 함께 습격하여 그를 구출했습니다. 28 또한 저는 무슨 이유로 유대인들이 그를 계속 고소하는지 그 이유를 철저히 알아보고자 결심하고 그들의 산헤드린 공회까지 내려가 보았습니다. 29 하지만 제가 내린 결론은, 그들이 그에 대하여 고소하는 내용을 살펴보니 그들이 가진 율법에 대한 논쟁뿐이었고, 그 사람을 사형시키거나 체포할 만한 근거는 전혀 발견하지 못했습니다. 30 그런 와중에 저는 로마 시민권을 가진 그 사람을 누군가 살해하려는 음모가 있다는 보고를 받게 되었습니다. 그래서 즉시 그 사람을 총독님께 보냅니다. 아울러 그 사람에 대해서 고소하는 유대인들에게도 굳이 그를 재판하고 싶다면 이제부터는 총독님 앞에 가서 하라고 명령해 두었습니다."

31 그렇게 천인 대장의 명령을 받은 군사들은 바울을 동물에 태워서 밤새도록 행군하여 예루살렘과 카이사리아의 중간 정도에 있는 도시인 안티파트리스^{안디바드리}에 도착했다. 32 그리고 다음 날이 되자, 그곳에서부터는 70명의 기마병만 바울을 호위하여서 남은 여정을 이어가도록 하고, 나머지 400명의 군사는 예루살렘의

병영으로 복귀했다. 33 결국 70명의 기마병은 무사히 카이사리아에 도착했다. 그들은 총독에게 천인 대장이 쓴 편지를 전해 주었고 바울도 그에게 인계했다. 34 이에 총독은 천인 대장이 쓴 편지를 다 읽고 나서, 바울에게 어느 지역 출신인지를 물어보았다. 그리고 바울의 대답을 통해, 그가 킬리키아^{길리기아} 출신이라는 것을 알게 되었다. 그래서 총독은 바울의 고향인 킬리키아가 아니라, 그곳에서 재판을 하도록 결정했다.* 35 총독은 바울에게 "그대를 고소한 사람들이 도착하면 재판을 시작할 것이고, 그때 그대에 대해 자세히 심문해 볼 것이다"라고 말한 후에, 그때까지 바울을 헤롯의 관저에 가두어 지키라고 명령했다.

동영상 설교 QR 55. 사느냐 죽느냐(행 23:12-35)

---

* 카이사리아에 주재하고 있는 총독 펠릭스가 바울에게 출신 지역에 대해 물어본 이유는 당시 로마의 재판이 두 가지 형태로 재판하는 장소를 결정했기 때문이다. '포룸 델릭티'로 알려진 재판 방식은 범죄를 행한 지역에서 재판을 받는 것이고, '포룸 도미킬리'로 알려진 재판 방식은 범죄자의 고향인 출신 지역에서 재판을 받는 것이다. 여기서는 총독이 '포룸 델릭티', 즉 범죄 및 고소가 일어난 지역에서 재판하는 방식으로 결정하게 된다. 만약 '포룸 도미킬리', 즉 고소당하거나 범죄한 사람의 고향 지역에서 재판을 받게 된다면, 바울의 고향인 킬리키아 타르수스가 카이사리아에서 너무 멀기 때문에 로마 시민권을 가진 바울이나 그를 고소하는 유대인들에게 너무 힘든 일이 될 것이라고 총독이 판단한 것 같다.

56. 펠릭스 앞에서의 재판(24:1-21)

24 ¹ 5일 후에, 예루살렘으로부터 대제사장 하나니아^{아나니} ^아가 장로 몇 사람과 테르튈로^{더둘로}라는 자신들의 대변인(代辯人)을 데리고 카이사리아^{가이사랴}로 내려왔다. 그들이 온 목적은 총독에게 바울을 고소하기 위해서였다. ² 재판 장소에 바울이 호출되어 도착하자, 테르튈로의 고소 발언이 시작되었다. 그는 다음과 같이 말했다. "총독님 덕분에 우리는 지금 위대한 평화를 누리고 있으며 또한 총독님의 선견지명 덕분에 우리 민족의 제도들도 엄청나게 개선되었습니다. ³ 그래서 우리는 언제 어디서나, 고귀한 펠릭스^{벨릭스} 총독님! 당신께 무한 감사를 드립니다! ⁴ 다만 지금부터 총독님을 너무 귀찮게 하거나 소중한 시간이 허비되지 않도록 최대한 간결하게 말씀을 드리려고 하니, 너그러운 마음으로 우리의 고소 내용을 들어 주시길 부탁드립니다."

⁵ "우리가 저 바울이라는 인간을 고소하는 이유는, 저 인간의 치명적인 죄를 발견했기 때문입니다. 가장 먼저 저 인간은 온 세상에 두루 퍼져서 살아가는 모든 유대인에게 전염병과 같은 암적인 존재로서 가는 곳마다 '로마의 평화'를 파괴하는 분란과 폭동을 일으키는 놈입니다. 그 이유는 저 인간이 나사렛 예수라는 이단을 믿는 종파의 우두머리이기 때문입니다. ⁶ 심지어 저놈은 예루살렘에 있는 우리의 거룩한 성전에 들어가서 그곳을 부정하게 만드는 신성모독의 행위까지 시도했습니다. 그래서 우리가 저놈

을 붙잡은 것입니다.

　[일부 사본에만 있는 내용 6b-8a] 붙잡은 저놈을 우리의 율법에 따라 재판하려고 했지만 천인 대장 뤼시아^{루시아}가 군사력을 사용하여 우리의 손에서 빼앗아 갔으며, 우리에게 저놈을 고소하려면 총독님께 직접 하라고 명령했습니다. 그래서 이렇게 우리가 지금 이 자리까지 오게 되었습니다. ⁸ 이제 총독님께서 직접 심문해 보시면, 우리가 방금 저놈에 대해 고소한 내용들이 모두 사실이라는 것을 바로 아실 수 있으실 것입니다." ⁹ 그러자 그곳에 함께 있던 다른 유대인들도 테르튈로가 주장한 고소 내용에 대해 옳다는 식으로 호응하며 동의했다.*

　¹⁰ 다음으로 펠릭스 총독이 고개를 끄덕이는 신호로 바울에게 변호할 기회를 주자, 바울은 다음과 같이 말했다. "지난 여러 해 동안 총독님께서 우리 민족의 재판관 역할을 해 오신 것에 대해 잘 알고 있기에, 나는 기쁜 마음으로 나를 향해 고소한 내용에 대해 지금부터 변호하도록 하겠습니다. ¹¹ 먼저 총독님께서 확실히 아실 수 있는 내용은, 내가 외국에 있다가 최근에 예루살렘에 예배하려고 올라온 이후의 시간이 그렇게 길지 않은 12일 정도라는 것입니다. 그 짧은 시간에 내가 어떤 분란이나 폭동을 준비할 수 있겠습니까? ¹² 심지어 내가 예루살렘에 와서 성전 안에서든, 회당에서든, 어떤 거리에서든 그 누구와 논쟁을 하거나 사람들을 모아

---

* '파스코'(φάσκω, "단언하다, 주장하다, 확언하다")에 대해 누가의 화법이 가지는 역설이 있다(행 24:9, 25:19; 참조, 롬 1:22).

서 문제를 일으킬 만한 일을 작당하는 모습을 본 사람조차 없습니다. 13 그래서 지금 저 사람들이, 나를 고소하는 내용에 대해서 증명해 줄 그 어떤 사람도 당신 앞에 증인으로 세우지 못하는 것입니다. 14 다만 내가 당신에게 고백할 진실은 이것입니다. 바로 저 사람(유대인)들이 이단이라고 말하는 그 진리의 길을 따라서 나는 지금까지 걸어왔습니다. 하지만 그 길은 절대로 이단이 아닙니다! 오히려 그 길은 우리 선조들이 하나님을 섬기고 예배한 진정한 정통의 길이며, 거룩한 말씀인 구약의 율법책과 선지서에 기록된 모든 내용을 믿음으로 따르는 궁극적인 본질의 길입니다. 15 그래서 나는 하나님을 향해 위대한 소망을 가지고 있습니다. 그것은 저 사람(유대인)들도 간절하게 기다리는 것으로 의인과 악인의 부활이 이루어지는 것입니다.* 16 그러므로 나는 지금까지 하나님과 사람 앞에서 부끄럽지 않은 마음과 태도로 언제 어디서나 최선을 다해 살아왔습니다."

17 "아울러 나는 예루살렘에서 기근으로 인해 어려움을 겪고 있는 내 민족과 성전을 위해서 상당한 시간 동안 해외에서 구제 모금을 하고 제물을 준비해서 이곳에 왔습니다(갈 2:10; 롬 15:26; 고후 8-9장). 18 바로 그렇게 준비한 것들을 성전에서 드리고자 정결 예식을 하고 있는 나를, 일부 유대인들이 보고서 오해하여 공격했고, 결국 이렇게 고소하는 자리까지 오게 된 것입니다. 그 성전 안에서 나는 어떤 모임을 만들지도 않았고 어떤 소란을 피우지도 않았

---

*   단 12:2; 요 5:28-29; 계 20:11-15.

는데 말입니다(행 21:27-29)! [19] 따라서 나를 정말 고소하고 싶다면, 그때 그곳에서 나를 오해하여 공격한 어떤 아시아 출신의 유대인들이 지금 이곳 당신 앞에 서서, 내가 무엇을 잘못했는지에 대해서 직접 말하는 것이 마땅하다고 생각합니다! [20] 그런데 그들은 지금 어디에 있습니까? 왜 이곳에 오지 않은 것입니까? 이전에 내가 산헤드린 공회에서 먼저 재판을 받을 때, 도대체 나에게 어떤 잘못이 있었는지, 그들이 발견한 것이 있다면 이곳에 직접 와서 말하라고 하십시오! [21] 내가 그곳에서 사람들 가운데 서서 한 말은 오직 '내가 지금 이런 재판을 받게 된 가장 큰 이유는 바로 죽은 자들의 부활이라는 위대한 소망을 내가 믿기 때문입니다'라는 것뿐입니다(행 23:6)."

동영상 설교 QR 56. 성도가 바로잡아야 할 3가지(행 24:1-21)

57. 연기된 재판, 사라진 기회(24:22-27)

24 ²² 모든 법정의 공방이 마무리되자, 펠릭스^{벨릭스}는 이미 바울이 말하는 그 진리(복음)인 '그 길'에 대해서 아주 잘 알고 있음에도 불구하고, 재판을 연기하면서 다음과 같이 말했다. "천인 대장인 뤼시아^{루시아}가 카이사리아^{가이사랴}로 내려오면, 그때 다시금 여러분들이 재기한 이 재판을 열어서 공정하게 판결하도록 하겠습니다."* ²³ 이어서 펠릭스는 바울에게 적당한 자유를 주고 혹시라도 그의 지인들 중에서 누구라도 찾아와 만나거나 옥바라지해 주는 것을 막지 말라고 명령했다.

²⁴ 며칠 후에, 펠릭스 총독은 그의 유대인 아내 드루실라와 함께 와서, 바울을 불러냈다. 그리고 바울을 통해 메시아 예수님을 믿는 신앙에 대해서 여러 가지로 이야기를 들었다.** ²⁵ 바울은 그들에게 의롭고 옳은 삶과 자기 절제와 다가올 심판에 대해 진지하고 철저하게 말해 주었다. 그러자 펠릭스는 찔림을 받고 강한 두려움에 사로잡혀서 다음과 같은 대답으로 반응했다. "지금은 더 듣기 힘들 것 같으니, 그대는 돌아가시오! 만약 내가 여유가 생기

---

*　하지만 천인 대장이 내려와 재판을 다시 한 내용은 사도행전에 없다.

**　드루실라는 펠릭스의 세 번째 아내로, 헤롯 아그리파 1세의 아름다운 막내 딸이며 자신도 두 번째 결혼이었다. 요세푸스의 기록에 의하면 드루실라가 첫 번째 남편과 헤어지고 자신과 결혼하도록 펠릭스가 설득했다고 한다. 아울러 서방 본문, 하클리아 시리아어 사본의 난외주에는 다음과 같은 내용이 추가되어 있다. "드루실라가 바울을 보고 그가 하는 말을 듣고 싶다고 요청해서, 펠릭스는 드루실라를 만족시키기 위해 바울을 불렀다."

면 나중에 다시 불러서 들어 보겠소!" 26 그러면서도 펠릭스는 혹시라도 바울이 자신의 석방을 위해 뇌물이라도 주지 않을까 하고 기대하면서, 자주 그를 불러내어서 대화를 나누었다. 27 그렇게 만 2년의 세월이 흘러갔다. 결국 펠릭스는 떠나고 후임 총독으로 포르키우스 페스투스^{보르기오 베스도}가 왔다. 하지만 펠릭스는 총독의 임무를 마무리하면서 유대인들의 환심을 사려고 바울을 감옥에 그대로 두고 떠나 버렸다.*

동영상 설교 QR 57. 안타까운, 너무나 안타까운(행 24:22-27)

---

* 펠릭스는 총독으로 통치하는 기간에 소란과 부정행위에 대한 책임으로 주후 59/60년쯤 로마로 소환되었고 뒤를 이어 포르키우스 페스투스가 총독이 되었다. 다만 역사 기록에 의하면 후임인 페스투스가 좀 더 나은 총독이었다고 평가한다.

58. 카이사르에게 상소하다(25:1-12)

25 ¹ 그렇게 다음 총독으로 부임한 페스투스베스도는 그 지역의 행정 도시인 카이사리아가이사랴에 도착해서 3일 정도 머문 후에, 유대 지도자들을 만나고자 그곳을 떠나 예루살렘으로 올라갔다. ² 페스투스가 예루살렘에 도착하자, 대제사장들과 유대인들 중에서 고위층에 있는 사람들이 그에게 나타나서 바울에 대해 적대적인 말을 하며 고소했다(막 14:55). ³ 유대인들은 페스투스에게 호의를 베풀어 달라고 하면서, 카이사리아에 있는 바울을 자신들이 있는 예루살렘으로 보내어 재판하게 해 달라고 부탁했다. 하지만 그들의 속셈은 길에 매복하고 있다가 그곳을 지나가는 바울을 죽이려고 한 것이다. ⁴ 그러자 페스투스는, 바울은 지금처럼 앞으로도 카이사리아에 계속 수감 상태로 있을 것과 자신은 이른 시일 내에 예루살렘을 떠나서 그곳으로 갈 계획이라고 대답했다. ⁵ 이어서 그는 "그러므로 만약 바울에게 법적으로 잘못된 것이 있다면, 여러분 중에서 권력 있고 실력 있는 사람들이 나와 함께 카이사리아로 내려가서 거기서 그의 잘못에 대해서 고소하고 재판하기를 바랍니다"라고 말했다.

⁶ 이후에 페스투스는 예루살렘에서 8일에서 10일 정도의 길지 않은 일정을 보낸 후에, 바울을 고소하려는 유대인들과 함께 카이사리아로 내려갔다. 그리고 다음 날, 재판이 열렸다. 페스투스는 재판석에 앉은 후에, 바울을 데려오라고 큰 소리로 명령했다. ⁷ 바

울이 나타나자, 예루살렘에서 온 유대인들은 그를 둘러서서 여러 가지 심각한 죄목으로 고소했다. 하지만 그중에서 한 가지도 증명해 내지 못했다(약 23:29, 24:13).

⁸ 그러자 바울은 "나는 유대인들의 율법을 어기지도 않았고 성전을 모독하지도 않았으며 카이사르가이사(황제)와 로마의 평화에 반역적인 행동을 하지도 않았습니다. 나는 그 어떤 죄도 지은 것이 없습니다"라고 말하며 자신을 변호했다(행 24:10-21). ⁹ 이에 페스투스는 유대인들에게 환심을 사려고 다음과 같이 바울에게 물어보았다. "혹시라도 그대는 예루살렘으로 올라가서, 이 사건에 대해 다시금 재판을 받을 의향이 있소? 내 앞에서 말이오(행 24:27)." ¹⁰ 그러자 바울은 다음과 같이 대답했다. "나는 로마 시민으로서 황제 앞에서 재판받을 권리가 있습니다. 그러므로 재판을 더 받아야 한다면, 황제 앞에서 재판받는 것이 마땅합니다. 총독께서 이미 너무나 잘 알고 있는 것처럼, 나는 그 어떤 유대인에게도 잘못한 것이 없기 때문입니다! ¹¹ 그럼에도 불구하고 만약 내가 조금이라도 잘못한 것이 있고 그것이 사형에 해당하는 죄라면, 나는 죽기를 거절하지 않겠습니다. 하지만 저 유대인들이 나에 대하여 고소한 내용이 사실이 아니라면, 총독께서는 저들의 환심을 얻기 위해 나를 저 사람들에게 넘겨주어서는 안 됩니다. 그래서 나는 이제 황제에게 상소합니다!" ¹² 이에 페스투스는 곁에 있던 고문들과 상의한 후에, 다음과 같이 발표했다. "황제에게 상소했으니, 이제 그대는 황제 앞으로 가서 재판받게 될 것이오!"

59. 페스투스와 아그리파의 만남(25:13-27)

25 ¹³ 며칠 후에, 당시 갈릴래아^{갈릴리}와 베로이아^{베뢰아} 지역을 다스리던 분봉왕 헤롯 아그리파^{아그립바} 2세가 자신의 여동생인 베르니케^{버니게}와 함께 신임 총독 페스투스^{베스도}에게 환영 인사를 하려고 카이사리아^{가이사랴}로 내려갔다.* ¹⁴ 여러 날이 지나고 나서, 페스투스는 아그리파 왕에게 '바울이 황제에게 상소한 문제'에 대해서 도움을 받고자 다음과 같이 말했다. "전임 총독인 펠릭스^{벨릭스}가 바울이라는 죄수 하나를 남기고 갔습니다. ¹⁵ 그런데 그 죄수에 대해서 유대인들이 아주 적대적이더군요. 내가 부임하자마자 예루살렘으로 갔더니 그곳에 있는 유대인들의 대제사장과 장로들이 그 죄수를 고소하면서 유죄 판결을 내려 달라고 요청하는 것입니다. ¹⁶ 그래서 내가 유대인들에게 '어떤 사람이 고소당했다면, 먼저 그 사람에게 자신을 고소한 사람들 앞에서 변호할 기회를 주기도 전에, 그 사람을 고소한 사람들에게 넘겨주는 것은

---

*　헤롯 아그리파 2세는 그의 아버지인 헤롯 아그리파 1세의 유일한 생존 아들이었다. 헤롯 아그리파 1세는 예수님의 제자 야고보를 처형했으며 베드로를 감옥에 가두었다. 사도행전 12장에 그의 비참한 죽음이 기록되어 있다. 헤롯 아그리파 2세는 점차적으로 로마의 인정을 받아서 헤롯 대왕이 다스리던 갈릴래아 북동부 지역 대부분을 다스릴 수 있게 되었고 왕(분봉왕)이라는 호칭도 받았다. 하지만 유대아와 사마리아 그리고 갈릴래아 지역은 로마 총독에 의해 직접 다스려졌다. 자신보다 한 살 어린 여동생 베르니케는 여러 번의 결혼을 했고 당시에는 이혼하여 오빠인 헤롯 아그리파 2세와 함께 지냈는데 근친상간의 소문이 끊이지 않았다.

로마법에 어긋나는 일이다'라고 대답해 주었습니다. [17] 그러자 유대인들은 바울에 대해서 고소하고 재판하려고 이곳 카이사리아까지 왔습니다. 그래서 나는 지체하지 않고 바로 다음 날에 재판을 열었고 재판석에 앉아서 바울을 데려오라고 명령했습니다. [18] 재판을 진행해 본 결과, 유대인들이 여러 가지로 고소를 했으나 내가 예상했던 죄나 잘못은 하나도 제시하지 못했습니다(행 23:29). [19] 다만 그들이 법정에서 논쟁한 내용은 자기들이 나름대로 추구하는 종교적 신념의 차이로 인한 것이었습니다. 그 핵심에는 어떤 예수라는 자가 있었는데 죄수 바울은 그 사람이 다시 살아났다고 주장한 것이더군요. [20] 솔직히 나는 그들의 논쟁을 제대로 조사하고 해결할 자신이 없어서, 그 바울이라는 죄수에게 혹시라도 예루살렘으로 가서 이 사건에 대해서 다시금 재판을 진행해 보겠느냐고 물어보았습니다. [21] 하지만 바울은 자신이 로마 시민이기에 황제, 카이사르^{가이사}(황제)에게 재판을 받겠다고 상소했고 그때까지 자신을 지켜 달라고 말했습니다. 그래서 나는 어쩔 수 없이 바울이 황제 앞에서 재판받기 위해 법적인 이송을 할 때까지* 그를 지키라고 명령했습니다."

　[22] 이 모든 내용을 다 들은 아그리파 2세는 총독 페스투스에게 "그렇다면 나도 그 바울이라는 사람이 하는 말을 청문회를 열어 들어 보고 싶군요"라고 말했다. 그러자 페스투스가 "내일, 그의 말

---

*　이곳에 사용된 헬라어 '아나펨포'는 상급법원으로 이송되는 것을 의미하는 법적 전문용어이다.

을 들어 보시죠!"라고 대답했다. 23 그렇게 다음 날이 되자, 헤롯 아그리파 2세와 여동생 베르니케는 매우 화려한 복장과 치장을 잔뜩 하고서 청문회 장소에 나타났고 천인 대장들을 비롯해 그 도시의 높은 지위를 가진 사람들도 함께 모였다. 총독 페스투스가 청문회의 시작을 알리고 명령하자, 누군가 바울을 데리고 왔다.

24 이어서 페스투스는 다음과 같이 말했다. "아그리파 왕과 이 자리에 참석하신 여러분! 이 바울이라는 사람을 보십시오! 이 사람에 대해서 모든 유대인 군중이 예루살렘에서도, 여기서도 나에게 목소리 높여 호소하기를, 그를 반드시 사형시켜야 한다고 합니다. 25 하지만 내가 바울을 철저히 조사해 본 결과, 그를 사형시켜야 할 이유가 전혀 없다는 것을 알게 되었습니다. 그런데도 바울이 로마 시민으로 황제에게 재판받겠다고 상소했기 때문에, 어쩔 수 없이 그렇게 하기로 결정했습니다. 26 문제는 황제에게 바울을 보내기 전에 상소문을 써야 하는데, 어떤 문제로 그가 황제 앞에까지 가서 재판을 받으려고 하는지 그 분명한 이유에 대해서 내가 쓸 것이 없습니다. 그래서 오늘 이 자리에 여러분과 특별히 아그리파 왕을 초대하게 되었습니다. 여러분과 함께 청문회를 진행해 보면 상소문에 쓸 내용을 얻을 수 있을 것 같기 때문입니다. 27 무엇보다 황제 앞에서의 재판을 요청한 죄수를 보내면서 상소문에 그 사람의 죄목조차 분명하게 기록하지 않는 것은 매우 무례하고 도리에 맞지 않기 때문입니다."

동영상 설교 QR 59. 전복된 현실, 역전된 복음(행 25:13-27)

60. 바울의 마지막 아폴로기아(26:1-23)

26 ¹ 이제 헤롯 아그리파^{아그립바} 2세가 바울을 향해 "자, 그 대에게 말할 수 있는 기회를 주노라!"라고 말하자, 바울은 손을 쭉 뻗어서 아그리파에게 인사를 한 후에, 자신과 복음에 대한 변호와 고백의 말을 시작했다. ² "아그리파 왕이시여! 먼저 유대인들이 나를 고소한 모든 내용에 대해서, 내가 당신 앞에서 오늘 고백하고 변호할 수 있는 기회를 얻은 것에 대해서 다행스럽게 생각합니다. ³ 당신은 이미 유대인들의 모든 관습과 여러 가지 논쟁들에 대해서 최고 수준의 지식과 이해를 가지고 계시니, 인내심을 가지고 나의 말을 들어주시길 부탁드립니다."

⁴ "일단, 나를 고소한 유대인들은 내가 어떤 사람인지 잘 알고 있습니다. 내가 어디서 태어났으며 젊은 시절을 어떻게 보냈고 사람들 사이에서 두각을 나타내어 예루살렘에서 활동한 나의 모든 생활과 모습을 말입니다. ⁵ 또한 유대인들이 오래전부터 나를 잘 알고 있기에, 그들이 조금만 조사해 보면 내가 우리 민족의 가장 엄격한 종파인 바리새파의 사람으로 철저하게 살아왔다는 것도 알게 될 것입니다. ⁶ 다만, 내가 지금 나의 동족인 유대인들에게 고소당하여 재판 자리까지 서게 된 궁극적인 이유는 지금까지 우리 선조들이 믿어온 약속이 실현되기를 고대하는 것, 바로 하나님께서 주신 소망 때문입니다. 그것은 바로 우리 민족을 구원할 메시아와 그분을 통해 완성될 하나님 나라 및 그 하나님 나라 백성의

완전한 생명의 변화인 부활입니다. 7 바로 그 하나님의 약속이 실현되기를 소망하기에, 우리 민족의 열두 지파는 지금까지 밤낮으로 하나님께 예배하며 기다려왔습니다. 나도 동일하게 하나님의 그 약속을 소망하기 때문에 지금까지 복음을 전한 것입니다. 그런데 아이러니하게도 내가 우리 선조들이 소망해 온 그 약속을 전파하고 소망한다는 이유로 지금 이렇게 그들의 후손인 유대인들에 의해 고소당하고 말았습니다. 참으로 이상하지 않습니까? 아그리파 왕이시여! 8 하나님께서 죽은 자들을 일으키시고 부활시키신다는 사실을 왜 사람들은 믿지 않으려고 하는지 모르겠습니다. 여러분은 그것이 잘못된 일이거나 믿어서는 안 될 진리라고 보십니까?"

9 "물론 나도 한때는 나사렛 예수라는 사람이 부활했다는 진리를 믿지 못했고, 그래서 그런 진리를 따르는 사람들의 모든 것에 반대하며 적대적으로 행동하는 것이 옳은 일이라고 생각했습니다. 10 그래서 나는 대제사장에게 권한을 받아서 예루살렘에서 부활의 진리를 믿는 성도 중에서 많은 사람을 붙잡아 감옥에 넣기도 했고 심지어 그 사람들이 사형 선고를 받을 때 찬성하는 표를 던지기도 했습니다. 11 그뿐만이 아니라 모든 회당을 철저히 돌아다니며 예수님을 믿는 자들을 찾아내서 처벌하기도 했는데, 그들에게 예수님을 심한 저주의 말로 부인하도록 강요했고 외국의 도시로 도망간 성도들까지 지독한 분노를 품고 추격하여 박해했습니다. 12 그러다가 특별한 사건이 일어났습니다. 내가 예수님 믿는 자

들을 더 심하게 박해하려고 대제사장들로부터 권위와 권한을 위임받아서 다마스쿠스^{다메섹}로 가고 있을 때였습니다. ¹³ 그런데 왕이시여! 길을 가던 중에, 태양이 하늘 한가운데 떠 있는 대낮에, 그 태양보다 더 엄청나게 밝은 빛이 하늘에서 쏟아져 나의 일행들 위에 비치는 것을 내가 보게 되었습니다. ¹⁴ 우리는 그 빛에 압도되어 모두 땅에 엎드러지고 말았습니다. 바로 그때 나를 향해 히브리 방언(아람어)으로 들려오는, 다음과 같은 음성을 듣게 되었습니다. '사울아! 사울아! 왜 너는 나를 박해하느냐? 가축이 막대기를 들고 있는 주인에게 뒷발질하는 것처럼, 너는 언제까지 나에게 그런 쓸데없는 반항과 거역을 하려고 하느냐?' ¹⁵ 그래서 나는 '당신은 누구십니까?'라고 물었습니다. 그러자 그분께서 대답하셨습니다. '나는 바로 네가 박해하는 예수다!' ¹⁶ 이어서 이런 음성이 들렸습니다. '이제, 너는 일어나라! 너의 두 발로 서라! 내가 너에게 나타나 이 음성을 들려준 이유는, 너를 나의 일꾼이며 증인으로 세우기 위함이다. 이제부터 너는, 나를 본 것과 내가 앞으로 보여 줄 것들을 증거하여라(겔 2:1)! ¹⁷ 내가 너를 유대인들과 이방인들에게 보낼 것이다. 그들이 너를 위협하더라도 내가 구출해 주고 지켜줄 것이다. ¹⁸ 너는 그들의 영적인 눈을 열어 주어, 사탄의 권세가 사망의 영향력으로 억압하는 어둠에서 하나님의 통치가 생명의 영향력으로 선물하는 빛으로 돌이키게 하고, 나를 믿음으로 거룩한 공동체를 이루어 그들이 지은 죄들을 용서받고 하나님 나라를 유업으로 받도록 복음을 전하여라!'"

¹⁹ "그렇기에, 아그리파 왕이시여! 하늘에서부터 온, 이 엄청난 비전에 나는 순복할 수밖에 없었습니다! ²⁰ 그래서 나는 가장 먼저 다마스쿠스 사람들과 예루살렘 사람들에게, 이어서 유대인들이 사는 모든 지역과 그곳의 이방인들에게 가서 복음을 전했습니다. 그들 모두가 회개하여 진정한 주인 되신 하나님께로 돌아오라고, 그 회개에 합당한 삶을 살아내라고 선포했습니다. ²¹ 그런데 내가 이렇게 복음을 전한다는 이유로, 유대인들은 성전에 있는 나를 붙잡았고 지금까지 계속 죽이려고 시도하고 있습니다. ²² 그럼에도 불구하고 하나님께서 나를 지켜 주신 덕분에 지금까지 살아남아 남녀노소를 막론하고 모든 사람에게 그분의 복음을 전하면서 오늘 이 자리까지 내가 올 수 있었습니다. 내가 전한 복음을 유대인들은 이단이라고 하지만, 실제로 복음은 이미 모세와 선지자들이 구약 성경에서 말한 정통의 핵심 내용과 조금도 다르지 않습니다. ²³ 결국 그 복음의 핵심은 우리 죄를 대신해 고통당하시며 죽으신 메시아 예수님의 십자가와 그분께서 죽은 사람 중에서 가장 먼저 생명의 주인으로 살아나신 부활입니다. 나는 바로 이 진리를 어두운 세상에 있는 유대인들과 이방인들 모두에게 빛으로 선포하며 전하는 것입니다."

동영상 설교 QR 60. 나는 왜 예수님을 믿는가?(행 26:1-23)

61. 지도자들의 거절, 바울의 진심(26:24-32)

26 ²⁴ 이렇게 바울이 자신과 복음에 대한 고백과 변호의 말을 마무리하자, 총독 페스투스^{베스도}가 큰 소리로 "이 보시오! 바울! 그대는 정신이 나갔군요! 그대의 지나치게 많은 독서와 지식이 그대를 미치게 만든 것 같습니다!"라고 반응했다(막 3:21; 요 10:20). ²⁵ 그러자 바울은 다음과 같이 대답했다. "나는 전혀 미치지 않았습니다! 페스투스 각하! 오히려 나는 지금 맑은 정신으로 가장 바른 진리를 분명하게 말하는 것입니다!"

²⁶ 시선을 돌려서 바울은 아그리파^{아그립바} 왕을 향하여 그 이유를 말했다. "내가 방금 담대하게 말한 내용에 대해서는 아그리파 왕께서도 이미 잘 알고 계시며, 내가 그 어떤 것도 숨기거나 속여서 말한 것이 아니라는 것을 왕께서도 확실히 아실 것입니다. 이 모든 일들이 한쪽 구석의 은밀한 장소에서 조작된 것이 아니라 모든 사람 앞에서 공개적으로 이루어진 일이기 때문입니다. ²⁷ 아그리파 왕이시여! 당신은 선지자들과 그들이 한 말들을 믿지 않으십니까? 나는 당신이 믿는다고 알고 있습니다!"

²⁸ 이에 아그리파 2세는 바울에게 다음과 같이 반응했다. "그대는 지금, 그대의 짧은 몇 마디 말로 나를 설득해서 그리스도인이 되게 만들 수 있다고 생각하는 것인가?" ²⁹ 그러자 바울은 다음과 같이 대답했다. "내가 하나님께 간절히 바라고 기도하는 것은 오직 한 가지뿐입니다. 내가 말을 짧게 하든 길게 하든, 오늘 이곳

에 있는 모든 사람이 어떻게든 내가 하는 말을 듣고 나와 똑같은 하나님의 사람, 즉 예수님의 제자가 되는 것입니다. 내가 이렇게 묶여 있는 상태만 제외하고 말입니다."

³⁰ 그렇게 청문회가 끝나자, 아그리파 왕과 페스투스 총독 및 베르니케버니게와 그 장소에 함께 참여했던 모든 높은 신분의 사람들이 일어났다. ³¹ 그리고 그들은 그 자리를 떠나가면서, "저 바울이라는 사람이 사형당하거나 감옥에 갇힐 만한 죄를 지은 것은 전혀 없군요!"라고 서로 수군거렸다(행 23:9, 29, 25:18-19, 25). ³² 마지막으로 아그리파 2세도 페스투스 총독에게 "만약 바울이 카이사르가이사(황제)에게 상소하지 않았다면, 무죄 석방도 가능했을 것 같습니다"라고 말했다.

동영상 설교 QR 61. 왜 예수님을 진정으로 믿지 않는가?(행 26:24-32)

62. 로마로의 항해 1: 카이사리아에서 미항까지(27:1-11)

27 ¹ 결국 청문회에서는 황제에게 상소한 바울을 포함하여 우리(누가와 아리스타르코^{아리스다고})를* 배에 태워 이탈리아(로마)로 보내기로 결정했다. 이 여정의 책임은 황제 아우구스투스^{아구스도} 직속 예비부대의 백인 대장인 이울리오스^{율리오}라는 이름을 가진 사람에게 맡겨졌으며 바울을 비롯하여 다른 죄수들도 함께 가게 되었다. ² 사람들은 에게해와 아시아 해안의 항구들을 따라서 순항하는 선박으로 아드라뮈테노^{아드라뭇데노}에서 출발한 배에 승선했고, 우리도 그 배에 올라탔다. 특히 이 여정에는 마케도니아^{마게도냐} 지역의 데살로니키^{데살로니가} 사람 아리스타르코도 동행했다 (행 19:29, 20:4; 몬 1:24; 골 4:10).

³ 카이사리아^{가이사랴}를 떠나서 하루 동안 항해를 하자, 그다음 날에 북쪽으로 약 120킬로미터 떨어진 시돈에 배가 도착하여 잠시 정박하게 되었다. 여정의 책임자인 백인 대장 이울리오스는 바

---

* 사도행전에 등장하는 소위 '우리 본문'(We section)이 여기서 4번째로 가장 길게 등장한다(① 16:10-17 ② 20:5-15 ③ 21:1-18 ④ 27~28장). 아마도 사도행전의 저자인 누가는 바울이 2년간 카이사리아의 감옥에 있는 동안 누가복음과 사도행전 집필을 위한 자료 수집과 글쓰기를 하며 기다리다가 바울의 로마 여정에 아리스타르코와 함께 갔을 것이다. 아울러 당시에 로마 시민권자가 재판을 위해 여행하게 되면 2명까지 시종이나 사환을 데리고 갈 수 있었다고 한다. 그 이유는 죄수가 항해할 때 로마에서 뱃삯과 잠자리만 제공하고 나머지 음식이나 옷 같은 것은 스스로 준비하고 경비를 충당해야 했기 때문이다. 그래서 3절을 보면, 시돈에 도착했을 때 바울 일행이 그곳의 지인들을 만나서 대접받도록 허락해 준 것이다.

울에게 친절과 호의를 베풀어서 시돈에 있는 친구(성도)들을 만나
고 대접받을 수 있도록 허락해 주었다. ⁴ 시돈에서의 일정을 마치
고 출항하자마자 우리가 탄 배는 서쪽에서 부는 강한 역풍을 만나
게 되어, 어쩔 수 없이 바다 중간에 있는 키프로스구브로 섬을 바람
막이로 삼고자 그 섬의 동쪽 부분으로 피했고 천천히 그 섬을 끼
고 왼쪽(북쪽)으로 항해를 이어 갔다.

⁵ 그렇게 키프로스 섬의 북쪽 해협을 통과해 킬리키아길리기아 지
역과 팜필리아밤빌리아 지역의 해안선을 따라 항해하자, 서쪽으로
800킬로미터 정도 떨어진 리키나루기아 지역의 뮈라무라 항구에 도
착하게 되었다. ⁶ 거기서 백인 대장 이울리오스는 이집트애굽의 알
렉산드리아에서 출발하여 이탈리아(로마)로 항해하려고 정박하고
있던 대형 곡물 수송선을 하나 발견하게 되었다. 그래서 백인 대
장은 우리 모두를 그 배에 옮겨 타도록 했다.*

⁷ 배를 갈아타고 뮈라 항구에서 출발한 우리는 바다의 기상 상
태가 너무 좋지 않아서 매우 느린 속도로 많은 날을 허비하며 항
해하여 간신히 크니도스니도 항구의 앞바다까지 왔지만, 바람이 약
해질 기미가 보이지 않아서 항구에 접근할 수가 없었다. 어쩔 수
없이 우리 배는 바람에 순복해 남서쪽 아래로 방향을 돌려서 크레

---

* 당시에 로마는 이집트의 곡물로 살았다고 해도 과언이 아니다. 로마가 소비
  하는 곡물의 1/3을 이집트에서 수입했기 때문이다. 그래서 거대한 곡물 수송
  선('이시스'로 불리는 배들은 약 1,200~2,900톤의 무게였다)이 이집트의 알
  렉산드리아에서 출발하여 로마로 항해했으며, 식량 공급의 중요성 때문에
  로마는 곡물 수송을 하는 배들에게 보험금까지 지급했다고 한다.

타그레데섬의 오른쪽에 있는 살모네 항구 앞바다까지 왔다. 하지만 그곳에서도 배를 항구에 댈 수가 없었다. 8 결국 우리는 매우 힘겹게 크레타섬의 남쪽 해안을 따라 항해하다가 그 섬의 남쪽 도시인 라새아에서 가까운 미항(좋은 항구들)이라고 불리는 항구에 겨우 도착하게 되었다.

9 미항에서 우리는 앞으로 이어질 항해에 대한 회의를 했다. 이미 금식하는 절기인 대속죄일(주후 59년 10월 5일)이 지나 버려서 항해하기에는 너무나 위험한 계절이 되어 버렸기 때문이다. 그래서 바울은 계속 항해를 하면 안 된다고 강력하게 권고했다. 10 바울은 사람들에게 다음과 같이 경고했다. "여러분! 내가 보기에, 우리가 만약 이 항해를 강행한다면 이 배와 화물이 상당한 손해를 보게 될 뿐만 아니라 우리의 목숨도 잃게 될 가능성이 아주 큽니다.* 그러므로 여기서 봄까지 쉬면서 항해를 잠시 멈추어야 합니다(고후 11:25-26)." 11 하지만 백인 대장 이울리오스는 바울의 말보다 "항해를 계속해야 한다"고 주장하는 항해사와 선주(선장)의 말에 설득되어 그들을 더 신뢰하고 말았다.

동영상 설교 QR 62. 인생 여정에서 가장 중요한 것(행 27:1-11)

---

*   당시에 바다 여행은 보통 9월 중순부터 멈추었으며, 11월부터 하는 항해는 소위 '자살행위'로 여겨졌다. 바울이 카이사리아에서 로마로 여행을 출발하던 시점은 늦은 여름이었기 때문에 충분히 로마까지 가을 전에 도착할 수 있으리라 기대했겠지만 중간에 바람이 많이 불고 기상이 좋지 않아서 여행 경로를 변경하고 시간이 많이 걸리면서 크레타섬에 도착했을 때는 이미 10월 중순 정도가 된 것 같다.

63. 로마로의 항해 2: 미항에서 폭풍 속으로(27:12-26)

27 ¹² 실제로 미항(좋은 항구들)은 바다로 열려 있는 지형에 항구가 좁고 편의 시설이 부족하여 겨울을 나기에 적합하지 않았다. 그래서 대다수 사람이 그곳을 떠나 어떻게든 약 80킬로미터 정도 서쪽으로 떨어진 피닉스^{뵈닉스} 항구로 가자고 주장했고, 그렇게 결정되었다. 피닉스는 크레타^{그레데}섬에서 서남쪽과 서북쪽을 바라볼 수 있는 곳으로 겨울을 나기에 더 나은 항구였기 때문이다. ¹³ 배가 미항을 출발하자 때마침 부드러운 남풍이 불어 주었다. 그러자 사람들은 좋은 기회를 잡았다고 생각하여, 닻을 감아올리고 크레타섬의 해안에 바짝 붙어서 서쪽으로 항해를 이어 나갔다. ¹⁴ 하지만 얼마 지나지 않아서 유라굴로(북풍과 동풍이 합쳐진 바람)라고 부르는 강력한 태풍이 일어나서 배를 덮쳤다. ¹⁵ 엄청난 비와 바람에 사로잡힌 그 배는 도저히 태풍에 맞설 수가 없었기에, 우리는 어쩔 수 없이 그 태풍에 배를 맡기고 표류할 수밖에 없었다. ¹⁶ 한참을 그렇게 표류하다가 카우다^{가우다}라고 불리는 작은 섬 아래로 지나갈 때, 태풍이 조금 잠잠해져서 우리는 간신히 흔들리고 물이 찬 거룻배(큰 배의 옆이나 뒤에 달고 다니는 돛이 없는 작은 배, 구명보트)를 안전하게 바로잡을 수 있었다.

¹⁷ 이어서 우리는 그 거룻배를 갑판 위로 끌어 올린 후에, 나무로 만든 배의 누수를 최대한 막고 화물들의 안전을 위해 여러 개의 줄을 이용해서 배 전체를 둘러 가며 단단하게 감았다. 또한 그

지역의 해저에 있는 시르티스^{스르디스}라는 모래톱에 배의 밑바닥이 충돌하여 파손되지 않게 하려고 무거운 닻을 바다 밑으로 내려서 최대한 천천히 가도록 하였다. ¹⁸ 하지만 폭풍우에 시달리고 태풍을 감당할 수 없었던 우리는 다음 날에, 배를 가볍게 하고자 배에 있는 무거운 화물들을 배 밖으로 버렸다. ¹⁹ 심지어 3일째 되는 날에는 배에 필요한 기구와 장비들까지도 선원들이 직접 버렸다. ²⁰ 그렇게 많은 날 동안 낮에는 해를 볼 수 없고 밤에도 별을 볼 수 없는 지독한 폭풍과 풍랑의 고통 속에서 모든 사람은 지쳐갔다. 결국, 마지막에는 혹시라도 우리가 구출되거나 살 수 있으리라는 지극히 작은 희망조차 버렸다.

²¹ 또한 폭풍 속에서 당한 뱃멀미와 낙망으로 인해 배에 있던 사람들은 오랜 시간 동안 아무것도 먹지 못한 상태였다. 바로 그때, 바울이 그들 가운데 일어나서 다음과 같이 말했다. "여러분! 우리가 크레타섬에 있을 때, 나의 말을 따라서 출항하지 않았다면 얼마나 좋았을까요? 그랬다면 이와 같은 피해와 손실은 당하지 않았을 것입니다. ²² 하지만 아직 우리에게는 두 번째 기회가 있으니 힘을 내십시오! 왜냐하면 우리 중에서 단 한 명도 목숨을 잃지 않을 것이기 때문입니다. 우리가 잃어버리게 되는 것은 이 배뿐일 것입니다. ²³ 내가 이렇게 담대하게 말하는 근거는 어젯밤에 나의 주님이시며 내가 섬기는 하나님의 천사가 나에게 나타나 이렇게 말했기 때문입니다. ²⁴ '바울아! 두려워하지 말아라! 너는 반드시 로마로 가서 황제 앞에 설 것이기 때문이다. 그래서 하나님께서는

너뿐만 아니라 너와 함께 항해하는 모든 사람에게도 은혜를 베푸셔서 구출해 주실 것이다(행 18:9-10, 23:11)!' 25 그러므로 여러분! 힘을 내십시오! 나는 하나님께서 지금까지 말씀하신 그대로를 이루시는 것을 보았기에, 앞으로도 말씀하신 그대로 이루실 것을 믿습니다! 26 이제 곧 우리는 반드시 한 섬에 닿게 될 것입니다!"

동영상 설교 QR 63. 인생의 폭풍에서 주어진 두 번째 기회(행 27:12-26)

64. 로마로의 항해 3: 폭풍에서 구원으로(27:27-44)

27 ²⁷ 우리가 아드리아 바다에서* 표류한 지 14일째 되던 밤에 이런 일이 일어났다. 한밤중에 선원들은 우리의 배가 육지에 가까워졌다는 것을 직감하게 된 것이다. ²⁸ 그래서 선원들이 추가 달린 끈을 바다에 내려서 수심을 측정해 보았더니 처음에는 20오르귀아(양팔을 벌린 거리로 약 1.85미터)였고 조금 더 전진해서 다시 측정해 보았더니 15오르귀아가 되어서 점점 수심이 얕아지고 있다는 것을 알게 되었다. ²⁹ 이에 우리는 아무것도 보이지 않는 밤에, 해안 가까이에 있는 암초들에 배가 걸리거나 부딪치는 것이 걱정되어서 배의 뒷부분에 4개의 닻을 내려서 배가 더 나아가지 못하도록 고정시켜 놓고 아침이 밝기만을 기도하면서 기다렸다.

³⁰ 하지만 일부 선원들은 배의 앞부분에서 닻들을 내리는 척하다가 실제로는 거룻배(큰 배의 옆이나 뒤에 달고 다니는 돛이 없는 작은 배, 구명보트)를 풀어서 바다로 내린 후에 그 배에서 내려 자신들만 살려고 탈출을 시도하고 있었다. ³¹ 그 상황을 지켜보던 바울은 백인대장과 군사들에게 다음과 같이 말했다. "저 선원들이 이 배에서

---

* 바울 시대에 부르던 아드리아 바다는 오늘날의 아드리아 바다(아드리아해 [Adriatic Sea])보다 훨씬 더 넓은 바다로 이오니아해와 지중해 북동쪽 바다까지 포함했다. 사도행전 27장의 바다는 미항에서부터 서쪽으로 약 800킬로미터 정도 떨어진 그리스의 크레타섬과 이탈리아 시칠리아섬 사이의 넓은 바다였을 것이다.

없어진다면, 여러분이 살 수 있는 구출의 기회도 사라져 버릴 것입니다!" ³² 그러자 군사들은 아예 거룻배(구명보트)를 사용하지 못하도록, 연결된 줄들을 잘라 배에서 떨어트려 버렸다.

³³ 드디어 아침이 밝아 오자, 바울은 배에 탄 사람들 모두에게 식사하도록 권하며 이렇게 말했다. "여러분 우리가 아무것도 먹지 못한 상태로 참고 견디면서 표류한 지, 오늘로 14일이나 지났습니다. ³⁴ 이제 우리가 기다리고 기다리던 구출의 시간이 다가왔습니다. 그러니 내가 권하는 대로 여러분은 음식을 받아서 드십시오! 여러분 중에서 그 누구도 머리카락 하나 잃어버리지 않고 살게 될 것입니다(행 27:22-26; 삼상 14:45; 눅 21:18)!" ³⁵ 이렇게 말한 뒤에, 바울은 그 배에 탄 모든 사람 앞에서 빵을 들고 하나님께 감사 기도를 드렸고 가장 먼저 모범을 보이고자 빵을 떼어서 먹기 시작했다. ³⁶ 그러자 다른 모든 사람도 바울을 따라 힘을 내어서 음식을 적극적으로 가져와 먹었다. ³⁷ 우리가 탄 그 배 안에는 총 276명의 소중한 영혼들이 있었다. ³⁸ 그렇게 모든 사람이 충분히 음식을 먹은 후에, 그 배를 가볍게 만들기 위해서 남은 식량을 모두 배 밖으로 버렸다.

³⁹ 날이 밝아져서 사방을 볼 수 있게 되었지만, 선원들은 그곳이 어디인지 잘 알지 못했다. 다만 가까운 육지(섬)에 항만이 보였고 모래 해변이 있어서 가능한 한 그곳으로 배를 몰아서 가기로 결정했다. ⁴⁰ 그래서 선원들은 닻들을 모두 끊어서 바다에 버렸고, 동시에 그동안 묶어 두었던 키의 줄들을 느슨하게 풀었으며, 배

앞에 있는 돛들을 올리고 펼쳐서 바람을 받아 해변으로 빠르게 전진하도록 만들었다. ⁴¹ 하지만 두 개의 바다 물길이 하나로 합쳐지는 곳에 이르렀을 때, 선원들은 전속력으로 배를 전진시켰지만, 어쩔 수 없이 배의 앞부분이 암초에 박혀서 움직일 수 없는 상태가 되고 말았고 동시에 배의 뒷부분은 밀려오는 강한 물결과 파도로 인해 부서지기 시작했다. ⁴² 그러자 군사들은 죄수들이 헤엄쳐서 도망갈 수도 있기에 아예 죽여 버리려고 했다. ⁴³ 그러나 백인 대장은 바울을 살리려는 결심으로 군사들의 죽이려는 결심을 꺾었다. 그래서 그는 먼저 수영할 수 있는 사람들부터 바다로 뛰어들어서 육지로 나가라고 명령했다. ⁴⁴ 이어서 다른 사람들도 백인 대장이 명령한 대로 널빤지나 부서진 배의 파편과 같은 물건들 위에 몸을 의지하여 모두 육지로 나갈 수 있게 되었다. 그래서 바울이 말한 대로 한 사람도 빠짐없이 모두 구출되었고 살게 되었다.

동영상 설교 QR 64. 구원을 이루기 위하여(행 27:27-44)

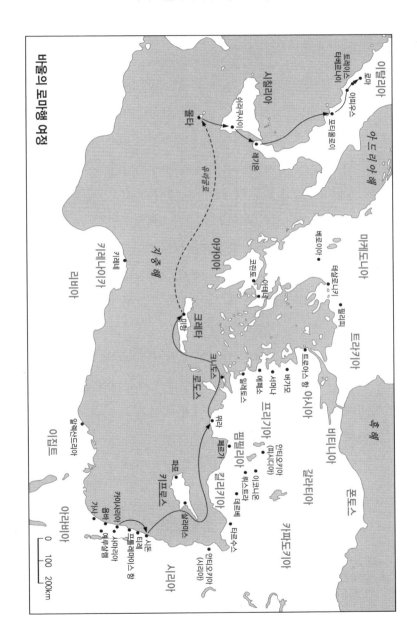

바울의 로마행 여정

65. 로마로의 항해 4: 몰타섬에서(28:1-10)

28 ¹그렇게 모두가 무사히 구조되어 살아난 후에, 정신을 차리고 살펴보니 우리가 도착한 곳이 시칠리아^{시실리}섬에서 남쪽으로 약 100킬로미터 정도 떨어진 몰타^{멜리데}라고 불리는 섬이라는 것을 알게 되었다. ²이미 우리는 바다에서 헤엄치느라 몸과 옷이 다 젖었고 늦은 가을비까지 내리고 있었기에 몹시 추웠다. 바로 그때, 몰타섬의 현지인들이 우리에게 다가와 조건 없는 친절을 베풀어 주었다. 모닥불을 피워서 우리를 환대해 준 것이다. ³이에 바울도 가만히 있지 않고 주변에 있는 나무들을 한 묶음 모아서 모닥불 위에 올려놓았다. 그런데 바로 그때, 나무들 속에 숨어 있던 독사 한 마리가 모닥불의 열기로 인해 튀어나와서 바울의 손을 물었다. ⁴그러자 몰타섬의 현지인들은 바울의 손에 독사가 달라붙어 있는 것을 보고, 서로에게 이렇게 수군거렸다. "저 사람은 분명히 죽어 마땅한 살인자다! 태풍 속에 있는 바다의 신(神)으로부터는 살아났지만 정의의 신(神)이 기어이 그를 살지 못하게 하는구나!"* ⁵하지만 바울은 아무렇지도 않은 듯이 자기 손에 붙은

---

* 그리스-로마 신화에 의하면 제우스 신과 테미스 신이 낳은 디케가 바로 정의의 신으로, 법원 같은 곳에 가면 흔히 볼 수 있는, 저울을 손에 들고 서 있는 동상의 여신이다. 아울러 지금은 몰타섬에 더 이상 독사가 살지 않지만, 바울 당시에는 살았을 것으로 학자들이 보고 있다. 마찬가지로 바울이 몰타섬에 도착한 장소인 성 바울만(St. Paul's bay)도 지금은 모래 해변이 없지만, 당시에는 있었던 것으로 알려져 있다.

독사를 흔들어서 모닥불 안으로 던져 버렸고, 그 어떤 독의 영향도 받지 않았다(막 16:17-18; 눅 10:19). ⁶ 몰타섬의 현지인들은 독사에게 물린 손이 염증이 생겨서 부어오르고 바울도 조만간 쓰러져서 죽을 것이라고 예상하고 기다렸으나, 상당한 시간이 지나도 아무런 문제가 일어나지 않자, 그들은 태도를 바꾸어 바울을 향해 "그는 신(神)이다!"라고 계속 말했다.

⁷ 그 사건이 일어난 장소의 주변 지역 땅들을 소유하고 있는 사람이 있었으니, 그는 몰타섬에서 가장 높은 신분을 가진 포플리오보블리오라는 이름을 가진 사람이었다. 바로 그 포플리오가 우리를 손님으로 초대하고 환대하여 3일 동안 대접해 주었다. ⁸ 때마침 포플리오의 아버지가 열병과 이질에 걸려서 병상에 누워 있었다. 그래서 바울은 병상으로 갔고 손을 얹어서 안수 기도를 해 주어 그를 치유해 주었다.* ⁹ 이 소식을 들은 그 섬의 다른 사람 중에서 여러 가지 질병으로 고생하던 사람들이 줄줄이 바울에게 찾아왔고, 바울을 찾아온 사람들은 모두 치유받았다. ¹⁰ 그래서 우리는 그곳에 있는 동안 많은 존경을 받으면서 지내게 되었다. 아울러 겨울을 보내고 다시금 로마로 가는 배로 승선할 때에는, 그들이 우

---

*　학자들은 헬라어 '뒤센테리온'(δυσεντέριον)을 "이질"로 보고 있는데, 이 병은 주로 염소 젖에 있는 세균으로 인해 발생하게 되어 고열과 설사를 오랜 시간 지속하게 만든다고 한다. 경우에 따라서는 몇 달간 지속되는 경우도 있고 몇 년간 지속되는 경우도 있다고 한다. 아울러 이 본문은 사도행전에서 유일하게 안수 기도를 하여 병을 치유하는 곳이다(참고로 병은 아니지만, 9장에서 하나니아가 바울의 눈을 열어 주기 위해 안수 기도한 경우가 있다).

리에게 필요한 것들을 배에 실어 주기까지 했다.

동영상 설교 QR 65. 주 예수와 동행하니 그 어디나 하늘나라(행 28:1-10)

66. 로마에 도착한 바울(28:11-20)

28 ¹¹ 몰타멜리데섬에서 3개월을 보낸 우리는 드디어 로마로 가는 배에 올라타게 되었다. 우리가 탄 배는 이집트애굽의 알렉산드리아에서 출발했다가 몰타섬에서 겨울을 지냈고 뱃머리에는 뱃사람들의 수호신이자 구조의 신으로 알려진 디오스쿠로이(쌍둥이 신)의 형상이 장식되어 있었다.* ¹² 우리가 탄 배는 몰타섬을 떠나 북쪽으로 약 100킬로미터 항해하여 시칠리아시실리섬의 수도인 쉬라쿠사이수라구사 항구에 도착했고 거기서 우리는 3일간 머물렀다. ¹³ 이어서 우리가 탄 배는 쉬라쿠사이를 떠났지만 바람 방향이 좋지 않아서 힘들게 지그재그로 항해하다가 북쪽으로 약 120킬로미터 떨어진 레기온 항구에 겨우 도착했고 하루가 지난 후에는, 다행히 남풍이 순조롭게 불어 주어 북쪽으로 약 300킬로미터 떨어진 포티올리아보디올 항구까지 이틀 만에 갈 수 있었다.

¹⁴ 포티올리아 항구에 내린 후에, 우리는 그곳에서 믿음의 형제

---

*   헬라어로 복수 형태인 '디오스쿠로이'(Διόσκουροι)는 그리스-로마 신화에서 제우스와 스파르타의 여왕 레라 사이에서 태어난 '쌍둥이 신'으로 캐스토르와 폭룩스를 함께 부르는 이름이다. 고대인들은 이 쌍둥이 신/쌍둥이 별자리(Heavenly Twins)가 바다를 항해하는 사람들의 수호신이나 구조의 신이라고 믿었다. 하지만 바울과 그 일행을 진정으로 구조/구원하신 분은 하나님이시다. 아울러 학자들에 따라 의견이 조금씩 다르지만 바울 일행이 다시 몰타섬에서 로마로 출발한 시기는 주후 60년 혹은 61년 2월경으로 추정한다. 보통은 3월이 되어야 본격적인 항해를 시작할 수 있지만 당시에 날씨가 좋았던 것으로 보인다.

와 자매들을 만나게 되었고 그들의 환대와 초대를 받아서 그들과 함께 7일간 머물 수 있었다. 그런 다음에 우리는 로마로 걸어갔다.* 15 우리가 로마에 거의 다 도착할 무렵이 되자, 그곳에 있던 믿음의 형제와 자매들이 소식을 듣고 우리를 마중하러 나왔다. 한 그룹의 성도들은 아피우스압비오 광장까지 나와 있었고, 또 다른 한 그룹의 성도들은 트레이스 타베르나이트레이스 타베르네(3개의 여관들)가 있는 지역까지 나와 있었다. 바울은 그들을 보고서 하나님께 감사드렸고 새로운 용기와 힘을 얻게 되었다.

16 그렇게 우리가 로마에 들어가자, 바울은 자신을 지키는 군사 한 명과 함께 따로 숙소를 하나 빌려서 머물러도 좋다는 허락을 받았다. 17 3일이 지난 후에 이런 일이 일어났다. 바울이 로마에 흩어져 있는 유대인들 중에서 지도자들을 자신의 숙소로 초대한 것이다. 그들이 모두 모이자, 바울은 다음과 같이 말했다. "나의 동족인 여러분! 사실 나는 유대인들이나 우리 선조들의 관습에 아무런 잘못도 하지 않고 그 어떤 적대적인 행동도 하지 않았습니다. 그런데 예루살렘에서 몇몇 유대인들의 오해로 고소당했고 로마인들의 손에 넘겨져서 죄인처럼 취급당하고 말았습니다.** 18 그래서

---

* 포티올리아에서 로마까지 바울이 걸어서 간 길을 아피아 도로(via Appia)라고 하는데, 로마 최고의 도로였다. 지금으로 말하면 고속도로라고 할 수 있다. 약 210킬로미터 거리로, 걸어가면 10일 정도 걸렸다.

** 당시에 로마의 인구는 약 100만 명 정도로 추산하고 있으며, 그중에서 유대인의 인구는 2만에서 5만 명 정도로 추정한다. 하지만 그들은 연합한 형태가 아니라 따로 흩어진 10여 개의 회당을 중심으로 독립적으로 활동했으며 아마도 대부분이 외국인들만 살 수 있도록 만들어 놓은 티베리움 지역(아우구

법정에서 철저히 심문하고 재판을 받은 결과 내가 사형을 받을 만한 죄가 전혀 없었기 때문에, 로마인들은 나를 무죄로 판결하고 놓아주기로 결정했습니다. [19] 하지만 일부 유대인들이 반대하면서 어떻게든 나를 죽이려고 했습니다. 그래서 나는 어쩔 수 없이 황제에게 상소하게 되었습니다. 그렇지만 나는 나의 동족인 유대인들을 고소하여 복수하려는 생각은 전혀 없습니다. 나의 무죄만 증명받기를 원할 뿐입니다. [20] 그래서 내가 로마로 오게 된 상황과 이유를 설명해 드리고자 이렇게 여러분을 부른 것입니다. 더 나아가 내가 지금 죄인처럼 쇠사슬에 묶여서라도 로마까지 온 이유는 이스라엘의 소망이라는 궁극적인 목적이 있기 때문입니다(행 23:6, 24:15, 26:6-8).”

동영상 설교 QR 66. 그 목적지, 그 소망(행 28:11-20)

스투스 14구역)에 살았을 것이다. 그곳의 도로는 매우 좁았고 집들도 아주 허름한 상태였다. 당연히 그들은 거기서 집을 빌려서 살아야 했는데, 고증에 의하면 보통 로마의 평균 월세보다 4배 이상 비쌌다고 한다. 아마도 일제 강점기 시절에 일본에 살았던 한국인들의 삶과 비슷했거나 더 열악했을 것이다.

67. 끝나지 않은 마지막 (28:21-31)

28 ²¹ 그러자 로마의 유대인 지도자들은 바울에게 다음과 같이 대답했다. "우리는 그대에 대해서 어떤 식으로든 나쁜 내용을 담은 편지나 글을 받은 적도 없고, 유대아⁽ᵘᵈ⁾ 지역의 유대인 중에서 누가 와서 부정적인 말을 전하거나 공식적으로 보고한 내용도 가지고 있지 않습니다. ²² 그래서 우리는 그대가 생각하는 이스라엘의 소망이라는 진리에 대해서 당신에게 직접 들어보는 것이 좋다고 봅니다. 우리가 아는 것은 그대가 진리라고 주장하는 종파(기독교)에 대해서 대다수 지역의 유대인들이 반대하고 있다는 말을 소문으로 들은 것이 전부이기 때문입니다."

²³ 이에 바울과 로마 지역 유대인 지도자들은 다시 만날 날을 정한 후에 헤어졌다. 며칠 후에 정한 날이 되자, 바울이 있는 숙소로 많은 사람이 찾아왔다. 바울은 그들에게 하나님 나라에 대해 자세히 강론했다. 그것은 바로 예수님에 관한 내용이었으며 동시에 구약 성경에 있는 모세의 율법과 선지자들이 말한 내용이었다. 그렇게 아침 이른 시간부터 저녁 늦은 시간까지 온종일 바울은 복음을 풀어서 설명하고 전했다(요 5:39). ²⁴ 바울의 강론이 마무리되자, 모인 사람 중에서 바울이 전한 복음을 듣고 믿는 사람들도 있었지만 믿지 않는 사람들도 있었다.

²⁵ 결국 그곳에 모인 사람들은 서로의 의견이 일치되지 않은 상태로 헤어지게 되었다. 그러자 바울은 마지막으로 그들에게 다

음과 같은 말을 쏟아 냈다. "여러분을 보니, 성령님께서 이사야 선지자를 통해 여러분의 선조들을 향하여 하신 말씀이 지금도 적용되는 진리임을 깨닫게 됩니다! 26 이사야 선지자가 받아 전한 말씀은 이렇습니다. '이사야야! 너는 이스라엘 백성에게 가서 이렇게 말해 주어라! 너희들이 진리의 말씀을 아무리 들어도 그것이 무슨 말인지 깨닫지 못하며, 너희들이 진리의 증거를 아무리 보아도 그것을 제대로 알지 못하는구나! 27 그 이유는 말씀이 부족해서가 아니라, 너희들의 태도가 잘못되었기 때문이다. 이스라엘 백성의 마음은 강퍅하고, 귀는 둔하고, 눈은 감고 있기 때문이다. 그들이 만약 마음을 부드럽게 하고 눈과 귀를 열어서 회개하고 돌이켰다면, 내가 그들을 치료하고 구원하여 회복시켜 주었을 것이다. 하지만 이것이 절대 끝은 아니다. 이것 역시 나의 계획 속에 들어 있기 때문이다(사 6:9-10; 마 13:13-15; 막 4:12; 눅 8:10; 요 12:39-40; 롬 11:8).' 28 그러므로 여러분은 지금부터 내가 하는 말을 잘 들으십시오! 하나님께서는 온 인류를 향한 구원의 순서를 바꾸실 것입니다. 이제부터 하나님의 구원은 이방인들에게 먼저 이루어질 것입니다. 왜냐하면 그들은 여러분과 달리 복음을 듣고 회개하며 돌이킬 것이기 때문입니다(롬 1:16; 11:11-32; 엡 3:2-9)." 29 [대다수 헬라어 사본에는 이 구절이 없음] 바울의 말이 이렇게 마무리되자, 유대인들은 서로 많은 논쟁을 하면서 그 장소를 떠났다.

30 이후에 바울은 만 2년간 셋집을 임대해서 그 비용을 감당하면서 로마에 머물렀다. 그 기간에 자신을 찾아오는 사람은 누구든

지 환영했다. [31] 바울은 자신을 찾아온 모든 사람에게 하나님 나라와 그 나라의 왕 되시고 주인 되신 메시아 예수님을 전하고 가르쳤다. 그는 자신의 위대한 사명을 하늘의 모든 담대함으로 감당했기에 땅에 있는 그 무엇도 그를 방해하거나 막을 수 없었다.

동영상 설교 QR 67. 소망 너머의 소망(행 28:21-31)

부록:
그리스어 성경(NA²⁸) 및
강산 문자역(MLT)*

---

*   MLT란 Mountain's Literal Translation의 약어로, 강산 문자역을 뜻합니다. 여기서 둥근 괄호( )는 의미를 통하게 하기 위해 유연하게 표현한 것이고, 대괄호[ ]는 원문에 없는 단어를 추가한 것이며, 슬래시/는 대체 가능한 표현을 나열한 것입니다.

사도행전 1장

1:1 Τὸν μὲν πρῶτον λόγον ἐποιησάμην περὶ πάντων, ὦ Θεόφιλε, ὧν ἤρξατο ὁ Ἰησοῦς ποιεῖν τε καὶ διδάσκειν,

한편, 그 처음(먼저) 글을 내가 만들었다/작성했다, 모든 것들에 대해, 오 데오필로(데오빌로)여! 예수님께서 행하시기와 또한 가르치시기를 시작하신 것에 대해.

1:2 ἄχρι ἧς ἡμέρας ἐντειλάμενος τοῖς ἀποστόλοις διὰ πνεύματος ἁγίου οὓς ἐξελέξατο ἀνελήμφθη.

그날들까지 [내용으로/즉], 사도들에게 명령하시고, 성령을 통해, 그분께서 선택하신 자들에게, [그리고 나서] 위로 취하여지셨다.

1:3 Οἷς καὶ παρέστησεν ἑαυτὸν ζῶντα μετὰ τὸ παθεῖν αὐτὸν ἐν πολλοῖς τεκμηρίοις, δι᾽ ἡμερῶν τεσσεράκοντα ὀπτανόμενος αὐτοῖς καὶ λέγων τὰ περὶ τῆς βασιλείας τοῦ θεοῦ·

그리고 그들에게 옆에 서셨다(나타나셨다), 직접/스스로, 사셔서(부활하셔서), 그분께서 고난받으신 후에, 많은 확실한 증거로, 40일 동안 그들에게 보여 주시며, 하나님 나라에 관한 것들을 말씀하시며.

1:4 καὶ συναλιζόμενος παρήγγειλεν αὐτοῖς ἀπὸ Ἱεροσολύμων μὴ χωρίζεσθαι ἀλλὰ περιμένειν τὴν ἐπαγγελίαν τοῦ πατρὸς ἣν ἠκούσατέ μου,

그리고 함께 모여서 명령/전언하셨다, 그들에게. 예루살렘으로부터 떠나지 말고 오히려 머물러라/기다리라, 아버지의 약속을! 나로부터 너희들이 들은 것 (그 약속)을!

1:5 ὅτι Ἰωάννης μὲν ἐβάπτισεν ὕδατι, ὑμεῖς δὲ ἐν πνεύματι βαπτισθήσεσθε ἁγίῳ οὐ μετὰ πολλὰς ταύτας ἡμέρας.

왜냐하면, 요한은 한편, 물로(물속에서) 세례(침례)주었다, 이제(그러나) 너희들은 영으로 세례받게 될 것이다, 거룩하게, 많은 날들이 지나지 않아서.

1:6 Οἱ μὲν οὖν συνελθόντες ἠρώτων αὐτὸν λέγοντες· κύριε, εἰ ἐν τῷ χρόνῳ τούτῳ ἀποκαθιστάνεις τὴν βασιλείαν τῷ Ἰσραήλ;

한편으로, 그러므로, 그들이 모였을 때, 계속 물어보았다, 그분께, (그들이) 말하기를, 주여! 혹시 이 시간/지금이 당신께서 회복/복구하십니까, 그 나라(하나님 나라)를 이스라엘에게(위해)?

1:7 εἶπεν δὲ πρὸς αὐτούς· οὐχ ὑμῶν ἐστιν γνῶναι χρόνους ἢ καιροὺς οὓς ὁ πατὴρ ἔθετο ἐν τῇ ἰδίᾳ ἐξουσίᾳ,

이제 그분께서 그들을 향해 말씀하셨다. 너희들의 아는 것이 아니다(너희들이 알아야 할 것이 아니다) 시간이나 때는, 그것들은 아버지께서 결정하셨다. 자신의 권한 안에(으로).

1:8 ἀλλὰ λήμψεσθε δύναμιν ἐπελθόντος τοῦ ἁγίου πνεύματος ἐφ᾽ ὑμᾶς καὶ ἔσεσθέ μου μάρτυρες ἔν τε Ἰερουσαλὴμ καὶ [ἐν] πάσῃ τῇ Ἰουδαίᾳ καὶ Σαμαρείᾳ καὶ ἕως ἐσχάτου τῆς γῆς.

오히려 너희는 받을 것이다, 능력을, 성령께서 너희 위에 임하신 후에, 그러면 너희는 나의 증인들이 될 것이다, 한편으로, 예루살렘에서 그리고 모든 유대아 (유대)에서, 그리고 사마리아에서 그리고 그 땅의 끝까지.

1:9 Καὶ ταῦτα εἰπὼν βλεπόντων αὐτῶν ἐπήρθη καὶ νεφέλη ὑπέλαβεν αὐτὸν ἀπὸ τῶν ὀφθαλμῶν αὐτῶν.

그리고 이런 말씀을 하신 후, 그들이 보고 있는데, 그분은 올려지셨다. 그리고 구름이 그 아래로 떠받치며 들어 올렸다, 그분을, 그들의 눈들(시야)로부터.

1:10 καὶ ὡς ἀτενίζοντες ἦσαν εἰς τὸν οὐρανὸν πορευομένου αὐτοῦ, καὶ ἰδοὺ ἄνδρες δύο παρειστήκεισαν αὐτοῖς ἐν ἐσθήσεσιν λευκαῖς,

그리고 그들이 주목하고 있을 때, 그분이 하늘로 가고 계시는 것을, 그리고 보라! 두 사람이 곁에 서 있었다, 그들에게(그들을 향해), 흰옷을 입고,

1:11 οἳ καὶ εἶπαν· ἄνδρες Γαλιλαῖοι, τί ἑστήκατε [ἐμ]βλέποντες εἰς τὸν οὐρανόν; οὗτος ὁ Ἰησοῦς ὁ ἀναλημφθεὶς ἀφ᾽ ὑμῶν εἰς τὸν οὐρανὸν οὕτως ἐλεύσεται ὃν τρόπον ἐθεάσασθε αὐτὸν πορευόμενον εἰς τὸν οὐρανόν.

그리고 그들이 말했다. 갈릴래아(갈릴리) 사람들이여! 왜 서 있는가, 하늘을 향해 보면서? 바로 그 예수님, 너희들로부터 하나님께로 올라가신 분은 그대로 오실 것이다, 그분께서 하늘로 가신 것을 너희들이 본 그대로.

1:12 Τότε ὑπέστρεψαν εἰς Ἰερουσαλὴμ ἀπὸ ὄρους τοῦ καλουμένου Ἐλαιῶνος, ὅ ἐστιν ἐγγὺς Ἰερουσαλὴμ σαββάτου ἔχον ὁδόν.

그때 그들은 돌아왔다, 예루살렘으로, 올리브라고 불리는 산(감람산)으로부터, 그것(그 산)은 예루살렘에 가깝다, 안식일의 길을 가진 [장소로].

1:13 καὶ ὅτε εἰσῆλθον, εἰς τὸ ὑπερῷον ἀνέβησαν οὗ ἦσαν καταμένοντες, ὅ τε Πέτρος καὶ Ἰωάννης καὶ Ἰάκωβος καὶ Ἀνδρέας, Φίλιππος καὶ Θωμᾶς, Βαρθολομαῖος καὶ Μαθθαῖος, Ἰάκωβος Ἁλφαίου καὶ Σίμων ὁ ζηλωτὴς καὶ Ἰούδας Ἰακώβου.

그리고 그들이 들어갔을 때, 위층(2층)으로 올라갔다, 그곳에는 철저하게(오래) 거주하고 있었다, 또한 베드로와 요한과 야고보와 안드레, 빌립과 도마, 바돌로 매와 마태, 알패오의 (아들) 야고보 그리고 열심당원(급진적 열혈당원) 시몬과 야고 보의 (아들) 유다가.

1:14 οὗτοι πάντες ἦσαν προσκαρτεροῦντες ὁμοθυμαδὸν τῇ προσευχῇ σὺν γυναιξὶν καὶ Μαριὰμ τῇ μητρὶ τοῦ Ἰησοῦ καὶ τοῖς ἀδελφοῖς αὐτοῦ.

그들이 모두 전념하고 있었다, 만장일치/한마음으로, 기도에, 여자들과 함께, 그리고 예수님의 어머니 마리아와 그분의 형제들도.

1:15 Καὶ ἐν ταῖς ἡμέραις ταύταις ἀναστὰς Πέτρος ἐν μέσῳ τῶν ἀδελφῶν εἶπεν· ἦν τε ὄχλος ὀνομάτων ἐπὶ τὸ αὐτὸ ὡσεὶ ἑκατὸν εἴκοσι·

그리고 그러한 날들에, 베드로가 일어나서 그 형제들 가운데서 말했다. 한편/당시에, 이름들(인원들)의 무리가 다 합쳐서 약 120명 정도 [되었다].

1:16 ἄνδρες ἀδελφοί, ἔδει πληρωθῆναι τὴν γραφὴν ἣν προεῖπεν τὸ πνεῦμα τὸ ἅγιον διὰ στόματος Δαυὶδ περὶ Ἰούδα τοῦ γενομένου ὁδηγοῦ τοῖς συλλαβοῦσιν Ἰησοῦν,

남자/사람들아! 형제들아! 반드시/당연히 성취되었다, 그 성경이, 성령께서 미리 말씀하신, 다윗의 입을 통해, 유다에 관해, 예수님을 사로잡는 [일에] 앞잡이가 되어 버린 사람.

1:17 ὅτι κατηριθμημένος ἦν ἐν ἡμῖν καὶ ἔλαχεν τὸν κλῆρον τῆς διακονίας ταύτης.

즉, 계산에 들어 있었던/수에 들어 있었던 (사람)이었다, 우리 가운데 그리고 그가 제비뽑았다(담당했다), 이러한 사역의 한 부분을.

1:18 οὗτος μὲν οὖν ἐκτήσατο χωρίον ἐκ μισθοῦ τῆς ἀδικίας καὶ πρηνὴς γενόμενος ἐλάκησεν μέσος καὶ ἐξεχύθη πάντα τὰ σπλάγχνα αὐτοῦ·

이 사람은 한편, 그러므로 밭을 샀다, 불의한 삯(보수/수입)으로 그리고 곤두박질쳐서 터졌다, 중앙/배가. 그래서 흘러나왔다, 그의 내장 전부가.

1:19 καὶ γνωστὸν ἐγένετο πᾶσιν τοῖς κατοικοῦσιν Ἰερουσαλήμ, ὥστε κληθῆναι τὸ χωρίον ἐκεῖνο τῇ ἰδίᾳ διαλέκτῳ αὐτῶν Ἀκελδαμάχ, τοῦτ᾽ ἔστιν χωρίον αἵματος.

그리고 알게 되었다, 예루살렘에 거주하는 모든 이들에게, 그 결과, 그 밭은 불리게 되었다, 그들 자신의 방언으로, '아켈다마(아겔다마)' 이것은(이 말은) '피의 밭' [이라는 뜻].

1:20 γέγραπται γὰρ ἐν βίβλῳ ψαλμῶν· γενηθήτω ἡ ἔπαυλις αὐτοῦ ἔρημος καὶ μὴ ἔστω ὁ κατοικῶν ἐν αὐτῇ, καί· τὴν ἐπισκοπὴν αὐτοῦ λαβέτω ἕτερος.

그래서/왜냐하면, 기록됐다, 시편에, 되게 하소서, 그의 거주지로(가) 황폐하게! 그리고 그곳에 거주한 자가 없도록, 그래서 그의 직분을 다른 자가 취하게 하소서!

1:21 δεῖ οὖν τῶν συνελθόντων ἡμῖν ἀνδρῶν ἐν παντὶ χρόνῳ ᾧ εἰσῆλθεν καὶ ἐξῆλθεν ἐφ᾽ ἡμᾶς ὁ κύριος Ἰησοῦς,

그러므로 해야만 한다, 그 모든 시간에 우리와 함께 가던(동행했던), 주 예수님께서 우리 위에(중에) 들어오시고 나가가시던, 사람들 중에서,

1:22 ἀρξάμενος ἀπὸ τοῦ βαπτίσματος Ἰωάννου ἕως τῆς ἡμέρας ἧς ἀνελήμφθη ἀφ᾽ ἡμῶν, μάρτυρα τῆς ἀναστάσεως αὐτοῦ σὺν ἡμῖν γενέσθαι ἕνα τούτων.

요한의 세례로부터 시작해서 우리로부터 올라가시게 된 그 날까지, 그분의 부활 증거/증인을, 우리와 함께, 세워야 한다, 그들 중에서 한 명을.

1:23 Καὶ ἔστησαν δύο, Ἰωσὴφ τὸν καλούμενον Βαρσαββᾶν ὃς ἐπεκλήθη Ἰοῦστος, καὶ Μαθθίαν.

그리고(그래서) 그들이 세웠다, 2명을, 요셉을, 바르사바스(바사바)라고 불리는, 유스투스(유스도)라고 불렸다(불린 사람). 그리고 맛디아.

1:24 καὶ προσευξάμενοι εἶπαν· σὺ κύριε καρδιογνῶστα πάντων, ἀνάδειξον ὃν ἐξελέξω ἐκ τούτων τῶν δύο ἕνα

그리고 그들이 기도한 후에(하며) 말했다. 당신! 모든 이들의 마음을 아시는 주여! 보여 주소서! 당신께서 택하신 자를, 이 둘(사람) 중에서 하나를!

1:25 λαβεῖν τὸν τόπον τῆς διακονίας ταύτης καὶ ἀποστολῆς ἀφ᾽ ἧς παρέβη Ἰούδας πορευθῆναι εἰς τὸν τόπον τὸν ἴδιον.

취하도록, 이러한 사역의 장소/위치를 그리고 사도의 (직분을), 그것으로부터 유다는 거슬러서 갔다, 자기 자신의 장소/위치로.

1:26 καὶ ἔδωκαν κλήρους αὐτοῖς καὶ ἔπεσεν ὁ κλῆρος ἐπὶ Μαθθίαν καὶ συγκατεψηφίσθη μετὰ τῶν ἕνδεκα ἀποστόλων.

그리고 그들이 제비들을 주었다, 그들에게, 그러자 떨어졌다, 제비/몫이 맛디아 위에, 그래서 그와 같이 세어졌다(수에 들어갔다), 사도들과 함께.

사도행전 2장

2:1 Καὶ ἐν τῷ συμπληροῦσθαι τὴν ἡμέραν τῆς πεντηκοστῆς ἦσαν πάντες ὁμοῦ ἐπὶ τὸ αὐτό.

그리고 충분히 채워졌을 때, 오순절 그날을(이), 모든 이들이 함께했다, 바로 그 곳에.

2:2 καὶ ἐγένετο ἄφνω ἐκ τοῦ οὐρανοῦ ἦχος ὥσπερ φερομένης πνοῆς βιαίας καὶ ἐπλήρωσεν ὅλον τὸν οἶκον οὗ ἦσαν καθήμενοι

그리고 이런 일이 있었다, 갑자기 하늘로부터 소리가, 닥쳐오는 강력한 바람(호흡) 같은, 그리고 가득 채웠다, 그 온 집에, 그들이 앉아 있는 그곳에.

2:3 καὶ ὤφθησαν αὐτοῖς διαμεριζόμεναι γλῶσσαι ὡσεὶ πυρὸς καὶ ἐκάθισεν ἐφ᾽ ἕνα ἕκαστον αὐτῶν,

그리고 보여졌다, 그들에게, (여러) 갈래로 갈라지는 혀들이, 불같은. 그리고 앉았다(임했다), 그들 각자 한 사람마다 (그들) 위에.

2:4 καὶ ἐπλήσθησαν πάντες πνεύματος ἁγίου καὶ ἤρξαντο λαλεῖν ἑτέραις γλώσσαις καθὼς τὸ πνεῦμα ἐδίδου ἀποφθέγγεσθαι αὐτοῖς.

그리고(그래서) 그들이 가득해졌다(충만해졌다), 모두가 성령으로, 그리고 말하기 시작했다, 다른 혀(방언)들로, 그 성령께서 그들에게 말하기를 주심에 따라서.

2:5 Ἦσαν δὲ εἰς Ἰερουσαλὴμ κατοικοῦντες Ἰουδαῖοι, ἄνδρες εὐλαβεῖς ἀπὸ παντὸς ἔθνους τῶν ὑπὸ τὸν οὐρανόν.

이제, 예루살렘으로(에) 머물고 있던 유대인들이 있었는데, 하늘 아래의 모든 민족(나라)들로부터 (온) 경건한 사람들[이었다].

2:6 γενομένης δὲ τῆς φωνῆς ταύτης συνῆλθεν τὸ πλῆθος καὶ συνεχύθη, ὅτι ἤκουον εἷς ἕκαστος τῇ ἰδίᾳ διαλέκτῳ λαλούντων αὐτῶν.

이제 이러한 소리가 일어나자, 그 군중이 함께 모였고 술렁거렸다(동요가 일어났다). 곧 그들이 들었기 때문이다, 각자 자신의 지역방언으로 그들이 말하는 것들을.

2:7 ἐξίσταντο δὲ καὶ ἐθαύμαζον λέγοντες · οὐχ ἰδοὺ ἅπαντες οὗτοί εἰσιν οἱ λαλοῦντες Γαλιλαῖοι;

이제 그들이 충격을 받았다 그리고 크게 놀랐다, 말하면서, 보라! 이 모든 말하는 사람들이 갈릴래아(갈릴리) 사람들이 아니냐?

2:8 καὶ πῶς ἡμεῖς ἀκούομεν ἕκαστος τῇ ἰδίᾳ διαλέκτῳ ἡμῶν ἐν ᾗ ἐγεννήθημεν;

그런데 어떻게 우리가 듣는가? 각 사람이 우리 자신의 지역방언으로, 우리가 태어난 곳(의 언어로)?

2:9 Πάρθοι καὶ Μῆδοι καὶ Ἐλαμῖται καὶ οἱ κατοικοῦντες τὴν Μεσοποταμίαν, Ἰουδαίαν τε καὶ Καππαδοκίαν, Πόντον καὶ τὴν Ἀσίαν,

[이곳에 있는 사람들은] 파르티아(바대) 사람들과 메디아 사람들과 엘람 사람들, 그리고 메소포타미아에 사는 사람들, 유대아(유대) 사람들 또한 그리고 카파도키아(갑바도기아) 사람들, 폰토스(본도) 사람들, 그리고 아시아 사람들,

2:10 Φρυγίαν τε καὶ Παμφυλίαν, Αἴγυπτον καὶ τὰ μέρη

τῆς Λιβύης τῆς κατὰ Κυρήνην, καὶ οἱ ἐπιδημοῦντες Ῥωμαῖοι,

한편(또한), 프리기아(브루기아) 사람들과 팜필리아(밤빌리아) 사람들, 이집트(애굽) 사람들 그리고 키레네(구레네)에 인접한 리비아(리비야)의 (여러) 지역 사람들, 그리고 로마의(로부터 온) 방문자(거주자),

2:11
Ἰουδαῖοί τε καὶ προσήλυτοι, Κρῆτες καὶ Ἄραβες, ἀκούομεν λαλούντων αὐτῶν ταῖς ἡμετέραις γλώσσαις τὰ μεγαλεῖα τοῦ θεοῦ.

한편(아울러) 유대인들 그리고 개종자들, 크레타(그레데) 사람들과 아라비아인들, 우리가 듣는다, 그들의 말하는 것을, 우리 각자의 지역방언으로, 하나님의 위대하신 일(큰 일들)을.

2:12
ἐξίσταντο δὲ πάντες καὶ διηπόρουν, ἄλλος πρὸς ἄλλον λέγοντες· τί θέλει τοῦτο εἶναι;

이제 깜짝 놀랐다, 모두들. 그리고 당황(의심)하였다. 서로를 향하여 말하면서, 이것이 무엇이 되려는 것일까? [라고]

2:13
ἕτεροι δὲ διαχλευάζοντες ἔλεγον ὅτι γλεύκους μεμεστωμένοι εἰσίν.

이제 다른 이들은 경멸/조롱하면서 말했다, 즉 새 포도주(달콤한 포도주)에 의해 그들이 취했다[라고].

2:14
Σταθεὶς δὲ ὁ Πέτρος σὺν τοῖς ἕνδεκα ἐπῆρεν τὴν φωνὴν αὐτοῦ καὶ ἀπεφθέγξατο αὐτοῖς· ἄνδρες Ἰουδαῖοι καὶ οἱ κατοικοῦντες Ἰερουσαλὴμ πάντες, τοῦτο ὑμῖν γνωστὸν ἔστω καὶ ἐνωτίσασθε τὰ ῥήματά μου.

이제/이에 그 베드로가 서서, 12(사도)들과 함께, 그의 목소리를 높였다. 그리고 공표했다. 유대아(유대)와 예루살렘에 거주하는 모든 남자/사람들이여! 이것을 너희에게 알게 하리라! 그러니 너희는 경청하라! 나의 발화들에!

2:15
οὐ γὰρ ὡς ὑμεῖς ὑπολαμβάνετε οὗτοι μεθύουσιν, ἔστιν γὰρ ὥρα τρίτη τῆς ἡμέρας,

아니다! 왜냐하면, 너희들이 가정/생각하는 것처럼, 이들이 술 취한 것이. 왜냐하면 시간이 하루의 제3시이다.

2:16
ἀλλὰ τοῦτό ἐστιν τὸ εἰρημένον διὰ τοῦ προφήτου Ἰωήλ·

오히려 이것은 발화되어진 것이다, 요엘 선지자를 통해서.

2:17
καὶ ἔσται ἐν ταῖς ἐσχάταις ἡμέραις, λέγει ὁ θεός, ἐκχεῶ ἀπὸ τοῦ πνεύματός μου ἐπὶ πᾶσαν σάρκα, καὶ προφητεύσουσιν οἱ υἱοὶ ὑμῶν καὶ αἱ θυγατέρες ὑμῶν καὶ οἱ νεανίσκοι ὑμῶν ὁράσεις ὄψονται καὶ οἱ

πρεσβύτεροι ὑμῶν ἐνυπνίοις ἐνυπνιασθήσονται

그리고(즉) 마지막 날들에 일어날 것이다. 하나님께서 말씀하신다. 내가 부어주리라, 나의 영으로부터 모든 육체 위에, 그리고(그러면) 너의 아들들과 딸들은 예언할 것이다, 그리고 너희 젊은이들은 환상을 볼 것이다. 너의 연장자(늙은이)들은 꿈을 꿀 것이다.

2:18 καί γε ἐπὶ τοὺς δούλους μου καὶ ἐπὶ τὰς δούλας μου ἐν ταῖς ἡμέραις ἐκείναις ἐκχεῶ ἀπὸ τοῦ πνεύματός μου, καὶ προφητεύσουσιν.

그리고 또한 나의 남종들 위에, 그리고 나의 여종들 위에, 저 날들에, 내가 부어주리라! 나의 영으로부터 그리고(그러면) 그들이 예언할 것이다.

2:19 καὶ δώσω τέρατα ἐν τῷ οὐρανῷ ἄνω καὶ σημεῖα ἐπὶ τῆς γῆς κάτω, αἷμα καὶ πῦρ καὶ ἀτμίδα καπνοῦ.

그리고 내가 주리라! 경이/기적들을 하늘에, 위로, 그리고 표적들을 땅 위에, 아래로! 피와 불과 연기의 증기를!

2:20 ὁ ἥλιος μεταστραφήσεται εἰς σκότος καὶ ἡ σελήνη εἰς αἷμα, πρὶν ἐλθεῖν ἡμέραν κυρίου τὴν μεγάλην καὶ ἐπιφανῆ.

그 해가 변하게 될 것이다, 어둠으로, 그 달이 피로, 거대하고 현저한(영광스런) 주의 날이 오기 전에.

2:21 καὶ ἔσται πᾶς ὃς ἂν ἐπικαλέσηται τὸ ὄνομα κυρίου σωθήσεται.

그리고 될 것이다, 모든 누구나 주의 이름을 부르는 자는, 구원받게 [되리라]!

2:22 Ἄνδρες Ἰσραηλῖται, ἀκούσατε τοὺς λόγους τούτους· Ἰησοῦν τὸν Ναζωραῖον, ἄνδρα ἀποδεδειγμένον ἀπὸ τοῦ θεοῦ εἰς ὑμᾶς δυνάμεσιν καὶ τέρασιν καὶ σημείοις οἷς ἐποίησεν δι᾽ αὐτοῦ ὁ θεὸς ἐν μέσῳ ὑμῶν καθὼς αὐτοὶ οἴδατε,

이스라엘 남자들아/사람들아! 너희들은 이 말씀들을 들으라! 나사렛 예수님을! 하나님으로부터 제시/증명되신 분, 너희에게, 능력들과 기적들과 표적들로. 그것들을 하나님께서 그분을 통해 행하셨다, 너희들 가운데서, 너희들이 아는 대로.

2:23 τοῦτον τῇ ὡρισμένῃ βουλῇ καὶ προγνώσει τοῦ θεοῦ ἔκδοτον διὰ χειρὸς ἀνόμων προσπήξαντες ἀνείλατε,

지정/임명되신 그분을, 하나님의 뜻과 미리 아심대로, 넘겨진 그분을, 율법 없는 자들의 손을 통해, 너희들이 고정/못 박아서 들어 올렸다(십자가 처형시켰다).

2:24 ὃν ὁ θεὸς ἀνέστησεν λύσας τὰς ὠδῖνας τοῦ θανάτου, καθότι οὐκ ἦν δυνατὸν κρατεῖσθαι αὐτὸν ὑπ᾽ αὐτοῦ.

그분을, 그 하나님께서 일으키셨다(살리셨다), 사망의 고통을 푸셔서, 그 이유는,

그분이 그것(사망) 아래에 억제당해 있으실 수 없었기에.

2:25 Δαυὶδ γὰρ λέγει εἰς αὐτόν· προορώμην τὸν κύριον ἐνώπιόν μου διὰ παντός, ὅτι ἐκ δεξιῶν μού ἐστιν ἵνα μὴ σαλευθῶ.

그래서(그러므로) 다윗이 말했다, 그분을 향해. 내가 미리 봅니다, 내 앞에 계신 그 주님을, 항상, 즉/왜냐하면(그래서), 나의 오른쪽에서부터 그분이 계시다, 내가 흔들리지 않도록(않게 된다).

2:26 διὰ τοῦτο ηὐφράνθη ἡ καρδία μου καὶ ἠγαλλιάσατο ἡ γλῶσσά μου, ἔτι δὲ καὶ ἡ σάρξ μου κατασκηνώσει ἐπ᾽ ἐλπίδι,

이러므로, 나의 마음이 기쁘게 되었고 나의 입술도 즐거워하였다(찬양했다), 더욱이/여전히 이제 나의 육체는 소망 위에 거할 것이다.

2:27 ὅτι οὐκ ἐγκαταλείψεις τὴν ψυχήν μου εἰς ᾅδην οὐδὲ δώσεις τὸν ὅσιόν σου ἰδεῖν διαφθοράν.

그래서(왜냐하면) 당신이 버리지/유기하지 않으시리라, 나의 혼을, 하데스로. 주지 않으시리라, 당신의 거룩한(경건한) 자를, 부패를 보도록(당하도록).

2:28 ἐγνώρισάς μοι ὁδοὺς ζωῆς, πληρώσεις με εὐφροσύνης μετὰ τοῦ προσώπου σου.

당신이 알게 하셨다, 나에게, 생명의 길들을. 당신이 충만케 하시리라, 나를 환희로, 당신의 얼굴과 함께(하는 것으로).

2:29 Ἄνδρες ἀδελφοί, ἐξὸν εἰπεῖν μετὰ παρρησίας πρὸς ὑμᾶς περὶ τοῦ πατριάρχου Δαυὶδ ὅτι καὶ ἐτελεύτησεν καὶ ἐτάφη, καὶ τὸ μνῆμα αὐτοῦ ἔστιν ἐν ἡμῖν ἄχρι τῆς ἡμέρας ταύτης.

사람들아! 형제들아! 담대하게 말하기에 합당하니, 너희들을 향하여, 조상 다윗에 대하여, 즉 그도 생을 마감했고 매장되었다, 그리고 그의 묘지(기념비)가 우리 중에, 이날까지(오늘까지 있다).

2:30 προφήτης οὖν ὑπάρχων καὶ εἰδὼς ὅτι ὅρκῳ ὤμοσεν αὐτῷ ὁ θεὸς ἐκ καρποῦ τῆς ὀσφύος αὐτοῦ καθίσαι ἐπὶ τὸν θρόνον αὐτοῦ,

그러므로, 선지자이기에, 그는 알았다, 즉(그래서) 서약을 맹세하셨다. 하나님께서 그에게, 그의 허리의 열매 중에서(후손 중에서) 앉을 것을, 그의 보좌 위에.

2:31 προϊδὼν ἐλάλησεν περὶ τῆς ἀναστάσεως τοῦ Χριστοῦ ὅτι οὔτε ἐγκατελείφθη εἰς ᾅδην οὔτε ἡ σάρξ αὐτοῦ εἶδεν διαφθοράν.

미리 보고 나서 말했다 [그는] 그리스도(메시아)의 다시 일어나심(부활하심)에 대해, 즉 [이러한 내용으로] 그분이 유기/남겨지지 않으시리라, 하데스로(에), 그의 살/육신이 부패함을 보지 않으시리라!

2:32 τοῦτον τὸν Ἰησοῦν ἀνέστησεν ὁ θεός, οὗ πάντες ἡμεῖς ἐσμεν μάρτυρες·

[바로] 이 예수님을 일으키셨다(살리셨다), 하나님께서. 이것에 (대해) 우리 모두가 증인들이다.

2:33 τῇ δεξιᾷ οὖν τοῦ θεοῦ ὑψωθείς, τήν τε ἐπαγγελίαν τοῦ πνεύματος τοῦ ἁγίου λαβὼν παρὰ τοῦ πατρός, ἐξέχεεν τοῦτο ὃ ὑμεῖς [καὶ] βλέπετε καὶ ἀκούετε.

그러므로(그렇게) 하나님의 오른쪽으로 높이신 후에(올라가신 후에), 한편으로, 성령의 약속을 받으신 후(받으셔서) 아버지로부터, 그분이 부으셨다, 이것을, 즉 너희들도 보고 듣는 이것.

2:34 οὐ γὰρ Δαυὶδ ἀνέβη εἰς τοὺς οὐρανούς, λέγει δὲ αὐτός· εἶπεν [ὁ] κύριος τῷ κυρίῳ μου κάθου ἐκ δεξιῶν μου,

왜냐하면/그러므로 다윗은 하늘들로 올라가지 못했다, 이제 그가 (직접) 말한다. 그 주님께서 말씀하셨다, 나의 주께, 너는 앉으라, 나의 오른쪽부터(오른쪽에)!

2:35 ἕως ἂν θῶ τοὺς ἐχθρούς σου ὑποπόδιον τῶν ποδῶν σου.

너의 원수들을 내가 놓을 때까지, 너의 발들의 발판을(으로)!

2:36 ἀσφαλῶς οὖν γινωσκέτω πᾶς οἶκος Ἰσραὴλ ὅτι καὶ κύριον αὐτὸν καὶ χριστὸν ἐποίησεν ὁ θεός, τοῦτον τὸν Ἰησοῦν ὃν ὑμεῖς ἐσταυρώσατε.

그러므로 확실히, 알아라! 모든 이스라엘 집안은, 즉 그분을 주(主)와 그리스도 모두(둘다)로 하나님께서 만드셨다(되게 하셨다), 너희들이 십자가에 처형한 이 예수님을.

2:37 Ἀκούσαντες δὲ κατενύγησαν τὴν καρδίαν εἶπόν τε πρὸς τὸν Πέτρον καὶ τοὺς λοιποὺς ἀποστόλους· τί ποιήσωμεν, ἄνδρες ἀδελφοί;

이제 들은 후에, 그들은 마음이 (강하게) 찔려서, 한편으로 말했다, 베드로와 남은 사도들을 향하여. 우리가 무엇을 해야 할까? 사람들아! 형제들아!

2:38 Πέτρος δὲ πρὸς αὐτούς· μετανοήσατε, [φησίν] καὶ βαπτισθήτω ἕκαστος ὑμῶν ἐπὶ τῷ ὀνόματι Ἰησοῦ Χριστοῦ εἰς ἄφεσιν τῶν ἁμαρτιῶν ὑμῶν καὶ λήμψεσθε τὴν δωρεὰν τοῦ ἁγίου πνεύματος.

이제 베드로가 그들을 향하여, 너희들은 회개하라! 그리고 세례받으라! 너희들은 각자, 예수 그리스도의 이름으로, 너희 죄들을 사함/용서를 향해(위해), 그리고(그러면) 성령의 선물(선물인 성령)을 받게 되리라!

2:39 ὑμῖν γὰρ ἐστιν ἡ ἐπαγγελία καὶ τοῖς τέκνοις ὑμῶν καὶ πᾶσιν τοῖς εἰς μακράν, ὅσους ἂν προσκαλέσηται κύριος ὁ θεὸς ἡμῶν.

그러므로 너희 것이다(너희를 위한 것이다), 그 약속은. 그리고 너희 자녀들과 멀리 (먼 거리)로 향한 모든 이들, 누구든지/얼마든지, 우리 주 하나님께서 부르시는 대로 [그것에 응답 하기만 하면].

2:40 ἑτέροις τε λόγοις πλείοσιν διεμαρτύρατο καὶ παρεκάλει αὐτοὺς λέγων· σώθητε ἀπὸ τῆς γενεᾶς τῆς σκολιᾶς ταύτης.

또 한편으로, 여러 가지 다른 말로, 철저히 증명했고, 계속 권면했다. 그들을/에게 말하면서, 너희들은 구원받으라! 이 휘어진(구부러진) 세대로부터!

2:41 οἱ μὲν οὖν ἀποδεξάμενοι τὸν λόγον αὐτοῦ ἐβαπτίσθησαν καὶ προσετέθησαν ἐν τῇ ἡμέρᾳ ἐκείνῃ ψυχαὶ ὡσεὶ τρισχίλιαι.

한편/그러자 그 결과로, 그의 말을 전적으로 받아들인 사람들이, 세례받았다, 그리고 더해졌다, 이날에, 혼들(제자들의 수)이 삼천 정도.

2:42 Ἦσαν δὲ προσκαρτεροῦντες τῇ διδαχῇ τῶν ἀποστόλων καὶ τῇ κοινωνίᾳ, τῇ κλάσει τοῦ ἄρτου καὶ ταῖς προσευχαῖς.

이제 그들이 전념하면서 있었다, 사도들의 가르침에 그리고 교제에, 빵(음식)의 나눔에 그리고 기도들에.

2:43 ἐγίνετο δὲ πάσῃ ψυχῇ φόβος, πολλά τε τέρατα καὶ σημεῖα διὰ τῶν ἀποστόλων ἐγίνετο.

이제 일어났다/발생했다, 모든 혼(사람)에게 두려움이, 한편으로 기적과 표적이 사도들을 통해 나타났다.

2:44 πάντες δὲ οἱ πιστεύοντες ἦσαν ἐπὶ τὸ αὐτὸ καὶ εἶχον ἅπαντα κοινὰ

이제 모든 믿는 자들이, 한 장소에 있고, 모든 것들을 다 함께 가지고 있었다(공동소유했다 /함께 사용했다).

2:45 καὶ τὰ κτήματα καὶ τὰς ὑπάρξεις ἐπίπρασκον καὶ διεμέριζον αὐτὰ πᾶσιν καθότι ἄν τις χρείαν εἶχεν·

그리고(그래서) 그 재산들과 소유물들을 그들이 계속 팔았다. 그리고 그것들을 나눠 주었다, 모두에게, 어떤(각자) 필요를 가진 것에 따라서.

2:46 καθ᾽ ἡμέραν τε προσκαρτεροῦντες ὁμοθυμαδὸν ἐν τῷ ἱερῷ, κλῶντές τε κατ᾽ οἶκον ἄρτον, μετελάμβανον τροφῆς ἐν ἀγαλλιάσει καὶ ἀφελότητι καρδίας

한편으로 날마다 신실하게/철저하게 모여서 한마음으로/만장일치로 성전 안에(서), 한편으로 나누며, 집집마다 빵(음식)을, 극도의 기쁨과 순수한 마음으로.

2:47 αἰνοῦντες τὸν θεὸν καὶ ἔχοντες χάριν πρὸς ὅλον τὸν

λαόν. ὁ δὲ κύριος προσετίθει τοὺς σῳζομένους καθ᾽ ἡμέραν ἐπὶ τὸ αὐτό.

하나님을 찬양하고 칭찬을 받으며 온 백성에게, 이제 주님께서 계속 더해 주었다, 구원받는 사람들을 날마다, 그들 위에.

사도행전 3장

3:1
Πέτρος δὲ καὶ Ἰωάννης ἀνέβαινον εἰς τὸ ἱερὸν ἐπὶ τὴν ὥραν τῆς προσευχῆς τὴν ἐνάτην.

이제 베드로와 요한이 [규칙/습관으로] 올라갔다, 그 성전으로, 제9시 기도의 시간에 맞춰.

3:2
καί τις ἀνὴρ χωλὸς ἐκ κοιλίας μητρὸς αὐτοῦ ὑπάρχων ἐβαστάζετο, ὃν ἐτίθουν καθ᾽ ἡμέραν πρὸς τὴν θύραν τοῦ ἱεροῦ τὴν λεγομένην Ὡραίαν τοῦ αἰτεῖν ἐλεημοσύνην παρὰ τῶν εἰσπορευομένων εἰς τὸ ἱερόν·

그리고 어떤 남자/사람이, 다리 저는 사람이, 그의 어머니 자궁으로부터 그런 상태가 된 사람이, 운반되어졌다. 그를 [사람들이] 두었다, 날마다, 성전의 그 문을 향하여. 호라이오스(꽃이 만발한/아름다움)라고 불리는, 동정/자선을 구하기 위해, 성전 안으로 들어가는 사람들 곁에서.

3:3
ὃς ἰδὼν Πέτρον καὶ Ἰωάννην μέλλοντας εἰσιέναι εἰς τὸ ἱερόν, ἠρώτα ἐλεημοσύνην λαβεῖν

그가 보고서, 베드로와 요한을, 성전으로 들어가는 것을. 계속 간청했다, 동정(자선)을 잡으려고.

3:4
ἀτενίσας δὲ Πέτρος εἰς αὐτὸν σὺν τῷ Ἰωάννῃ εἶπεν· βλέψον εἰς ἡμᾶς.

이제 주목한 후에, 베드로가 그를 향해, 요한과 함께, 말했다. 당신은 보라! 우리를!

3:5
ὁ δὲ ἐπεῖχεν αὐτοῖς προσδοκῶν τι παρ᾽ αὐτῶν λαβεῖν.

이제 그가 꽉 붙잡았다/주목했다, 그들을, 기대하며, 무엇을 그들로부터 잡을까/얻을까 하고.

3:6
εἶπεν δὲ Πέτρος· ἀργύριον καὶ χρυσίον οὐχ ὑπάρχει μοι, ὃ δὲ ἔχω τοῦτό σοι δίδωμι· ἐν τῷ ὀνόματι Ἰησοῦ Χριστοῦ τοῦ Ναζωραίου [ἔγειρε καὶ] περιπάτει.

이제 베드로가 말했다. 은과 금은 나에게(나의) 아래에 있지 않다. 이제 내가 가진 것을, 이것을 당신에게 준다. 나사렛 예수 그리스도의 이름으로 당신은 일어나 걸어다니니라!

3:7
καὶ πιάσας αὐτὸν τῆς δεξιᾶς χειρὸς ἤγειρεν αὐτόν·

παραχρῆμα δὲ ἐστερεώθησαν αἱ βάσεις αὐτοῦ καὶ τὰ σφυδρά,

그리고 그를 꽉 붙잡은 후, 오른손을, 그를 일으켰다, 이제 그 즉시, 그의 발들과 발목들(복사뼈들)에 힘이 들어가게 되었다.

3:8 καὶ ἐξαλλόμενος ἔστη καὶ περιεπάτει καὶ εἰσῆλθεν σὺν αὐτοῖς εἰς τὸ ἱερὸν περιπατῶν καὶ ἁλλόμενος καὶ αἰνῶν τὸν θεόν.

그리고(그러자) 그가 뛰면서 섰다, 그리고 계속 걸어다니고 들어갔다, 그들과 함께, 성전 안으로, 걸으면서 그리고 뛰면서 그리고 하나님을 찬양하면서.

3:9 καὶ εἶδεν πᾶς ὁ λαὸς αὐτὸν περιπατοῦντα καὶ αἰνοῦντα τὸν θεόν·

그리고 본 후에, 모든 그 백성이 그를, 걸어 다니며 하나님을 찬양하는 것을.

3:10 ἐπεγίνωσκον δὲ αὐτὸν ὅτι αὐτὸς ἦν ὁ πρὸς τὴν ἐλεημοσύνην καθήμενος ἐπὶ τῇ ὡραίᾳ πύλῃ τοῦ ἱεροῦ καὶ ἐπλήσθησαν θάμβους καὶ ἐκστάσεως ἐπὶ τῷ συμβεβηκότι αὐτῷ.

이제 그들이 철저히 알았다, 그를. 즉, 그가 동정(자선)을 위해 앉아있던 자, 성전의 호라이오스 문에, 그리고/그래서 놀라움과 충격으로 그들이 가득 찼다, 그에게 이루어진 일에 대해(일로 인해).

3:11 Κρατοῦντος δὲ αὐτοῦ τὸν Πέτρον καὶ τὸν Ἰωάννην συνέδραμεν πᾶς ὁ λαὸς πρὸς αὐτοὺς ἐπὶ τῇ στοᾷ τῇ καλουμένῃ Σολομῶντος ἔκθαμβοι.

이제 그가 붙잡고서 (있을 때) 그 베드로 그 요한을, 함께 달렸다(달려들었다), 모든 백성이, 그들을 향해, 솔로몬의 주랑이라 불리는 곳에, 엄청나게 놀라워하는 사람들이 되어서.

3:12 ἰδὼν δὲ ὁ Πέτρος ἀπεκρίνατο πρὸς τὸν λαόν· ἄνδρες Ἰσραηλῖται, τί θαυμάζετε ἐπὶ τούτῳ ἢ ἡμῖν τί ἀτενίζετε ὡς ἰδίᾳ δυνάμει ἢ εὐσεβείᾳ πεποιηκόσιν τοῦ περιπατεῖν αὐτόν;

이제 보고서, 그 베드로가 대답했다, 그 백성을 향해. 이스라엘 남자/사람들이여! 어째서 놀라워하느냐? 이것에 대해, 또한(혹은) 우리에게. 어째서 주목하느냐? 마치 (우리) 자신의 능력이나 경건으로 우리가 행한 것처럼, 그를 걷게 한 것이.

3:13 ὁ θεὸς Ἀβραὰμ καὶ [ὁ θεὸς] Ἰσαὰκ καὶ [ὁ θεὸς] Ἰακώβ, ὁ θεὸς τῶν πατέρων ἡμῶν, ἐδόξασεν τὸν παῖδα αὐτοῦ Ἰησοῦν ὃν ὑμεῖς μὲν παρεδώκατε καὶ ἠρνήσασθε κατὰ πρόσωπον Πιλάτου, κρίναντος ἐκείνου ἀπολύειν·

아브라함의 하나님, 그리고 이삭의 하나님, 그리고 야곱의 하나님, 우리 선조들의 하나님께서 영광스럽게 하셨다, 그분의 종 예수님을, 너희들이 한편 넘겨주었고, 빌라도 앞에서 철저하게 부인하였던 그분을, 저 사람(빌라도)이 풀어 주기를 심판/결정한 그분을.

3:14
ὑμεῖς δὲ τὸν ἅγιον καὶ δίκαιον ἠρνήσασθε καὶ ἠτήσασθε ἄνδρα φονέα χαρισθῆναι ὑμῖν,

이제 너희들은 그 거룩하고 의로운 분을 부인했고 [오히려] 요구했다, 살인한 사람을, 너희에게 호의를 베풀어 주기 위해(너희들이 호의를 얻고 싶어서),

3:15
τὸν δὲ ἀρχηγὸν τῆς ζωῆς ἀπεκτείνατε ὃν ὁ θεὸς ἤγειρεν ἐκ νεκρῶν, οὗ ἡμεῖς μάρτυρές ἐσμεν.

이제 생명의 주를 너희들이 죽였다. [그러나] 그분을 하나님께서 죽은 자들로부터 일으키셨다, 이것에 우리가 증인이다.

3:16
καὶ ἐπὶ τῇ πίστει τοῦ ὀνόματος αὐτοῦ τοῦτον ὃν θεωρεῖτε καὶ οἴδατε, ἐστερέωσεν τὸ ὄνομα αὐτοῦ, καὶ ἡ πίστις ἡ δι᾽ αὐτοῦ ἔδωκεν αὐτῷ τὴν ὁλοκληρίαν ταύτην ἀπέναντι πάντων ὑμῶν.

그리고 바로 그분의 이름의 믿음 위에, 너희들이 보고 아는 그를(그 사람을) 굳게/온전케 하였다, 그분의 이름이. 그리고 그분을 통한 그 믿음이 그에게 주었다, 이러한 완전함(건강함)을, 너희 모든 이들 앞에서.

3:17
Καὶ νῦν, ἀδελφοί, οἶδα ὅτι κατὰ ἄγνοιαν ἐπράξατε ὥσπερ καὶ οἱ ἄρχοντες ὑμῶν·

그리고 이제, 형제들아! 내가 안다. 즉, 무지함을 따라, 너희들이 그렇게 하였다는 것을, 그리고 너희의 지도자들도.

3:18
ὁ δὲ θεός, ἃ προκατήγγειλεν διὰ στόματος πάντων τῶν προφητῶν παθεῖν τὸν χριστὸν αὐτοῦ, ἐπλήρωσεν οὕτως.

이제(하지만) 하나님께서, 모든 선지자들의 입을 통해 예언한 것을, 그분의 그리스도/메시아께서 고난당하실 것을, 이와 같이 성취/이루셨다.

3:19
μετανοήσατε οὖν καὶ ἐπιστρέψατε εἰς τὸ ἐξαλειφθῆναι ὑμῶν τὰς ἁμαρτίας,

그러므로 너희들은 회개하라! 그리고 돌이키라! 너희들의 죄들을 제거하는(씻겨 내는) 방향으로.

3:20
ὅπως ἂν ἔλθωσιν καιροὶ ἀναψύξεως ἀπὸ προσώπου τοῦ κυρίου καὶ ἀποστείλῃ τὸν προκεχειρισμένον ὑμῖν χριστὸν Ἰησοῦν,

그 결과, 상쾌한(한숨 돌리는/새로운) 시간들이 올 것이기 때문이다, 주님의 얼굴에서부터. 그리고 보내실 것이다, 미리 정해 놓으신 분을 너희에게, 곧 메시아/구원자 예수님을.

3:21
ὃν δεῖ οὐρανὸν μὲν δέξασθαι ἄχρι χρόνων

ἀποκαταστάσεως πάντων ὧν ἐλάλησεν ὁ θεὸς διὰ
στόματος τῶν ἁγίων ἀπ᾽ αἰῶνος αὐτοῦ προφητῶν.

그분(예수님)을 반드시(마땅히) 한편으로 하늘이 받아들인다, 모든 것이 회복될
그때들까지, 하나님께서 말씀하신 그때, 거룩한 자들의 입을 통해 영원으로부
터 그분의 선지자들의 (입을 통해).

3:22   Μωϋσῆς μὲν εἶπεν ὅτι προφήτην ὑμῖν ἀναστήσει
κύριος ὁ θεὸς ὑμῶν ἐκ τῶν ἀδελφῶν ὑμῶν ὡς ἐμέ·
αὐτοῦ ἀκούσεσθε κατὰ πάντα ὅσα ἂν λαλήσῃ πρὸς
ὑμᾶς.

한편으로 모세가 말했다, 즉 (한) 선지자를 우리에게(위해) 세울 것이다, 주(님)
너희들의 하나님께서, 너희 형제들 중에서, 나와 같은. 너희들은 들으라! 그분
의 (말씀을) 모든 것을 따라(철저히), 너희들을 향해 말씀하시는 [것은] 무엇이든지.

3:23   ἔσται δὲ πᾶσα ψυχὴ ἥτις ἐὰν μὴ ἀκούσῃ τοῦ
προφήτου ἐκείνου ἐξολεθρευθήσεται ἐκ τοῦ λαοῦ.

이제 될 것이다, 모든 혼들에게, 저(바로 그) 선지자의 (말씀을) 만약(혹시라도) 듣지
않는 자들에게, 백성으로부터 완전한 파멸을 당할 것이다.

3:24   καὶ πάντες δὲ οἱ προφῆται ἀπὸ Σαμουὴλ καὶ τῶν
καθεξῆς ὅσοι ἐλάλησαν καὶ κατήγγειλαν τὰς ἡμέρας
ταύτας.

그리고 이제 모든 선지자들이, 사무엘부터 그리고 이어서 계속해서, 말한 자들
이, 그리고(그렇게) 철저하게 선언했다, 이 날들을.

3:25   ὑμεῖς ἐστε οἱ υἱοὶ τῶν προφητῶν καὶ τῆς διαθήκης ἧς
διέθετο ὁ θεὸς πρὸς τοὺς πατέρας ὑμῶν λέγων πρὸς
Ἀβραάμ· καὶ ἐν τῷ σπέρματί σου ἐνευλογηθήσονται
πᾶσαι αἱ πατριαὶ τῆς γῆς.

너희들은 바로 그 선지자들의 아들들이다, 그리고 그 언약(약속)의. 그것은 하나
님께서 굳게 세우셨다, 너의 아버지들을 향해, 아브라함을 향해 말씀하시며, 또
한 너의 씨로 복받으리라, 땅의 모든 가문/족속들이.

3:26   ὑμῖν πρῶτον ἀναστήσας ὁ θεὸς τὸν παῖδα αὐτοῦ
ἀπέστειλεν αὐτὸν εὐλογοῦντα ὑμᾶς ἐν τῷ
ἀποστρέφειν ἕκαστον ἀπὸ τῶν πονηριῶν ὑμῶν.

너희에게 먼저 일으키신 후에, 하나님께서 그분의 종을, 보내셨다, 그를(그 종
을), 너희들을 복 주시려, 각자 너희들의 그 악/타락으로부터 돌이킴으로.

사도행전 4장

4:1   Λαλούντων δὲ αὐτῶν πρὸς τὸν λαὸν ἐπέστησαν
αὐτοῖς οἱ ἱερεῖς καὶ ὁ στρατηγὸς τοῦ ἱεροῦ καὶ οἱ

Σαδδουκαῖοι,

이제 그들(사도들)이 말하고 있을 때, 백성들을 향하여, 위에 섰다(엄습했다/닥쳤다), 그들에게, 제사장들과 성전의 경비대장과 사두개인들이.

4:2 διαπονούμενοι διὰ τὸ διδάσκειν αὐτοὺς τὸν λαὸν καὶ καταγγέλλειν ἐν τῷ Ἰησοῦ τὴν ἀνάστασιν τὴν ἐκ νεκρῶν,

아주 많이 불쾌해하며, 그들이 백성들을 가르치는 것으로 인하여, 그리고 선포하는 것을 (인하여) 예수님에 대해, 죽은 자들로부터 부활하신 자로.

4:3 καὶ ἐπέβαλον αὐτοῖς τὰς χεῖρας καὶ ἔθεντο εἰς τήρησιν εἰς τὴν αὔριον· ἦν γὰρ ἑσπέρα ἤδη.

그리고(그래서) 잡아 던졌다, 그들을, 손으로(무력/권력으로). 그리고 두었다, 감시로, 다음 날까지. 왜냐하면 이미 저녁이 되었기에.

4:4 πολλοὶ δὲ τῶν ἀκουσάντων τὸν λόγον ἐπίστευσαν καὶ ἐγενήθη [ὁ] ἀριθμὸς τῶν ἀνδρῶν [ὡς] χιλιάδες πέντε.

그 말씀을 들은 자들 중에서 많은 이들이 믿었다, 그리고 되었다, 그 남자(성도/제자)의 수가, 약 5천.

4:5 Ἐγένετο δὲ ἐπὶ τὴν αὔριον συναχθῆναι αὐτῶν τοὺς ἄρχοντας καὶ τοὺς πρεσβυτέρους καὶ τοὺς γραμματεῖς ἐν Ἰερουσαλήμ,

이제 (이런 일이) 일어났다, 그다음 날에. 모이는 것이, 그들의 지도자들과 장로들과 서기관들이 예루살렘에.

4:6 καὶ Ἄννας ὁ ἀρχιερεὺς καὶ Καϊάφας καὶ Ἰωάννης καὶ Ἀλέξανδρος καὶ ὅσοι ἦσαν ἐκ γένους ἀρχιερατικοῦ,

그리고 대제사장 안나스와 가야바, 그리고 요한과 알렉산더와 대제사장 가문의 출신인 사람은 누구나.

4:7 καὶ στήσαντες αὐτοὺς ἐν τῷ μέσῳ ἐπυνθάνοντο· ἐν ποίᾳ δυνάμει ἢ ἐν ποίῳ ὀνόματι ἐποιήσατε τοῦτο ὑμεῖς;

그리고 그들(사도들)을 세운 후에, 가운데, 그들이 물어보았다/심문했다. 어떤 능력으로 혹은(또한) 어떤 이름으로 행했느냐, 이것을 너희들이?

4:8 Τότε Πέτρος πλησθεὶς πνεύματος ἁγίου εἶπεν πρὸς αὐτούς· ἄρχοντες τοῦ λαοῦ καὶ πρεσβύτεροι,

그때(그러자) 베드로가 성령의 충만함이 되어서 말했다, 그들을 향해. 백성의 지도자/우두머리들아! 그리고 장로들아!

4:9 εἰ ἡμεῖς σήμερον ἀνακρινόμεθα ἐπὶ εὐεργεσίᾳ ἀνθρώπου ἀσθενοῦς ἐν τίνι οὗτος σέσωται,

만약 우리가 오늘 철저한 심문/심판을 받는다면, 병든 사람의 선행에 대해, 어

떻게 이 사람이 구해졌냐고(치유되었냐고),

4:10 γνωστὸν ἔστω πᾶσιν ὑμῖν καὶ παντὶ τῷ λαῷ Ἰσραὴλ
ὅτι ἐν τῷ ὀνόματι Ἰησοῦ Χριστοῦ τοῦ Ναζωραίου ὃν
ὑμεῖς ἐσταυρώσατε, ὃν ὁ θεὸς ἤγειρεν ἐκ νεκρῶν, ἐν
τούτῳ οὗτος παρέστηκεν ἐνώπιον ὑμῶν ὑγιής.

알아라! 모든 너희들과 모든 이스라엘 백성아! 즉 나사렛의 예수 그리스도(메시
아)의 이름으로, 그분을 너희들은 처형했다, 그분을 하나님께서 죽은 자들로부
터 일으키셨다, [그래서] 바로 그분의 이름으로, 그(그 남자)가 섰다(서게 되었다), 너
희들 앞에, 건강하게!

4:11 οὗτός ἐστιν ὁ λίθος, ὁ ἐξουθενηθεὶς ὑφ᾽ ὑμῶν τῶν
οἰκοδόμων, ὁ γενόμενος εἰς κεφαλὴν γωνίας.

이분은 돌이시다, 너희 건축자들에 의해 버려진 것, [집] 모퉁이에 머릿돌로 되
어진 것.

4:12 καὶ οὐκ ἔστιν ἐν ἄλλῳ οὐδενὶ ἡ σωτηρία, οὐδὲ γὰρ
ὄνομά ἐστιν ἕτερον ὑπὸ τὸν οὐρανὸν τὸ δεδομένον
ἐν ἀνθρώποις ἐν ᾧ δεῖ σωθῆναι ἡμᾶς.

그리고(그래서) 없다, 다른 것으로 전혀 그 구원에! 그래서/왜냐하면, 다른 이름
이 없다, 하늘 아래, 주어진 것이, 사람에! 그것으로 우리를 반드시 구원할.

4:13 Θεωροῦντες δὲ τὴν τοῦ Πέτρου παρρησίαν καὶ
Ἰωάννου καὶ καταλαβόμενοι ὅτι ἄνθρωποι
ἀγράμματοί εἰσιν καὶ ἰδιῶται, ἐθαύμαζον
ἐπεγίνωσκόν τε αὐτοὺς ὅτι σὺν τῷ Ἰησοῦ ἦσαν,

이제 (그들이) 베드로의 담대함과 요한을 보고서, 철저히 알았는데, 즉 [베드로와
요한이] 배우지 못한 평범한 사람이라고, 그들은 충격받았다, 제대로 알게 되어
서, [또한] 그들을, 즉 그들이 예수와 함께 있었던 것.

4:14 τόν τε ἄνθρωπον βλέποντες σὺν αὐτοῖς ἑστῶτα τὸν
τεθεραπευμένον οὐδὲν εἶχον ἀντειπεῖν.

또한 그 사람을 보았기에, 그들(제자들)과 함께, 서 있는 것을. 그 병 나은 사람
이. 그들은 아무것도 반박할 것/말이 없었다.

4:15 κελεύσαντες δὲ αὐτοὺς ἔξω τοῦ συνεδρίου ἀπελθεῖν
συνέβαλλον πρὸς ἀλλήλους

이제 그들에게 소리쳐 명령한 후, 공회 밖으로 나가라고, 그들은 서로를 향해
의논했다.

4:16 λέγοντες· τί ποιήσωμεν τοῖς ἀνθρώποις τούτοις; ὅτι
μὲν γὰρ γνωστὸν σημεῖον γέγονεν δι᾽ αὐτῶν πᾶσιν
τοῖς κατοικοῦσιν Ἰερουσαλὴμ φανερὸν καὶ οὐ
δυνάμεθα ἀρνεῖσθαι·

말하기를, 이 사람들에게 우리가 어떻게 행할까? 왜냐하면, 한편으로 주목할
만한 표적이 일어났기 때문이다, 그들을 통해, 예루살렘에 거주하는 모든 이들

에게 (분명하게) 드러났고, 우리도 부정/부인할 수 없다.

4:17 ἀλλ' ἵνα μὴ ἐπὶ πλεῖον διανεμηθῇ εἰς τὸν λαὸν ἀπειλησώμεθα αὐτοῖς μηκέτι λαλεῖν ἐπὶ τῷ ὀνόματι τούτῳ μηδενὶ ἀνθρώπων.

오히려 (이것에) 대해 더욱 퍼져 나가지 않도록, 백성들에게, 그들을 위협/협박하여, 더 이상 말하지 못하게 이(예수) 이름으로, 아무 사람에게도.

4:18 Καὶ καλέσαντες αὐτοὺς παρήγγειλαν τὸ καθόλου μὴ φθέγγεσθαι μηδὲ διδάσκειν ἐπὶ τῷ ὀνόματι τοῦ Ἰησοῦ.

그리고 그들을 부른 후에, 그들은 명령했다. 전적으로 소리치지 말고 가르치지도 말라고, 예수의 이름으로.

4:19 ὁ δὲ Πέτρος καὶ Ἰωάννης ἀποκριθέντες εἶπον πρὸς αὐτούς· εἰ δίκαιόν ἐστιν ἐνώπιον τοῦ θεοῦ ὑμῶν ἀκούειν μᾶλλον ἢ τοῦ θεοῦ, κρίνατε·

이제 베드로와 요한이 대답하며(대답으로) 말했다, 그들을 향해. [어떤 것이] 의로운가? 하나님 앞에서, 너희들의 (말) 듣는 것과 더욱이 하나님의 (말씀을 듣는 것). 너희들이 판단하라!

4:20 οὐ δυνάμεθα γὰρ ἡμεῖς ἃ εἴδαμεν καὶ ἠκούσαμεν μὴ λαλεῖν.

왜냐하면/그러므로 우리는 할 수 없다, 우리가 본 것과 들은 것을 말하지 않는 것을.

4:21 οἱ δὲ προσαπειλησάμενοι ἀπέλυσαν αὐτούς, μηδὲν εὑρίσκοντες τὸ πῶς κολάσωνται αὐτούς, διὰ τὸν λαόν, ὅτι πάντες ἐδόξαζον τὸν θεὸν ἐπὶ τῷ γεγονότι·

이제 그들이 더욱 위협한 후에, 그들을 풀어 주었다. 어떻게 그들을 처벌할지 발견하지 못하여. 백성 때문에, 즉 모두들 하나님께 영광을 돌렸기에, 그 이루어진 일에 대해.

4:22 ἐτῶν γὰρ ἦν πλειόνων τεσσεράκοντα ὁ ἄνθρωπος ἐφ' ὃν γεγόνει τὸ σημεῖον τοῦτο τῆς ἰάσεως.

왜냐하면 그 사람의 연수(나이)가 40 이상 되었다, 그 사람 위에 이루어졌다, 이러한 치유의 표적이.

4:23 Ἀπολυθέντες δὲ ἦλθον πρὸς τοὺς ἰδίους καὶ ἀπήγγειλαν ὅσα πρὸς αὐτοὺς οἱ ἀρχιερεῖς καὶ οἱ πρεσβύτεροι εἶπαν.

이제 풀려난 후에 갔다, 자신의 사람들(동료들)을 향해. 그리고 알려 주었다, 그들을 향해, 대제사장들과 장로들이 말한 것만큼/말한 대로.

4:24 οἱ δὲ ἀκούσαντες ὁμοθυμαδὸν ἦραν φωνὴν πρὸς τὸν θεὸν καὶ εἶπαν· δέσποτα, σὺ ὁ ποιήσας τὸν οὐρανὸν καὶ τὴν γῆν καὶ τὴν θάλασσαν καὶ πάντα τὰ ἐν αὐτοῖς,

이제 그들이 듣고 나서 한마음/하나 되어 소리를 높였다, 하나님을 향해, 그리고 말했다(기도했다). 주권자시여! 당신은 하늘과 땅과 바다를, 그리고 그것들 안에 모든 것을 만드신 분이시여!

4:25 ὁ τοῦ πατρὸς ἡμῶν διὰ πνεύματος ἁγίου στόματος Δαυὶδ παιδός σου εἰπών· ἱνατί ἐφρύαξαν ἔθνη καὶ λαοὶ ἐμελέτησαν κενά;

우리들의 아버지/선조(인), 성령을 통하여, 다윗의 입으로, 당신의 종(인) 그가 말하기를, 어째서 이방인들이 콧바람/분노하며, 백성들이 헛된 일을 궁리하는가?

4:26 παρέστησαν οἱ βασιλεῖς τῆς γῆς καὶ οἱ ἄρχοντες συνήχθησαν ἐπὶ τὸ αὐτὸ κατὰ τοῦ κυρίου καὶ κατὰ τοῦ χριστοῦ αὐτοῦ.

땅의 왕들이 곁에 섰다(전쟁에 나섰다), 지도자들이 함께 모였다, 다 한자리에(다 함께), 주님을 대항하고/적대하고 그분의 그리스도/메시아를 대항하여(적대하여).

4:27 συνήχθησαν γὰρ ἐπ᾽ ἀληθείας ἐν τῇ πόλει ταύτῃ ἐπὶ τὸν ἅγιον παῖδά σου Ἰησοῦν ὃν ἔχρισας, Ἡρῴδης τε καὶ Πόντιος Πιλᾶτος σὺν ἔθνεσιν καὶ λαοῖς Ἰσραήλ,

왜냐하면 그들이 모여졌다, 진실로(참으로) 이 성에, 당신께서 기름 부으신, 당신의 거룩한 종(아이) 예수를 대항하여, 한편으로 헤롯과 본디오 빌라도가 이방인들과 이스라엘 백성들과 함께,

4:28 ποιῆσαι ὅσα ἡ χείρ σου καὶ ἡ βουλή [σου] προώρισεν γενέσθαι.

당신의 그 손/능력과 뜻에 (따라) 행하고자, 예정하신 무엇이든지 이루어지도록.

4:29 καὶ τὰ νῦν, κύριε, ἔπιδε ἐπὶ τὰς ἀπειλὰς αὐτῶν καὶ δὸς τοῖς δούλοις σου μετὰ παρρησίας πάσης λαλεῖν τὸν λόγον σου,

그리고 그것들을 지금 주여! 고려하소서(신경 써 주소서)! 그들의 위협들에 대하여. 그리고 주소서! 당신의 종들에게, 모든 담대함으로 말하도록, 당신의 말씀을.

4:30 ἐν τῷ τὴν χεῖρά [σου] ἐκτείνειν σε εἰς ἴασιν καὶ σημεῖα καὶ τέρατα γίνεσθαι διὰ τοῦ ὀνόματος τοῦ ἁγίου παιδός σου Ἰησοῦ.

(당신의) 손을 내미심으로 당신께서, 치유를 위해, 그리고 표적들과 경이들을/기적들이 이루어지도록, 당신의 거룩한 아이/종 예수의 이름을 통해서,

4:31 καὶ δεηθέντων αὐτῶν ἐσαλεύθη ὁ τόπος ἐν ᾧ ἦσαν

συνηγμένοι, καὶ ἐπλήσθησαν ἅπαντες τοῦ ἁγίου πνεύματος καὶ ἐλάλουν τὸν λόγον τοῦ θεοῦ μετὰ παρρησίας.

그리고 그들이 간구하고 나자, 흔들렸다, 그들이 함께 모여 있던 그 장소가. 그리고 가득채워졌다(충만해졌다), 모두 다, 성령의/성령으로. 그리고 그들은 계속 말했다, 하나님의 말씀을, 담대함과 함께/담대하게.

4:32 Τοῦ δὲ πλήθους τῶν πιστευσάντων ἦν καρδία καὶ ψυχὴ μία , καὶ οὐδὲ εἷς τι τῶν ὑπαρχόντων αὐτῷ ἔλεγεν ἴδιον εἶναι ἀλλ᾽ ἦν αὐτοῖς ἅπαντα κοινά.

이제 믿는 자들의 군중(믿는 자들로 가득해진 무리들)은 마음과 혼이 하나가 되었다, 그리고 하나도 없었다, 소유물들 중에서 어떤 것도 자신의 것이라고 말하는 자가, 오히려 서로(에게) 모든 것을 통용했다.

4:33 καὶ δυνάμει μεγάλῃ ἀπεδίδουν τὸ μαρτύριον οἱ ἀπόστολοι τῆς ἀναστάσεως τοῦ κυρίου Ἰησοῦ, χάρις τε μεγάλη ἦν ἐπὶ πάντας αὐτούς.

그리고 큰(강한) 능력으로 전해 주니(넘겨주니) 주 예수의 부활의 증거를, 사도들이, 한편으로, 큰(강한) 은혜가 그들 모두 위에 있었다(임했다).

4:34 οὐδὲ γὰρ ἐνδεής τις ἦν ἐν αὐτοῖς· ὅσοι γὰρ κτήτορες χωρίων ἢ οἰκιῶν ὑπῆρχον, πωλοῦντες ἔφερον τὰς τιμὰς τῶν πιπρασκομένων

그러므로/그래서, 부족한 어떤 사람도 그들 중에는 없었다. 왜냐하면 밭이나 집을 소유한 사람은 누구나 팔아서 [현금화해서] 계속 가져왔다, 그것들을 판 그 값(대가)들을.

4:35 καὶ ἐτίθουν παρὰ τοὺς πόδας τῶν ἀποστόλων, διεδίδετο δὲ ἑκάστῳ καθότι ἄν τις χρείαν εἶχεν.

그리고 그들은 두었다, 사도들의 발들 곁에, 이제 계속 나눠 주었다, 각 사람에게, 누군가 필요를 가진 것에 따라서(누구든지 필요한 대로).

4:36 Ἰωσὴφ δὲ ὁ ἐπικληθεὶς Βαρναβᾶς ἀπὸ τῶν ἀποστόλων, ὅ ἐστιν μεθερμηνευόμενον υἱὸς παρακλήσεως, Λευίτης, Κύπριος τῷ γένει,

이제 요셉이, 사도들에 의해 바나바라고 불리는 그 사람이, 그것(이름)을 번역하면 권면/위로의 아들, 레위인(지파) 키프로스(구브로)에서 태어난.

4:37 ὑπάρχοντος αὐτῷ ἀγροῦ πωλήσας ἤνεγκεν τὸ χρῆμα καὶ ἔθηκεν πρὸς τοὺς πόδας τῶν ἀποστόλων.

그에게 땅(밭)이 있어서(소유하고 있어서), [그것을] 팔아서 가져왔다, 그 값을 그리고 사도들의 발들을 향해 두었다.

사도행전 5장

5:1 Ἀνὴρ δέ τις Ἀνανίας ὀνόματι σὺν Σαπφίρῃ τῇ γυναικὶ αὐτοῦ ἐπώλησεν κτῆμα

이제(그러나) 어떤 남자/사람이, 하나니아(아나니아)(라는) 이름으로(이름을 가진), 그의 아내인 삽피라(삽비라)와 함께 (그들의) 재산을 팔았다.

5:2 καὶ ἐνοσφίσατο ἀπὸ τῆς τιμῆς, συνειδυίης καὶ τῆς γυναικός, καὶ ἐνέγκας μέρος τι παρὰ τοὺς πόδας τῶν ἀποστόλων ἔθηκεν.

그리고 그 값(땅 판 금액)으로부터 분리해서/횡령해서 보관했다. 아내도 함께 알고서, 그리고 부분(일부 금액)을 가져와서 사도들의 발들 곁에 두었다.

5:3 εἶπεν δὲ ὁ Πέτρος· Ἀνανία, διὰ τί ἐπλήρωσεν ὁ σατανᾶς τὴν καρδίαν σου, ψεύσασθαί σε τὸ πνεῦμα τὸ ἅγιον καὶ νοσφίσασθαι ἀπὸ τῆς τιμῆς τοῦ χωρίου;

이제 그 베드로가 말했다. 하나니아(아나니아)! 어찌하여 너의 마음을 사탄이 가득 채우고 있느냐? [그래서] 성령을 네가 속이고 그 땅의 값으로부터 분리해서/횡령해서 보관하게 되었느냐?

5:4 οὐχὶ μένον σοὶ ἔμενεν καὶ πραθὲν ἐν τῇ σῇ ἐξουσίᾳ ὑπῆρχεν; τί ὅτι ἔθου ἐν τῇ καρδίᾳ σου τὸ πρᾶγμα τοῦτο; οὐκ ἐψεύσω ἀνθρώποις ἀλλὰ τῷ θεῷ.

그것(그 땅)이 머무는 동안 너에게 머무는 것이 아니냐? 그리고 판 후에도 너의 권위 아래에 있지 않으냐? 어째서 너의 마음 안에 이러한 일(생각/계획)을 두었느냐? 사람들에게 거짓말한 것이 아니라 오히려 하나님께!

5:5 ἀκούων δὲ ὁ Ἀνανίας τοὺς λόγους τούτους πεσὼν ἐξέψυξεν, καὶ ἐγένετο φόβος μέγας ἐπὶ πάντας τοὺς ἀκούοντας.

이제 들을 때, 하나니아(아나니아)가 이 말들을, 엎어져 혼이 떠났다. 그리고 큰 두려움이 생겼다, 모든 듣는 자들 위에.

5:6 ἀναστάντες δὲ οἱ νεώτεροι συνέστειλαν αὐτὸν καὶ ἐξενέγκαντες ἔθαψαν.

이제 청년들이 일어나서, 그를(그 시체를) 감쌌다. 그리고 날라서(들고 나가서), 매장했다.

5:7 Ἐγένετο δὲ ὡς ὡρῶν τριῶν διάστημα καὶ ἡ γυνὴ αὐτοῦ μὴ εἰδυῖα τὸ γεγονὸς εἰσῆλθεν.

이제 약 3시간(정도) 간격이 지나갔다. 그리고 그의 아내가 그 일어난 일을 깨닫지 못하고 들어왔다.

5:8 ἀπεκρίθη δὲ πρὸς αὐτὴν Πέτρος· εἰπέ μοι, εἰ τοσούτου τὸ χωρίον ἀπέδοσθε; ἡ δὲ εἶπεν· ναί, τοσούτου.

이제 그녀를 향해 베드로가 질문했다. 나에게 말하라! 이것인가(이것이 전부인가)? 그 땅을 너희들이 (팔아서) 받은 것이? 이제 그녀가 말했다. 네! 이것입니다!

5:9 ὁ δὲ Πέτρος πρὸς αὐτήν· τί ὅτι συνεφωνήθη ὑμῖν πειράσαι τὸ πνεῦμα κυρίου; ἰδοὺ οἱ πόδες τῶν θαψάντων τὸν ἄνδρα σου ἐπὶ τῇ θύρᾳ καὶ ἐξοίσουσίν σε.

이제 베드로가 그녀를 향해. 어찌하여 즉, 너희들이 함께 동의 되었나, 주의 영을 시험하는 것에? 보라! 너의 남편을 매장한 사람들의 발들이 문에(문 앞에 이르렀다)! 그리고(그러니) 너를 밖으로 나를 것이다.

5:10 ἔπεσεν δὲ παραχρῆμα πρὸς τοὺς πόδας αὐτοῦ καὶ ἐξέψυξεν· εἰσελθόντες δὲ οἱ νεανίσκοι εὗρον αὐτὴν νεκρὰν καὶ ἐξενέγκαντες ἔθαψαν πρὸς τὸν ἄνδρα αὐτῆς,

이제 그녀가 넘어졌다(쓰러졌다/죽었다), 즉시 그의 발들 앞으로, 그리고 혼이 떠났다. 이제 그 청년들이 돌아온 후에, 발견했다 죽은 그녀를. 그리고 밖으로 가져가서 매장했다, 그의 남편을 향해.

5:11 καὶ ἐγένετο φόβος μέγας ἐφ᾽ ὅλην τὴν ἐκκλησίαν καὶ ἐπὶ πάντας τοὺς ἀκούοντας ταῦτα.

그리고(그러자) 큰 두려움이 일어났다, 온 교회 위에. 그리고 이것들을 듣는 모든 사람들 위에.

5:12 Διὰ δὲ τῶν χειρῶν τῶν ἀποστόλων ἐγίνετο σημεῖα καὶ τέρατα πολλὰ ἐν τῷ λαῷ. καὶ ἦσαν ὁμοθυμαδὸν ἅπαντες ἐν τῇ στοᾷ Σολομῶντος,

이제 사도들의 손들을 통해 계속 일어났다, 표적들과 기적들이 많이, 백성들 중에서, 그리고(그러자) 모든 사람들이 한마음이 되었다(한마음으로 모였다), 솔로몬의 주랑 안에.

5:13 τῶν δὲ λοιπῶν οὐδεὶς ἐτόλμα κολλᾶσθαι αὐτοῖς, ἀλλ᾽ ἐμεγάλυνεν αὐτοὺς ὁ λαός.

이제 나머지/남은 자들 중에서 아무도 없었다, 감히 붙여지게 되는 사람이, 그들에게(다른 사람들은 감히 그들의 모임에 끼어들지 못했다). 오히려 높이 평가했다, 그들을, 그 백성이.

5:14 μᾶλλον δὲ προσετίθεντο πιστεύοντες τῷ κυρίῳ, πλήθη ἀνδρῶν τε καὶ γυναικῶν,

이제 많은 이들이 나아와 서게 되었다(더해졌다), 주께 믿음을 가지고, 남자들의 다수들이 그리고 여자들의 다수들도.

5:15 ὥστε καὶ εἰς τὰς πλατείας ἐκφέρειν τοὺς ἀσθενεῖς καὶ τιθέναι ἐπὶ κλιναρίων καὶ κραβάττων, ἵνα ἐρχομένου Πέτρου κἂν ἡ σκιὰ ἐπισκιάσῃ τινὶ αὐτῶν.

그리고 그 결과 (넓은) 거리들로 병든 자들을 매어서 침상과 (작은) 간이 침대 위에 두었다, 베드로가 지날 때, 혹시라도 그 그림자가 덮이도록, 그들 중 누구에게라도.

5:16 συνήρχετο δὲ καὶ τὸ πλῆθος τῶν πέριξ πόλεων Ἰερουσαλὴμ φέροντες ἀσθενεῖς καὶ ὀχλουμένους ὑπὸ πνευμάτων ἀκαθάρτων, οἵτινες ἐθεραπεύοντο ἅπαντες.

이제 모였다, 예루살렘 근처 도시들의 군중도. 병든 사람들과 불결한 영들 아래서 고통받는 자들을 데려와서, 누구든지 치료/회복되었다, 모두 다.

5:17 Ἀναστὰς δὲ ὁ ἀρχιερεὺς καὶ πάντες οἱ σὺν αὐτῷ, ἡ οὖσα αἵρεσις τῶν Σαδδουκαίων, ἐπλήσθησαν ζήλου

이제 일어난 후에, 대제사장과 그에게 함께하는 모든 자들이, [즉] 사두개인들의 분파에 소속된 자들이, 질투로 충만해졌다.

5:18 καὶ ἐπέβαλον τὰς χεῖρας ἐπὶ τοὺς ἀποστόλους καὶ ἔθεντο αὐτοὺς ἐν τηρήσει δημοσίᾳ.

그리고 (잡아) 던져 넣었다, 손들로, 사도들 위에, 그리고 그들을 두었다, 공공 감옥 안에.

5:19 Ἄγγελος δὲ κυρίου διὰ νυκτὸς ἀνοίξας τὰς θύρας τῆς φυλακῆς ἐξαγαγών τε αὐτοὺς εἶπεν·

이제 주님의 천사가 밤중에 감옥의 문들을 연 후에, 또한 그들을 끌어내어서, 말했다.

5:20 πορεύεσθε καὶ σταθέντες λαλεῖτε ἐν τῷ ἱερῷ τῷ λαῷ πάντα τὰ ῥήματα τῆς ζωῆς ταύτης.

너희들은 가라! 그리고 서서 말하라! 성전 안에서, 모든 백성에게, 이 생명의 말씀!

5:21 ἀκούσαντες δὲ εἰσῆλθον ὑπὸ τὸν ὄρθρον εἰς τὸ ἱερὸν καὶ ἐδίδασκον. Παραγενόμενος δὲ ὁ ἀρχιερεὺς καὶ οἱ σὺν αὐτῷ συνεκάλεσαν τὸ συνέδριον καὶ πᾶσαν τὴν γερουσίαν τῶν υἱῶν Ἰσραὴλ καὶ ἀπέστειλαν εἰς τὸ δεσμωτήριον ἀχθῆναι αὐτούς.

이제 들은 후에 그들이 들어갔다, 새벽 아래, 성전으로, 그리고 계속 가르쳤다. 이제 도착한 후에, 대제사장과 그와 함께하는 자들(측근)이 소집했다, 공회를, 그리고 이스라엘 후손(족속)들의 의원들을 모두. 그리고 그들은 보냈다, 감옥으로, 그들(사도들)을 끌어오라고.

5:22 οἱ δὲ παραγενόμενοι ὑπηρέται οὐχ εὗρον αὐτοὺς ἐν τῇ φυλακῇ· ἀναστρέψαντες δὲ ἀπήγγειλαν

이제 도착한 하속들이 그들을 발견할/찾을 수 없었다, 그 감옥 안에서. 이제(그렇게) 돌아와서 그들은 말했다.

5:23 λέγοντες ὅτι τὸ δεσμωτήριον εὕρομεν κεκλεισμένον

ἐν πάσῃ ἀσφαλείᾳ καὶ τοὺς φύλακας ἑστῶτας ἐπὶ τῶν θυρῶν, ἀνοίξαντες δὲ ἔσω οὐδένα εὕρομεν.

말하기를, 즉(다음과 같이). 그 감옥을 우리가 발견했다, 모두 확실하게 잠겨 있는 것을. 그리고 지키는 자들이 그 문 곁에 서 있는 것을. 이제(하지만) 우리가 문을 열어 보니, 그 안에는 아무도 우리가 발견할 수 없었다.

5:24 ὡς δὲ ἤκουσαν τοὺς λόγους τούτους ὅ τε στρατηγὸς τοῦ ἱεροῦ καὶ οἱ ἀρχιερεῖς , διηπόρουν περὶ αὐτῶν τί ἂν γένοιτο τοῦτο.

이제 그들이 이 말들을 듣고 있을 즈음, 또한 성전 경비대장과 대제사장들이 매우 당황해 하였다, 그들(그런 상황들)에 대하여, 이것이 어떻게 될까? [하면서.]

5:25 παραγενόμενος δέ τις ἀπήγγειλεν αὐτοῖς ὅτι ἰδοὺ οἱ ἄνδρες οὓς ἔθεσθε ἐν τῇ φυλακῇ εἰσὶν ἐν τῷ ἱερῷ ἑστῶτες καὶ διδάσκοντες τὸν λαόν.

이제 어떤 이가 다가와서 알려 주었다, 그들에게, 즉(곧) 보라! 감옥에 두었던(가 두었던) 그 사람들이 성전 안에 서서 백성을 가르치고 있다.

5:26 Τότε ἀπελθὼν ὁ στρατηγὸς σὺν τοῖς ὑπηρέταις ἦγεν αὐτούς οὐ μετὰ βίας, ἐφοβοῦντο γὰρ τὸν λαὸν μὴ λιθασθῶσιν.

그때 성전 경비대장이 하속들과 함께 가서, 그들을 끌고 왔다, 힘/강제로가 아니라. 왜냐하면 그들이 두려워했기 때문이다, 그 백성이 돌로 치지 못하도록(돌로 칠까 해서).

5:27 Ἀγαγόντες δὲ αὐτοὺς ἔστησαν ἐν τῷ συνεδρίῳ. καὶ ἐπηρώτησεν αὐτοὺς ὁ ἀρχιερεὺς

이제 끌고 와서 그들을 세웠다, 공회 안에, 그리고 그들을(에게) 물었다, 대제사장이.

5:28 λέγων· [οὐ] παραγγελίᾳ παρηγγείλαμεν ὑμῖν μὴ διδάσκειν ἐπὶ τῷ ὀνόματι τούτῳ, καὶ ἰδοὺ πεπληρώκατε τὴν Ἰερουσαλὴμ τῆς διδαχῆς ὑμῶν καὶ βούλεσθε ἐπαγαγεῖν ἐφ᾽ ἡμᾶς τὸ αἷμα τοῦ ἀνθρώπου τούτου.

말하기를, 우리가 엄하게 명령했다, 너희에게. 이(예수) 이름 위에(으로) 가르치지 말라고, 그런데 보라! 너희들이 가득 차게 만들었다, 예루살렘을. 너희들의 가르침으로, 그리고(그래서) 너희들은 의도한다, 보태려고(뒤집어씌우려고) 우리 위에, 이 사람의 그 피를.

5:29 Ἀποκριθεὶς δὲ Πέτρος καὶ οἱ ἀπόστολοι εἶπαν· πειθαρχεῖν δεῖ θεῷ μᾶλλον ἢ ἀνθρώποις.

이제 베드로와 사도들이 대답함으로 말했다, 반드시 하나님에게 따라야(순복해야) 한다, 차라리(더욱이) 사람들에게 보다(than).

5:30 ὁ θεὸς τῶν πατέρων ἡμῶν ἤγειρεν Ἰησοῦν ὃν ὑμεῖς διεχειρίσασθε κρεμάσαντες ἐπὶ ξύλου ·

우리 아버지들(선조들)의 하나님께서 예수를 일으키셨다, 그분을 너희들은 심하게 폭행하였다(살해하였다), 나무 위에 달아서.

5:31 τοῦτον ὁ θεὸς ἀρχηγὸν καὶ σωτῆρα ὕψωσεν τῇ δεξιᾷ αὐτοῦ [τοῦ] δοῦναι μετάνοιαν τῷ Ἰσραὴλ καὶ ἄφεσιν ἁμαρτιῶν.

그분을 하나님께서 주권자(통치자)와 구원자로 높이셨다, 그의 오른쪽으로, 이스라엘에게 회개를 주시고자, 그리고 죄들의 벗어남(용서)을.

5:32 καὶ ἡμεῖς ἐσμεν μάρτυρες τῶν ῥημάτων τούτων καὶ τὸ πνεῦμα τὸ ἅγιον ὃ ἔδωκεν ὁ θεὸς τοῖς πειθαρχοῦσιν αὐτῷ.

그리고 우리는 이러한 발화된 말씀들의 증인들이다. 그리고 그 성령님도. 그분(성령님)을 하나님께서 주셨다, 그분께 순복하는 자들에게.

5:33 Οἱ δὲ ἀκούσαντες διεπρίοντο καὶ ἐβούλοντο ἀνελεῖν αὐτούς.

이제 그들이 들은 후에, 심한 찔림과 분노를 당했다(조각조각 톱질 당했다), 그래서 그들은 결심했다, 그들을 제거하기를.

5:34 ἀναστὰς δέ τις ἐν τῷ συνεδρίῳ Φαρισαῖος ὀνόματι Γαμαλιήλ, νομοδιδάσκαλος τίμιος παντὶ τῷ λαῷ, ἐκέλευσεν ἔξω βραχὺ τοὺς ἀνθρώπους ποιῆσαι

이제 일어나서, 산헤드린 공회 안에서 어떤 이가, 바리새인이 가말리엘이라 이름하는 율법 교사가, 명예/존경이 모든 백성에게 [있는 사람으로], 소리쳐 명령했다. 잠시 밖으로! 그 사람들을 행하도록(그 사람들이 잠시 나가 있도록).

5:35 εἶπέν τε πρὸς αὐτούς · ἄνδρες Ἰσραηλῖται, προσέχετε ἑαυτοῖς ἐπὶ τοῖς ἀνθρώποις τούτοις τί μέλλετε πράσσειν.

그가 말했다 또한 그들에게도. 이스라엘 남자(사람)들아! 스스로 조심하라! 이 사람들에 대하여 어떻게 행하려고 하는지에 대해서.

5:36 πρὸ γὰρ τούτων τῶν ἡμερῶν ἀνέστη Θευδᾶς λέγων εἶναί τινα ἑαυτόν, ᾧ προσεκλίθη ἀνδρῶν ἀριθμὸς ὡς τετρακοσίων · ὃς ἀνῃρέθη , καὶ πάντες ὅσοι ἐπείθοντο αὐτῷ διελύθησαν καὶ ἐγένοντο εἰς οὐδέν.

왜냐하면 이날들 전에, 튜다(드다)가 일어났다, 말하면서, 자신을 어떤 사람으로(특별하고 대단한 사람으로 여기며). 그에게 약 400명 정도의 숫자(가 되는) 사람들이 달라붙었다. 그가 제거되었다, 그러자 그에게 확신하던 모든 이들이 흩어져서(분해되어서) 아무것도 아닌 것이 되었다.

5:37 μετὰ τοῦτον ἀνέστη Ἰούδας ὁ Γαλιλαῖος ἐν ταῖς

ἡμέραις τῆς ἀπογραφῆς καὶ ἀπέστησεν λαὸν ὀπίσω αὐτοῦ · κἀκεῖνος ἀπώλετο καὶ πάντες ὅσοι ἐπείθοντο αὐτῷ διεσκορπίσθησαν.

그후에, 갈릴래아(갈릴리) 사람 유다가 일어났다, 호적의 날들에. 그리고 선동했다, 백성을, 그를 따르도록. 저 자도(그 사람도) 멸망했다. 그리고 그를 확신하던 사람들이 모두 흩어졌다.

5:38 καὶ τὰ νῦν λέγω ὑμῖν, ἀπόστητε ἀπὸ τῶν ἀνθρώπων τούτων καὶ ἄφετε αὐτούς · ὅτι ἐὰν ᾖ ἐξ ἀνθρώπων ἡ βουλὴ αὕτη ἢ τὸ ἔργον τοῦτο, καταλυθήσεται,

그래서 이것들을 지금, 내가 너희에게 말한다. 멀리하라(상관 말라), 이 사람들로부터! 그리고 내버려 두라, 그들을! 왜냐하면(즉) 만약 사람들로부터이면, 그러한 의도/뜻이나 그러한 일이 철저히 무너질 것이다.

5:39 εἰ δὲ ἐκ θεοῦ ἐστιν, οὐ δυνήσεσθε καταλῦσαι αὐτούς, μήποτε καὶ θεομάχοι εὑρεθῆτε. ἐπείσθησαν δὲ αὐτῷ

이제 만약 하나님으로부터이면, 너희들은 그들을 무너뜨릴 수 없을 것이다. [오히려] 신과 싸우는 자(하나님의 적대자)로 발견되지 않도록 하라! 이제 그들은 설득당했다, 그에게.

5:40 καὶ προσκαλεσάμενοι τοὺς ἀποστόλους δείραντες παρήγγειλαν μὴ λαλεῖν ἐπὶ τῷ ὀνόματι τοῦ Ἰησοῦ καὶ ἀπέλυσαν.

그리고 사도들을 소환한 후(다시 불러서) 채찍질을 하고서, 그들에게 지시/명령했다, 말하지 말라고, 그 예수의 이름 위로(으로). 그리고 그들을 풀어 주었다.

5:41 Οἱ μὲν οὖν ἐπορεύοντο χαίροντες ἀπὸ προσώπου τοῦ συνεδρίου, ὅτι κατηξιώθησαν ὑπὲρ τοῦ ὀνόματος ἀτιμασθῆναι,

한편 그들(사도들)은 그러므로 기뻐하면서 떠났다, 그 공회 면전에서부터, 즉(곧) 철저히 합당/가치 있게 여겼다, 그분의 이름을 위해, 수치/멸시당하는 것을.

5:42 πᾶσάν τε ἡμέραν ἐν τῷ ἱερῷ καὶ κατ' οἶκον οὐκ ἐπαύοντο διδάσκοντες καὶ εὐαγγελιζόμενοι τὸν χριστὸν Ἰησοῦν.

또한 모든 날들을(동안), 성전 안에서 그리고 집마다(집에서) 멈추지 않았다(쉬지 않았다), 가르치는 것 그리고 복음 전하는 것, 그 그리스도/메시아 예수를.

사도행전 6장

6:1 Ἐν δὲ ταῖς ἡμέραις ταύταις πληθυνόντων τῶν μαθητῶν ἐγένετο γογγυσμὸς τῶν Ἑλληνιστῶν πρὸς τοὺς Ἑβραίους, ὅτι παρεθεωροῦντο ἐν τῇ διακονίᾳ τῇ καθημερινῇ αἱ χῆραι αὐτῶν.

이제 이 날들에(그즈음에), 제자들이 증가되자, 불평이 발생했다, 헬라인들의 히브리인들을 향한. 즉, 그들이 빠진다/무시당한다, 그들의 과부들이 매일의 섬김(구제)에.

6:2 προσκαλεσάμενοι δὲ οἱ δώδεκα τὸ πλῆθος τῶν μαθητῶν εἶπαν· οὐκ ἀρεστόν ἐστιν ἡμᾶς καταλείψαντας τὸν λόγον τοῦ θεοῦ διακονεῖν τραπέζαις.

이제 12(사도)가 제자들의 무리(군중)를 불러서(모아서) 말했다. 유쾌/합당하지 않다, 우리가 하나님의 말씀을 철저히 버려/내려놓는 것이, 식탁 봉사들에(을) 섬기고자.

6:3 ἐπισκέψασθε δέ, ἀδελφοί, ἄνδρας ἐξ ὑμῶν μαρτυρουμένους ἑπτά, πλήρεις πνεύματος καὶ σοφίας, οὓς καταστήσομεν ἐπὶ τῆς χρείας ταύτης,

이제 너희들은 뽑으라(선택하라) 형제들아! 너희들로부터(중에서) 증인(증명)이 되는 7(명의) 사람을, 영과 지혜로 충만한 사람을, 그들에게 우리가 맡길 것이다, 이 사역(직무)을.

6:4 ἡμεῖς δὲ τῇ προσευχῇ καὶ τῇ διακονίᾳ τοῦ λόγου προσκαρτερήσομεν.

이제 우리는 기도에, 그리고 말씀 사역(직무)에 전념할 것이다.

6:5 καὶ ἤρεσεν ὁ λόγος ἐνώπιον παντὸς τοῦ πλήθους καὶ ἐξελέξαντο Στέφανον, ἄνδρα πλήρης πίστεως καὶ πνεύματος ἁγίου, καὶ Φίλιππον καὶ Πρόχορον καὶ Νικάνορα καὶ Τίμωνα καὶ Παρμενᾶν καὶ Νικόλαον προσήλυτον Ἀντιοχέα,

그리고(그러자) 이 말이 일치/기쁨이 되었다, 무리들의 모든 사람 앞에서. 그리고 선택/뽑았다, 믿음과 성령의 충만한 사람 스테판(스데반)을. 그리고 필립을 그리고 프로코로(브로고로)를, 그리고 니카노르(니가노르)를 그리고 티몬(디몬)을, 그리고 파르메나(바메나)를 그리고 (유대교로) 개종한 안티오키아(안디옥) 사람 니콜라오(니골라)를.

6:6 οὓς ἔστησαν ἐνώπιον τῶν ἀποστόλων, καὶ προσευξάμενοι ἐπέθηκαν αὐτοῖς τὰς χεῖρας.

그들을 세웠다, 사도들 앞에, 그리고 (그들이) 기도한 후에 그들에게, 손을 얹었다/안수했다.

6:7 Καὶ ὁ λόγος τοῦ θεοῦ ηὔξανεν καὶ ἐπληθύνετο ὁ ἀριθμὸς τῶν μαθητῶν ἐν Ἰερουσαλὴμ σφόδρα, πολύς τε ὄχλος τῶν ἱερέων ὑπήκουον τῇ πίστει.

그리고(그래서) 하나님의 말씀이 성장했다 그리고 제자들의 숫자가 증가되었다, 예루살렘에 거대/엄청나게, 또한 제사장들의 많은 무리도 복종했다/굴복했다,

그 믿음에(그 충성함에).

6:8 Στέφανος δὲ πλήρης χάριτος καὶ δυνάμεως ἐποίει τέρατα καὶ σημεῖα μεγάλα ἐν τῷ λαῷ.

이제 스테판(스데반)이 가득(충만)해서, 은혜와 능력으로, 계속하였다, 기적들과 큰 표적들을, 백성들 앞에서.

6:9 ἀνέστησαν δέ τινες τῶν ἐκ τῆς συναγωγῆς τῆς λεγομένης Λιβερτίνων καὶ Κυρηναίων καὶ Ἀλεξανδρέων καὶ τῶν ἀπὸ Κιλικίας καὶ Ἀσίας συζητοῦντες τῷ Στεφάνῳ,

이제 일어났다 어떤 자들이, 자유인이라 불리는 회당 출신의 (사람들이). 그리고(즉) 키레네(구레네)인들의, 그리고 알렉산드리아인들의, 그리고 킬리키아(길리기아)와 아시아로부터 (온) 사람들과 함께, 논쟁하기를(하고자) 스테판(스데반)에게.

6:10 καὶ οὐκ ἴσχυον ἀντιστῆναι τῇ σοφίᾳ καὶ τῷ πνεύματι ᾧ ἐλάλει.

그리고(그런데) 그들은 힘/능력이 없었다, 대항하기에, 지혜와 영으로, 그에게 계속 말하는 것에(논쟁하는 것에).

6:11 τότε ὑπέβαλον ἄνδρας λέγοντας ὅτι ἀκηκόαμεν αὐτοῦ λαλοῦντος ῥήματα βλάσφημα εἰς Μωϋσῆν καὶ τὸν θεόν.

그때 그들이 아래로 던졌다, 사람들을 (이용해서) 말하도록, 즉 우리가 들었다, 그의 말들이 발화되는 것을, 신성모독의 발언들을 모세와 하나님을 향해.

6:12 συνεκίνησάν τε τὸν λαὸν καὶ τοὺς πρεσβυτέρους καὶ τοὺς γραμματεῖς καὶ ἐπιστάντες συνήρπασαν αὐτὸν καὶ ἤγαγον εἰς τὸ συνέδριον,

이제/또한 그들이 선동했다, 그 백성을 그리고 장로들과 서기관들을. 그리고(그래서) 위에 서게 해서(마주하게 해서) 사로잡았다 그를. 그리고 그들이 끌고 왔다, 공회 안으로.

6:13 ἔστησάν τε μάρτυρας ψευδεῖς λέγοντας· ὁ ἄνθρωπος οὗτος οὐ παύεται λαλῶν ῥήματα κατὰ τοῦ τόπου τοῦ ἁγίου [τούτου] καὶ τοῦ νόμου·

이제/또한 그들이 세웠다, 거짓 증인들을 말하도록(말하게 했다). 바로 이 사람이 멈추지 않는다, 발화된 말들을 하기를, 이 거룩한 장소와 율법에 대항하여.

6:14 ἀκηκόαμεν γὰρ αὐτοῦ λέγοντος ὅτι Ἰησοῦς ὁ Ναζωραῖος οὗτος καταλύσει τὸν τόπον τοῦτον καὶ ἀλλάξει τὰ ἔθη ἃ παρέδωκεν ἡμῖν Μωϋσῆς.

왜냐하면 우리가 들었다, 그의 말하는 것을. 즉 그 나사렛 사람 예수가 이 장소를 파괴할 것이며, 변경할 것이다, 전통(관습)들을 [즉] 모세가 우리에게 전승해 준 것들을.

6:15 καὶ ἀτενίσαντες εἰς αὐτὸν πάντες οἱ καθεζόμενοι ἐν τῷ συνεδρίῳ εἶδον τὸ πρόσωπον αὐτοῦ ὡσεὶ πρόσωπον ἀγγέλου.

그리고(그러자) 주시/주목하게 되니 그에게로, 모든 이들이, [즉] 공회 안에 앉아 있는 자들이, 보았다/인지했다(알아차렸다), 그의 얼굴을 마치 천사의 얼굴을(로).

사도행전 7장

7:1 Εἶπεν δὲ ὁ ἀρχιερεύς· εἰ ταῦτα οὕτως ἔχει;

이제 말했다, 그 대제사장이. 만약(정말로) 이것들이 그렇게 가지느냐(이 일들이 그 러하냐)?

7:2 ὁ δὲ ἔφη· Ἄνδρες ἀδελφοὶ καὶ πατέρες, ἀκούσατε. Ὁ θεὸς τῆς δόξης ὤφθη τῷ πατρὶ ἡμῶν Ἀβραὰμ ὄντι ἐν τῇ Μεσοποταμίᾳ πρὶν ἢ κατοικῆσαι αὐτὸν ἐν Χαρρὰν

이제 그가 말했다. 남자들이여! 형제들이여! 그리고 아버지들이여(산헤드린 공회 원들이여)! 그대들은 들으라! 영광의 하나님께서 보여지셨다(나타나셨다), 우리의 아버지(선조) 아브라함에게. 메소포타미아에 있을 때, 그가 하란에 거주하기 전 에.

7:3 καὶ εἶπεν πρὸς αὐτόν· ἔξελθε ἐκ τῆς γῆς σου καὶ [ἐκ] τῆς συγγενείας σου, καὶ δεῦρο εἰς τὴν γῆν ἣν ἄν σοι δείξω.

그리고 말씀하셨다, 그를 향해. 너는 떠나라, 너의 땅으로부터, 그리고 너의 친 척으로부터, 그리고 여기로(이곳으로 오라)! 그 땅으로, 너에게 보여 주게 될 곳으 로!

7:4 τότε ἐξελθὼν ἐκ γῆς Χαλδαίων κατῴκησεν ἐν Χαρράν. κἀκεῖθεν μετὰ τὸ ἀποθανεῖν τὸν πατέρα αὐτοῦ μετῴκισεν αὐτὸν εἰς τὴν γῆν ταύτην εἰς ἣν ὑμεῖς νῦν κατοικεῖτε,

그때, 그가 떠나서(떠난 후에) 갈대아 사람들의 땅으로부터, 하란에 거주했다. 거 기에서 그의 아버지가 죽은 후에, 그가 이주했다, 이 땅으로, 그들이 지금 거주 하는 곳으로.

7:5 καὶ οὐκ ἔδωκεν αὐτῷ κληρονομίαν ἐν αὐτῇ οὐδὲ βῆμα ποδὸς καὶ ἐπηγγείλατο δοῦναι αὐτῷ εἰς κατάσχεσιν αὐτὴν καὶ τῷ σπέρματι αὐτοῦ μετ' αὐτόν, οὐκ ὄντος αὐτῷ τέκνου.

그리고(그러나) 그분이 주지 않으셨다, 그에게 유산을 여기(거기)서, 그 땅에서, 발로 한걸음(정도 크기에 해당하는 땅)도 없이, 그리고 그분은 약속하셨다, 그에게 주시기를, 소유로 그 땅을, 그의 씨/후손에게, 그의 후에(아브라함 후손에게) 그에 게 자식/아이가 없는데[도].

7:6 ἐλάλησεν δὲ οὕτως ὁ θεὸς ὅτι ἔσται τὸ σπέρμα αὐτοῦ πάροικον ἐν γῇ ἀλλοτρίᾳ καὶ δουλώσουσιν αὐτὸ καὶ κακώσουσιν ἔτη τετρακόσια·

이제 말씀하셨다, 이처럼 하나님께서, 즉 그의 씨/후손이 될 것이다, 나그네로, 남의/다른 이들의 땅에서 그리고 그를 종으로 삼을 것이다, 그리고 압제/학대할 것이다, 400년을.

7:7 καὶ τὸ ἔθνος ᾧ ἐὰν δουλεύσουσιν κρινῶ ἐγώ, ὁ θεὸς εἶπεν, καὶ μετὰ ταῦτα ἐξελεύσονται καὶ λατρεύσουσίν μοι ἐν τῷ τόπῳ τούτῳ.

그리고 그 민족을 그에게 종 삼게 될 경우에, 내가 심판하리라, 하나님께서 말씀하셨다, 그리고 그런 일들 후에 그들이 나올 것이다, 섬길/예배할 것이다, 나를, [바로] 이 장소에서.

7:8 καὶ ἔδωκεν αὐτῷ διαθήκην περιτομῆς· καὶ οὕτως ἐγέννησεν τὸν Ἰσαὰκ καὶ περιέτεμεν αὐτὸν τῇ ἡμέρᾳ τῇ ὀγδόῃ, καὶ Ἰσαὰκ τὸν Ἰακώβ, καὶ Ἰακὼβ τοὺς δώδεκα πατριάρχας.

그리고 그분이 주셨다, 그에게 할례의 언약/약속을. 그리고 그렇게 그가 낳았다, 이삭을 그리고 할례 했다, 8번째 날에. 그리고 이삭이 야곱을 그리고 야곱이 12 선조들을 [낳았고 할례를 주었다].

7:9 Καὶ οἱ πατριάρχαι ζηλώσαντες τὸν Ἰωσὴφ ἀπέδοντο εἰς Αἴγυπτον. καὶ ἦν ὁ θεὸς μετ᾽ αὐτοῦ

그리고 조상/선조들이 시기해서 요셉을 넘겼다(팔아 버렸다), 이집트(애굽)으로, 그리고(그러나) 하나님께서 그와 함께하셨다.

7:10 καὶ ἐξείλατο αὐτὸν ἐκ πασῶν τῶν θλίψεων αὐτοῦ καὶ ἔδωκεν αὐτῷ χάριν καὶ σοφίαν ἐναντίον Φαραὼ βασιλέως Αἰγύπτου καὶ κατέστησεν αὐτὸν ἡγούμενον ἐπ᾽ Αἴγυπτον καὶ [ἐφ᾽] ὅλον τὸν οἶκον αὐτοῦ.

그리고 구출하셨다, 그를 그의 모든 시련으로부터. 그리고 그에게 주셨다, 은혜와 지혜를, 이집트(애굽)의 왕 바로 앞에서. 그리고 (그분께서) 세우셨다, 그를, 인도하는 자로(다스리는 자로) 이집트 위에 그리고 그의 온(모든) 집 위에.

7:11 ἦλθεν δὲ λιμὸς ἐφ᾽ ὅλην τὴν Αἴγυπτον καὶ Χανάαν καὶ θλῖψις μεγάλη, καὶ οὐχ ηὕρισκον χορτάσματα οἱ πατέρες ἡμῶν.

이제 왔다, 기근(수확이 없음)이 모든/온 이집트(애굽)과 가나안 위에 그리고 거대한 시련이. [즉] 양식들을 계속 발견할 수 없었다, 우리의 조상/선조들이.

7:12 ἀκούσας δὲ Ἰακὼβ ὄντα σιτία εἰς Αἴγυπτον ἐξαπέστειλεν τοὺς πατέρας ἡμῶν πρῶτον.

이제 야곱이 들은 후에, 밀/곡식이 있다, 이집트(애굽)로(에) 보냈다, 우리의 조상/선조들을 먼저.

7:13 καὶ ἐν τῷ δευτέρῳ ἀνεγνωρίσθη Ἰωσὴφ τοῖς ἀδελφοῖς αὐτοῦ καὶ φανερὸν ἐγένετο τῷ Φαραὼ τὸ γένος [τοῦ] Ἰωσήφ.

그리고 두 번째에, 알려지게 되었다, 요셉이 그의 형제들에게, 그리고(그래서) 드러나게/알려지게 되었다 바로에게 요셉의 민족(가족/혈족)이.

7:14 ἀποστείλας δὲ Ἰωσὴφ μετεκαλέσατο Ἰακὼβ τὸν πατέρα αὐτοῦ καὶ πᾶσαν τὴν συγγένειαν ἐν ψυχαῖς ἑβδομήκοντα πέντε.

이제 파송한 후(사람을 보낸 후), 요셉이 소환/불렀다(특별히 따로 불렀다), 그의 아버지 야곱을 그리고 모든 친족을 75 혼(soul) 안에(으로).

7:15 καὶ κατέβη Ἰακὼβ εἰς Αἴγυπτον καὶ ἐτελεύτησεν αὐτὸς καὶ οἱ πατέρες ἡμῶν,

그리고 내려갔다, 야곱이 이집트(애굽)으로. 그리고 생을 마감했다, 그가 그리고 우리 아버지(선조)들이.

7:16 καὶ μετετέθησαν εἰς Συχὲμ καὶ ἐτέθησαν ἐν τῷ μνήματι ᾧ ὠνήσατο Ἀβραὰμ τιμῆς ἀργυρίου παρὰ τῶν υἱῶν Ἐμμὼρ ἐν Συχέμ.

그리고 옮겨졌다, 세겜으로 그리고 두었다(매장되었다), 무덤에. 아브라함이 구입한, 은(돈)의 값/대가 지불로, 하몰의 아들들로부터, 세겜에 (있는).

7:17 Καθὼς δὲ ἤγγιζεν ὁ χρόνος τῆς ἐπαγγελίας ἧς ὡμολόγησεν ὁ θεὸς τῷ Ἀβραάμ, ηὔξησεν ὁ λαὸς καὶ ἐπληθύνθη ἐν Αἰγύπτῳ

이제 그 약속의 때가 가까워진 즈음에, 하나님께서 아브라함에게 고백/약속하신 것, 그 백성이 증가했다, 그리고 풍성/충만해졌다, 이집트(애굽)에서.

7:18 ἄχρι οὗ ἀνέστη βασιλεὺς ἕτερος [ἐπ᾽ Αἴγυπτον] ὃς οὐκ ᾔδει τὸν Ἰωσήφ.

이집트(애굽) 위에 다른 왕이 일어날 때까지, 그(다른 왕)는 요셉을 알지 못했다.

7:19 οὗτος κατασοφισάμενος τὸ γένος ἡμῶν ἐκάκωσεν τοὺς πατέρας [ἡμῶν] τοῦ ποιεῖν τὰ βρέφη ἔκθετα αὐτῶν εἰς τὸ μὴ ζῳογονεῖσθαι.

그 자는 철저하게 교활한 정책/태도로 우리 민족을 괴롭혔다/압제했다, 우리 선조들을. 행하도록, [즉] 그들의 유아들을 버려서 살아남지 못하도록.

7:20 Ἐν ᾧ καιρῷ ἐγεννήθη Μωϋσῆς καὶ ἦν ἀστεῖος τῷ θεῷ· ὃς ἀνετράφη μῆνας τρεῖς ἐν τῷ οἴκῳ τοῦ πατρός,

그때에 모세가 태어났다, 그리고 그는 하나님께 매력적이었다/아름다웠다(용모의 아름다움이 아니라, 양육 상태 즉 하나님 앞에서 잘 길러진 상태). 그는 양육되었다, 3달을 아버지의 집에서.

7:21 ἐκτεθέντος δὲ αὐτοῦ ἀνείλατο αὐτὸν ἡ θυγάτηρ Φαραὼ καὶ ἀνεθρέψατο αὐτὸν ἑαυτῇ εἰς υἱόν.

이제 그의 버려진 후에, 그를 집어 올렸다, 바로의 딸이 그리고 그를 양육했다 (젖 주었다) 자신에게 아들로 (삼아서).

7:22 καὶ ἐπαιδεύθη Μωϋσῆς [ἐν] πάσῃ σοφίᾳ Αἰγυπτίων, ἦν δὲ δυνατὸς ἐν λόγοις καὶ ἔργοις αὐτοῦ.

그리고 모세는 훈련받았다, 이집트인들(애굽인들)의 모든 지혜를, 이제(그래서) 그의 말과 일(행동)에 능력이 있었다.

7:23 Ὡς δὲ ἐπληροῦτο αὐτῷ τεσσερακονταετὴς χρόνος, ἀνέβη ἐπὶ τὴν καρδίαν αὐτοῦ ἐπισκέψασθαι τοὺς ἀδελφοὺς αὐτοῦ τοὺς υἱοὺς Ἰσραήλ.

이제 그에게 40(살) 때가 가득 찼을 때, 그의 마음 위에 올라갔다(그의 마음에 어떤 각오가 생겼다), 그의 형제들, 이스라엘의 아들들을 방문/돌보기를.

7:24 καὶ ἰδών τινα ἀδικούμενον ἠμύνατο καὶ ἐποίησεν ἐκδίκησιν τῷ καταπονουμένῳ πατάξας τὸν Αἰγύπτιον.

그리고 본 후에, 부당한 일 당하는 누군가를. 그가 정당방위하였다, 그리고/즉 복수를 행했다(불의를 바로잡기 위해 응징했다), 괴롭힘당하는 자를 위해. [즉] 그 이집트(애굽) 사람을 쳐 죽임으로.

7:25 ἐνόμιζεν δὲ συνιέναι τοὺς ἀδελφοὺς [αὐτοῦ] ὅτι ὁ θεὸς διὰ χειρὸς αὐτοῦ δίδωσιν σωτηρίαν αὐτοῖς· οἱ δὲ οὐ συνῆκαν.

이제 그는 간주했다/가정했다, 그의 형제들이 깨닫기를(깨달으리라고). 즉 하나님께서 그의 손을 통해 그들에게 구원을 주신다는 것을. 이제(그러나) 그들은 깨닫지 못했다.

7:26 τῇ τε ἐπιούσῃ ἡμέρᾳ ὤφθη αὐτοῖς μαχομένοις καὶ συνήλλασσεν αὐτοὺς εἰς εἰρήνην εἰπών· ἄνδρες, ἀδελφοί ἐστε· ἱνατί ἀδικεῖτε ἀλλήλους;

또한 다음 날, 그에게 보여졌다, 그들이 싸우는 것을, 그리고 강요/계속 억지로 시켰다, 그들을 평화로 말하도록(서로 화해시키려고). 남자들아/사람들아! 너희들은 형제들이다! 어째서 서로를 부당하게 하느냐?

7:27 ὁ δὲ ἀδικῶν τὸν πλησίον ἀπώσατο αὐτὸν εἰπών· τίς σε κατέστησεν ἄρχοντα καὶ δικαστὴν ἐφ᾽ ἡμῶν;

이제 그 이웃/친구를 부당하게 하는 자가 그를 밀쳤다, 말한 후에(말하고서), 누가 너를 앉혔느냐/세웠느냐, 지도자와 재판관으로, 우리들 위에?

7:28 μὴ ἀνελεῖν με σὺ θέλεις ὃν τρόπον ἀνεῖλες ἐχθὲς τὸν Αἰγύπτιον;

너는 나를 제거 못하겠느냐(제거하려 하느냐), 어제 이집트(애굽) 사람을 제거한 것처럼?

7:29 ἔφυγεν δὲ Μωϋσῆς ἐν τῷ λόγῳ τούτῳ καὶ ἐγένετο πάροικος ἐν γῇ Μαδιάμ, οὗ ἐγέννησεν υἱοὺς δύο.

이제 모세는 도망갔다, 이 말로 인하여, 그리고 이방인(떠돌이/나그네)가 되었다, 미디안의 땅에서. [그리고] 거기서 아들 둘을 낳았다.

7:30 Καὶ πληρωθέντων ἐτῶν τεσσεράκοντα ὤφθη αὐτῷ ἐν τῇ ἐρήμῳ τοῦ ὄρους Σινᾶ ἄγγελος ἐν φλογὶ πυρὸς βάτου.

그리고 40년이 찼을 때, 그에게 보여졌다, 시나이(시내)산의 광야에서, 천사가 떨기나무 불꽃 가운데 [있는 것을].

7:31 ὁ δὲ Μωϋσῆς ἰδὼν ἐθαύμαζεν τὸ ὅραμα, προσερχομένου δὲ αὐτοῦ κατανοῆσαι ἐγένετο φωνὴ κυρίου·

이제 모세가 보고서 이상히 여겼다, 그 광경을. 이제 그가 접근해서 자세히 보려 할 때, 주의 음성이 일어났다.

7:32 ἐγὼ ὁ θεὸς τῶν πατέρων σου, ὁ θεὸς Ἀβραὰμ καὶ Ἰσαὰκ καὶ Ἰακώβ. ἔντρομος δὲ γενόμενος Μωϋσῆς οὐκ ἐτόλμα κατανοῆσαι.

나는 하나님! 너의 조상들의 하나님! 아브라함 그리고 이삭, 그리고 야곱의 [하나님이다!] 이제 모세가 두렵게 되어서 감히 자세히 볼 수 없게 되었다.

7:33 εἶπεν δὲ αὐτῷ ὁ κύριος· λῦσον τὸ ὑπόδημα τῶν ποδῶν σου, ὁ γὰρ τόπος ἐφ᾽ ᾧ ἕστηκας γῆ ἁγία ἐστίν.

이제 그에게 주님께서 말씀하셨다. 너는 벗어라, 너의 발들의 신들을! 왜냐하면 그 장소 [즉] 네가 서 있는 그곳은 거룩한 땅이다.

7:34 ἰδὼν εἶδον τὴν κάκωσιν τοῦ λαοῦ μου τοῦ ἐν Αἰγύπτῳ καὶ τοῦ στεναγμοῦ αὐτῶν ἤκουσα, καὶ κατέβην ἐξελέσθαι αὐτούς· καὶ νῦν δεῦρο ἀποστείλω σε εἰς Αἴγυπτον.

내가 보고 보았다, 내 백성의 고난/학대를, 이집트(애굽)에서, 그리고 그들의 신음/한숨을 내가 들었다. 그리고 내가 내려왔다, 그들을 구출하려고. 그리고 지금 여기서 내가 보낸다, 너를 이집트로.

7:35 Τοῦτον τὸν Μωϋσῆν ὃν ἠρνήσαντο εἰπόντες· τίς σε κατέστησεν ἄρχοντα καὶ δικαστήν; τοῦτον ὁ θεὸς [καὶ] ἄρχοντα καὶ λυτρωτὴν ἀπέσταλκεν σὺν χειρὶ ἀγγέλου τοῦ ὀφθέντος αὐτῷ ἐν τῇ βάτῳ.

바로 그 모세를. [즉] 그들이 부정/거절했던, 그를(에게), 말하면서, 누가 너를 세웠느냐, 지도자와 재판관으로? 바로 그를 하나님께서 지도자와 구속자로 보내주셨다, 천사의 손과 함께(으로) 떨기나무에서 그에게 나타난 (그 천사).

7:36 οὗτος ἐξήγαγεν αὐτοὺς ποιήσας τέρατα καὶ σημεῖα ἐν γῇ Αἰγύπτῳ καὶ ἐν ἐρυθρᾷ θαλάσσῃ καὶ ἐν τῇ ἐρήμῳ ἔτη τεσσεράκοντα.

그가 끌어냈다, 그들을 기적들과 표적들을 행하여서, 이집트(애굽) 땅에서 그리고 홍해에서, 그리고 광야에서 40년을.

7:37 οὗτός ἐστιν ὁ Μωϋσῆς ὁ εἴπας τοῖς υἱοῖς Ἰσραήλ· προφήτην ὑμῖν ἀναστήσει ὁ θεὸς ἐκ τῶν ἀδελφῶν ὑμῶν ὡς ἐμέ.

그가 바로 모세이다, 그가 이스라엘 아들들에게 말하였던, [즉] (한) 선지자를 너희에게 세우시리라, 하나님께서, 너희 형제들로부터(중에서) 나와 같은.

7:38 οὗτός ἐστιν ὁ γενόμενος ἐν τῇ ἐκκλησίᾳ ἐν τῇ ἐρήμῳ μετὰ τοῦ ἀγγέλου τοῦ λαλοῦντος αὐτῷ ἐν τῷ ὄρει Σινᾶ καὶ τῶν πατέρων ἡμῶν, ὃς ἐδέξατο λόγια ζῶντα δοῦναι ἡμῖν,

이 사람이다(이 사람이 바로 그 사람이다)! 광야에서(의) 모임/ 교회에, 천사와 함께 그에게 말했던, 시나이산(시내산)에서, 그리고 조상들의 [중재자로]. 그는 생명의 말씀들/신탁들을 받았다, 우리에게 주고자.

7:39 ᾧ οὐκ ἠθέλησαν ὑπήκοοι γενέσθαι οἱ πατέρες ἡμῶν, ἀλλ᾽ ἀπώσαντο καὶ ἐστράφησαν ἐν ταῖς καρδίαις αὐτῶν εἰς Αἴγυπτον

그(모세)에게(그를 향해), 원하지 않았다, 경청(순종) 되어지기를, 우리 선조들이. 오히려 그들이 밀쳐 버렸다/거절했다 그리고 돌아졌다(방향을 틀어 버렸다), 그들이 마음들 안에서, 이집트(애굽)로.

7:40 εἰπόντες τῷ Ἀαρών· ποίησον ἡμῖν θεοὺς οἳ προπορεύσονται ἡμῶν· ὁ γὰρ Μωϋσῆς οὗτος, ὃς ἐξήγαγεν ἡμᾶς ἐκ γῆς Αἰγύπτου, οὐκ οἴδαμεν τί ἐγένετο αὐτῷ.

말하면서 아론에게, 너는 만들어라, 우리에게 신들을, 우리들의 앞서갈 (것들)을! 왜냐하면 그 모세는 이집트(애굽) 땅에서부터 우리를 이끌어 인도한 그 사람은 우리들이 알지 못한다, 어떻게 되었는지(무슨 일이 일어났는지), 그에게.

7:41 καὶ ἐμοσχοποίησαν ἐν ταῖς ἡμέραις ἐκείναις καὶ ἀνήγαγον θυσίαν τῷ εἰδώλῳ καὶ εὐφραίνοντο ἐν τοῖς ἔργοις τῶν χειρῶν αὐτῶν.

그리고(그래서) 그들이 송아지(형상)를 만들었다 저 날들에, 그리고 이끌었다, 제사를 우상에게(향해). 그리고(그러자) 그들이 계속 기뻐했다, 그들의 손들로 수고한(만든) 것들 안에(서).

7:42 ἔστρεψεν δὲ ὁ θεὸς καὶ παρέδωκεν αὐτοὺς λατρεύειν τῇ στρατιᾷ τοῦ οὐρανοῦ καθὼς γέγραπται ἐν βίβλῳ τῶν προφητῶν· μὴ σφάγια καὶ θυσίας προσηνέγκατέ μοι ἔτη τεσσεράκοντα ἐν τῇ ἐρήμῳ, οἶκος Ἰσραήλ;

이제 (반대로) 틀어 버리셨다, 하나님께서, 그리고 넘겨주셨다(내버려두셨다), 그들을, 하늘의 군대 경배/예배하는 것에. 기록되어진 것처럼, 선지자들의 책에. 희생물들과 제물들을 나에게 가져온 적이 있었느냐, 40년을 광야에서, 이스라엘의 집이여?

7:43 καὶ ἀνελάβετε τὴν σκηνὴν τοῦ Μόλοχ καὶ τὸ ἄστρον τοῦ θεοῦ [ὑμῶν] Ῥαιφάν, τοὺς τύπους οὓς ἐποιήσατε προσκυνεῖν αὐτοῖς, καὶ μετοικιῶ ὑμᾶς ἐπέκεινα Βαβυλῶνος.

그리고 너희는 적극적으로 받아들였다(들어 올렸다), 몰록의 장막/텐트와 너희들의 신 레판의 별을. 그 우상 형상들을 너희들이 만들었다, 그것들에게 경배하려고. 그리고(그래서) 내가 옮길 것이다, 너희들을 바벨론 너머로.

7:44 Ἡ σκηνὴ τοῦ μαρτυρίου ἦν τοῖς πατράσιν ἡμῶν ἐν τῇ ἐρήμῳ καθὼς διετάξατο ὁ λαλῶν τῷ Μωϋσῇ ποιῆσαι αὐτὴν κατὰ τὸν τύπον ὃν ἑωράκει·

그 증거의 장막이 있었다, 우리 선조들에게, 광야에서, 명령하신 대로(같이), 모세에게 말씀하신 분께서 그것을 만들려고(만들라고), 그(모세)가 본 그 모양대로(따라).

7:45 ἣν καὶ εἰσήγαγον διαδεξάμενοι οἱ πατέρες ἡμῶν μετὰ Ἰησοῦ ἐν τῇ κατασχέσει τῶν ἐθνῶν, ὧν ἐξῶσεν ὁ θεὸς ἀπὸ προσώπου τῶν πατέρων ἡμῶν ἕως τῶν ἡμερῶν Δαυίδ,

그리고 그것을 도입/끌어들였다, 받아서 계승한 후에, 우리 선조들이 여호수아와 함께, 이방인들의 (땅을) 점령할 때에, 그들은 하나님께서 쫓아내셨다, 우리 선조들 앞에서, 다윗의 날들까지.

7:46 ὃς εὗρεν χάριν ἐνώπιον τοῦ θεοῦ καὶ ᾐτήσατο εὑρεῖν σκήνωμα τῷ οἴκῳ Ἰακώβ.

그가 은혜를 발견했다, 하나님 앞에서. 그리고 요청/간구했다, 발견하도록(받도록) 천막(성막)을 야곱의 집에게(집을 위하여).

7:47 Σολομῶν δὲ οἰκοδόμησεν αὐτῷ οἶκον.

이제 솔로몬이 지었다, 그분께 집(성전)을.

7:48 ἀλλ' οὐχ ὁ ὕψιστος ἐν χειροποιήτοις κατοικεῖ, καθὼς ὁ προφήτης λέγει·

하지만 가장 높은 분(지존자)은 손으로 만든 것들에(손들로 만든 것 안에) 거주하지 않으신다, 선지자가 말한 것처럼.

7:49 ὁ οὐρανός μοι θρόνος, ἡ δὲ γῆ ὑποπόδιον τῶν ποδῶν μου ποῖον οἶκον οἰκοδομήσετέ μοι, λέγει κύριος, ἢ τίς τόπος τῆς καταπαύσεώς μου;

하늘은 나에게 보좌, 이제 땅은 내 발들의 발판, 어떤 집을 너희들이 지을 것이냐, 나에게(위해)? 주님께서 말씀하신다, 혹은(또한) 어느 장소가 나의 철저히 휴식할 곳이겠느냐?

7:50 οὐχὶ ἡ χείρ μου ἐποίησεν ταῦτα πάντα;

나의 손이 만든 것이 아니냐, 이 모든 것을?

7:51 Σκληροτράχηλοι καὶ ἀπερίτμητοι καρδίαις καὶ τοῖς ὠσίν, ὑμεῖς ἀεὶ τῷ πνεύματι τῷ ἁγίῳ ἀντιπίπτετε ὡς οἱ πατέρες ὑμῶν καὶ ὑμεῖς.

목이 곧은 자들아! 그리고 마음들과 귀들에 할례받지 않은 자들아! 너희들은 항상 성령께 반대/대적한다, 너희들의 선조들처럼, 너희들도!

7:52 τίνα τῶν προφητῶν οὐκ ἐδίωξαν οἱ πατέρες ὑμῶν; καὶ ἀπέκτειναν τοὺς προκαταγγείλαντας περὶ τῆς ἐλεύσεως τοῦ δικαίου, οὗ νῦν ὑμεῖς προδόται καὶ φονεῖς ἐγένεσθε,

선지자들 중에서 누가 [있었느냐], 너희들의 선조들이 핍박하지 않은 [자가]? 그리고(그래서) 그들이 죽였다, 미리 알린(예언한) 자들을 [즉] 오실 의인(예수님)에 대해서 (예언한 자들을). 이제 너희들은 그분의 배신자들이고 살인자들이다.

7:53 οἵτινες ἐλάβετε τὸν νόμον εἰς διαταγὰς ἀγγέλων καὶ οὐκ ἐφυλάξατε.

누구든지 너희들은 율법을 받았다, 천사들의 지정/배정해 준 그 율법을. 그리고(그럼에도) 너희들은 지키지 않았다(수호/순종하지 않았다).

7:54 Ἀκούοντες δὲ ταῦτα διεπρίοντο ταῖς καρδίαις αὐτῶν καὶ ἔβρυχον τοὺς ὀδόντας ἐπ᾽ αὐτόν.

이제 이것들(이 말들)을 들은 후에, 그들은 톱에 쓸리는 듯 찔림을 받았다, 그들의 마음에. 그리고 이빨들을 갈았다, 그(스데반)에 대하여.

7:55 ὑπάρχων δὲ πλήρης πνεύματος ἁγίου ἀτενίσας εἰς τὸν οὐρανὸν εἶδεν δόξαν θεοῦ καὶ Ἰησοῦν ἑστῶτα ἐκ δεξιῶν τοῦ θεοῦ

이제 성령으로 충만해진 상태가 되어, 응시/고정한 후에, 하늘로 그는 보았다, 하나님의 영광을 그리고 하나님의 오른쪽으로부터 서 계신 예수님을.

7:56 καὶ εἶπεν· ἰδοὺ θεωρῶ τοὺς οὐρανοὺς διηνοιγμένους καὶ τὸν υἱὸν τοῦ ἀνθρώπου ἐκ δεξιῶν ἑστῶτα τοῦ θεοῦ.

그리고 그가 말했다. 보라! 내가 본다, 완전히 열린 하늘들을! 그리고 그 사람의 아들을! 하나님 오른쪽으로부터 서 계신 [분을]!

7:57 κράξαντες δὲ φωνῇ μεγάλῃ συνέσχον τὰ ὦτα αὐτῶν καὶ ὥρμησαν ὁμοθυμαδὸν ἐπ᾽ αὐτὸν

이제 소리 지르며, 큰 소리로, 그들의 귀들을 그들은 막았다. 그리고 그들은 달려들었다, 한마음으로 그(스데반)의 위에.

7:58 καὶ ἐκβαλόντες ἔξω τῆς πόλεως ἐλιθοβόλουν. καὶ οἱ μάρτυρες ἀπέθεντο τὰ ἱμάτια αὐτῶν παρὰ τοὺς πόδας νεανίου καλουμένου Σαύλου,

그리고 내쫓은/내던진 후에, 그 성 밖으로, 계속 돌을 던졌다, 그리고 증인들이 내려놓았다, 그들의 겉옷들을 사울이라 불리는 청년의 발들 곁에.

7:59 καὶ ἐλιθοβόλουν τὸν Στέφανον ἐπικαλούμενον καὶ λέγοντα· κύριε Ἰησοῦ, δέξαι τὸ πνεῦμά μου.

그리고 그들이 계속 돌 던졌다, 스테판(스데반)을, 부르짖고 기도하는 그를. 그리고 그가 말했다. 주 예수여! 받으소서, 나의 영을!

7:60 θεὶς δὲ τὰ γόνατα ἔκραξεν φωνῇ μεγάλῃ· κύριε, μὴ στήσῃς αὐτοῖς ταύτην τὴν ἁμαρτίαν. καὶ τοῦτο εἰπὼν ἐκοιμήθη.

이제 무릎들을 세우고/꿇고 큰 소리로 외쳤다, 주여! 두지 마소서, 그들에게 그 죄를! 그리고 이 말을 한 후에, 그는 잠들었다.

사도행전 8장

8:1 Σαῦλος δὲ ἦν συνευδοκῶν τῇ ἀναιρέσει αὐτοῦ. Ἐγένετο δὲ ἐν ἐκείνῃ τῇ ἡμέρᾳ διωγμὸς μέγας ἐπὶ τὴν ἐκκλησίαν τὴν ἐν Ἱεροσολύμοις, πάντες δὲ διεσπάρησαν κατὰ τὰς χώρας τῆς Ἰουδαίας καὶ Σαμαρείας πλὴν τῶν ἀποστόλων.

이제 사울은 함께 생각했다(동의했다), 그의 죽임당함(살해당함)을. 이제 (이런 일이) 일어났다, 저 날들에, 큰 박해가 그 교회 위에, 예루살렘에 있는(예루살렘의 여러 지역에서). 이제 모두들 흩어졌다, 유대아(유대)와 사마리아의 (여러) 지역들로, 사도들 외에(제외하고).

8:2 συνεκόμισαν δὲ τὸν Στέφανον ἄνδρες εὐλαβεῖς καὶ ἐποίησαν κοπετὸν μέγαν ἐπ᾽ αὐτῷ.

이제 장례를 치렀다, 스테판(스데반)을, 경건한 사람들이. 그리고 그들은 통곡하였다, 크게, 그를 위해서.

8:3 Σαῦλος δὲ ἐλυμαίνετο τὴν ἐκκλησίαν κατὰ τοὺς οἴκους εἰσπορευόμενος, σύρων τε ἄνδρας καὶ γυναῖκας παρεδίδου εἰς φυλακήν.

이제 사울이 계속 파괴하였다, 그 교회를, (여러) 집들마다 들어가서, 끌어낸 후에, 한편으로 남자들과 여자들을(도), 계속 넘겼다, 감옥 안으로.

8:4 Οἱ μὲν οὖν διασπαρέντες διῆλθον εὐαγγελιζόμενοι τὸν λόγον.

한편으로, 그러므로(그 결과) 흩어진 사람들이 통과해 갔다, 그 말씀을 복음(으로) 전하면서.

8:5 Φίλιππος δὲ κατελθὼν εἰς [τὴν] πόλιν τῆς Σαμαρείας ἐκήρυσσεν αὐτοῖς τὸν Χριστόν.

이제 빌립이 내려간 후에, 사마리아의 성(도시)으로, 계속 전파했다/선포했다, 그들에게 그 그리스도(메시아)를.

8:6 προσεῖχον δὲ οἱ ὄχλοι τοῖς λεγομένοις ὑπὸ τοῦ Φιλίππου ὁμοθυμαδὸν ἐν τῷ ἀκούειν αὐτοὺς καὶ βλέπειν τὰ σημεῖα ἃ ἐποίει.

이제 계속 추종했다, 무리들이, 빌립에 의해 말하여지는 것들에. 한마음/만장 일치로, 그것들을 듣는 것에 그리고 그가 행하는 그 표적들을 보는 것에.

8:7 πολλοὶ γὰρ τῶν ἐχόντων πνεύματα ἀκάθαρτα βοῶντα φωνῇ μεγάλῃ ἐξήρχοντο, πολλοὶ δὲ παραλελυμένοι καὶ χωλοὶ ἐθεραπεύθησαν·

왜냐하면 더러운 영들을 소유했던 많은 이들이 큰 소리 지르며, 계속 나갔다. 이제 중풍병에 걸린 많은 이들이, 다리 저는 사람들이, 고침을 받았다.

8:8 ἐγένετο δὲ πολλὴ χαρὰ ἐν τῇ πόλει ἐκείνῃ.

이제 발생했다, 많은 기쁨이, 저 성(도시) 안에.

8:9 Ἀνὴρ δέ τις ὀνόματι Σίμων προϋπῆρχεν ἐν τῇ πόλει μαγεύων καὶ ἐξιστάνων τὸ ἔθνος τῆς Σαμαρείας, λέγων εἶναί τινα ἑαυτὸν μέγαν,

이제 어떤 사람이, 시몬이라는 이름의, 앞서 있었다(이미 살고 있었다), 그 성(도시) 에. 마술하고 놀라게 하며, 사마리아 민족/사람들을, 말하면서, 자기 스스로 거 대한/위대한(대단한) 사람이라고.

8:10 ᾧ προσεῖχον πάντες ἀπὸ μικροῦ ἕως μεγάλου λέγοντες· οὗτός ἐστιν ἡ δύναμις τοῦ θεοῦ ἡ καλουμένη μεγάλη.

그에게 모든 이들이 계속 집착/추종했다, 작은 자부터 큰 자까지, 말하면서, 이 사람은 하나님의 그 능력이다, 크다(위대하다) 불리는 [그 능력을 소유한 사람이다!].

8:11 προσεῖχον δὲ αὐτῷ διὰ τὸ ἱκανῷ χρόνῳ ταῖς μαγείαις ἐξεστακέναι αὐτούς.

이제 계속 집착/추종했다, 그에게, 상당한(오랜) 시간 동안, 마술들로 그들을 놀 라게 함으로.

8:12 ὅτε δὲ ἐπίστευσαν τῷ Φιλίππῳ εὐαγγελιζομένῳ περὶ τῆς βασιλείας τοῦ θεοῦ καὶ τοῦ ὀνόματος Ἰησοῦ Χριστοῦ, ἐβαπτίζοντο ἄνδρες τε καὶ γυναῖκες.

이제 그때, 그들이 믿었다, 빌립의 복음 전함에/으로, 하나님 나라와 예수 그리 스도의 이름에 대하여, 계속 세례받았다, 남자들이 또한 여자들도.

8:13 ὁ δὲ Σίμων καὶ αὐτὸς ἐπίστευσεν καὶ βαπτισθεὶς ἦν προσκαρτερῶν τῷ Φιλίππῳ, θεωρῶν τε σημεῖα καὶ δυνάμεις μεγάλας γινομένας ἐξίστατο.

이제 시몬도 스스로 믿었다, 그리고 세례받은 후에 빌립에게 진지하게(가까이에서) 추종했다, 또한 표적들과 큰 능력들이 일어나는 것을 보고서, 그는 계속 놀랐다.

8:14 Ἀκούσαντες δὲ οἱ ἐν Ἱεροσολύμοις ἀπόστολοι ὅτι δέδεκται ἡ Σαμάρεια τὸν λόγον τοῦ θεοῦ, ἀπέστειλαν πρὸς αὐτοὺς Πέτρον καὶ Ἰωάννην,

이제 듣고 나서 예루살렘에 [있던] 사도들이, 즉 그 사마리아가(도) 하나님의 말씀을 받아들였다[라는 내용을]. 그들은 보냈다, 그들에게 베드로와 요한을.

8:15 οἵτινες καταβάντες προσηύξαντο περὶ αὐτῶν ὅπως λάβωσιν πνεῦμα ἅγιον·

그들이 내려간 후에 기도하였다, 그들 위에(그들을 위해), 그들이 성령을 받도록.

8:16 οὐδέπω γὰρ ἦν ἐπ᾽ οὐδενὶ αὐτῶν ἐπιπεπτωκός, μόνον δὲ βεβαπτισμένοι ὑπῆρχον εἰς τὸ ὄνομα τοῦ κυρίου Ἰησοῦ.

왜냐하면 아직(그때까지) 그들 중 아무에게도 [성령님이] 내려지지 않았기 때문이다. 이제 오직 세례받기만 시작했을 뿐이다, 주 예수의 이름으로.

8:17 τότε ἐπετίθεσαν τὰς χεῖρας ἐπ᾽ αὐτοὺς καὶ ἐλάμβανον πνεῦμα ἅγιον.

그때 그들이 올려놓았다, 손들을 그들 위에(안수했다). 그리고(그러자) 그들이 받았다, 성령을.

8:18 Ἰδὼν δὲ ὁ Σίμων ὅτι διὰ τῆς ἐπιθέσεως τῶν χειρῶν τῶν ἀποστόλων δίδοται τὸ πνεῦμα, προσήνεγκεν αὐτοῖς χρήματα

이제 본 후에, 그 시몬이 즉 사도들의 손들의 올려놓음을 통해서, 성령이 주어지는 것을. 그들에게(사도들에게) 그는 재물들을 주었다.

8:19 λέγων· δότε κἀμοὶ τὴν ἐξουσίαν ταύτην ἵνα ᾧ ἐὰν ἐπιθῶ τὰς χεῖρας λαμβάνῃ πνεῦμα ἅγιον.

말하면서, 너희들은 주라, 나에게도, 이러한 권위/능력을! 누구에게나 내가 손들을 올려놓으면, 그가 성령을 받을 수 있도록.

8:20 Πέτρος δὲ εἶπεν πρὸς αὐτόν· τὸ ἀργύριόν σου σὺν σοὶ εἴη εἰς ἀπώλειαν ὅτι τὴν δωρεὰν τοῦ θεοῦ ἐνόμισας διὰ χρημάτων κτᾶσθαι·

이제 베드로가 말했다, 그를 향해, 너의 그 돈이 너와 함께 멸망/파멸(지옥) 안으로 갈지어다! 즉(왜냐하면) 하나님의 선물을 네가 여겼기 때문이다, 재물들을 통해 얻는 것으로(구매하는 것으로)!

8:21 οὐκ ἔστιν σοι μερὶς οὐδὲ κλῆρος ἐν τῷ λόγῳ τούτῳ, ἡ γὰρ καρδία σου οὐκ ἔστιν εὐθεῖα ἔναντι τοῦ θεοῦ.

너에게 없다, 부분(몫)도 유업(획득)도, 이 말씀(진리) 안에! 왜냐하면 너의 마음이 곧지 못하기 때문이다, 하나님 앞에서.

8:22　μετανόησον οὖν ἀπὸ τῆς κακίας σου ταύτης καὶ δεήθητι τοῦ κυρίου, εἰ ἄρα ἀφεθήσεταί σοι ἡ ἐπίνοια τῆς καρδίας σου,

그러므로 너는 회개하라, 너의 이러한 악으로부터! 그리고 너는 간구(기도)하라, 주님의(께)! 만약 혹시라도 너에게/너는 용서받을 것이다, 너의 마음의 생각(의 도, 목적)을.

8:23　εἰς γὰρ χολὴν πικρίας καὶ σύνδεσμον ἀδικίας ὁρῶ σε ὄντα.

왜냐하면, 쓴 것(쓸개/독약) 안으로, 그리고 불의에 끈(매임)으로/안으로, 내가 본다(평가한다), 네가 그런 상태다.

8:24　ἀποκριθεὶς δὲ ὁ Σίμων εἶπεν· δεήθητε ὑμεῖς ὑπὲρ ἐμοῦ πρὸς τὸν κύριον ὅπως μηδὲν ἐπέλθῃ ἐπ᾽ ἐμὲ ὧν εἰρήκατε.

이에 대답하면서(대답으로), 그 시몬이 말했다. 당신들이 간구해 주소서, 나를 위해, 주님께! 그래서 아무것도 닥치지 않도록 내 위에, 당신이 말한 것들이.

8:25　Οἱ μὲν οὖν διαμαρτυράμενοι καὶ λαλήσαντες τὸν λόγον τοῦ κυρίου ὑπέστρεφον εἰς Ἰεροσόλυμα, πολλάς τε κώμας τῶν Σαμαριτῶν εὐηγγελίζοντο.

그러므로 한편으로, 그들이(두 사도가, 혹은 빌립까지) 철저히 증거하면서(증거한 후에), 주님의 말씀들을 말한 후에, 돌아갔다, 예루살렘으로. 또한 사마리아인들의 많은 마을들에 복음을 계속 전했다.

8:26　Ἄγγελος δὲ κυρίου ἐλάλησεν πρὸς Φίλιππον λέγων· ἀνάστηθι καὶ πορεύου κατὰ μεσημβρίαν ἐπὶ τὴν ὁδὸν τὴν καταβαίνουσαν ἀπὸ Ἰερουσαλὴμ εἰς Γάζαν, αὕτη ἐστὶν ἔρημος.

이제 (한) 주의 천사가 말했다, 빌립을 향해, 말하기를, 너는 일어나라! 그리고 너는 가라! 남쪽을 향해(아래로) 내려가는 길 위로, 예루살렘으로부터 가자(가사)로, 그것(그 길)은 광야(사막)이다.

8:27　καὶ ἀναστὰς ἐπορεύθη. καὶ ἰδοὺ ἀνὴρ Αἰθίοψ εὐνοῦχος δυνάστης Κανδάκης βασιλίσσης Αἰθιόπων, ὃς ἦν ἐπὶ πάσης τῆς γάζης αὐτῆς, ὃς ἐληλύθει προσκυνήσων εἰς Ἰερουσαλήμ,

그리고(그래서) 그는 일어나서 갔다, 그리고 보라, (한) 사람, 에티오피아(에디오피아) 고위직의(권세 있는) 내시가, 에티오피아(에디오피아) 여왕 칸다케(간다게)의. 그는 그녀의 모든 보물(국고) 위에 있는 사람이었다. [바로] 그가 왔다, 예배하고자, 예루살렘으로.

8:28　ἦν τε ὑποστρέφων καὶ καθήμενος ἐπὶ τοῦ ἅρματος

αὐτοῦ καὶ ἀνεγίνωσκεν τὸν προφήτην Ἠσαΐαν.

또한(마침) 돌아가고 있었다, 그리고 앉아서 그의 병거(마차) 위에서 그리고 계속/다시(반복해서) 읽고 있었다, 선지자 이사야를.

8:29 εἶπεν δὲ τὸ πνεῦμα τῷ Φιλίππῳ· πρόσελθε καὶ κολλήθητι τῷ ἅρματι τούτῳ.

이제 성령님께서 말씀하셨다, 빌립에게. 너는 가라! 그리고 붙게 되어라! 이(저) 병거(마차)로 (바짝 다가가서 합류하여라)!

8:30 προσδραμὼν δὲ ὁ Φίλιππος ἤκουσεν αὐτοῦ ἀναγινώσκοντος Ἠσαΐαν τὸν προφήτην καὶ εἶπεν· ἆρά γε γινώσκεις ἃ ἀναγινώσκεις;

이제 달려간 후에, 그 빌립이 들었다, 그의 계속/다시 읽는 것을, 이사야 선지자(이사야 선지서)를. 그리고(그래서) 말했다. 그런데 너는 이해하느냐, 네가 (지금) 읽는 것을?

8:31 ὁ δὲ εἶπεν· πῶς γὰρ ἂν δυναίμην ἐὰν μή τις ὁδηγήσει με; παρεκάλεσέν τε τὸν Φίλιππον ἀναβάντα καθίσαι σὺν αὐτῷ.

이제 그가 말했다. 왜냐하면 어떻게 내가 할 수 있겠는가, 나를 인도해 주는 누군가(사람)가 없으니? 또한 초청했다, 빌립을(에게) 올라와서 앉으라고 그와 함께.

8:32 ἡ δὲ περιοχὴ τῆς γραφῆς ἣν ἀνεγίνωσκεν ἦν αὕτη· ὡς πρόβατον ἐπὶ σφαγὴν ἤχθη καὶ ὡς ἀμνὸς ἐναντίον τοῦ κείραντος αὐτὸν ἄφωνος, οὕτως οὐκ ἀνοίγει τὸ στόμα αὐτοῦ.

이제 그 성경의 그 구절이, 그가 계속 읽고 있는 것이 이것이었다. 학살/도살하기 위한 양처럼 그가 끌려갔고 그를/그가 털 깎는 자 앞에 (있는) 어린양처럼 조용(무언)했다. 결국, 그는 그의 입을 열지 않았다.

8:33 Ἐν τῇ ταπεινώσει [αὐτοῦ] ἡ κρίσις αὐτοῦ ἤρθη· τὴν γενεὰν αὐτοῦ τίς διηγήσεται; ὅτι αἴρεται ἀπὸ τῆς γῆς ἡ ζωὴ αὐτοῦ.

그의 억압/낮은 상태에서, 그의 [공정한] 심판이 올려지지 못했다. 그의 세대(시대/상황)를 누가 제대로 서술·이야기(관여)하겠는가? 즉(왜냐하면) 들어 올려졌다(빼앗겼다), 그 땅으로부터 그의 생명이.

8:34 ἀποκριθεὶς δὲ ὁ εὐνοῦχος τῷ Φιλίππῳ εἶπεν· δέομαί σου, περὶ τίνος ὁ προφήτης λέγει τοῦτο; περὶ ἑαυτοῦ ἢ περὶ ἑτέρου τινός;

이제 질문하면서, 그 내시가 빌립에게 말했다. 당신에게 부탁한다, 그 선지자가 말하는 것이 누구에 대한 것이냐? 자기 자신에 대해서 혹은 다른 누군가에 대해서?

8:35 ἀνοίξας δὲ ὁ Φίλιππος τὸ στόμα αὐτοῦ καὶ

ἀρξάμενος ἀπὸ τῆς γραφῆς ταύτης εὐηγγελίσατο αὐτῷ τὸν Ἰησοῦν.

이제 연(open) 후에 그 빌립이 그 입을, 그리고 시작함으로 이 성경(글)에서부터 복음을 전했다, 그에게 그 예수님을.

8:36 ὡς δὲ ἐπορεύοντο κατὰ τὴν ὁδόν, ἦλθον ἐπί τι ὕδωρ, καί φησιν ὁ εὐνοῦχος· ἰδοὺ ὕδωρ, τί κωλύει με βαπτισθῆναι;

이제 그가 길을 따라서 가는 중에, 그가 도착했다, 어떤 물 [있는 장소] 위에. 그리고 그 내시가 말했다. 보라! 물이다! 무엇이 금지하리오, 내가 세례/침례받는 것에?

8:37

[고대의 많은 사본에는 이 구절이 없음] 빌립이 말했다. 만약 그대가 마음을 다해 믿는 다면 (세례)받을 수 있다, 그러자 그는 대답했다. 내가 예수 그리스도를/메시아 를 하나님의 아들로 믿는다.

8:38 καὶ ἐκέλευσεν στῆναι τὸ ἅρμα καὶ κατέβησαν ἀμφότεροι εἰς τὸ ὕδωρ, ὅ τε Φίλιππος καὶ ὁ εὐνοῦχος, καὶ ἐβάπτισεν αὐτόν.

그리고 소리쳐 명령했다, 세우라고(멈추라고) 그 병거(마차)를. 그리고 둘 다 내려 갔다, 물 안으로, 또한 빌립과 그 내시가 그리고 그(빌립)는 그(내시)를 세례/침례 주었다.

8:39 ὅτε δὲ ἀνέβησαν ἐκ τοῦ ὕδατος, πνεῦμα κυρίου ἥρπασεν τὸν Φίλιππον καὶ οὐκ εἶδεν αὐτὸν οὐκέτι ὁ εὐνοῦχος, ἐπορεύετο γὰρ τὴν ὁδὸν αὐτοῦ χαίρων.

이제 그들이 올라왔을 때, 물에서부터, 주의 영이 낚아챘다, 그 빌립을 그리고 (그래서) 그를 다시는 보지 못했다, 그 내시가. 그러므로(그래서) 그는 계속 갔다, 그의 길을, 기뻐하면서.

8:40 Φίλιππος δὲ εὑρέθη εἰς Ἄζωτον· καὶ διερχόμενος εὐηγγελίζετο τὰς πόλεις πάσας ἕως τοῦ ἐλθεῖν αὐτὸν εἰς Καισάρειαν.

이제 빌립은 발견되었다(나타났다), 아스돗(아소도)로(아소도에). 그리고 뚫고 지나 가면서 계속 복음을 전했다, 모든 성(도시)들에, 그가 카이사리아(가이사랴)에 도 착할 때까지.

사도행전 9장

9:1 Ὁ δὲ Σαῦλος ἔτι ἐμπνέων ἀπειλῆς καὶ φόνου εἰς τοὺς μαθητὰς τοῦ κυρίου, προσελθὼν τῷ ἀρχιερεῖ

이제 사울이 아직(여전히) 숨을 내쉬며(마시며), 협박(위협)과 살인(살기)의, 주의 제 자들에게, 제사장에게 가서,

9:2 ἠτήσατο παρ' αὐτοῦ ἐπιστολὰς εἰς Δαμασκὸν πρὸς τὰς συναγωγάς, ὅπως ἐάν τινας εὕρῃ τῆς ὁδοῦ ὄντας, ἄνδρας τε καὶ γυναῖκας, δεδεμένους ἀγάγῃ εἰς Ἰερουσαλήμ.

그로부터 요청했다, 편지(공문)들을, 다마스쿠스(다메섹)로 회당들을 향해, 그래서(어떠하든지) 만약 어떤 사람들을 만나게 되면, 그 길에 있는 사람들을, 남자들 또한 여자들을 묶어서 끌어오고자, 예루살렘으로.

9:3 Ἐν δὲ τῷ πορεύεσθαι ἐγένετο αὐτὸν ἐγγίζειν τῇ Δαμασκῷ, ἐξαίφνης τε αὐτὸν περιήστραψεν φῶς ἐκ τοῦ οὐρανοῦ

이제 가고 있을 때, (이런 일이) 일어났다. 그가 다마스쿠스(다메섹)에 가까워졌을 때, 갑자기 그를 사방에서 비추었다(둘러쌌다), 빛이, 하늘로부터.

9:4 καὶ πεσὼν ἐπὶ τὴν γῆν ἤκουσεν φωνὴν λέγουσαν αὐτῷ· Σαοὺλ Σαούλ, τί με διώκεις;

그리고(그래서) 땅 위에 엎드린 후에, 그가 들었다, 소리를, 그에게 말하는 것을. 사울아! 사울아! 왜 나를 너는 추격/박해하느냐?

9:5 εἶπεν δέ· τίς εἶ, κύριε; ὁ δέ· ἐγώ εἰμι Ἰησοῦς ὃν σὺ διώκεις·

이제 그가 말했다. 당신은 누구십니까, 주여? 이제(그러자) 그분께서, 나는 예수다, 네가 추격/박해하는 자!

9:6 ἀλλ' ἀνάστηθι καὶ εἴσελθε εἰς τὴν πόλιν καὶ λαληθήσεταί σοι ὅ τί σε δεῖ ποιεῖν.

오히려 너는 일어나라! 그리고 들어가라, 그 성안으로! 그리고(그러면) 너에게 말해질 것이다, 네가 해야만 할 무엇인가를.

9:7 οἱ δὲ ἄνδρες οἱ συνοδεύοντες αὐτῷ εἱστήκεισαν ἐνεοί, ἀκούοντες μὲν τῆς φωνῆς μηδένα δὲ θεωροῦντες.

이제 그와 [함께 여행하며] 동행하던 사람들은 서 있었다, 말없이, 한편으로 그 소리를 들었으나 이제 아무것도 보지 못한 채로.

9:8 ἠγέρθη δὲ Σαῦλος ἀπὸ τῆς γῆς, ἀνεῳγμένων δὲ τῶν ὀφθαλμῶν αὐτοῦ οὐδὲν ἔβλεπεν· χειραγωγοῦντες δὲ αὐτὸν εἰσήγαγον εἰς Δαμασκόν.

이제 사울이 일으킴을 받았다, 그 땅으로부터, 이제 그의 눈들은 열려 있었으나, 아무것도 보지 못했다. 이제 그는 [다른 사람의] 손에 이끌려서 [모두/함께] 들어갔다.

9:9 καὶ ἦν ἡμέρας τρεῖς μὴ βλέπων καὶ οὐκ ἔφαγεν οὐδὲ ἔπιεν.

그리고 보냈다, 3일을, 보지 못하고, 먹지 못하고, 마시지 못한 채로.

9:10 Ἦν δέ τις μαθητὴς ἐν Δαμασκῷ ὀνόματι Ἁνανίας, καὶ εἶπεν πρὸς αὐτὸν ἐν ὁράματι ὁ κύριος· Ἁνανία. ὁ δὲ εἶπεν· ἰδοὺ ἐγώ, κύριε.

이제 어떤 제자가 있었다, 다마스쿠스(다메섹)에, 하나니아(아나니아)라는 이름으로, 그리고 말씀하셨다 그를 향해 환상 속에서(환상으로) 주님께서, 하나니아(아나니아)야! 이제 그가 말했다. 보소서! 제가! [여기 있습니다] 주여!

9:11 ὁ δὲ κύριος πρὸς αὐτόν· ἀναστὰς πορεύθητι ἐπὶ τὴν ῥύμην τὴν καλουμένην Εὐθεῖαν καὶ ζήτησον ἐν οἰκίᾳ Ἰούδα Σαῦλον ὀνόματι Ταρσέα· ἰδοὺ γὰρ προσεύχεται

이제 주님께서 그를 향하여, 너는 일어나서 가거라! 곧 (길)이라고 불리는 그 거리 위로. 그리고 너는 찾으라! 유다의 집에서, 타르수스(다소) 사람, 이름의(이름으로) 사울을. 보라! 왜냐하면 그가 기도하고 있다.

9:12 καὶ εἶδεν ἄνδρα [ἐν ὁράματι] Ἁνανίαν ὀνόματι εἰσελθόντα καὶ ἐπιθέντα αὐτῷ [τὰς] χεῖρας ὅπως ἀναβλέψῃ.

그리고 그가 보았다, [환상 중에] 하나니아(아나니아)라는 이름의 사람이 들어와서 그리고 그에게 손들을 대는 것을, 그 결과 그가 다시 보게 되는 것을.

9:13 ἀπεκρίθη δὲ Ἁνανίας· κύριε, ἤκουσα ἀπὸ πολλῶν περὶ τοῦ ἀνδρὸς τούτου ὅσα κακὰ τοῖς ἁγίοις σου ἐποίησεν ἐν Ἰερουσαλήμ·

이제 대답했다, 하나니아(아나니아)가. 주여! 제가 들었습니다, 많은 이들로부터 이 사람에 대하여, 얼마나 많은 악들을, 당신의 성도들에게, 그가 행했습니다 (행했는지를), 예루살렘에서.

9:14 καὶ ὧδε ἔχει ἐξουσίαν παρὰ τῶν ἀρχιερέων δῆσαι πάντας τοὺς ἐπικαλουμένους τὸ ὄνομά σου.

그리고 여기서(도) 그가 권위/권세를 가졌습니다(받았습니다), 대제사장들로부터, 당신의 이름을 부르는 모든 자들을 묶을 (수 있는).

9:15 εἶπεν δὲ πρὸς αὐτὸν ὁ κύριος· πορεύου, ὅτι σκεῦος ἐκλογῆς ἐστίν μοι οὗτος τοῦ βαστάσαι τὸ ὄνομά μου ἐνώπιον ἐθνῶν τε καὶ βασιλέων υἱῶν τε Ἰσραήλ·

이제 말씀하셨다, 그를 향해 주님께서, 너는 가라! 곧(왜냐하면) 그는 선택된 그릇이다, 나에게, 이 사람은 나의 이름을 들어 올려/운반하기 위해, 이방인들 앞에서 또한 왕들 (앞에서) 그리고 또한 이스라엘의 아들들 (앞에서).

9:16 ἐγὼ γὰρ ὑποδείξω αὐτῷ ὅσα δεῖ αὐτὸν ὑπὲρ τοῦ ὀνόματός μου παθεῖν.

왜냐하면(그러므로) 내가 전시할 것이다(보여 줄 것이다), 그에게, 얼마만큼 그가 고난받아야만 하는가를, 나의 이름을 위하여.

9:17 Ἀπῆλθεν δὲ Ἀνανίας καὶ εἰσῆλθεν εἰς τὴν οἰκίαν καὶ ἐπιθεὶς ἐπ᾽ αὐτὸν τὰς χεῖρας εἶπεν· Σαοὺλ ἀδελφέ, ὁ κύριος ἀπέσταλκέν με, Ἰησοῦς ὁ ὀφθείς σοι ἐν τῇ ὁδῷ ᾗ ἤρχου, ὅπως ἀναβλέψῃς καὶ πλησθῇς πνεύματος ἁγίου.

이제 떠난 후에, 그리고 들어갔다, 그 집 안으로 그리고 그(바울) 위에 손들을 올린 후에 말했다. 사울 형제여! 주님께서 나를 보내셨다, 예수님께서 네가 오던 그 길에서 너에게 나타나셨던 (그분께서). 그래서 네가 다시(위로) 보게 하고 성령의(으로) 너를 충만하게 되게 하시고자.

9:18 καὶ εὐθέως ἀπέπεσαν αὐτοῦ ἀπὸ τῶν ὀφθαλμῶν ὡς λεπίδες, ἀνέβλεψέν τε καὶ ἀναστὰς ἐβαπτίσθη

그리고(그러자) 즉시 그의 눈들로부터 떨어져 나갔다, 비늘들(조각들) 같은 것이, 또한 그는 다시 보게 되었다, 그리고 일어나서 세례받았다.

9:19 καὶ λαβὼν τροφὴν ἐνίσχυσεν. Ἐγένετο δὲ μετὰ τῶν ἐν Δαμασκῷ μαθητῶν ἡμέρας τινὰς

그리고 음식을 취하니(먹으니), 강건해졌다. 이제 다마스쿠스(다메섹)에(의) 제자들과 함께 있었다, 어느 정도의 날들을(동안).

9:20 καὶ εὐθέως ἐν ταῖς συναγωγαῖς ἐκήρυσσεν τὸν Ἰησοῦν ὅτι οὗτός ἐστιν ὁ υἱὸς τοῦ θεοῦ.

그리고 즉시 회당들에서 그가 선포했다, 예수님을. 즉 그분이 하나님의 아들이시다[라고].

9:21 ἐξίσταντο δὲ πάντες οἱ ἀκούοντες καὶ ἔλεγον· οὐχ οὗτός ἐστιν ὁ πορθήσας εἰς Ἰερουσαλὴμ τοὺς ἐπικαλουμένους τὸ ὄνομα τοῦτο, καὶ ὧδε εἰς τοῦτο ἐληλύθει ἵνα δεδεμένους αὐτοὺς ἀγάγῃ ἐπὶ τοὺς ἀρχιερεῖς;

이제 충격/놀랐다, 듣는 사람들 모두가, 그리고 계속 말했다. 이 사람은 빼앗던(파괴하던) 사람이 아니냐? 예루살렘으로(향해) 이 이름을 부르는 자들을. 그리고 여기[도] 이것을 위해 온 것이 아니냐, 그들을 묶어서 끌고 가려고, 대제사장들 위에/앞에?

9:22 Σαῦλος δὲ μᾶλλον ἐνεδυναμοῦτο καὶ συνέχυννεν [τοὺς] Ἰουδαίους τοὺς κατοικοῦντας ἐν Δαμασκῷ συμβιβάζων ὅτι οὗτός ἐστιν ὁ χριστός.

이제(그러나) 사울은 더욱 힘을 얻었다, 그리고 함께 선동(혼란)시켰다, 다마스쿠스(다메섹)에 살고 있는 유대인들을, 통합/증명하면서, 즉 그분이 그리스도(메시아)다[라고].

9:23 Ὡς δὲ ἐπληροῦντο ἡμέραι ἱκαναί, συνεβουλεύσαντο οἱ Ἰουδαῖοι ἀνελεῖν αὐτόν·

이제 충분한 날들이 가득 차게 될 때(즈음), 함께 결정/공모했다, 유대인들이, 그를 제거하기로.

9:24 ἐγνώσθη δὲ τῷ Σαύλῳ ἡ ἐπιβουλὴ αὐτῶν. παρετηροῦντο δὲ καὶ τὰς πύλας ἡμέρας τε καὶ νυκτὸς ὅπως αὐτὸν ἀνέλωσιν·

이제 알려졌다, 사울에게, 그들의 그 적대적 계획이. 이제 그들은 지켰다, 성문들도. 낮과 또한 밤에도, 그래서 그를 제거하고자.

9:25 λαβόντες δὲ οἱ μαθηταὶ αὐτοῦ νυκτὸς διὰ τοῦ τείχους καθῆκαν αὐτὸν χαλάσαντες ἐν σπυρίδι.

이제 취한 후에, 그의 제자들이 밤에 벽을 통해서 내려보냈다, 그를 [갈대] 바구니(광주리)에 낮추어서(감추어서).

9:26 Παραγενόμενος δὲ εἰς Ἰερουσαλὴμ ἐπείραζεν κολλᾶσθαι τοῖς μαθηταῖς, καὶ πάντες ἐφοβοῦντο αὐτὸν μὴ πιστεύοντες ὅτι ἐστὶν μαθητής.

이제 가까이 가서, 예루살렘으로 계속 시도했다, 굳게 붙고자(사귀고자) 제자들에게(제자들과). 그리고(그러나) 모두들 그를 계속 두려워했다, 믿지 않으면서 즉, 그가 제자다(제자라는 것을/제자가 되었다는 것을).

9:27 Βαρναβᾶς δὲ ἐπιλαβόμενος αὐτὸν ἤγαγεν πρὸς τοὺς ἀποστόλους καὶ διηγήσατο αὐτοῖς πῶς ἐν τῇ ὁδῷ εἶδεν τὸν κύριον καὶ ὅτι ἐλάλησεν αὐτῷ καὶ πῶς ἐν Δαμασκῷ ἐπαρρησιάσατο ἐν τῷ ὀνόματι τοῦ Ἰησοῦ.

이제 바나바가 그를 붙잡아서/데리고 인도했다, 사도들을 향해. 그리고 철저하게 알렸다, 그들에게, 어떻게 길에서 그가 주님을 보았다(보았는지) 그리고 그분께서 그에게 말씀하신 것, 그리고 어떻게 다마스쿠스(다메섹)에서 그가 담대하게 말했다(말했는지를), 예수님의 이름으로.

9:28 καὶ ἦν μετ' αὐτῶν εἰσπορευόμενος καὶ ἐκπορευόμενος εἰς Ἰερουσαλήμ, παρρησιαζόμενος ἐν τῷ ὀνόματι τοῦ κυρίου,

그리고(그래서) 그가 그들과 함께 있었다(함께하게 되었다), 예루살렘으로, 들어가기도 하고 나가기도 하면서, 주님의 이름으로 담대하게 말하면서.

9:29 ἐλάλει τε καὶ συνεζήτει πρὸς τοὺς Ἑλληνιστάς, οἱ δὲ ἐπεχείρουν ἀνελεῖν αὐτόν.

또한 그가 계속 말했다, 그리고 계속 논쟁했다, 헬라파 유대인들을 향해. 이제(그러자) 그들이 손을 댔다/시도했다, 그를 죽이고자.

9:30 ἐπιγνόντες δὲ οἱ ἀδελφοὶ κατήγαγον αὐτὸν εἰς Καισάρειαν καὶ ἐξαπέστειλαν αὐτὸν εἰς Ταρσόν.

이제 철저히 알고 나서, 그 형제들이 끌고 내려갔다, 그를, 카이사리아(가이사랴)로 그리고 그를 멀리 보냈다, 타르수스(다소)로.

9:31 Ἡ μὲν οὖν ἐκκλησία καθ' ὅλης τῆς Ἰουδαίας καὶ

Γαλιλαίας καὶ Σαμαρείας εἶχεν εἰρήνην
οἰκοδομουμένη καὶ πορευομένη τῷ φόβῳ τοῦ κυρίου
καὶ τῇ παρακλήσει τοῦ ἁγίου πνεύματος ἐπληθύνετο.

그러므로 한편으로 그 교회가, 전체 유대아(유대)와 갈릴래아(갈릴리)와 사마리아(에) 걸쳐(연결되어) 있는, 가졌다(누렸다), 평화를, 건축되어지면서(세워지면서) 그리고 나아가면서(성장하면서) 주님의 경외함으로 그리고 성령의 곁에서 부르심(격려와 인도)으로, 계속 증가되었다.

9:32
Ἐγένετο δὲ Πέτρον διερχόμενον διὰ πάντων
κατελθεῖν καὶ πρὸς τοὺς ἁγίους τοὺς κατοικοῦντας
Λύδδα.

이제 (이런 일이) 일어났다, 베드로가 통과해 가다가, 모든 (장소)들을 통해서, 내려가기를. 그리고 성도들을 향해, 룻다에 거주하고 있는 [사람들을].

9:33
εὗρεν δὲ ἐκεῖ ἄνθρωπόν τινα ὀνόματι Αἰνέαν ἐξ ἐτῶν
ὀκτὼ κατακείμενον ἐπὶ κραβάττου, ὃς ἦν
παραλελυμένος.

이제 그가 발견했다(만났다), 거기서, 어떤 사람을 아니네아(애니아)[라는] 이름을 가진, 8년 넘게 자리/침상 위에 [누워 있는], 그는 중풍병에 걸린 상태였다.

9:34
καὶ εἶπεν αὐτῷ ὁ Πέτρος· Αἰνέα, ἰᾶταί σε Ἰησοῦς
Χριστός· ἀνάστηθι καὶ στρῶσον σεαυτῷ. καὶ εὐθέως
ἀνέστη.

그리고(그래서) 그에게 말했다, 베드로가. 아니네아(애니아)야! 치유하신다, 너를, 예수 그리스도(메시아)께서, 너는 일어나라! 그리고 펼쳐라(정돈해 놓아라)! 너 자신의 (자리/침상을)! 그리고(그러자) 즉시 그가 일어났다.

9:35
καὶ εἶδαν αὐτὸν πάντες οἱ κατοικοῦντες Λύδδα καὶ
τὸν Σαρῶνα, οἵτινες ἐπέστρεψαν ἐπὶ τὸν κύριον.

그리고 보았다, 그를 모든 이들이, 룻다와 사론에 거주하는 사람들이. 그들이 돌이켰다/복귀했다. 주님 위로(주님께로).

9:36
Ἐν Ἰόππῃ δέ τις ἦν μαθήτρια ὀνόματι Ταβιθά, ἣ
διερμηνευομένη λέγεται Δορκάς· αὕτη ἦν πλήρης
ἔργων ἀγαθῶν καὶ ἐλεημοσυνῶν ὧν ἐποίει.

이제 욥바 안에, 어떤 여자 제자가 있었다 타비타(다비다)[라는] 이름을 [가진], 그 이름을 번역하면 도르카(도르가)(가젤)이 된다. 그녀는 가득 차 있었다, 선한 행위들과 그녀가 행한/만든, 자비/구제들(구제의 물건들)로.

9:37
ἐγένετο δὲ ἐν ταῖς ἡμέραις ἐκείναις ἀσθενήσασαν
αὐτὴν ἀποθανεῖν· λούσαντες δὲ ἔθηκαν [αὐτὴν] ἐν
ὑπερῴῳ.

이제 일어났다, 저 날들에, 그녀가 병들었다가 죽은 것이, 이제 [사람들이] 씻은 후에, 두었다, 그녀를, 위층(3층) 방에.

9:38 ἐγγὺς δὲ οὔσης Λύδδας τῇ Ἰόππῃ οἱ μαθηταὶ ἀκούσαντες ὅτι Πέτρος ἐστὶν ἐν αὐτῇ ἀπέστειλαν δύο ἄνδρας πρὸς αὐτὸν παρακαλοῦντες· μὴ ὀκνήσῃς διελθεῖν ἕως ἡμῶν.

이제 가까웠다, 룻다가 욥바에. 제자들이 들은 후, 즉 베드로가 거기 있다[고]. 그들은 보냈다, 2 남자/사람을. 그를 향해, 간청하면서, 당신은 지체하지 마소서! 우리까지 가로질러/통과해서 오기를.

9:39 ἀναστὰς δὲ Πέτρος συνῆλθεν αὐτοῖς· ὃν παραγενόμενον ἀνήγαγον εἰς τὸ ὑπερῷον καὶ παρέστησαν αὐτῷ πᾶσαι αἱ χῆραι κλαίουσαι καὶ ἐπιδεικνύμεναι χιτῶνας καὶ ἱμάτια ὅσα ἐποίει μετ᾽ αὐτῶν οὖσα ἡ Δορκάς.

이제 일어난 후, 베드로가 그들과 함께 갔다, 그가 가까이 도착하자, 그들이 인도/안내했다, 그 위층 방으로. 그리고 베드로 곁에 섰다, 모든 과부들이, 울면서 그리고 전시했다/보여 주었다, 튜닉들과 겉옷들을. 그것들을 그녀가 만들었다, 그녀들과 있을 때, 도르카(도르가)가.

9:40 ἐκβαλὼν δὲ ἔξω πάντας ὁ Πέτρος καὶ θεὶς τὰ γόνατα προσηύξατο καὶ ἐπιστρέψας πρὸς τὸ σῶμα εἶπεν· Ταβιθά, ἀνάστηθι. ἡ δὲ ἤνοιξεν τοὺς ὀφθαλμοὺς αὐτῆς, καὶ ἰδοῦσα τὸν Πέτρον ἀνεκάθισεν.

이제 내보낸 후, 밖으로 모두를, 베드로가, 그리고 무릎들을 세우고(무릎 꿇고) 기도했다, 그리고 돌이킨 후에 시체를 향해서 말했다. 타비타(다비타)야! 너는 일어나라! 이제 그녀가 그녀의 눈들을 열었다, 그리고 베드로를 보고 나서 일어나 똑바로 앉았다.

9:41 δοὺς δὲ αὐτῇ χεῖρα ἀνέστησεν αὐτήν· φωνήσας δὲ τοὺς ἁγίους καὶ τὰς χήρας παρέστησεν αὐτὴν ζῶσαν.

이제 그녀에게 손을 주어서(내밀어서) 그녀를 일으켰다, 이제 성도들을 큰 소리 쳐서 [부른 후에] 그리고 과부들에게 곁에 세웠다(보여 주었다), 그녀를 살아 있는 상태로.

9:42 γνωστὸν δὲ ἐγένετο καθ᾽ ὅλης τῆς Ἰόππης καὶ ἐπίστευσαν πολλοὶ ἐπὶ τὸν κύριον.

이제 [이러한 소식이] 알려지게 되었다, 온 욥바 전역에, 그리고(그래서) 많은 이들이 믿었다, 주님 위에(주님을).

9:43 Ἐγένετο δὲ ἡμέρας ἱκανὰς μεῖναι ἐν Ἰόππῃ παρά τινι Σίμωνι βυρσεῖ.

이제 (이런 일이) 일어났다, 상당한 날들 동안 욥바에 머물기를, 어떤 시몬[이라는 사람] 곁에/함께 가죽공(가죽 제품 만드는 사람)인.

사도행전 10장

10:1
Ἀνὴρ δέ τις ἐν Καισαρείᾳ ὀνόματι Κορνήλιος, ἑκατοντάρχης ἐκ σπείρης τῆς καλουμένης Ἰταλικῆς,

이제 어떤 남자(사람)가 카이사리아(가이사랴)에, 코르넬리오(고넬료)라는 이름으로, 백인 대장, 이탈리아(이달리야)(라고) 불려지는 보병대 출신의.

10:2
εὐσεβὴς καὶ φοβούμενος τὸν θεὸν σὺν παντὶ τῷ οἴκῳ αὐτοῦ, ποιῶν ἐλεημοσύνας πολλὰς τῷ λαῷ καὶ δεόμενος τοῦ θεοῦ διὰ παντός,

(그는) 경건하며 하나님을 경외하는 자(God-fearer) 그의 집 모든 이들과 함께, 백성에게 많은 구제(자선)을 행하고 하나님의(께) 기도하며, 지속적으로(규칙적으로).

10:3
εἶδεν ἐν ὁράματι φανερῶς ὡσεὶ περὶ ὥραν ἐνάτην τῆς ἡμέρας ἄγγελον τοῦ θεοῦ εἰσελθόντα πρὸς αὐτὸν καὶ εἰπόντα αὐτῷ· Κορνήλιε.

그가 보았다, 환상 중에, 분명하게, 그날의 제9시쯤, 하나님의 천사가 들어와서 그를 향해. 그리고 그에게 발화하기를, 코르넬리오(고넬료)야!

10:4
ὁ δὲ ἀτενίσας αὐτῷ καὶ ἔμφοβος γενόμενος εἶπεν· τί ἐστιν, κύριε; εἶπεν δὲ αὐτῷ· αἱ προσευχαί σου καὶ αἱ ἐλεημοσύναι σου ἀνέβησαν εἰς μνημόσυνον ἔμπροσθεν τοῦ θεοῦ.

이제 그(코르넬리오)가 그에게 주목하자(주목한 후) 그리고 두렵게 되어서 그가 말했다. 무슨 일입니까, 주여? 이제 그(천사)가 그에게 말했다. 너의 기도들과 너의 구제들이 올라갔다, 기억으로(까지) 하나님 앞에.

10:5
καὶ νῦν πέμψον ἄνδρας εἰς Ἰόππην καὶ μετάπεμψαι Σίμωνά τινα ὃς ἐπικαλεῖται Πέτρος·

그리고 지금 너는 보내라, 사람들을 욥바로! 그리고 초청하라, 시몬을! 그는 베드로(라고) 불리는 사람이다.

10:6
οὗτος ξενίζεται παρά τινι Σίμωνι βυρσεῖ, ᾧ ἐστιν οἰκία παρὰ θάλασσαν.

그는 환대받아 유숙하고 있다, 어떤 가죽공인 시몬 곁에(시몬의 집에), 그에게 바다(해변) 곁에 집이 있다.

10:7
ὡς δὲ ἀπῆλθεν ὁ ἄγγελος ὁ λαλῶν αὐτῷ, φωνήσας δύο τῶν οἰκετῶν καὶ στρατιώτην εὐσεβῆ τῶν προσκαρτερούντων αὐτῷ

이제 떠날 즈음 그에게 말하던 그 천사가, 소리 내어 부른 후, 2(명)을 가정 하인들부터/중에서, 그리고 경건한 군인(1명)을, 그에게 신실한 부하들 중에서.

10:8
καὶ ἐξηγησάμενος ἅπαντα αὐτοῖς ἀπέστειλεν αὐτοὺς εἰς τὴν Ἰόππην.

그리고 철저히 설명한 후, 모두 다(모든 것을), 그들에게. 그가 보냈다, 그들을 욥 바로.

10:9 Τῇ δὲ ἐπαύριον, ὁδοιπορούντων ἐκείνων καὶ τῇ πόλει ἐγγιζόντων, ἀνέβη Πέτρος ἐπὶ τὸ δῶμα προσεύξασθαι περὶ ὥραν ἕκτην.

이제 그다음 날, 저들이/그들이 여행할 때, 그리고 그 성(도시)에 가까이 갔을 때, 베드로가 올라갔다, 지붕(옥상)에 기도하고자, 제6시쯤에.

10:10 ἐγένετο δὲ πρόσπεινος καὶ ἤθελεν γεύσασθαι. παρασκευαζόντων δὲ αὐτῶν ἐγένετο ἐπ᾽ αὐτὸν ἔκστασις

이제 그는 배고팠다, 그리고 먹기를 원했다, 이제 그들(사람들)이 [음식을] 준비하는 중에, 그에게 환상이 임했다.

10:11 καὶ θεωρεῖ τὸν οὐρανὸν ἀνεῳγμένον καὶ καταβαῖνον σκεῦός τι ὡς ὀθόνην μεγάλην τέσσαρσιν ἀρχαῖς καθιέμενον ἐπὶ τῆς γῆς,

그리고 그가 본다(보았다), 열려지는 하늘을 그리고 내려오는 그릇을. 어떤 큰 [돛을 만드는 재료인] 아마포 같은, 4 귀퉁이로 내려와지는 것을, 땅에.

10:12 ἐν ᾧ ὑπῆρχεν πάντα τὰ τετράποδα καὶ ἑρπετὰ τῆς γῆς καὶ πετεινὰ τοῦ οὐρανοῦ.

그 안에는 있었다, 모든 4발 동물들 그리고 땅의 파충류(기는 것)들. 그리고 하늘(공중)의 나는 것들.

10:13 καὶ ἐγένετο φωνὴ πρὸς αὐτόν· ἀναστάς, Πέτρε, θῦσον καὶ φάγε.

그리고 (한) 소리가 있었다, 그를 향해. 일어나라, 베드로야! 잡아라(죽여라)! 그리고 먹어라!

10:14 ὁ δὲ Πέτρος εἶπεν· μηδαμῶς, κύριε, ὅτι οὐδέποτε ἔφαγον πᾶν κοινὸν καὶ ἀκάθαρτον.

이제 베드로가 말했다. 결코 그럴 수 없습니다! 주여! 즉(왜냐하면) 아무 때도 내가 먹지 않았습니다, 일상적인(거룩하지 않은) 것과 깨끗하지 않은 것을.

10:15 καὶ φωνὴ πάλιν ἐκ δευτέρου πρὸς αὐτόν· ἃ ὁ θεὸς ἐκαθάρισεν, σὺ μὴ κοίνου.

그리고(그러자) 다시 소리가 두 번째로 그를 향해 [발화되었다]. 하나님께서 깨끗하다고 하신 것을 너는 일상적(거룩하지 않다)이라고 하지 말라!

10:16 τοῦτο δὲ ἐγένετο ἐπὶ τρὶς καὶ εὐθὺς ἀνελήμφθη τὸ σκεῦος εἰς τὸν οὐρανόν.

이제 이것이(이런 일이) 일어났다, 3번 위로(3번이나), 그리고 즉시 올려졌다, 그 그릇이 하늘로.

10:17 Ὡς δὲ ἐν ἑαυτῷ διηπόρει ὁ Πέτρος τί ἂν εἴη τὸ ὅραμα ὃ εἶδεν, ἰδοὺ οἱ ἄνδρες οἱ ἀπεσταλμένοι ὑπὸ τοῦ Κορνηλίου διερωτήσαντες τὴν οἰκίαν τοῦ Σίμωνος ἐπέστησαν ἐπὶ τὸν πυλῶνα,

이제 베드로가 자신의 속으로 매우 난처/당황하고 있을 때, 그가 본 그 환상이 도대체 무엇인지[에 대해서], 보라! 코르넬리오(고넬료)에 의해 보내진 사람(남자)들이 철저히 탐문하면서 시몬의 그 집에 서 있었다, 그 문에.

10:18 καὶ φωνήσαντες ἐπυνθάνοντο εἰ Σίμων ὁ ἐπικαλούμενος Πέτρος ἐνθάδε ξενίζεται.

그리고 소리 내어 부른 후에 질문했다. 시몬, [즉] 베드로라고 불리는 자가 여기에 환대받아 유숙하고 있는지.

10:19 Τοῦ δὲ Πέτρου διενθυμουμένου περὶ τοῦ ὁράματος εἶπεν [αὐτῷ] τὸ πνεῦμα· ἰδοὺ ἄνδρες τρεῖς ζητοῦντές σε,

이제 베드로가 숙고하고 있을 때, 그 환상에 대해, 말씀하셨다, (그에게) 그 성령님께서. 보라! 3 사람들이 너를 찾고 있다.

10:20 ἀλλ᾽ ἀναστὰς κατάβηθι καὶ πορεύου σὺν αὐτοῖς μηδὲν διακρινόμενος ὅτι ἐγὼ ἀπέσταλκα αὐτούς.

오히려 일어나서 너는 내려가라! 그리고 너는 가거라, 그들과 함께! 철저하게 분리(의심)하지 말고, 즉 (왜냐하면) 내가 그들을 보냈다.

10:21 καταβὰς δὲ Πέτρος πρὸς τοὺς ἄνδρας εἶπεν· ἰδοὺ ἐγώ εἰμι ὃν ζητεῖτε· τίς ἡ αἰτία δι᾽ ἣν πάρεστε;

이제 베드로가 내려가서 그 사람들을 향하여 말했다. 보라! 내가 그다. 너희들이 찾는 자. 무슨 이유로 이렇게 너희들이 가까이 왔느냐?

10:22 οἱ δὲ εἶπαν· Κορνήλιος ἑκατοντάρχης, ἀνὴρ δίκαιος καὶ φοβούμενος τὸν θεόν, μαρτυρούμενός τε ὑπὸ ὅλου τοῦ ἔθνους τῶν Ἰουδαίων, ἐχρηματίσθη ὑπὸ ἀγγέλου ἁγίου μεταπέμψασθαί σε εἰς τὸν οἶκον αὐτοῦ καὶ ἀκοῦσαι ῥήματα παρὰ σοῦ.

이제 그들이 대답했다. 코르넬리오(고넬료) 백인 대장은 의로운 사람이고 하나님을 경외하는 자[이다], 한편 증거를 받고 있다, 온 유대인들의 민족에 의해. [아울러] 그가 신탁을 받았다, 거룩한 천사에 의해, 초청하기를, 당신을 그의 집으로, 그리고(그래서) 당신에 의해(곁에) 발화된 말씀들을 듣고자.

10:23 εἰσκαλεσάμενος οὖν αὐτοὺς ἐξένισεν. Τῇ δὲ ἐπαύριον ἀναστὰς ἐξῆλθεν σὺν αὐτοῖς καί τινες τῶν ἀδελφῶν τῶν ἀπὸ Ἰόππης συνῆλθον αὐτῷ.

그래서 안으로 불러들여서(집으로 초대해서) 그들을 환대하며 유숙하게 했다. 이제 다음 날에 일어나서 그가 떠났다, 그들과 함께, 또한 어떤 형제들도, 욥바 출신의, 그들이 함께 갔다, 그에게(그와 함께).

10:24 τῇ δὲ ἐπαύριον εἰσῆλθεν εἰς τὴν Καισάρειαν. ὁ δὲ Κορνήλιος ἦν προσδοκῶν αὐτοὺς συγκαλεσάμενος τοὺς συγγενεῖς αὐτοῦ καὶ τοὺς ἀναγκαίους φίλους.

이제 다음 날에 그들이 들어갔다, 그 카이사리아(가이사랴)로. 이제 코르넬리오 (고넬료)가 그들을 기다리고 있었다, 그의 친족들과 가까운 친구들을 함께 모아 놓고서.

10:25 Ὡς δὲ ἐγένετο τοῦ εἰσελθεῖν τὸν Πέτρον, συναντήσας αὐτῷ ὁ Κορνήλιος πεσὼν ἐπὶ τοὺς πόδας προσεκύνησεν.

이제 베드로가 들어오게 되자, 그를 맞이한 후에, 코르넬리오(고넬료)가 그 발들 위에 엎드리며 경의를 표했다/절했다.

10:26 ὁ δὲ Πέτρος ἤγειρεν αὐτὸν λέγων· ἀνάστηθι· καὶ ἐγὼ αὐτὸς ἄνθρωπός εἰμι.

이제 베드로가 그를 일으켰다, 말하면서, 너는 일어나라/서라! 나 자신도 사람 이다!

10:27 καὶ συνομιλῶν αὐτῷ εἰσῆλθεν καὶ εὑρίσκει συνεληλυθότας πολλούς,

그리고 그와 함께 대화하며 그(베드로)가 들어갔다, 그리고 발견한다(했다), 많은 이들이 모여 있는 것을.

10:28 ἔφη τε πρὸς αὐτούς· ὑμεῖς ἐπίστασθε ὡς ἀθέμιτόν ἐστιν ἀνδρὶ Ἰουδαίῳ κολλᾶσθαι ἢ προσέρχεσθαι ἀλλοφύλῳ· κἀμοὶ ὁ θεὸς ἔδειξεν μηδένα κοινὸν ἢ ἀκάθαρτον λέγειν ἄνθρωπον·

또한 그들을 향해 그(베드로)가 말했다. 너희들이 마음에 둔다/이해한다(잘 알고 있다), 얼마나 불법인지, 유대인으로서 교제하는 것이나 가까이하는 것이 이방 인에게(을). [그러나] 나에게 하나님께서 보여 주셨다, 아무도(어떤 사람도) 일상적 (거룩하지 않다)이라거나 깨끗하지 않다고 말하지 말라고.

10:29 διὸ καὶ ἀναντιρρήτως ἦλθον μεταπεμφθείς. πυνθάνομαι οὖν τίνι λόγῳ μετεπέμψασθέ με;

그 때문에 반대하지 않고 내가 왔다, 내가 부름(초청)받은 후에. 그러므로 내가 질문한다, 무슨 이유로(어떤 일로) 나를 너희들은 불렀느냐?

10:30 καὶ ὁ Κορνήλιος ἔφη· ἀπὸ τετάρτης ἡμέρας μέχρι ταύτης τῆς ὥρας ἤμην τὴν ἐνάτην προσευχόμενος ἐν τῷ οἴκῳ μου, καὶ ἰδοὺ ἀνὴρ ἔστη ἐνώπιόν μου ἐν ἐσθῆτι λαμπρᾷ

그리고(그래서) 코르넬리오(고넬료)가 말했다. 4일 전 이 시간까지/즈음, 제9시 기도(히브리어, '민하')를 내가 하고 있었다, 나의 집 안에서. 그리고 보라! 한 사람 이 내 앞에 서 있었다(나타났다), 빛나는 옷을 입고.

10:31 καὶ φησίν· Κορνήλιε, εἰσηκούσθη σου ἡ προσευχὴ καὶ αἱ ἐλεημοσύναι σου ἐμνήσθησαν ἐνώπιον τοῦ θεοῦ.

그리고 그가 말했다. 코르넬리오(고넬료)야! 너의 그 기도를 듣게 되었다, 그리고 너의 자비/구제들을 기억하게 되었다. 하나님 앞에서.

10:32 πέμψον οὖν εἰς Ἰόππην καὶ μετακάλεσαι Σίμωνα ὃς ἐπικαλεῖται Πέτρος, οὗτος ξενίζεται ἐν οἰκίᾳ Σίμωνος βυρσέως παρὰ θάλασσαν.

그러므로 너는 보내라, 욥바로! 그리고 소환/요청하라, 시몬을! 그는 베드로라 불린다. 그는 환대받아 유숙하고 있다, 바닷가 가죽공인 시몬의 집에.

10:33 ἐξαυτῆς οὖν ἔπεμψα πρὸς σέ, σύ τε καλῶς ἐποίησας παραγενόμενος. νῦν οὖν πάντες ἡμεῖς ἐνώπιον τοῦ θεοῦ πάρεσμεν ἀκοῦσαι πάντα τὰ προστεταγμένα σοι ὑπὸ τοῦ κυρίου.

그러므로 즉시 내가 보냈다, [사람들을] 당신을 향해. 또한 당신이 잘하셨다, 오신 것이, 지금. 그러므로 우리 모두가 하나님 앞에 가까이 있다(준비되었다), 듣기를(듣고자), 주님에 의해 당신에게 명령되어진 모든 것을.

10:34 Ἀνοίξας δὲ Πέτρος τὸ στόμα εἶπεν· ἐπ᾽ ἀληθείας καταλαμβάνομαι ὅτι οὐκ ἔστιν προσωπολήμπτης ὁ θεός,

이제 그 입을 열어서 베드로가 말했다, 진리 위에/참으로 내가 확실히 붙잡았다(철저히 알았다), 즉 하나님은 외모로 판단하지 않으신다/차별하지 않으신다.

10:35 ἀλλ᾽ ἐν παντὶ ἔθνει ὁ φοβούμενος αὐτὸν καὶ ἐργαζόμενος δικαιοσύνην δεκτὸς αὐτῷ ἐστιν.

오히려(오직) 모든 민족 중에 그분을 경외하며 의를 행하는 자는, 하나님께 인정받는 자이다!

10:36 τὸν λόγον [ὃν] ἀπέστειλεν τοῖς υἱοῖς Ἰσραὴλ εὐαγ-γελιζόμενος εἰρήνην διὰ Ἰησοῦ Χριστοῦ, οὗτός ἐστιν πάντων κύριος,

그 말씀을 (즉) 보내셨다, 이스라엘 아들들에게, 화평/화해의 복음을, 예수 그리스도를 통해, 그분은 모든 것들의 주인이시다.

10:37 ὑμεῖς οἴδατε τὸ γενόμενον ῥῆμα καθ᾽ ὅλης τῆς Ἰουδαίας, ἀρξάμενος ἀπὸ τῆς Γαλιλαίας μετὰ τὸ βάπτισμα ὃ ἐκήρυξεν Ἰωάννης,

너희들이 알고 있다, 발화된 말씀이 선포된 것을, 온 유대아(유대)를 따라(유대아[유대] 전역에), 갈릴래아(갈릴리)에서부터 시작되어서 그 세례 후에 요한이 선포한 그것이!

10:38 Ἰησοῦν τὸν ἀπὸ Ναζαρέθ, ὡς ἔχρισεν αὐτὸν ὁ θεὸς

πνεύματι ἁγίῳ καὶ δυνάμει, ὃς διῆλθεν εὐεργετῶν καὶ ἰώμενος πάντας τοὺς καταδυναστευομένους ὑπὸ τοῦ διαβόλου, ὅτι ὁ θεὸς ἦν μετ' αὐτοῦ.

그 나사렛 출신의 예수를, 기름 붓는 것처럼(같이) 그분을(에게) 하나님께서, 성령과 능력으로, 그분이 통과해 지나가셨다, 좋은 일을 하시며, 그리고 치유하시며, 모든 자들을, 마귀에 의해 압제당하는 자들을, 즉/왜냐하면 하나님께서 그분과 함께하시기에.

10:39 καὶ ἡμεῖς μάρτυρες πάντων ὧν ἐποίησεν ἔν τε τῇ χώρᾳ τῶν Ἰουδαίων καὶ [ἐν] Ἰερουσαλήμ. ὃν καὶ ἀνεῖλαν κρεμάσαντες ἐπὶ ξύλου,

그리고 우리는 모든 것들의 증인들[이다], 즉 그분이 행하셨다, 또한 유대인들의 땅에서 그리고 예루살렘에서, 그분을 그리고(그러나) 그들이 제거했다, 나무 위에 매달아서.

10:40 τοῦτον ὁ θεὸς ἤγειρεν [ἐν] τῇ τρίτῃ ἡμέρᾳ καὶ ἔδωκεν αὐτὸν ἐμφανῆ γενέσθαι,

바로 그분을 하나님께서 일으키셨다, 3일에 그리고 주셨다, 그분께서 분명히 (나타나) 등장하시도록.

10:41 οὐ παντὶ τῷ λαῷ, ἀλλὰ μάρτυσιν τοῖς προκεχειρο-τονημένοις ὑπὸ τοῦ θεοῦ, ἡμῖν, οἵτινες συνεφάγομεν καὶ συνεπίομεν αὐτῷ μετὰ τὸ ἀναστῆναι αὐτὸν ἐκ νεκρῶν·

모든 백성에게는 아니라(모든 사람에게 나타나신 것은 아니지만), 오히려 미리 선택하신 증인들에게 하나님에 의해, [즉] 우리에게, 그들은 함께 먹었다, 그리고 함께 마셨다, 그분과, 죽은 자들로부터 일어나신 후에.

10:42 καὶ παρήγγειλεν ἡμῖν κηρύξαι τῷ λαῷ καὶ διαμαρτύρασθαι ὅτι οὗτός ἐστιν ὁ ὡρισμένος ὑπὸ τοῦ θεοῦ κριτὴς ζώντων καὶ νεκρῶν.

그리고 명령/지시하셨다, 우리에게, 선포하기를(선포하라고), 백성에게. 그리고 철저히 증거하기를 즉 그분이 지정되신 분이다, 하나님에 의해, 산 자들과 죽은 자들의 심판자로.

10:43 τούτῳ πάντες οἱ προφῆται μαρτυροῦσιν ἄφεσιν ἁμαρτιῶν λαβεῖν διὰ τοῦ ὀνόματος αὐτοῦ πάντα τὸν πιστεύοντα εἰς αὐτόν.

그분에/이것에 대해 모든 선지자들이(도) 증언한다, 죄들의 벗어남들을 받기를 (받도록), 그분의 이름을 통해, 그분을 믿는 모든 사람들을.

10:44 Ἔτι λαλοῦντος τοῦ Πέτρου τὰ ῥήματα ταῦτα ἐπέπεσεν τὸ πνεῦμα τὸ ἅγιον ἐπὶ πάντας τοὺς ἀκούοντας τὸν λόγον.

여전히(아직) 베드로가 이러한 레마의 말씀들을 말하고 있을 때, 덮었다/사로잡았다, 성령님께서 그 말씀을 듣고 있는 모든 이들 위에.

10:45 καὶ ἐξέστησαν οἱ ἐκ περιτομῆς πιστοὶ ὅσοι συνῆλθαν τῷ Πέτρῳ, ὅτι καὶ ἐπὶ τὰ ἔθνη ἡ δωρεὰ τοῦ ἁγίου πνεύματος ἐκκέχυται·

그리고 충격받았다(깜짝 놀랐다), 할례 출신의 신자들이(유대인 신자들이), 그들은 베드로와 함께 온 사람들[이었다], 즉 이방 민족들 위에도 성령의 그 선물이 부어졌다(부어지는 것에 대해서).

10:46 ἤκουον γὰρ αὐτῶν λαλούντων γλώσσαις καὶ μεγαλυνόντων τὸν θεόν. τότε ἀπεκρίθη Πέτρος·

왜냐하면(그 이유/근거는) 그들이 계속 들었다, 방언들로 말하는 것. 그리고 하나님을 높여 찬양하는 것. 그때 베드로가 [다음과 같이] 반응/말했다.

10:47 μήτι τὸ ὕδωρ δύναται κωλῦσαί τις τοῦ μὴ βαπτισθῆναι τούτους, οἵτινες τὸ πνεῦμα τὸ ἅγιον ἔλαβον ὡς καὶ ἡμεῖς;

어찌 안 할 수 있으랴, 그 물을(로) 가능하게 하는 것을 금하기를/막기를? 누가 이 사람들이 세례받지 못하도록? [왜냐하면] 그들이(도) 성령을 받았다, 우리들처럼.

10:48 προσέταξεν δὲ αὐτοὺς ἐν τῷ ὀνόματι Ἰησοῦ Χριστοῦ βαπτισθῆναι. τότε ἠρώτησαν αὐτὸν ἐπιμεῖναι ἡμέρας τινάς.

이제 명령했다/실행했다, 그들을(에게) 예수 그리스도의 이름으로 세례받기를(받도록). 그때(그러자) 그들이 간청했다, 그에게(베드로에게), 어떤(여러) 날들 동안 [그들과 함께] 머물기를.

사도행전 11장

11:1 Ἤκουσαν δὲ οἱ ἀπόστολοι καὶ οἱ ἀδελφοὶ οἱ ὄντες κατὰ τὴν Ἰουδαίαν ὅτι καὶ τὰ ἔθνη ἐδέξαντο τὸν λόγον τοῦ θεοῦ.

이제 들었다, 사도들과 형제들이 유대아(유대)(땅)에 관통해서/두루 퍼져서 사는 그들이, 즉 이방인들도 받았다, 하나님의 말씀.

11:2 Ὅτε δὲ ἀνέβη Πέτρος εἰς Ἰερουσαλήμ, διεκρίνοντο πρὸς αὐτὸν οἱ ἐκ περιτομῆς

이제 베드로가 올라갔을 때, 예루살렘으로, 철저히 비판/판단했다, 그를 향해, 할례 출신자들이.

11:3 λέγοντες ὅτι εἰσῆλθες πρὸς ἄνδρας ἀκροβυστίαν ἔχοντας καὶ συνέφαγες αὐτοῖς.

말하면서, 즉 네가 들어갔다, 무할례 사람을 향해 그리고 네가 함께 먹었다, 그들과!

11:4   Ἀρξάμενος δὲ Πέτρος ἐξετίθετο αὐτοῖς καθεξῆς λέγων·

이제 베드로가 시작하면서, 설명/상술했다, 그들에게 순서/차례대로, 말하기를.

11:5   ἐγὼ ἤμην ἐν πόλει Ἰόππῃ προσευχόμενος καὶ εἶδον ἐν ἐκστάσει ὅραμα, καταβαῖνον σκεῦός τι ὡς ὀθόνην μεγάλην τέσσαρσιν ἀρχαῖς καθιεμένην ἐκ τοῦ οὐρανοῦ, καὶ ἦλθεν ἄχρι ἐμοῦ.

내가 욥바 성(도시) 안에 있었다, 기도하면서, 그리고(그러자) 내가 보았다, 황홀경 중에서 환상을, 그릇이 내려오는 것을, 어떤 큰 [돛을 만드는 재료인] 아마포 같은 것이 네 귀퉁이가 묶여서, 하늘로부터, 그리고 왔다, 나에게까지.

11:6   εἰς ἣν ἀτενίσας κατενόουν καὶ εἶδον τὰ τετράποδα τῆς γῆς καὶ τὰ θηρία καὶ τὰ ἑρπετὰ καὶ τὰ πετεινὰ τοῦ οὐρανοῦ.

이것에게(그것을 향해) 내가 주시/주목했고, 내가 철저히 관찰했다, 그리고 보았다, 모든 4발 동물들 그리고 야생 동물들, 그리고 땅의 파충류(기는 것)들, 그리고 하늘(공중)을 나는 것들을.

11:7   ἤκουσα δὲ καὶ φωνῆς λεγούσης μοι· ἀναστάς, Πέτρε, θῦσον καὶ φάγε.

이제 내가 들었다, 그리고/즉 나에게 소리가 말하기를, 너는 일어나라! 베드로야! 도축해라! 그리고 먹어라!

11:8   εἶπον δέ· μηδαμῶς, κύριε, ὅτι κοινὸν ἢ ἀκάθαρτον οὐδέποτε εἰσῆλθεν εἰς τὸ στόμα μου.

이제 내가 말했다, 결코 그럴 수 없습니다, 주여! 즉(왜냐하면) 아무 때도 내가 먹지 않았습니다. 일상적인 것 혹은 깨끗하지 않은 것이, 나의 입안으로 들어갔다(들어간 적이 없습니다)!

11:9   ἀπεκρίθη δὲ φωνὴ ἐκ δευτέρου ἐκ τοῦ οὐρανοῦ· ἃ ὁ θεὸς ἐκαθάρισεν, σὺ μὴ κοίνου.

이제 대답했다, 소리/음성이 두 번째로 하늘로부터. 하나님께서 깨끗하게 하신 것을 너는 일상/평범하다 하지 말라!

11:10   τοῦτο δὲ ἐγένετο ἐπὶ τρίς, καὶ ἀνεσπάσθη πάλιν ἅπαντα εἰς τὸν οὐρανόν.

이제 이런 것이 일어났다, 3번(이나). 그리고 올려졌다, 다시, 모든 것들이 하늘로.

11:11   Καὶ ἰδοὺ ἐξαυτῆς τρεῖς ἄνδρες ἐπέστησαν ἐπὶ τὴν οἰκίαν ἐν ᾗ ἦμεν, ἀπεσταλμένοι ἀπὸ Καισαρείας πρός με.

그리고 보라! 즉시/바로 그때, 3 사람들이 섰다, 집에(집 앞에), 우리가 있었던(머물렀던). (그들은) 보내어졌다, 카이사리아(가이사랴)로부터 나를 향해(나를 만나려고).

11:12 εἶπεν δὲ τὸ πνεῦμά μοι συνελθεῖν αὐτοῖς μηδὲν διακρίναντα. ἦλθον δὲ σὺν ἐμοὶ καὶ οἱ ἓξ ἀδελφοὶ οὗτοι καὶ εἰσήλθομεν εἰς τὸν οἶκον τοῦ ἀνδρός.

이제 말했다, 그 영이 나에게, 함께 가라고, 그들에게(그들과 함께), 철저한 판단/의심하지 말고. 이제/그래서 갔다, 나와 함께 그리고(아울러) 이 6 형제들도, 그리고(그래서) 우리가 들어갔다, 그 사람의 집으로.

11:13 ἀπήγγειλεν δὲ ἡμῖν πῶς εἶδεν [τὸν] ἄγγελον ἐν τῷ οἴκῳ αὐτοῦ σταθέντα καὶ εἰπόντα· ἀπόστειλον εἰς Ἰόππην καὶ μετάπεμψαι Σίμωνα τὸν ἐπικαλούμενον Πέτρον,

이제 그가 알려 주었다, 우리에게, 어떻게 그가 보았는지, 천사를, 그의 집 안에서 서서 그리고 [다음과 같이] 말한 것을. 너는 보내라 욥바로 그리고 초청해라! 시몬을 베드로라고 불리는 사람을.

11:14 ὃς λαλήσει ῥήματα πρὸς σὲ ἐν οἷς σωθήσῃ σὺ καὶ πᾶς ὁ οἶκός σου.

그가 말할 것이다, 레마의 말씀들을, 너를 향해, 그것들로 구원받게 되리라, 너의 집 모두가.

11:15 ἐν δὲ τῷ ἄρξασθαί με λαλεῖν ἐπέπεσεν τὸ πνεῦμα τὸ ἅγιον ἐπ᾽ αὐτοὺς ὥσπερ καὶ ἐφ᾽ ἡμᾶς ἐν ἀρχῇ.

이제 내가 말하기를 시작할 때, 내려왔다, 성령께서 그들 위에, 처음에 우리 위에 (한 것)과 같이.

11:16 ἐμνήσθην δὲ τοῦ ῥήματος τοῦ κυρίου ὡς ἔλεγεν· Ἰωάννης μὲν ἐβάπτισεν ὕδατι, ὑμεῖς δὲ βαπτισθήσεσθε ἐν πνεύματι ἁγίῳ.

이제 나는 기억났다, 주님의 말씀하신 것이, 그분께서 말씀하신 대로, 한편으로 요한은 세례 주었다, 물로, 이제 너희들은 세례받을 것이다, 성령으로[라는 말씀이].

11:17 εἰ οὖν τὴν ἴσην δωρεὰν ἔδωκεν αὐτοῖς ὁ θεὸς ὡς καὶ ἡμῖν πιστεύσασιν ἐπὶ τὸν κύριον Ἰησοῦν Χριστόν, ἐγὼ τίς ἤμην δυνατὸς κωλῦσαι τὸν θεόν;

그러므로 만약 동일한 선물을 주셨다면 그들에게, 하나님께서, 우리에게처럼(같이), 주 예수 그리스도를 믿는. 내가 누구[라고]/어찌 막을 수 있겠는가, 그 하나님을?

11:18 Ἀκούσαντες δὲ ταῦτα ἡσύχασαν καὶ ἐδόξασαν τὸν θεὸν λέγοντες· ἄρα καὶ τοῖς ἔθνεσιν ὁ θεὸς τὴν μετάνοιαν εἰς ζωὴν ἔδωκεν.

이제 듣고서 이것들을, 그들은 침묵/잠잠했다. 그리고 그들은 하나님께 영광을 돌렸다, 말하면서, 그렇다면, 이방인들에게도 하나님께서 생명을 향한 회개를 주셨다!

11:19 Οἱ μὲν οὖν διασπαρέντες ἀπὸ τῆς θλίψεως τῆς γενομένης ἐπὶ Στεφάνῳ διῆλθον ἕως Φοινίκης καὶ Κύπρου καὶ Ἀντιοχείας μηδενὶ λαλοῦντες τὸν λόγον εἰ μὴ μόνον Ἰουδαίοις.

한편, 그러므로 흩어진 자들이 스테판(스데반)에 관해/인해 일어난 고난/핍박으로 인하여, 뚫고 지나갔다, 페니키아(베니게)와 키프로스(구브로)와 안티오키아(안디옥)까지, 유대인들만 제외하고, 그 말씀을 누구에게도 말하지 않았다(오직 유대인들에게만 말씀을 전했다).

11:20 Ἦσαν δέ τινες ἐξ αὐτῶν ἄνδρες Κύπριοι καὶ Κυρηναῖοι, οἵτινες ἐλθόντες εἰς Ἀντιόχειαν ἐλάλουν καὶ πρὸς τοὺς Ἑλληνιστὰς εὐαγγελιζόμενοι τὸν κύριον Ἰησοῦν.

이제 그들 중에서 어떤 사람이 있었다, 키프로스(구브로) 사람들과 키레네(구레네) 사람들이, 그들은 안티오키아(안디옥)으로 와서 말했다, 그리고 헬라인들을 향해, 복음을 전하면서, 주 예수를.

11:21 καὶ ἦν χεὶρ κυρίου μετ' αὐτῶν, πολύς τε ἀριθμὸς ὁ πιστεύσας ἐπέστρεψεν ἐπὶ τὸν κύριον.

그리고(그러자) 주의 손이 그들과 함께했다, 또한 많은 수의 사람들이 믿고서 돌아왔다, 주님께.

11:22 Ἠκούσθη δὲ ὁ λόγος εἰς τὰ ὦτα τῆς ἐκκλησίας τῆς οὔσης ἐν Ἰερουσαλὴμ περὶ αὐτῶν καὶ ἐξαπέστειλαν Βαρναβᾶν [διελθεῖν] ἕως Ἀντιοχείας.

이제 그 말/소식을 듣게 되었다, 그 교회의 귀들로, 예루살렘에 있는, 그들(사마리아 사람들)에 대해. 그리고(그래서) 멀리 보냈다(파송했다), 바나바를 통과해 가도록 안티오키아(안디옥)까지.

11:23 ὃς παραγενόμενος καὶ ἰδὼν τὴν χάριν [τὴν] τοῦ θεοῦ, ἐχάρη καὶ παρεκάλει πάντας τῇ προθέσει τῆς καρδίας προσμένειν τῷ κυρίῳ,

그가 가까이 와서(도착해서) 그리고 보니, 그 하나님의 은혜를, 그가 기뻐했다, 그리고 계속 권면했다, 모든 이들을. 마음의 방향/목적을 견고함으로(견고하게), 지속적으로 머물라고/인내하라고 주님께.

11:24 ὅτι ἦν ἀνὴρ ἀγαθὸς καὶ πλήρης πνεύματος ἁγίου καὶ πίστεως. καὶ προσετέθη ὄχλος ἱκανὸς τῷ κυρίῳ.

즉 그는 선한 사람이고 성령과 믿음이 충만한 사람이었다. 그리고(그러자) 추가되었다, 상당한 무리가 주께.

11:25 Ἐξῆλθεν δὲ εἰς Ταρσὸν ἀναζητῆσαι Σαῦλον,

이제 나갔다, 타르수스(다소)로, 사울을 철저히 찾고자.

11:26 καὶ εὑρὼν ἤγαγεν εἰς Ἀντιόχειαν. ἐγένετο δὲ αὐτοῖς

καὶ ἐνιαυτὸν ὅλον συναχθῆναι ἐν τῇ ἐκκλησίᾳ καὶ διδάξαι ὄχλον ἱκανόν, χρηματίσαι τε πρώτως ἐν Ἀντιοχείᾳ τοὺς μαθητὰς Χριστιανούς.

그리고 발견한 후에, 인도했다/데려왔다, 안티오키아(안디옥)으로. 이제 (이런 일이) 일어났다, 그들(바나바와 사울)에게 온 해 동안(full one year) 모여지기를, 그 교회 안에 그리고 가르치기를, 상당한 무리를. [그 결과] 칭호를 얻기를(얻게 되었다), 또한 처음으로 안티오키아(안디옥)에서 제자들을(이) 그리스도인들(이라고).

11:27 Ἐν ταύταις δὲ ταῖς ἡμέραις κατῆλθον ἀπὸ Ἱεροσολύμων προφῆται εἰς Ἀντιόχειαν.

이제 그 날들에, 내려왔다, 예루살렘으로부터 선지자들이 안티오키아(안디옥)로.

11:28 ἀναστὰς δὲ εἷς ἐξ αὐτῶν ὀνόματι Ἄγαβος ἐσήμανεν διὰ τοῦ πνεύματος λιμὸν μεγάλην μέλλειν ἔσεσθαι ἐφ' ὅλην τὴν οἰκουμένην, ἥτις ἐγένετο ἐπὶ Κλαυδίου.

이제 일어난 후에 그들로부터/그들 중에서 한 명이, 이름으로 하가보(아가보)가 (하가보라는 이름을 가진 사람이) 신호/지시했다, 영을 통해 큰 기근(흉년)이 일어나리라고 온 제국/세상 위에. 그것이 [그대로, 예언대로] 일어났다, 클라우디우스(글라우디오) (황제) 위에(때에).

11:29 τῶν δὲ μαθητῶν, καθὼς εὐπορεῖτό τις, ὥρισαν ἕκαστος αὐτῶν εἰς διακονίαν πέμψαι τοῖς κατοικοῦσιν ἐν τῇ Ἰουδαίᾳ ἀδελφοῖς·

이제 제자들의(의해서) 어떤(각자) 소유하고 있는 대로(최선을 다해), 그들은 결정했다, 그들의 각자가 부조로 보내기를, 유대아(유대)에 살고 있는 형제들에게.

11:30 ὃ καὶ ἐποίησαν ἀποστείλαντες πρὸς τοὺς πρεσβυτέρους διὰ χειρὸς Βαρναβᾶ καὶ Σαύλου.

그리고 그것을 그들은 실행했다, 보내는 것을, 장로들을 향해, 바나바와 사울의 손을 통해.

사도행전 12장

12:1 Κατ' ἐκεῖνον δὲ τὸν καιρὸν ἐπέβαλεν Ἡρῴδης ὁ βασιλεὺς τὰς χεῖρας κακῶσαί τινας τῶν ἀπὸ τῆς ἐκκλησίας.

이제 저 때를 따라(그즈음에), 뻗쳤다, 헤롯 그 왕이 손들을, 악을 행하고자(해를 끼치고자), 교회로부터/소속된 어떤 이들을.

12:2 ἀνεῖλεν δὲ Ἰάκωβον τὸν ἀδελφὸν Ἰωάννου μαχαίρῃ.

이제 그는 제거했다(죽였다), 요한의 형제 야고보를, 칼로.

12:3 Ἰδὼν δὲ ὅτι ἀρεστόν ἐστιν τοῖς Ἰουδαίοις, προσέθετο

συλλαβεῖν καὶ Πέτρον, — ἦσαν δὲ [αἱ] ἡμέραι τῶν
ἀζύμων —

이제 보고서, 즉 유대인들이 기뻐하는 것을, 추가했다, 사로잡기를, 베드로도,
이제(그때는) 누룩 없는 날들(무교절 기간)이었다.

12:4 ὃν καὶ πιάσας ἔθετο εἰς φυλακὴν παραδοὺς
τέσσαρσιν τετραδίοις στρατιωτῶν φυλάσσειν αὐτόν,
βουλόμενος μετὰ τὸ πάσχα ἀναγαγεῖν αὐτὸν τῷ
λαῷ.

그리고(그래서) 그를 사로잡아 두었다, 감옥에, 넘겨준 상태로 4명씩 4조의 군사
들로, 그를 지키도록, 결의/의도하면서 유월절 후에 끌어내도록 그를, 백성에
게.

12:5 ὁ μὲν οὖν Πέτρος ἐτηρεῖτο ἐν τῇ φυλακῇ· προσευχὴ
δὲ ἦν ἐκτενῶς γινομένη ὑπὸ τῆς ἐκκλησίας πρὸς τὸν
θεὸν περὶ αὐτοῦ.

한편 그러므로(그래서) 베드로가 감금되었다, 감옥 안에. 이제(그때) 기도를 계속
하고 있었다, 뜨겁게 발생/일어나며, 교회에 의해, 하나님을 향해, 그를 위해.

12:6 Ὅτε δὲ ἤμελλεν προαγαγεῖν αὐτὸν ὁ Ἡρῴδης, τῇ
νυκτὶ ἐκείνῃ ἦν ὁ Πέτρος κοιμώμενος μεταξὺ δύο
στρατιωτῶν δεδεμένος ἁλύσεσιν δυσὶν φύλακές τε
πρὸ τῆς θύρας ἐτήρουν τὴν φυλακήν.

이제 그 헤롯이 그를 끌어내고자 하려는 때, [바로] 저 밤에 베드로는 잠들어 있
었다, 2(명의) 군사들 사이에서, 사슬에 매인 채로, 2(명의) 보초들이 또한 문을
향해(밖에서) 그 감옥을 계속 지키고 있었다.

12:7 καὶ ἰδοὺ ἄγγελος κυρίου ἐπέστη καὶ φῶς ἔλαμψεν ἐν
τῷ οἰκήματι· πατάξας δὲ τὴν πλευρὰν τοῦ Πέτρου
ἤγειρεν αὐτὸν λέγων· ἀνάστα ἐν τάχει. καὶ ἐξέπεσαν
αὐτοῦ αἱ ἁλύσεις ἐκ τῶν χειρῶν.

그리고(그런데) 보라! 주님의 천사가 위에 섰다(나타났다). 그리고(그러자) 빛이 비
췄다, 그 감옥 안에. 이제 치면서 베드로의 옆구리를, 깨웠다 그를, 말하면서,
너는 일어나라, 신속하게! 그리고(그러자) 떨어졌다, 그의 손들로부터, 사슬들이.

12:8 εἶπεν δὲ ὁ ἄγγελος πρὸς αὐτόν· ζῶσαι καὶ ὑπόδησαι
τὰ σανδάλιά σου. ἐποίησεν δὲ οὕτως. καὶ λέγει
αὐτῷ· περιβαλοῦ τὸ ἱμάτιόν σου καὶ ἀκολούθει μοι.

이제 말했다, 그 천사가 그를 향해. 너는 (허리띠를) 묶으라! 그리고 너의 신들을
매라! 이제(이에) 그는 그렇게 했다. 그리고 그(천사)가 말했다, 그에게. 너는 걸쳐
라, 너의 겉옷을! 그리고 너는 따라오라, 나에게/나를!

12:9 καὶ ἐξελθὼν ἠκολούθει καὶ οὐκ ᾔδει ὅτι ἀληθές ἐστιν
τὸ γινόμενον διὰ τοῦ ἀγγέλου· ἐδόκει δὲ ὅραμα

βλέπειν.

그리고 나와서 계속 따라갔다, 그리고(하지만) 그는 알지 못했다. 즉 천사를 통해 되는 것이 진짜라는 것을. 이제 그는 생각했다, 환상을 보는 것이라고.

12:10 διελθόντες δὲ πρώτην φυλακὴν καὶ δευτέραν ἦλθαν ἐπὶ τὴν πύλην τὴν σιδηρᾶν τὴν φέρουσαν εἰς τὴν πόλιν, ἥτις αὐτομάτη ἠνοίγη αὐτοῖς καὶ ἐξελθόντες προῆλθον ῥύμην μίαν, καὶ εὐθέως ἀπέστη ὁ ἄγγελος ἀπ᾽ αὐτοῦ.

이제 통과한 후에, 첫 번째 보초를 그리고 둘째를, [그 후에] 도착했다, 쇠의(쇠로 만든) 문에, 도시(성)으로 운반되어(이어지는). 그것이 자동으로 열렸다, 그들에게 그리고(그래서) 그들은 나와서 지나갔다, 한 거리를. 그리고(그러자) 즉시 철수했다/떠났다, 그 천사가, 그로부터.

12:11 Καὶ ὁ Πέτρος ἐν ἑαυτῷ γενόμενος εἶπεν· νῦν οἶδα ἀληθῶς ὅτι ἐξαπέστειλεν [ὁ] κύριος τὸν ἄγγελον αὐτοῦ καὶ ἐξείλατό με ἐκ χειρὸς Ἡρῴδου καὶ πάσης τῆς προσδοκίας τοῦ λαοῦ τῶν Ἰουδαίων.

그리고(그제서야) 베드로가 자신에게 일어나서(정신 차리고) 말했다. 지금 내가 알았다, 참으로 즉, 보내셨다, 주님께서 그의 천사를 그리고 벗어나게 하셨다, 나를, 헤롯의 손과 유대아(유대)들의 백성의 기대/예상으로부터.

12:12 συνιδών τε ἦλθεν ἐπὶ τὴν οἰκίαν τῆς Μαρίας τῆς μητρὸς Ἰωάννου τοῦ ἐπικαλουμένου Μάρκου, οὗ ἦσαν ἱκανοὶ συνηθροισμένοι καὶ προσευχόμενοι.

또한 깨닫고 나서 그가 갔다, 마리아의 집에, 마가(로) 불리는 요한의 어머니 (집에), 거기에 상당수의 사람들이 함께 모여 있었고 기도하고 있었다.

12:13 κρούσαντος δὲ αὐτοῦ τὴν θύραν τοῦ πυλῶνος προσῆλθεν παιδίσκη ὑπακοῦσαι ὀνόματι Ῥόδη,

이제 그가 두드리니, 입구의 문을, 가까이 왔다(나왔다), 소녀/여종이 들으려고, 로데라는 이름의 [소녀/여종이].

12:14 καὶ ἐπιγνοῦσα τὴν φωνὴν τοῦ Πέτρου ἀπὸ τῆς χαρᾶς οὐκ ἤνοιξεν τὸν πυλῶνα, εἰσδραμοῦσα δὲ ἀπήγγειλεν ἑστάναι τὸν Πέτρον πρὸ τοῦ πυλῶνος.

그리고 철저히 알고 나서, 베드로의 그 음성을. 기쁨으로 인해, 그 문을 열지 못했다, 이제 안으로 뛰어가서 알렸다, 문을 향해, 베드로가 서 있음을/서 있다고.

12:15 οἱ δὲ πρὸς αὐτὴν εἶπαν· μαίνῃ. ἡ δὲ διϊσχυρίζετο οὕτως ἔχειν. οἱ δὲ ἔλεγον· ὁ ἄγγελός ἐστιν αὐτοῦ.

이제 그들이 그녀를 향해 말했다. 너는 미쳤다/헛소리한다! [하지만] 그녀는 계속 주장했다, 그렇게 가지고 있음을(그것이 사실이라고), 이제 그들이 말했다, [그렇다면] 그의 천사다!

12:16 ὁ δὲ Πέτρος ἐπέμενεν κρούων· ἀνοίξαντες δὲ εἶδαν αὐτὸν καὶ ἐξέστησαν.

이제 베드로가 멈추지 않았다, (문) 두드리는 것을. 이제 (문을) 연 후에 그들이 보았다 그를. 그리고 그들이 깜짝 놀랐다.

12:17 κατασείσας δὲ αὐτοῖς τῇ χειρὶ σιγᾶν διηγήσατο [αὐτοῖς] πῶς ὁ κύριος αὐτὸν ἐξήγαγεν ἐκ τῆς φυλακῆς εἶπέν τε· ἀπαγγείλατε Ἰακώβῳ καὶ τοῖς ἀδελφοῖς ταῦτα. καὶ ἐξελθὼν ἐπορεύθη εἰς ἕτερον τόπον.

이제 신호하면서 그들에게, 손으로, 침묵하도록, 철저히 알려 주었다, 그들에게. 어떻게 주님께서 그를 이끌어 내셨는지, 감옥으로부터. 그가 말했다. 또한 (아울러) 너희는 알려라, 야고보와 형제들에게 이것들을! 그리고 나가서 갔다, 다른 장소로.

12:18 Γενομένης δὲ ἡμέρας ἦν τάραχος οὐκ ὀλίγος ἐν τοῖς στρατιώταις τί ἄρα ὁ Πέτρος ἐγένετο.

이제 날이 일어나니/밝으니, 적지 않은 소동이 있었다(일어났다), 군사들 중에, 도대체 베드로는 어떻게 되었는지[에 대해서].

12:19 Ἡρῴδης δὲ ἐπιζητήσας αὐτὸν καὶ μὴ εὑρών, ἀνακρίνας τοὺς φύλακας ἐκέλευσεν ἀπαχθῆναι, καὶ κατελθὼν ἀπὸ τῆς Ἰουδαίας εἰς Καισάρειαν διέτριβεν.

이제 헤롯이 그를 철저히 찾아 보았으나, 발견하지 못하니, 간수들을 심문한 후에 끌고 가라/죽이라 명령했다. 그리고 내려간 후에, 유대아(유대)로부터 카이사리아(가이사랴)로, [거기서] 머물렀다(시간을 보냈다).

12:20 Ἦν δὲ θυμομαχῶν Τυρίοις καὶ Σιδωνίοις· ὁμοθυμαδὸν δὲ παρῆσαν πρὸς αὐτὸν καὶ πείσαντες Βλάστον, τὸν ἐπὶ τοῦ κοιτῶνος τοῦ βασιλέως, ᾐτοῦντο εἰρήνην διὰ τὸ τρέφεσθαι αὐτῶν τὴν χώραν ἀπὸ τῆς βασιλικῆς.

이제(당시에) 그는 격해져 있었다, 티레(두로) 사람들과 시돈 사람들에게. 이제(그러자) 만장일치/한마음으로 그들이 나왔다. 그를 향해, 그리고 블라스도를 설득하면서, 왕의 침실을 담당하는, 계속 요청했다, 평화/화해를, 그들의 지방이 양식/곡식을 받기에, [헤롯] 왕국에서부터.

12:21 τακτῇ δὲ ἡμέρᾳ ὁ Ἡρῴδης ἐνδυσάμενος ἐσθῆτα βασιλικὴν [καὶ] καθίσας ἐπὶ τοῦ βήματος ἐδημηγόρει πρὸς αὐτούς,

이제 선택된 날에, 헤롯이 왕의 의상을 입고 왕좌 위에 앉아서, 연설했다, 그들을 향해.

12:22 ὁ δὲ δῆμος ἐπεφώνει· θεοῦ φωνὴ καὶ οὐκ ἀνθρώπου.

이제(그러자) 군중이 소리쳤다. 하나님의 음성/소리다! 그리고 사람의 [소리가] 아니다!

12:23 παραχρῆμα δὲ ἐπάταξεν αὐτὸν ἄγγελος κυρίου ἀνθ᾽ ὧν οὐκ ἔδωκεν τὴν δόξαν τῷ θεῷ, καὶ γενόμενος σκωληκόβρωτος ἐξέψυξεν.

이제 즉시로 쳤다/때렸다, 그를 주님의 천사가, 하나님께 영광을 돌리지 않는 대신에/이유로, 벌레가 먹어서, 그는 숨을 거두었다.

12:24 Ὁ δὲ λόγος τοῦ θεοῦ ηὔξανεν καὶ ἐπληθύνετο.

이제 하나님의 그 말씀은 계속 성장하였다, 그리고 증가되었다.

12:25 Βαρναβᾶς δὲ καὶ Σαῦλος ὑπέστρεψαν εἰς Ἰερουσαλὴμ πληρώσαντες τὴν διακονίαν, συμπαραλαβόντες Ἰωάννην τὸν ἐπικληθέντα Μᾶρκον.

이제 바나바와 사울은 돌아갔다, 예루살렘으로(향한/대한) 섬김을 완성(마무리)하고 나서, 동반/동행하여 갔다(데리고 갔다). 요한을, 마가라고 불리는 자를.

사도행전 13장

13:1 Ἦσαν δὲ ἐν Ἀντιοχείᾳ κατὰ τὴν οὖσαν ἐκκλησίαν προφῆται καὶ διδάσκαλοι ὅ τε Βαρναβᾶς καὶ Συμεὼν ὁ καλούμενος Νίγερ καὶ Λούκιος ὁ Κυρηναῖος, Μαναήν τε Ἡρῴδου τοῦ τετραάρχου σύντροφος καὶ Σαῦλος.

이제 (그들이) 있었다, 안티오키아(안디옥)에, 교회를 [구성하고] 있는 사람들을 따라, 선지자들과 교사들이. 또한 그 바나바와 니게르('검다'는 뜻)라고 불리는 시므온과 키레네(구레네) 사람 루키오(루기오), 또한 4분의 1을 다스리는(분봉왕으로 통치하는) 헤롯과 어린 시절에 함께 자란 마나엔 그리고 사울이.

13:2 Λειτουργούντων δὲ αὐτῶν τῷ κυρίῳ καὶ νηστευόντων εἶπεν τὸ πνεῦμα τὸ ἅγιον· ἀφορίσατε δή μοι τὸν Βαρναβᾶν καὶ Σαῦλον εἰς τὸ ἔργον ὃ προσκέκλημαι αὐτούς.

이제 그들이 봉사/예배하며 주님께, 그리고 금식하며(할 때), 성령님께서 말씀하셨다. 이제 너희들은 구별하여 세우라! 나에게, 바나바와 사울을. 내가 소환하여 그들에게 (시키는) 일을 위해.

13:3 τότε νηστεύσαντες καὶ προσευξάμενοι καὶ ἐπιθέντες τὰς χεῖρας αὐτοῖς ἀπέλυσαν.

그때, 그들이 금식하고 기도하며 손들을 올려두어서(안수해서) 그들에게, 그들을 보냈다(파송했다).

13:4 Αὐτοὶ μὲν οὖν ἐκπεμφθέντες ὑπὸ τοῦ ἁγίου πνεύματος κατῆλθον εἰς Σελεύκειαν, ἐκεῖθέν τε ἀπέπλευσαν εἰς Κύπρον

한편 그러므로(그래서) 그들이 파송받아서 성령님에 의해, 내려갔다, 셀류키아 (실루기아)로. 거기서부터 또한 그들이 출항했다. 키프로스(구브로)로.

13:5 καὶ γενόμενοι ἐν Σαλαμῖνι κατήγγελλον τὸν λόγον τοῦ θεοῦ ἐν ταῖς συναγωγαῖς τῶν Ἰουδαίων. εἶχον δὲ καὶ Ἰωάννην ὑπηρέτην.

그리고 도착해서 살라미스(살라미)에, 그들이 선포했다, 하나님의 그 말씀을, 유대인들의 회당들에서, 이제 그들이 가졌다, 요한을 수종자/수행원을(으로).

13:6 Διελθόντες δὲ ὅλην τὴν νῆσον ἄχρι Πάφου εὗρον ἄνδρα τινὰ μάγον ψευδοπροφήτην Ἰουδαῖον ᾧ ὄνομα Βαριησοῦ

이제 관통해 지나가서, 온 성을, 파포(바보)까지, 그들이 만났다, 어떤 마법하는 사람을, [즉] 유대인 거짓 선지자를, 그에게 이름이 바르예수(바예수).

13:7 ὃς ἦν σὺν τῷ ἀνθυπάτῳ Σεργίῳ Παύλῳ, ἀνδρὶ συνετῷ. οὗτος προσκαλεσάμενος Βαρναβᾶν καὶ Σαῦλον ἐπεζήτησεν ἀκοῦσαι τὸν λόγον τοῦ θεοῦ.

그가 총독 서기오 바울과 함께 계속 있었다, 그 사람(서기오 바울)은 총명했다, 그 (서기오 바울)가 소환해서 바나바와 사울을, 요청했다, 듣기를, 하나님의 말씀을.

13:8 ἀνθίστατο δὲ αὐτοῖς Ἐλύμας ὁ μάγος, οὕτως γὰρ μεθερμηνεύεται τὸ ὄνομα αὐτοῦ, ζητῶν διαστρέψαι τὸν ἀνθύπατον ἀπὸ τῆς πίστεως.

이제 계속 적대했다, 그들을, 엘루마 그 마술사가, 왜냐하면 그렇게(그래서/그 결과) 그의 이름이 번역되어진다. 추구하며 왜곡시키고자, 그 총독이 믿음으로부터 (멀어지도록).

13:9 Σαῦλος δέ, ὁ καὶ Παῦλος, πλησθεὶς πνεύματος ἁγίου ἀτενίσας εἰς αὐτὸν

이제 사울이 그리고(즉) 그 바울이 성령의 충만해져서 주목/주시하며, 그를.

13:10 εἶπεν· ὦ πλήρης παντὸς δόλου καὶ πάσης ῥᾳδιουργίας, υἱὲ διαβόλου, ἐχθρὲ πάσης δικαιοσύνης, οὐ παύσῃ διαστρέφων τὰς ὁδοὺς [τοῦ] κυρίου τὰς εὐθείας;

말했다, 모든 속임수와 모든 비열함이 가득한 자여! 마귀의 아들이여! 모든 의의 대적이여! 너는 멈추지 않을 것이냐? 주님의 바른 길들을 왜곡시키기를!

13:11 καὶ νῦν ἰδοὺ χεὶρ κυρίου ἐπὶ σὲ καὶ ἔσῃ τυφλὸς μὴ βλέπων τὸν ἥλιον ἄχρι καιροῦ. παραχρῆμά τε ἔπεσεν ἐπ᾽ αὐτὸν ἀχλὺς καὶ σκότος καὶ περιάγων ἐζήτει χειραγωγούς.

그리고 지금 보라! 주님의 손이 너의 위에 (있을 것이다)! 그리고 너는 될 것이다,

소경이. 보지 못하며 태양을, 적당한 시간까지! 즉시 또한 떨어졌다(덮었다) 그
의 위에 안개(흐릿함/백내장)와 어두움이. 그리고(그래서) 주위를 방황하며 계속 찾
았다, 손으로 이끌어 줄 사람들을.

13:12 τότε ἰδὼν ὁ ἀνθύπατος τὸ γεγονὸς ἐπίστευσεν
ἐκπλησσόμενος ἐπὶ τῇ διδαχῇ τοῦ κυρίου.

그때, 보고서, 그 총독이, 되어진 것을. 그가 믿었다, 충격을 받으며(감동 받으며)
주님의 그 가르침 위에(대해).

13:13 Ἀναχθέντες δὲ ἀπὸ τῆς Πάφου οἱ περὶ Παῦλον ἦλθον
εἰς Πέργην τῆς Παμφυλίας, Ἰωάννης δὲ ἀποχωρήσας
ἀπ᾽ αὐτῶν ὑπέστρεψεν εἰς Ἱεροσόλυμα.

이제 항해하며, 그 파포(바보)에서부터, 바울 주변의 일행/사람들이 갔다, 팜필
리아(밤빌리아)의 페르가(버가)로. 이제(그즈음) 요한(마가)은 그들로부터 떨어져서
돌아갔다, 예루살렘으로.

13:14 Αὐτοὶ δὲ διελθόντες ἀπὸ τῆς Πέργης παρεγένοντο
εἰς Ἀντιόχειαν τὴν Πισιδίαν, καὶ εἰσελθόντες εἰς τὴν
συναγωγὴν τῇ ἡμέρᾳ τῶν σαββάτων ἐκάθισαν.

이제 그들은 관통해서, 페르가(버가)로부터, 가까이 갔다, 피시디아(비시디아)의
안티오키아(안디옥)으로. 그리고 들어가서 회당 안으로, 안식들의 날에, 그들은
앉았다.

13:15 μετὰ δὲ τὴν ἀνάγνωσιν τοῦ νόμου καὶ τῶν προφητῶν
ἀπέστειλαν οἱ ἀρχισυνάγωγοι πρὸς αὐτοὺς λέγοντες·
ἄνδρες ἀδελφοί, εἴ τίς ἐστιν ἐν ὑμῖν λόγος
παρακλήσεως πρὸς τὸν λαόν, λέγετε.

이제 율법과 선지자들의(글, 성경) 낭독 후에, 보냈다(발화했다), 회당장들이 그들
에게, 말하기를, 사람들아! 형제들아! 만약 너희들 중에 어떤 권면의 말이 있다
면, 백성을 향하여, 너희들은 말하라!

13:16 Ἀναστὰς δὲ Παῦλος καὶ κατασείσας τῇ χειρὶ εἶπεν·
ἄνδρες Ἰσραηλῖται καὶ οἱ φοβούμενοι τὸν θεόν,
ἀκούσατε.

이제 일어난 후, 바울이 그리고 손으로 아래(로) 흔들어서(흔든 후에) 말했다. 이
스라엘 사람들아! 그리고 하나님을 경외하는 자들아! 너희들은 들으라!

13:17 ὁ θεὸς τοῦ λαοῦ τούτου Ἰσραὴλ ἐξελέξατο τοὺς
πατέρας ἡμῶν καὶ τὸν λαὸν ὕψωσεν ἐν τῇ παροικίᾳ
ἐν γῇ Αἰγύπτου καὶ μετὰ βραχίονος ὑψηλοῦ ἐξήγαγεν
αὐτοὺς ἐξ αὐτῆς,

이 백성 이스라엘의 하나님께서 선택하셨다, 우리의 아버지들을 그리고 그 백
성을 높였다, 거류/나그네 중에서 이집트(애굽) 땅에서, 그리고 큰 팔로 끌어내
셨다, 그들을, 그곳에서부터.

13:18 καὶ ὡς τεσσερακονταετῆ χρόνον ἐτροποφόρησεν

αὐτοὺς ἐν τῇ ἐρήμῳ
그리고 약 40년간 그들의 태도를 참으셨다, 광야에서.

13:19　καὶ καθελὼν ἔθνη ἑπτὰ ἐν γῇ Χανάαν
κατεκληρονόμησεν τὴν γῆν αὐτῶν
그리고 낮아지게 하셔서 7민족들을, 가나안 땅에서, 유산으로 주셨다, 그들의
땅을.

13:20　ὡς ἔτεσιν τετρακοσίοις καὶ πεντήκοντα. καὶ μετὰ
ταῦτα ἔδωκεν κριτὰς ἕως Σαμουὴλ [τοῦ] προφήτου.
약 450년 동안. 그리고 이것들 후에, 그분께서 주셨다, 사사들을, 선지자의(인)
사무엘
까지.

13:21　κἀκεῖθεν ᾐτήσαντο βασιλέα καὶ ἔδωκεν αὐτοῖς ὁ
θεὸς τὸν Σαοὺλ υἱὸν Κίς, ἄνδρα ἐκ φυλῆς Βενιαμίν,
ἔτη τεσσεράκοντα,
그 후에 그들이 요청했다, 왕을, 그리고(그러자) 주셨다, 그들에게 하나님께서,
기스의 아들 사울을, 베냐민 지파로부터(출신) 40년 (동안).

13:22　καὶ μεταστήσας αὐτὸν ἤγειρεν τὸν Δαυὶδ αὐτοῖς εἰς
βασιλέα ᾧ καὶ εἶπεν μαρτυρήσας· εὗρον Δαυὶδ τὸν
τοῦ Ἰεσσαί, ἄνδρα κατὰ τὴν καρδίαν μου, ὃς ποιήσει
πάντα τὰ θελήματά μου.
그리고 그를 폐위한 후에, 일으키셨다, 다윗을 그들에게(위해) 왕으로. 그에게
그리고 말씀하셨다, 증거하시며, 내가 발견했다, 이새의 (아들) 다윗을, 나의 마
음에 따르는(합당한) 사람을, 그는 행할 것이다, 모든 나의 뜻들을.

13:23　τούτου ὁ θεὸς ἀπὸ τοῦ σπέρματος κατ᾽ ἐπαγγελίαν
ἤγαγεν τῷ Ἰσραὴλ σωτῆρα Ἰησοῦν,
하나님께서 이 사람의 그 씨(후손)로부터, 약속을 따라, 인도하셨다. 이스라엘에
게, 구주를, [즉] 예수를.

13:24　προκηρύξαντος Ἰωάννου πρὸ προσώπου τῆς εἰσόδου
αὐτοῦ βάπτισμα μετανοίας παντὶ τῷ λαῷ Ἰσραήλ.
먼저(앞서) 선포하면서, 요한이 그의 입구의 얼굴을 향해(앞에서) 회개의 세례를,
모든 이스라엘 백성에게.

13:25　ὡς δὲ ἐπλήρου Ἰωάννης τὸν δρόμον, ἔλεγεν· τί ἐμὲ
ὑπονοεῖτε εἶναι; οὐκ εἰμὶ ἐγώ· ἀλλ᾽ ἰδοὺ ἔρχεται μετ᾽
ἐμὲ οὗ οὐκ εἰμὶ ἄξιος τὸ ὑπόδημα τῶν ποδῶν λῦσαι.
이제 요한이 그 여정을 마칠 즈음, 그가 말했다. 너희들은 나를 누구로 여기느
냐? 나는 (그분이) 아니다, 오히려 보라! 내 뒤에 그분이 오신다. 나는 합당치 않
다, 그분의 발들의 신을 풀기에(도)!

13:26　Ἄνδρες ἀδελφοί, υἱοὶ γένους Ἀβραὰμ καὶ οἱ ἐν ὑμῖν

φοβούμενοι τὸν θεόν, ἡμῖν ὁ λόγος τῆς σωτηρίας ταύτης ἐξαπεστάλη.

사람들아! 형제들아! 아브라함 민족의 아들들아! 그리고 너희들 중에, 하나님을 경외하는 자들아! 이 구원의 말씀을 그분께서 멀리 보내 주셨다.

13:27 οἱ γὰρ κατοικοῦντες ἐν Ἰερουσαλὴμ καὶ οἱ ἄρχοντες αὐτῶν τοῦτον ἀγνοήσαντες καὶ τὰς φωνὰς τῶν προφητῶν τὰς κατὰ πᾶν σάββατον ἀναγινωσκομένας κρίναντες ἐπλήρωσαν,

왜냐하면/그러므로, 예루살렘에 사는/거주하는 이들이, 그리고 그들의 지도자들이 그분을 알지 못해서(알아보지 못해서) 그리고 선지자들의 음성을(도), 모든 안식일을 따라(마다) 다시(반복) 읽는, 심판(정죄)함으로 성취하였다.

13:28 καὶ μηδεμίαν αἰτίαν θανάτου εὑρόντες ᾐτήσαντο Πιλᾶτον ἀναιρεθῆναι αὐτόν.

그리고 아무것도 죽음(사형)의 원인(죄)을 그들이 찾지 못했음에도, 그들이 요청했다, 빌라도에게 그분을 올려지게 하라고(십자가에서 제거하라고).

13:29 ὡς δὲ ἐτέλεσαν πάντα τὰ περὶ αὐτοῦ γεγραμμένα, καθελόντες ἀπὸ τοῦ ξύλου ἔθηκαν εἰς μνημεῖον.

이제 이루었다, 모든 것들을, 그분에 대해 기록되어진 것들이. 내린 후에, 나무로부터, 그들이 두었다, 무덤 안에.

13:30 ὁ δὲ θεὸς ἤγειρεν αὐτὸν ἐκ νεκρῶν,

이제 그 하나님께서 일으키셨다, 그분을 죽은 자들로부터.

13:31 ὃς ὤφθη ἐπὶ ἡμέρας πλείους τοῖς συναναβᾶσιν αὐτῷ ἀπὸ τῆς Γαλιλαίας εἰς Ἰερουσαλήμ, οἵτινες [νῦν] εἰσιν μάρτυρες αὐτοῦ πρὸς τὸν λαόν.

그분이 보여지셨다, 많은 날들에, 함께 올라간 이들에게, 그분께(함께) 갈릴래아(갈릴리)에서부터 예루살렘으로. 그들이 지금 그분의 증인들이다, 그 백성을 향하여.

13:32 Καὶ ἡμεῖς ὑμᾶς εὐαγγελιζόμεθα τὴν πρὸς τοὺς πατέρας ἐπαγγελίαν γενομένην,

그리고 우리들은(도) 너희들에게 복음 전한다, 아버지들(선조들)을 향해, 일어난(주어진) 그 약속을.

13:33 ὅτι ταύτην ὁ θεὸς ἐκπεπλήρωκεν τοῖς τέκνοις [αὐτῶν] ἡμῖν ἀναστήσας Ἰησοῦν ὡς καὶ ἐν τῷ ψαλμῷ γέγραπται τῷ δευτέρῳ· υἱός μου εἶ σύ, ἐγὼ σήμερον γεγέννηκά σε.

즉 그것을(약속을) 하나님께서 이루어오셨다, 그분의 자녀들, 우리에게, 예수님을 일으키신 후, 그리고 [또한] 시편에 기록되어진 것처럼, 두 번째에(시편 2편에), 나의 아들이다, 너는. 내가 오늘 낳았다, 너를.

13:34   ὅτι δὲ ἀνέστησεν αὐτὸν ἐκ νεκρῶν μηκέτι μέλλοντα ὑποστρέφειν εἰς διαφθοράν, οὕτως εἴρηκεν ὅτι δώσω ὑμῖν τὰ ὅσια Δαυὶδ τὰ πιστά.

이제 즉 그분이 일으키셨다, 그(예수)를. 죽은 자들로부터, 더 이상 아래/뒤로 돌아가게 되지 않도록, 썩음/부패로, 그렇게(결과) 그분이 말씀하셨다. 즉, 내가 줄 것이다, 너에게, 다윗의 올바른/거룩한 것들, 신실한 것들을.

13:35   διότι καὶ ἐν ἑτέρῳ λέγει· οὐ δώσεις τὸν ὅσιόν σου ἰδεῖν διαφθοράν.

그러하므로(그 결과) 그리고 다른 곳에서(다른 시편에서) 말한다. 당신이 주지 않으시리라, 당신의 거룩한 자를, 썩음/부패를 보도록.

13:36   Δαυὶδ μὲν γὰρ ἰδίᾳ γενεᾷ ὑπηρετήσας τῇ τοῦ θεοῦ βουλῇ ἐκοιμήθη καὶ προσετέθη πρὸς τοὺς πατέρας αὐτοῦ καὶ εἶδεν διαφθοράν·

한편/참으로, 그러므로, 다윗은 자기의 세대에 섬기다가 하나님의 뜻에 (따라) 잠들게 되었다. 그리고 묻히게 되었다, 그의 아버지(선조)들을 향하여, 그리고(그래서) 그는 보았다, 썩음/부패를.

13:37   ὃν δὲ ὁ θεὸς ἤγειρεν, οὐκ εἶδεν διαφθοράν.

이제 그(예수)를 하나님께서 일으키셨다(다시 살리셨다), 그는 보지 않았다, 썩음/부패를.

13:38-39   γνωστὸν οὖν ἔστω ὑμῖν, ἄνδρες ἀδελφοί, ὅτι διὰ τούτου ὑμῖν ἄφεσις ἁμαρτιῶν καταγγέλλεται, [καὶ] ἀπὸ πάντων ὧν οὐκ ἠδυνήθητε ἐν νόμῳ Μωϋσέως δικαιωθῆναι, ἐν τούτῳ πᾶς ὁ πιστεύων δικαιοῦται.

그러므로 너희들에게(은) 알아야 한다, 사람들아! 형제들아! 즉 이분을 통하여 너희들에게 죄들의 용서/해결을 선포받았다/전해받았다, 그리고 너희들이 모세의 율법으로 의롭게 될 수 없었던 모든 것들부터, 이분으로 (인해) 모든 믿는 자는 의롭게 되어진다.

13:40   βλέπετε οὖν μὴ ἐπέλθῃ τὸ εἰρημένον ἐν τοῖς προφήταις·

그러므로 너희들은 보라/주의하라! 닥치지 않도록, 선지자들 안에(선지서들 안에) 발화된 것이.

13:41   ἴδετε, οἱ καταφρονηταί, καὶ θαυμάσατε καὶ ἀφανίσθητε, ὅτι ἔργον ἐργάζομαι ἐγὼ ἐν ταῖς ἡμέραις ὑμῶν, ἔργον ὃ οὐ μὴ πιστεύσητε ἐάν τις ἐκδιηγῆται ὑμῖν.

너희들은 보라! 비난/멸시하는 자들아! 그리고 너희는 놀라라! 그리고 사라져라! 즉 내가 (한) 일을 행한다, 너희들의 날들에, 일들/그것은 너희들이 믿지 못할/않을 일이다. 만약 어떤 이가 너희들에게 모조리(전부) 말해 준다 해도.

13:42   Ἐξιόντων δὲ αὐτῶν παρεκάλουν εἰς τὸ μεταξὺ

σάββατον λαληθῆναι αὐτοῖς τὰ ῥήματα ταῦτα.

이제 그들이 나가니(그들이 회당에서 나갈 때), 그들이 요청(초청)했다. 다음 안식일에(도) 말해 주기를 그들에게, 이 말씀들을.

13:43   λυθείσης δὲ τῆς συναγωγῆς ἠκολούθησαν πολλοὶ τῶν Ἰουδαίων καὶ τῶν σεβομένων προσηλύτων τῷ Παύλῳ καὶ τῷ Βαρναβᾷ, οἵτινες προσλαλοῦντες αὐτοῖς ἔπειθον αὐτοὺς προσμένειν τῇ χάριτι τοῦ θεοῦ.

이제 회당의 흩어지게 된 후에, 따랐다(추종했다) 유대인들과 경건하게 개종한 자들의 많은 이들이, 바울과 바나바에게. 그들이 그들에게(함께) 대화하며 설득했다, 그들을, 계속 머물기를, 하나님의 은혜에.

13:44   Τῷ δὲ ἐρχομένῳ σαββάτῳ σχεδὸν πᾶσα ἡ πόλις συνήχθη ἀκοῦσαι τὸν λόγον τοῦ κυρίου.

이제 오는(다음) 안식일에, 거의 모든 도시(성) 사람들이 모였다, 듣고자, 주님의 말씀을.

13:45   ἰδόντες δὲ οἱ Ἰουδαῖοι τοὺς ὄχλους ἐπλήσθησαν ζήλου καὶ ἀντέλεγον τοῖς ὑπὸ Παύλου λαλουμένοις βλασφημοῦντες.

이제 보고 나서(알고 나서) 유대인들이 그 무리들을, 가득해졌다, 시기가. 그리고 (그래서) 그들이 논쟁했다, 바울에 의해 발화되어진 것들에 대해, 비방/모욕하면서.

13:46   παρρησιασάμενοί τε ὁ Παῦλος καὶ ὁ Βαρναβᾶς εἶπαν· ὑμῖν ἦν ἀναγκαῖον πρῶτον λαληθῆναι τὸν λόγον τοῦ θεοῦ· ἐπειδὴ ἀπωθεῖσθε αὐτὸν καὶ οὐκ ἀξίους κρίνετε ἑαυτοὺς τῆς αἰωνίου ζωῆς, ἰδοὺ στρεφόμεθα εἰς τὰ ἔθνη.

또한/이에, 담대히 말하면서, 그 바울과 그 바나바가 말했다. 너희들에게 필요한(마땅한) 것이었다, 먼저 말하는 것이, 하나님의 말씀. 이제부터 너희들이 그것을 밀어/거절했기에, 그리고(그래서) 너희들이 스스로 합당치 않는 자로 판단(증명)하고 있다, 영원한 생명의(에 대해). 보라! 우리는 방향을 튼다, 이방인에게로!

13:47   οὕτως γὰρ ἐντέταλται ἡμῖν ὁ κύριος· τέθεικά σε εἰς φῶς ἐθνῶν τοῦ εἶναί σε εἰς σωτηρίαν ἕως ἐσχάτου τῆς γῆς.

왜냐하면/그러므로 이렇게(그 결과) 명령/위임하셨다, 우리에게 주님께서. 내가 세웠다, 너를 이방인들의 빛으로, 너를 되게 하고자, 구원을 향해(위해), 그 땅의 끝까지.

13:48   Ἀκούοντα δὲ τὰ ἔθνη ἔχαιρον καὶ ἐδόξαζον τὸν λόγον τοῦ κυρίου καὶ ἐπίστευσαν ὅσοι ἦσαν τεταγμένοι εἰς ζωὴν αἰώνιον·

이제 듣고 나서, 이방인들이 계속 기뻐했다, 그리고 영광을 돌렸다, 하나님의 말씀. 그리고 그들이 믿었다, 정돈/지정(임명) 되어짐들에 있는 자들은 [전부] 그만큼, 영원한 생명을 향해.

13:49 διεφέρετο δὲ ὁ λόγος τοῦ κυρίου δι᾽ ὅλης τῆς χώρας.

이제 퍼지게 되었다, 주님의 그 말씀이, 온 지방(지역)을 관통해서.

13:50 οἱ δὲ Ἰουδαῖοι παρώτρυναν τὰς σεβομένας γυναῖκας τὰς εὐσχήμονας καὶ τοὺς πρώτους τῆς πόλεως καὶ ἐπήγειραν διωγμὸν ἐπὶ τὸν Παῦλον καὶ Βαρναβᾶν καὶ ἐξέβαλον αὐτοὺς ἀπὸ τῶν ὁρίων αὐτῶν.

이제 유대인들이 선동/자극했다, 경건한 여자들을 [즉] 부유한/고귀한 자들을. 그리고 성(도시)의 첫 번째/최상위 사람들을. 그리고(그래서) [격동시켜] 일으켰다, 박해를. 바울과 바나바에 대해, 그리고(그래서) 그들이 쫓아냈다, 그들을, 그들의 경계로부터.

13:51 οἱ δὲ ἐκτιναξάμενοι τὸν κονιορτὸν τῶν ποδῶν ἐπ᾽ αὐτοὺς ἦλθον εἰς Ἰκόνιον,

이제 그들이 떨어뜨려 버리며, 발들(양발)의 티끌을, 그들에 대해(향해), 그들이 갔다, 이코니온(이고니온)으로.

13:52 οἵ τε μαθηταὶ ἐπληροῦντο χαρᾶς καὶ πνεύματος ἁγίου.

또한 제자들은 (계속) 가득/충만해졌다, 기쁨과 성령의(으로).

사도행전 14장

14:1 Ἐγένετο δὲ ἐν Ἰκονίῳ κατὰ τὸ αὐτὸ εἰσελθεῖν αὐτοὺς εἰς τὴν συναγωγὴν τῶν Ἰουδαίων καὶ λαλῆσαι οὕτως ὥστε πιστεῦσαι Ἰουδαίων τε καὶ Ἑλλήνων πολὺ πλῆθος.

이제 (이런 일이) 일어났다, 이코니온(이고니온)에서, [이전과] 유사한 일이. 그들이 유대인들의 회당 안으로 들어가게 되자(들어갔을 때), 그리고 말하기를 그렇게 [이전과 동일한 복음을 전하자] 그 결과 유대인들이 믿게 되었고 또한 헬라인들의 많은 무리도.

14:2 οἱ δὲ ἀπειθήσαντες Ἰουδαῖοι ἐπήγειραν καὶ ἐκάκωσαν τὰς ψυχὰς τῶν ἐθνῶν κατὰ τῶν ἀδελφῶν.

이제 믿지 않는 유대인들이 선동/자극했다, 그리고(그래서) 악/독을 행했다, 이방인들의 혼들에, 형제들에 대항하여(이용하여).

14:3 ἱκανὸν μὲν οὖν χρόνον διέτριψαν παρρησιαζόμενοι ἐπὶ τῷ κυρίῳ τῷ μαρτυροῦντι [ἐπὶ] τῷ λόγῳ τῆς

χάριτος αὐτοῦ, διδόντι σημεῖα καὶ τέρατα γίνεσθαι
διὰ τῶν χειρῶν αὐτῶν.

한편으로 그러므로(그런데도) 상당한/충분한 시간을 머물렀다, 담대히 말하면
서, 주님 위에서(주님을 대변해서, 주님을 힘입어서), 그분께(그분에 대해) 증거하므로,
그분의 은혜의 말씀 위에(대해), [주님께서] 주시며 표적들과 기적들이 일어나도
록, 그들의 손들을 통해.

14:4 ἐσχίσθη δὲ τὸ πλῆθος τῆς πόλεως, καὶ οἱ μὲν ἦσαν
σὺν τοῖς Ἰουδαίοις, οἱ δὲ σὺν τοῖς ἀποστόλοις.

이제 분리되었다, 성(도시)의 그 무리가, 그리고(그래서) 한편으로 (일부는) 유대인
들과 함께하였고, 또한 (일부는) [두] 사도들과 함께하였다.

14:5 ὡς δὲ ἐγένετο ὁρμὴ τῶν ἐθνῶν τε καὶ Ἰουδαίων σὺν
τοῖς ἄρχουσιν αὐτῶν ὑβρίσαι καὶ λιθοβολῆσαι
αὐτούς,

이제 그즈음 일어났다, 돌격/습격이 이방인들의(의해) 그리고 유대인들의(의해),
그들의 지도자/관리들과 함께. 모욕/폭력을 행하고 그들을 돌로 치려고.

14:6 συνιδόντες κατέφυγον εἰς τὰς πόλεις τῆς Λυκαονίας
Λύστραν καὶ Δέρβην καὶ τὴν περίχωρον,

알아차린 후에, 그들은 도망쳤다, 리카오니아(루가오니아)의 성들로, 뤼스트라(루
스드라)와 데르베(더베)로, 그리고 그 주변의 (도시들)로.

14:7 κἀκεῖ εὐαγγελιζόμενοι ἦσαν.

거기에서 그들은 계속 복음을 전했다.

14:8 Καί τις ἀνὴρ ἀδύνατος ἐν Λύστροις τοῖς ποσὶν
ἐκάθητο, χωλὸς ἐκ κοιλίας μητρὸς αὐτοῦ ὃς
οὐδέποτε περιεπάτησεν.

그리고 어떤 남자가 할 수 없는 (상태로), 뤼스트라(루스드라)에, 발들을, 계속 앉
아 있었다, 다리를 저는(하반신 장애 상태) 사람으로, 그의 어머니의 자궁으로부
터. [그래서] 그는 걸어본 적이 전혀 없었다.

14:9 οὗτος ἤκουσεν τοῦ Παύλου λαλοῦντος · ὃς ἀτενίσας
αὐτῷ καὶ ἰδὼν ὅτι ἔχει πίστιν τοῦ σωθῆναι,

그가 들었다, 바울의 말하는 것을. 그(바울)가 주목한 후에, 그에게, 그리고 본
후에 즉, 그가 믿음을 가진 것을, 구원받을 [만한].

14:10 εἶπεν μεγάλῃ φωνῇ · ἀνάστηθι ἐπὶ τοὺς πόδας σου
ὀρθός καὶ ἥλατο καὶ περιεπάτει.

그(바울)가 말했다, 큰 소리로. 너는 일어나라! 너의 발들 위에, 곧게(똑바로)! 그
리고(그러자) 그가 도약/뛰었다, 그리고 그가 계속 (주변을) 걸었다.

14:11 οἵ τε ὄχλοι ἰδόντες ὃ ἐποίησεν Παῦλος ἐπῆραν τὴν
φωνὴν αὐτῶν Λυκαονιστὶ λέγοντες · οἱ θεοὶ
ὁμοιωθέντες ἀνθρώποις κατέβησαν πρὸς ἡμᾶς,

또한 무리들이 보고 나서, 바울이 행한 일을, 그들의 목소리를 높이 올렸다, 리카오니아(루가오니아) 언어로 말하기를, 신들이 사람들의 형상으로 되셔서 내려오셨다! 우리를 향해!

14:12 ἐκάλουν τε τὸν Βαρναβᾶν Δία, τὸν δὲ Παῦλον Ἑρμῆν, ἐπειδὴ αὐτὸς ἦν ὁ ἡγούμενος τοῦ λόγου.

또한(그래서) 그들이 불렀다, 바나바를 제우스[라고], 이제 바울을 헤르메스[라고], 그가 말의 인도/이끄는 자였기에.

14:13 ὅ τε ἱερεὺς τοῦ Διὸς τοῦ ὄντος πρὸ τῆς πόλεως ταύρους καὶ στέμματα ἐπὶ τοὺς πυλῶνας ἐνέγκας σὺν τοῖς ὄχλοις ἤθελεν θύειν.

또한 제우스의 제사장이, 도시 밖에 있던, 황소들과 화환들을 [도시] 입구 앞에 가져와서 무리들과 함께 제사를 드리기 원했다(의도했다/하려고 했다).

14:14 Ἀκούσαντες δὲ οἱ ἀπόστολοι Βαρναβᾶς καὶ Παῦλος διαρρήξαντες τὰ ἱμάτια αὐτῶν ἐξεπήδησαν εἰς τὸν ὄχλον κράζοντες

이제 들은 후, 사도들이 [즉] 바나바와 바울이 그들의 겉옷을 찢고서, 달려 들어갔다, 무리 안으로, 소리를 지르며.

14:15 καὶ λέγοντες· ἄνδρες, τί ταῦτα ποιεῖτε; καὶ ἡμεῖς ὁμοιοπαθεῖς ἐσμεν ὑμῖν ἄνθρωποι εὐαγγελιζόμενοι ὑμᾶς ἀπὸ τούτων τῶν ματαίων ἐπιστρέφειν ἐπὶ θεὸν ζῶντα, ὃς ἐποίησεν τὸν οὐρανὸν καὶ τὴν γῆν καὶ τὴν θάλασσαν καὶ πάντα τὰ ἐν αὐτοῖς·

그리고 말하기를, 사람들아! 왜 이런 일들을 너희는 행하느냐? 우리도 너희들과 같은 감정의 사람들이다. 너희들에게 복음을 전하기는(전하는 것은), 이러한 공허한 것들에서 떠나 돌아오기 위함이다, 살아 계신 하나님 앞에. 그분은 만드셨다, 그 하늘과 그 땅과 그 바다를, 그리고 그것들 안에 있는 모든 것들을.

14:16 ὃς ἐν ταῖς παρῳχημέναις γενεαῖς εἴασεν πάντα τὰ ἔθνη πορεύεσθαι ταῖς ὁδοῖς αὐτῶν·

그분은 지나간(사라진) 세대들에는 허락/버려두셨다, 모든 민족(이방인)들이 그들/자신들의 길들로 가는 것을.

14:17 καίτοι οὐκ ἀμάρτυρον αὐτὸν ἀφῆκεν ἀγαθουργῶν, οὐρανόθεν ὑμῖν ὑετοὺς διδοὺς καὶ καιροὺς καρποφόρους, ἐμπιπλῶν τροφῆς καὶ εὐφροσύνης τὰς καρδίας ὑμῶν.

그렇지만 그분을 증거하지 않은 상태로 방치하지 않으셨다, 선한 일을 하시며, 하늘로부터, 너희에게 비를 주시면서, 그리고 추수/결실의 때들을. 너희들의 마음들에 음식과 기쁨을 채워주시며.

14:18 καὶ ταῦτα λέγοντες μόλις κατέπαυσαν τοὺς ὄχλους τοῦ μὴ θύειν αὐτοῖς.

그리고(그렇게) 이것들을 말해서, 간신히 그 무리들을 말렸다, 그들(자신들)에게
제사를 드리지 못하도록.

14:19 Ἐπῆλθαν δὲ ἀπὸ Ἀντιοχείας καὶ Ἰκονίου Ἰουδαῖοι καὶ
πείσαντες τοὺς ὄχλους καὶ λιθάσαντες τὸν Παῦλον
ἔσυρον ἔξω τῆς πόλεως νομίζοντες αὐτὸν
τεθνηκέναι.

이제 도착했다, 안티오키아(안디옥)과 이코니온(이고니온) 지역에서부터의 유대
인들이 그리고 설득시킨 후에 무리들을, 그리고 바울을 돌로 치고서 끌어냈다,
그 도시(성)의 밖으로, 그가 죽었다고 여기며.

14:20 κυκλωσάντων δὲ τῶν μαθητῶν αὐτὸν ἀναστὰς
εἰσῆλθεν εἰς τὴν πόλιν. Καὶ τῇ ἐπαύριον ἐξῆλθεν σὺν
τῷ Βαρναβᾷ εἰς Δέρβην.

이제(그러나) 제자들이 (모여) 둘러싸니 그를, 그가 일어난 후에 들어갔다, 그 성
안으로, 그리고 다음 날 그가 갔다, 바나바와 함께 데르베(더베)로.

14:21 εὐαγγελισάμενοί τε τὴν πόλιν ἐκείνην καὶ
μαθητεύσαντες ἱκανοὺς ὑπέστρεψαν εἰς τὴν Λύστραν
καὶ εἰς Ἰκόνιον καὶ εἰς Ἀντιόχειαν

또한 그들은 복음을 전하며 저 성을(에서) 그리고 제자 삼으며 상당한 (수의) 사
람들을, 돌아갔다, 뤼스트라(루스드라)로 그리고 이코니온(이고니온)으로 그리고
피시디아 안티오키아(비시디아 안디옥)로.

14:22 ἐπιστηρίζοντες τὰς ψυχὰς τῶν μαθητῶν,
παρακαλοῦντες ἐμμένειν τῇ πίστει καὶ ὅτι διὰ
πολλῶν θλίψεων δεῖ ἡμᾶς εἰσελθεῖν εἰς τὴν βασιλείαν
τοῦ θεοῦ.

강화/굳게 하면서 그 제자들의 혼들을, 권면하면서 그 믿음에 머물도록, 그리
고 즉 [그 내용은] 많은 고난/핍박을 통과하여, 우리가 마땅히/반드시 하나님의
나라 안으로 들어갈 것을.

14:23 χειροτονήσαντες δὲ αὐτοῖς κατ' ἐκκλησίαν
πρεσβυτέρους, προσευξάμενοι μετὰ νηστειῶν
παρέθεντο αὐτοὺς τῷ κυρίῳ εἰς ὃν πεπιστεύκεισαν.

이제 손으로 임명(지명)한 후에 그들에게, 교회마다 장로들(리더들)을, 기도하고
서 금식하며, 그들이 맡겼다, 그들을, 주님께, [즉] 그들이 믿는 분께.

14:24 Καὶ διελθόντες τὴν Πισιδίαν ἦλθον εἰς τὴν
Παμφυλίαν

그리고 통과해서 지나간 후, 피시디아(비시디아)를, 그들이 갔다(도착했다) 팜필리
아(밤빌리아)로.

14:25 καὶ λαλήσαντες ἐν Πέργῃ τὸν λόγον κατέβησαν εἰς
Ἀττάλειαν

그리고 말하고서, 페르가(버가)에서 그 말씀을, 그들이 내려갔다, 아탈리아(앗달

리아)로.

14:26 κἀκεῖθεν ἀπέπλευσαν εἰς Ἀντιόχειαν, ὅθεν ἦσαν παραδεδομένοι τῇ χάριτι τοῦ θεοῦ εἰς τὸ ἔργον ὃ ἐπλήρωσαν.

거기서부터 그들은 항해했다, 안티오키아(수리아 안디옥)로, 거기서부터, 주어진 곳이었다, 하나님의 은혜에, 그들이 성취한/완성한 그 일을 위해.

14:27 παραγενόμενοι δὲ καὶ συναγαγόντες τὴν ἐκκλησίαν ἀνήγγελλον ὅσα ἐποίησεν ὁ θεὸς μετ' αὐτῶν καὶ ὅτι ἤνοιξεν τοῖς ἔθνεσιν θύραν πίστεως.

이제 그들이 도착하자 교회를 모아서, 그들은 보고했다. 하나님께서 행하신 일들만큼 (모두를) 그들과 함께, 그리고 이방인들에 믿음의 문을 여신 것을.

14:28 διέτριβον δὲ χρόνον οὐκ ὀλίγον σὺν τοῖς μαθηταῖς.

이제 그들이 계속 지냈다, 적지 않은 시간을, 그들과 함께.

사도행전 15장

15:1 Καί τινες κατελθόντες ἀπὸ τῆς Ἰουδαίας ἐδίδασκον τοὺς ἀδελφοὺς ὅτι, ἐὰν μὴ περιτμηθῆτε τῷ ἔθει τῷ Μωϋσέως, οὐ δύνασθε σωθῆναι.

그리고 어떤 사람들이 내려와서, 유대아(유대)로부터, 계속 가르쳤다, 형제들을, 즉 만약 너희들이 할례받지 않으면, 모세의 관습에 (따라) 너희들은 구원받을 수 없다(라고).

15:2 γενομένης δὲ στάσεως καὶ ζητήσεως οὐκ ὀλίγης τῷ Παύλῳ καὶ τῷ Βαρναβᾷ πρὸς αὐτούς, ἔταξαν ἀναβαίνειν Παῦλον καὶ Βαρναβᾶν καί τινας ἄλλους ἐξ αὐτῶν πρὸς τοὺς ἀποστόλους καὶ πρεσβυτέρους εἰς Ἰερουσαλὴμ περὶ τοῦ ζητήματος τούτου.

이제 일어나게 된 후, 논쟁과 토론의(이) 적지 않게, 바울에게 그리고 바나바에게 [즉] 그들을 향해, 그들이 배열/결정했다, 보내기를, 바울과 바나바를 그리고 그들로부터(중의) 다른 어떤 이들을, 사도들과 장로들을 향해, 예루살렘으로, 이 문제에 대해 [이 문제를 해결하기 위해].

15:3 Οἱ μὲν οὖν προπεμφθέντες ὑπὸ τῆς ἐκκλησίας διήρχοντο τήν τε Φοινίκην καὶ Σαμάρειαν ἐκδιηγούμενοι τὴν ἐπιστροφὴν τῶν ἐθνῶν καὶ ἐποίουν χαρὰν μεγάλην πᾶσιν τοῖς ἀδελφοῖς.

한편으로, 그러므로 그들이 전송받은 후, 교회에 의해, 관통해 지나갔다, 페니키아(베니게)와 사마리아를, 철저히 이야기(보고)하면서, 이방인들의 돌아옴(개종)을. 그리고(그래서) 그들이 만들었다(일으켰다), 큰 기쁨을, 모든 형제들에게.

15:4 παραγενόμενοι δὲ εἰς Ἰερουσαλὴμ παρεδέχθησαν

ἀπὸ τῆς ἐκκλησίας καὶ τῶν ἀποστόλων καὶ τῶν πρεσβυτέρων, ἀνήγγειλάν τε ὅσα ὁ θεὸς ἐποίησεν μετ᾽ αὐτῶν.

이제 도착하자, 예루살렘에, 그들은 환영받았다, 교회와 사도들과 장로들에 의해. [이어서] 그들이 알려 주었다, 또한 하나님께서 행하신 만큼/전부를, 그들과 함께/에게.

15:5 Ἐξανέστησαν δέ τινες τῶν ἀπὸ τῆς αἱρέσεως τῶν Φαρισαίων πεπιστευκότες λέγοντες ὅτι δεῖ περιτέμνειν αὐτοὺς παραγγέλλειν τε τηρεῖν τὸν νόμον Μωϋσέως.

이제 일어났다, 믿음을 가진 바리새인들 분파로부터, 어떤 사람들이 말하기를, 즉 반드시 그들을 할례하고 명령해야만 한다, 또한 지키게 해야 한다, 모세의 율법을.

15:6 Συνήχθησάν τε οἱ ἀπόστολοι καὶ οἱ πρεσβύτεροι ἰδεῖν περὶ τοῦ λόγου τούτου.

또한 모여졌다(회의했다), 사도들과 장로들이 (살펴)보고자, 이 말(사건, 문제)에 대하여.

15:7 Πολλῆς δὲ ζητήσεως γενομένης ἀναστὰς Πέτρος εἶπεν πρὸς αὐτούς· ἄνδρες ἀδελφοί, ὑμεῖς ἐπίστασθε ὅτι ἀφ᾽ ἡμερῶν ἀρχαίων ἐν ὑμῖν ἐξελέξατο ὁ θεὸς διὰ τοῦ στόματός μου ἀκοῦσαι τὰ ἔθνη τὸν λόγον τοῦ εὐαγγελίου καὶ πιστεῦσαι.

이제 많은 탐색/추구(논쟁, 토론)가 발생한 후에, 베드로가 일어나서 말했다, 그들에게. 사람들아! 형제들아! 너희들이 잘 알고 있다, 즉 오래전의 날들부터, 너희들 안에서(중에서) 하나님께서 선택하셨다, 나의 입을 통해, 듣도록, 이방인들이 복음의 말씀을 그리고 믿도록.

15:8 καὶ ὁ καρδιογνώστης θεὸς ἐμαρτύρησεν αὐτοῖς δοὺς τὸ πνεῦμα τὸ ἅγιον καθὼς καὶ ἡμῖν

그리고 마음을 아시는 하나님께서 증거하셨다, 그들에게, 주심으로 거룩한 영(성령)을. 우리에게도처럼(같이).

15:9 καὶ οὐθὲν διέκρινεν μεταξὺ ἡμῶν τε καὶ αὐτῶν τῇ πίστει καθαρίσας τὰς καρδίας αὐτῶν.

그리고 분리/차별하지 않으셨다, 우리와 또한 그들 사이에, 믿음으로 깨끗하게 하심으로, 그들의 마음들을.

15:10 νῦν οὖν τί πειράζετε τὸν θεὸν ἐπιθεῖναι ζυγὸν ἐπὶ τὸν τράχηλον τῶν μαθητῶν ὃν οὔτε οἱ πατέρες ἡμῶν οὔτε ἡμεῖς ἰσχύσαμεν βαστάσαι;

지금 그러므로 왜 너희들이 시험하느냐, 하나님을? 부과하기를/부과함으로 멍에를, [이방인] 제자들의 목 위에, 우리 아버지들도 우리도 감당할 수 없었던 것을.

15:11 ἀλλὰ διὰ τῆς χάριτος τοῦ κυρίου Ἰησοῦ πιστεύομεν σωθῆναι καθ' ὃν τρόπον κἀκεῖνοι.

오히려 주 예수의 은혜를 통해(인해) 우리는 믿는다, 구원받음을, 그와 같이, 저들도 동일한 방법(방식)을/으로.

15:12 Ἐσίγησεν δὲ πᾶν τὸ πλῆθος καὶ ἤκουον Βαρναβᾶ καὶ Παύλου ἐξηγουμένων ὅσα ἐποίησεν ὁ θεὸς σημεῖα καὶ τέρατα ἐν τοῖς ἔθνεσιν δι' αὐτῶν.

이제 침묵했다, 모든 무리가 그리고 그들은 들었다, 바나바와 바울의 이야기하는 것을. 하나님께서 행하신 만큼/전부를, [즉] 표적들과 기적들을, 이방인들 앞에서, 그들을 통해 [이루어진 일들을].

15:13 Μετὰ δὲ τὸ σιγῆσαι αὐτοὺς ἀπεκρίθη Ἰάκωβος λέγων· ἄνδρες ἀδελφοί, ἀκούσατέ μου.

이제 그들의 침묵 후에, 대답/반응했다, 야고보가 말하기를, 사람들아! 형제들아! 너희들은 들어라! 나의 (말을)!

15:14 Συμεὼν ἐξηγήσατο καθὼς πρῶτον ὁ θεὸς ἐπεσκέψατο λαβεῖν ἐξ ἐθνῶν λαὸν τῷ ὀνόματι αὐτοῦ.

시몬(베드로)이 선언했다. 처음처럼(먼저 말한 것처럼) 하나님께서 방문/돌보셨다. 취하시고자 이방인들로부터, (하나님의) 백성을, 그분의 이름으로(위하여).

15:15 καὶ τούτῳ συμφωνοῦσιν οἱ λόγοι τῶν προφητῶν καθὼς γέγραπται·

그리고 이것에 같은 소리로 공유한다(일치한다), 선지자들의 말씀들이, 기록되어진 것처럼.

15:16 μετὰ ταῦτα ἀναστρέψω καὶ ἀνοικοδομήσω τὴν σκηνὴν Δαυὶδ τὴν πεπτωκυῖαν καὶ τὰ κατεσκαμμένα αὐτῆς ἀνοικοδομήσω καὶ ἀνορθώσω αὐτήν,

[즉] 이것들 후에, 내가 돌아올 것이다, 그리고 다시 세울 것이다, 다윗의 그 무너진 장막을. 그리고 파괴된 것들을, 내가 다시 세울 것이다. 그리고 바로 세울 것이다, 그것을.

15:17 ὅπως ἂν ἐκζητήσωσιν οἱ κατάλοιποι τῶν ἀνθρώπων τὸν κύριον καὶ πάντα τὰ ἔθνη ἐφ' οὓς ἐπικέκληται τὸ ὄνομά μου ἐπ' αὐτούς, λέγει κύριος ποιῶν ταῦτα

그래서(그 결과) 찾게 하고자, 사람들의 남은 자들이, 주님을, 그리고 모든 이방인들이 그들 위에, 부름받게 된다, 나의 이름이, 그들 위에, 이것들을 행하시는 주님이 말씀하신다.

15:18 γνωστὰ ἀπ' αἰῶνος.

알려진 것들을, 영원부터/영원히.

15:19 διὸ ἐγὼ κρίνω μὴ παρενοχλεῖν τοῖς ἀπὸ τῶν ἐθνῶν ἐπιστρέφουσιν ἐπὶ τὸν θεόν,

그러므로 내가 판결한다, 괴롭게 하지 말기를, 이방인들로부터 돌아온(회심한) 자들에게, 하나님 위로(하나님께로).

15:20 ἀλλ᾽ ἐπιστεῖλαι αὐτοῖς τοῦ ἀπέχεσθαι τῶν ἀλισγημάτων τῶν εἰδώλων καὶ τῆς πορνείας καὶ τοῦ πνικτοῦ καὶ τοῦ αἵματος.

오히려 편지 쓰기를 그들에게, 멀리 떠나기를, 우상들의 불결한 것들에서(부터), 그리고 음행에서(부터), 그리고 목 졸라 죽인 것에서(부터), 그리고 피에서(부터).

15:21 Μωϋσῆς γὰρ ἐκ γενεῶν ἀρχαίων κατὰ πόλιν τοὺς κηρύσσοντας αὐτὸν ἔχει ἐν ταῖς συναγωγαῖς κατὰ πᾶν σάββατον ἀναγινωσκόμενος.

왜냐하면 모세가(모세의 말씀이) 오랜 세대로부터(오랫동안), 그를 전파하는 도시(마다), 가지고 있다, 회당들에서, 모든 안식일마다, 다시 읽기를.

15:22 Τότε ἔδοξεν τοῖς ἀποστόλοις καὶ τοῖς πρεσβυτέροις σὺν ὅλῃ τῇ ἐκκλησίᾳ ἐκλεξαμένους ἄνδρας ἐξ αὐτῶν πέμψαι εἰς Ἀντιόχειαν σὺν τῷ Παύλῳ καὶ Βαρναβᾷ, Ἰούδαν τὸν καλούμενον Βαρσαββᾶν καὶ Σιλᾶν, ἄνδρας ἡγουμένους ἐν τοῖς ἀδελφοῖς,

그때, 그러고 나서, 생각/결정했다, 사도들과 장로들에게(의해), 온 교회와 함께, 선택한 후에 사람들을 그들로부터(중에서), 보내기를 안티오키아(안디옥)으로, 바울과 바나바와 함께, 바르사바(바사바)라고 불리는 유다를 그리고 실라를, 형제들(성도들) 중에서 지도자/리더인 사람들을.

15:23 γράψαντες διὰ χειρὸς αὐτῶν· Οἱ ἀπόστολοι καὶ οἱ πρεσβύτεροι ἀδελφοὶ τοῖς κατὰ τὴν Ἀντιόχειαν καὶ Συρίαν καὶ Κιλικίαν ἀδελφοῖς τοῖς ἐξ ἐθνῶν χαίρειν.

그들의 손을 통해, 편지하면서, [즉] 사도들과 장로들 된 형제들이, 안티오키아(안디옥)과 시리아(수리아)와 킬리키아(길리기아)에 걸쳐 있는 형제들에게, 이방인들 출신인 자들에게 문안/인사한다.

15:24 Ἐπειδὴ ἠκούσαμεν ὅτι τινὲς ἐξ ἡμῶν [ἐξελθόντες] ἐτάραξαν ὑμᾶς λόγοις ἀνασκευάζοντες τὰς ψυχὰς ὑμῶν οἷς οὐ διεστειλάμεθα,

우리가 들어 보니, 즉 우리들로부터 어떤 이들이 (나가서) 자극/선동한다, 너희들을, 말들로, 전복시키면서 너희들의 혼들을, [하지만] 그들에게 우리가 지시하지 않았다.

15:25 ἔδοξεν ἡμῖν γενομένοις ὁμοθυμαδὸν ἐκλεξαμένοις ἄνδρας πέμψαι πρὸς ὑμᾶς σὺν τοῖς ἀγαπητοῖς ἡμῶν Βαρναβᾷ καὶ Παύλῳ,

[그래서] 생각/결정했다, 우리에게, 만장일치로 되었다, 우리가 선택한 후에 사

람들을 보내기로, 너희들을 향해, 우리의 사랑하는 바나바와 바울과 함께.

15:26 ἀνθρώποις παραδεδωκόσιν τὰς ψυχὰς αὐτῶν ὑπὲρ τοῦ ὀνόματος τοῦ κυρίου ἡμῶν Ἰησοῦ Χριστοῦ.

(그들은) 사람들[이다], 그들의 혼들을 포기/넘겨준 사람들(이다), 우리 주 예수 그리스도의 이름을 위해.

15:27 ἀπεστάλκαμεν οὖν Ἰούδαν καὶ Σιλᾶν καὶ αὐτοὺς διὰ λόγου ἀπαγγέλλοντας τὰ αὐτά.

그러므로 우리가 파송한다, 유다와 실라도, 그리고 그들을(그들과 함께), 말을 통해 알려 줄, 이것들을(이것들에 대해서).

15:28 ἔδοξεν γὰρ τῷ πνεύματι τῷ ἁγίῳ καὶ ἡμῖν μηδὲν πλέον ἐπιτίθεσθαι ὑμῖν βάρος πλὴν τούτων τῶν ἐπάναγκες,

왜냐하면 생각/결정했다, 성령과 우리에게(가) 아무것도 더 많은 것을 부과하지 않기를 너희에게, (무거운) 짐/고통을, 이 필수적인 것들 제외하고.

15:29 ἀπέχεσθαι εἰδωλοθύτων καὶ αἵματος καὶ πνικτῶν καὶ πορνείας, ἐξ ὧν διατηροῦντες ἑαυτοὺς εὖ πράξετε. Ἔρρωσθε.

멀리 떠나기를, 우상 제물들과 피와 목 졸라 죽인 것들과 음행(으로부터), 이것들로부터 철저하게 지키면 (스스로) 자신을, 너희들은 잘 행하게(성취하게) 되리라. 강건/안녕히 지내라!

15:30 Οἱ μὲν οὖν ἀπολυθέντες κατῆλθον εἰς Ἀντιόχειαν, καὶ συναγαγόντες τὸ πλῆθος ἐπέδωκαν τὴν ἐπιστολήν.

한편으로 그러므로/그래서 그들이 작별 인사를 하고 나서, 내려갔다, 안티오키아(안디옥)으로. 그리고 그 무리(성도)를 모은 후에 전해 주었다, 그 편지(내용)를.

15:31 ἀναγνόντες δὲ ἐχάρησαν ἐπὶ τῇ παρακλήσει.

이제 읽은 후에 그들은 기뻐했다, 그 격려/권면으로 [인해].

15:32 Ἰούδας τε καὶ Σιλᾶς καὶ αὐτοὶ προφῆται ὄντες διὰ λόγου πολλοῦ παρεκάλεσαν τοὺς ἀδελφοὺς καὶ ἐπεστήριξαν,

또한 유다와 실라 그리고(즉) 그들이 선지자/예언 은사자들이었기에, 많은 말로 격려/권면했다, 형제들을 그리고 그들은 강화/굳게 했다.

15:33 ποιήσαντες δὲ χρόνον ἀπελύθησαν μετ' εἰρήνης ἀπὸ τῶν ἀδελφῶν πρὸς τοὺς ἀποστείλαντας αὐτούς.

이제 일(사역)한 후, 잠시 동안, 자유케/떠나게 되었다, 평화와 함께(평안히), 형제들로부터, 그들을 파송한 사람들을 향해.

15:34

[일부 사본에 다음의 내용이 있음] 그러나 실라는 그들과 함께 머물기를 좋게 여겼다

(그래서 그곳에 머물렀다).

15:35 Παῦλος δὲ καὶ Βαρναβᾶς διέτριβον ἐν Ἀντιοχείᾳ διδάσκοντες καὶ εὐαγγελιζόμενοι μετὰ καὶ ἑτέρων πολλῶν τὸν λόγον τοῦ κυρίου.

이제 바울과 바나바는 계속 거주했다, 안티오키아(안디옥)에 가르치고 복음을 전하면서, 많은 다른 사람들과도 함께, 주님의 말씀을.

15:36 Μετὰ δέ τινας ἡμέρας εἶπεν πρὸς Βαρναβᾶν Παῦλος· ἐπιστρέψαντες δὴ ἐπισκεψώμεθα τοὺς ἀδελφοὺς κατὰ πόλιν πᾶσαν ἐν αἷς κατηγγείλαμεν τὸν λόγον τοῦ κυρίου πῶς ἔχουσιν.

이제 어떤/어느 정도 날들 후에, 말했다, 바나바를 향해, 바울이. 우리 돌아가자! 즉시/이제, 방문하자, 형제들을! 모든 성(도시)을 따라, 주님의 말씀을 선포/전한 그곳들에, 그들이 어떻게 가지고 있는지.

15:37 Βαρναβᾶς δὲ ἐβούλετο συμπαραλαβεῖν καὶ τὸν Ἰωάννην τὸν καλούμενον Μᾶρκον·

이제 바나바는 의도했다, 동반/동행하기를 요한을, [즉] 마가라고 불리는 자를.

15:38 Παῦλος δὲ ἠξίου, τὸν ἀποστάντα ἀπ᾽ αὐτῶν ἀπὸ Παμφυλίας καὶ μὴ συνελθόντα αὐτοῖς εἰς τὸ ἔργον μὴ συμπαραλαμβάνειν τοῦτον.

이제(하지만) 바울은 합당하게 여겼다, 그들로부터 떠난 자, 팜필리아(밤빌리아)에서부터, 그리고 그들과 함께 가지 않은 자, 사역으로, [바로 그런] 그를 동반/동행하지 않는 것을.

15:39 ἐγένετο δὲ παροξυσμὸς ὥστε ἀποχωρισθῆναι αὐτοὺς ἀπ᾽ ἀλλήλων, τόν τε Βαρναβᾶν παραλαβόντα τὸν Μᾶρκον ἐκπλεῦσαι εἰς Κύπρον,

이제 흥분의 논쟁/다툼이 일어났다, 그 결과 분리되었다, 그들이, 서로서로, 그래서 바나바는 데리고서 마가를, 항해하기를(항해하게 되었다) 키프로스(구브로)로.

15:40 Παῦλος δὲ ἐπιλεξάμενος Σιλᾶν ἐξῆλθεν παραδοθεὶς τῇ χάριτι τοῦ κυρίου ὑπὸ τῶν ἀδελφῶν.

이제 바울은 실라를 선택해서, 떠났다, 넘겨받은 후에, 주님 은혜로, 형제들로부터.

15:41 διήρχετο δὲ τὴν Συρίαν καὶ [τὴν] Κιλικίαν ἐπιστηρίζων τὰς ἐκκλησίας.

이제 통과했다, 시리아(수리아)와 킬리키아(길리기아)를, 굳게 하면서, 교회들을.

사도행전 16장

16:1 Κατήντησεν δὲ [καὶ] εἰς Δέρβην καὶ εἰς Λύστραν. καὶ ἰδοὺ μαθητής τις ἦν ἐκεῖ ὀνόματι Τιμόθεος, υἱὸς γυναικὸς Ἰουδαίας πιστῆς, πατρὸς δὲ Ἕλληνος,

이제 그가 도착했다, 데르베(더베)와 뤼스트라(루스드라)에. 그리고 보라! 어떤 제자가 있었다, 거기에, 티모테(디모데)라는 이름으로, 믿는 유다 여자의 아들이, 이제 아버지는 헬라의(헬라인).

16:2 ὃς ἐμαρτυρεῖτο ὑπὸ τῶν ἐν Λύστροις καὶ Ἰκονίῳ ἀδελφῶν.

그는 계속 증거받았다(입증/증명되었다), 뤼스트라(루스드라)와 이코니온(이고니온)의 형제들에 의해.

16:3 τοῦτον ἠθέλησεν ὁ Παῦλος σὺν αὐτῷ ἐξελθεῖν, καὶ λαβὼν περιέτεμεν αὐτὸν διὰ τοὺς Ἰουδαίους τοὺς ὄντας ἐν τοῖς τόποις ἐκείνοις· ᾔδεισαν γὰρ ἅπαντες ὅτι Ἕλλην ὁ πατὴρ αὐτοῦ ὑπῆρχεν.

그를 원했다, 바울이, 그와 함께 떠나기를, 그리고(그래서) 취하여/데려와 그를 (그에게) 할례했다, 유대인들 때문에, 저 지역들에 있는. 왜냐하면 그들이 알고 있었다, 즉 헬라인이 그의 아버지가 된다는 것을.

16:4 Ὡς δὲ διεπορεύοντο τὰς πόλεις, παρεδίδοσαν αὐτοῖς φυλάσσειν τὰ δόγματα τὰ κεκριμένα ὑπὸ τῶν ἀποστόλων καὶ πρεσβυτέρων τῶν ἐν Ἱεροσολύμοις.

이제 도시들을 통과해서 지나갈 때(마다), 그들은 넘겨주었다/전해 주었다, 그들에게 지키도록(지키기를), 결정된 그 규례들을, 예루살렘에 있는 사도들과 장로들에 의해 [결의된].

16:5 Αἱ μὲν οὖν ἐκκλησίαι ἐστερεοῦντο τῇ πίστει καὶ ἐπερίσσευον τῷ ἀριθμῷ καθ' ἡμέραν.

한편 그러므로 교회들이 굳건해졌다, 그 믿음에. 그리고 증가했다, 수에(숫자에 있어서) 날마다.

16:6 Διῆλθον δὲ τὴν Φρυγίαν καὶ Γαλατικὴν χώραν κωλυθέντες ὑπὸ τοῦ ἁγίου πνεύματος λαλῆσαι τὸν λόγον ἐν τῇ Ἀσίᾳ·

이제 그들이 통과했다, 그 부르기아와 갈라티아(갈라디아) 지역에 금지되었기에, 성령에 의해, 말하기를(말하도록), 그 말씀을, 아시아에.

16:7 ἐλθόντες δὲ κατὰ τὴν Μυσίαν ἐπείραζον εἰς τὴν Βιθυνίαν πορευθῆναι, καὶ οὐκ εἴασεν αὐτοὺς τὸ πνεῦμα Ἰησοῦ·

이제 간 후에(도착해서), 뮈시아(무시아)를 따라, 그들이 계속 시험했다/시도했다, 비티니아(비두니아)로 가기를, 그리고(그러나) 그들을 허용하지 않았다, 그 예수의 영께서.

16:8 παρελθόντες δὲ τὴν Μυσίαν κατέβησαν εἰς Τρῳάδα.

이제 가까이 간 후에, 뮈시아(무시아)를(로) 그들은 내려갔다, 트로아스(드로아)로.

16:9 Καὶ ὅραμα διὰ [τῆς] νυκτὸς τῷ Παύλῳ ὤφθη, ἀνὴρ Μακεδών τις ἦν ἑστὼς καὶ παρακαλῶν αὐτὸν καὶ λέγων· διαβὰς εἰς Μακεδονίαν βοήθησον ἡμῖν.

그리고 (한) 환상이 그 밤을 통해 바울에게 보여졌다, 어떤 마케도니아(마게도냐) 사람(남자)이 서서 있었다, 그리고 가까이 불렀다(간청했다) 그를, 그리고 말하기를. 너는 건너오라, 마케도니아(마게도냐)로! 너는 도와주라/구원하라, 우리를!

16:10 ὡς δὲ τὸ ὅραμα εἶδεν, εὐθέως ἐζητήσαμεν ἐξελθεῖν εἰς Μακεδονίαν συμβιβάζοντες ὅτι προσκέκληται ἡμᾶς ὁ θεὸς εὐαγγελίσασθαι αὐτούς.

이제 그 환상을 그가 볼 때(보고 나서), 즉시 우리는 추구했다, 떠나기를, 마케도니아(마게도냐)로, 우리가 함께 인정/결정하면서, 즉 부르셨다/초청하셨다, 우리를, 하나님께서 복음 전하도록, 그들을(에게).

16:11 Ἀναχθέντες δὲ ἀπὸ Τρῳάδος εὐθυδρομήσαμεν εἰς Σαμοθρᾴκην, τῇ δὲ ἐπιούσῃ εἰς Νέαν πόλιν

이제 우리는 항해하여서, 트로아스(드로아)에서부터, 우리는 곧게 나아갔다, 사모트라케(사모드라게)로, 이제 다음 날에, 네아폴리스(네압볼리)로.

16:12 κἀκεῖθεν εἰς Φιλίππους, ἥτις ἐστὶν πρώτης μερίδος τῆς Μακεδονίας πόλις, κολωνία. Ἦμεν δὲ ἐν ταύτῃ τῇ πόλει διατρίβοντες ἡμέρας τινάς.

거기서부터 필리피(빌립보)로, 그곳은 첫 번째/최상(으뜸)이었다, 마케도니아(마게도냐) 도시의 지역에서, (로마) 식민지(로서), 이제 우리는 있었다, 그 도시에서 머물면서, 어떤 날들을(어느 정도).

16:13 τῇ τε ἡμέρᾳ τῶν σαββάτων ἐξήλθομεν ἔξω τῆς πύλης παρὰ ποταμὸν οὗ ἐνομίζομεν προσευχὴν εἶναι, καὶ καθίσαντες ἐλαλοῦμεν ταῖς συνελθούσαις γυναιξίν.

또한 안식들의 날에, 우리는 나갔다, [도시] 문의 밖으로, 강 곁에/으로, 그곳에 우리는 가정/생각했다(익숙했다), 기도를 (할 수 있는) 장소가 있는지, 그리고 우리는 앉은 후에 계속 말했다, [그곳에] 함께 모인 여자들에게.

16:14 καὶ τις γυνὴ ὀνόματι Λυδία, πορφυρόπωλις πόλεως Θυατείρων σεβομένη τὸν θεόν, ἤκουεν, ἧς ὁ κύριος διήνοιξεν τὴν καρδίαν προσέχειν τοῖς λαλουμένοις ὑπὸ τοῦ Παύλου.

그리고 어떤 여자가, 이름으로 뤼디아(루디아)가, 자주옷 장사가, 티아티라(두아디라) 도시 (출신)의 하나님을 경외/경배하는, 그녀가 계속 들었다, [그러자] 주님께서 그녀의 마음을 활짝 열어 주셨다, 주목하도록, 바울에 의해 발화되는 말들에.

16:15 ὡς δὲ ἐβαπτίσθη καὶ ὁ οἶκος αὐτῆς, παρεκάλεσεν λέγουσα· εἰ κεκρίκατέ με πιστὴν τῷ κυρίῳ εἶναι, εἰσελθόντες εἰς τὸν οἶκόν μου μένετε· καὶ παρεβιάσατο ἡμᾶς.

이제 그녀가 세례받은 때, 그리고 그녀의 그 집이, 가까이서 불렀다, 말하면서, 만약 너희들이 판결했다면 나를, 주께(를) 믿는 자로, 너희들은 들어오라, 나의 집 안으로! 너희들은 머물라! 그리고(그렇게) 그녀는 우리를 강요했다.

16:16 Ἐγένετο δὲ πορευομένων ἡμῶν εἰς τὴν προσευχὴν παιδίσκην τινὰ ἔχουσαν πνεῦμα πύθωνα ὑπαντῆσαι ἡμῖν, ἥτις ἐργασίαν πολλὴν παρεῖχεν τοῖς κυρίοις αὐτῆς μαντευομένη.

이제 (이런 일이) 일어났다, 우리가 가다가 기도 [장소]로 어떤 여종을, 피톤(파이돈) 영을 사로잡은, 만나기를 우리에게(우리가 만나게 되었다). 그녀는 많은 이익을 계속 제공했다, 그녀의 주인들에게, 신언/신탁을 함으로.

16:17 αὕτη κατακολουθοῦσα τῷ Παύλῳ καὶ ἡμῖν ἔκραζεν λέγουσα· οὗτοι οἱ ἄνθρωποι δοῦλοι τοῦ θεοῦ τοῦ ὑψίστου εἰσίν, οἵτινες καταγγέλλουσιν ὑμῖν ὁδὸν σωτηρίας.

그녀가 뒤따라와서(오면서), 바울과 우리에게 계속 소리 질렀다, 말하면서, 이 사람들은 가장 높으신 하나님의 종들이다! 이들은 선포/전파한다, 너희에게, 구원의 길을!

16:18 τοῦτο δὲ ἐποίει ἐπὶ πολλὰς ἡμέρας. διαπονηθεὶς δὲ Παῦλος καὶ ἐπιστρέψας τῷ πνεύματι εἶπεν· παραγγέλλω σοι ἐν ὀνόματι Ἰησοῦ Χριστοῦ ἐξελθεῖν ἀπ᾽ αὐτῆς· καὶ ἐξῆλθεν αὐτῇ τῇ ὥρᾳ.

이제 이것을(이런 행위를) 그녀가 계속했다, 많은 날들에. 이제 바울이 힘들어져서 그리고(그래서) 돌이켜서 그 영에게 말했다. 내가 명령한다, 너에게! 예수 그리스도의 이름으로, 나오기를/나오라, 그녀로부터! 그리고(그러자) 그것이 나갔다, 그녀에게서, 그 시간(때)에.

16:19 Ἰδόντες δὲ οἱ κύριοι αὐτῆς ὅτι ἐξῆλθεν ἡ ἐλπὶς τῆς ἐργασίας αὐτῶν, ἐπιλαβόμενοι τὸν Παῦλον καὶ τὸν Σιλᾶν εἵλκυσαν εἰς τὴν ἀγορὰν ἐπὶ τοὺς ἄρχοντας

이제 본 후에(보고서), 그녀의 주인들이, 즉 그들의 작업/수익의 그 소망이 나갔다(나간 것을). 붙잡아서, 그 바울과 그 실라를 끌고 갔다, 아고라(시장, 공공장소)로, 지도자들 위에(앞에).

16:20 καὶ προσαγαγόντες αὐτοὺς τοῖς στρατηγοῖς εἶπαν· οὗτοι οἱ ἄνθρωποι ἐκταράσσουσιν ἡμῶν τὴν πόλιν, Ἰουδαῖοι ὑπάρχοντες,

그리고 데리고 가서, 그들을, 장관/장군들에게, 그들이 말했다. 이 사람들이 매우 어지럽힌다, 우리의 그 도시를, 유대인으로서,

16:21 καὶ καταγγέλλουσιν ἔθη ἃ οὐκ ἔξεστιν ἡμῖν παραδέχεσθαι οὐδὲ ποιεῖν Ῥωμαίοις οὖσιν.

그리고 선포/전한다, 관습을, 즉 우리에게 합당치 않은 것들을, 받아들이게, 행동하기에 못할 것들을, 우리 로마인들로서.

16:22 **καὶ συνεπέστη ὁ ὄχλος κατ᾽ αὐτῶν καὶ οἱ στρατηγοὶ περιρήξαντες αὐτῶν τὰ ἱμάτια ἐκέλευον ῥαβδίζειν,**

그리고(그러자) 함께 일어났다, 그 무리가 그들을 대적하여, 그리고(그러자) 장관/장군들이 찢어 버린 후, 그들의 그 옷들을, 외쳤다/지시했다, 몽둥이로 때리도록.

16:23 **πολλάς τε ἐπιθέντες αὐτοῖς πληγὰς ἔβαλον εἰς φυλακὴν παραγγείλαντες τῷ δεσμοφύλακι ἀσφαλῶς τηρεῖν αὐτούς.**

또한 많은 것을/많이 부과한 후에, 그들에게 때림/구타들을, 그들이 던졌다, 감옥 안으로, 명령하여, 간수에게 확실히/단단히 그들을 지키도록.

16:24 **ὃς παραγγελίαν τοιαύτην λαβὼν ἔβαλεν αὐτοὺς εἰς τὴν ἐσωτέραν φυλακὴν καὶ τοὺς πόδας ἠσφαλίσατο αὐτῶν εἰς τὸ ξύλον.**

그가 이런 명령을 받은 후에, 그들을 던졌다, 그 깊은/내부 감옥 안으로, 그리고 그들의 발들을 단단히 묶었다, 나무(족쇄) 안으로.

16:25 **Κατὰ δὲ τὸ μεσονύκτιον Παῦλος καὶ Σιλᾶς προσευχόμενοι ὕμνουν τὸν θεόν, ἐπηκροῶντο δὲ αὐτῶν οἱ δέσμιοι.**

이제 밤의 중간 즈음에, 바울과 실라가 기도하며 계속 찬송했다, 하나님을. 이제 들었다, 그들의 (기도, 찬양을) 죄수/묶인 자들이.

16:26 **ἄφνω δὲ σεισμὸς ἐγένετο μέγας ὥστε σαλευθῆναι τὰ θεμέλια τοῦ δεσμωτηρίου· ἠνεῴχθησαν δὲ παραχρῆμα αἱ θύραι πᾶσαι καὶ πάντων τὰ δεσμὰ ἀνέθη.**

이제 갑자기 큰/크게 지진(소동)이 일어났다, 그 결과 그 감옥의 기초/기반이 흔들렸다, 이제 열렸다, 즉시로 문들이 모두, 그리고(그래서) 모든 이들의 묶임/족쇄들이 풀렸다.

16:27 **ἔξυπνος δὲ γενόμενος ὁ δεσμοφύλαξ καὶ ἰδὼν ἀνεῳγμένας τὰς θύρας τῆς φυλακῆς, σπασάμενος [τὴν] μάχαιραν ἤμελλεν ἑαυτὸν ἀναιρεῖν νομίζων ἐκπεφευγέναι τοὺς δεσμίους.**

이제 (잠에서) 깨어 일어나게 된(일어나서), 그 간수는 그리고 보고서, 감옥의 문들이 열린 것을, 칼을 빼서 자신을/스스로 제거하려 하였다, 생각해서, 죄수들이 도망친 것으로.

16:28 **ἐφώνησεν δὲ μεγάλῃ φωνῇ [ὁ] Παῦλος λέγων· μηδὲν πράξῃς σεαυτῷ κακόν, ἅπαντες γάρ ἐσμεν**

ἐνθάδε.
이제 큰 소리로 소리쳤다, 바울이 말하기를, 행하지 말라, 너 자신을 악하게/나쁘게, 왜냐하면 전부 다 우리가 여기 있다.

16:29 αἰτήσας δὲ φῶτα εἰσεπήδησεν καὶ ἔντρομος γενόμενος προσέπεσεν τῷ Παύλῳ καὶ [τῷ] Σιλᾷ
이제 요구하여(달라고 해서), 등불들을, 달려 들어갔다, 그리고 무서워 떨면서, 앞에 엎드렸다, 바울과 실라에게.

16:30 καὶ προαγαγὼν αὐτοὺς ἔξω ἔφη· κύριοι, τί με δεῖ ποιεῖν ἵνα σωθῶ;
그리고 앞으로 이끈 후에, 그들을, 밖으로, 그가 말했다. 주인님(선생님)들, 무엇을 내가 해야만 하는가, 내가 구원/구출받기 위해서?

16:31 οἱ δὲ εἶπαν· πίστευσον ἐπὶ τὸν κύριον Ἰησοῦν καὶ σωθήσῃ σὺ καὶ ὁ οἶκός σου.
이제 그들이 말했다. 너는 믿으라 그 주님, 예수를, 그리고(그러면) 구원받으리라, 네가 그리고 너의 집이.

16:32 καὶ ἐλάλησαν αὐτῷ τὸν λόγον τοῦ κυρίου σὺν πᾶσιν τοῖς ἐν τῇ οἰκίᾳ αὐτοῦ.
그리고 그들이 발화했다, 그에게 그 주님의 말씀을, 그의 집에 있는 모든 사람들에게 함께.

16:33 καὶ παραλαβὼν αὐτοὺς ἐν ἐκείνῃ τῇ ὥρᾳ τῆς νυκτὸς ἔλουσεν ἀπὸ τῶν πληγῶν, καὶ ἐβαπτίσθη αὐτὸς καὶ οἱ αὐτοῦ πάντες παραχρῆμα,
그리고 데리고/받아들여서, 그들을, 저 시간에, 그 밤의, 그가 씻겨주었다, 그 때린/상처들로부터, 그리고 세례받았다, 그와 그의 모든 이(가족)들이, 즉시로.

16:34 ἀναγαγών τε αὐτοὺς εἰς τὸν οἶκον παρέθηκεν τράπεζαν καὶ ἠγαλλιάσατο πανοικεὶ πεπιστευκὼς τῷ θεῷ.
또한 인도하여 올라간 후, 그들을 그 집 안으로, 차려주었다, 식탁/음식을. 그리고 그가 매우(크게) 기뻐했다, 모든 가족과 함께, 하나님을 믿음으로.

16:35 Ἡμέρας δὲ γενομένης ἀπέστειλαν οἱ στρατηγοὶ τοὺς ῥαβδούχους λέγοντες· ἀπόλυσον τοὺς ἀνθρώπους ἐκείνους.
이제 날(아침)이 되자, 보냈다, 장관/장군들이 집행관들을 (통해) 말하면서, 풀어주라, 저 사람들을!

16:36 ἀπήγγειλεν δὲ ὁ δεσμοφύλαξ τοὺς λόγους [τούτους] πρὸς τὸν Παῦλον ὅτι ἀπέσταλκαν οἱ στρατηγοὶ ἵνα ἀπολυθῆτε· νῦν οὖν ἐξελθόντες πορεύεσθε ἐν εἰρήνῃ.

이제 통지/알려 주었다, 그 간수가 그 말들을 바울을 향해, 즉 보냈다, 장관/장
군들이 너희들을 풀어 주도록, 지금, 그러므로 너희들은 나가라! 가거라, 평안
히!

16:37 ὁ δὲ Παῦλος ἔφη πρὸς αὐτούς· δείραντες ἡμᾶς
δημοσίᾳ ἀκατακρίτους, ἀνθρώπους Ῥωμαίους
ὑπάρχοντας, ἔβαλαν εἰς φυλακήν, καὶ νῦν λάθρα
ἡμᾶς ἐκβάλλουσιν; οὐ γάρ, ἀλλ᾽ ἐλθόντες αὐτοὶ ἡμᾶς
ἐξαγαγέτωσαν.

이제 바울이 말했다, 그들을 향해. 우리를 때리고 공개적인 재판도 없이, 로마
사람들인 우리들을 던졌다, 감옥 안에. 그리고 지금(이제 와서) 몰래/비밀히, 우
리를 쫓아내느냐? 그렇게는 안 된다! 오히려 그들이 직접 와서, 우리를 인도해
나가라!

16:38 ἀπήγγειλαν δὲ τοῖς στρατηγοῖς οἱ ῥαβδοῦχοι τὰ
ῥήματα ταῦτα. ἐφοβήθησαν δὲ ἀκούσαντες ὅτι
Ῥωμαῖοί εἰσιν,

이제 보고했다, 장군/장관들에게 집행관들이, 그 말들을, 이제 두려워졌다, 들
은 후에, 즉 그들이 로마인들이다[라는 사실로 인해].

16:39 καὶ ἐλθόντες παρεκάλεσαν αὐτοὺς καὶ ἐξαγαγόντες
ἠρώτων ἀπελθεῖν ἀπὸ τῆς πόλεως.

그리고(그래서) 그들이 [직접] 온 후에(와서), 위로/부탁했다, 그들을. 그리고 인도
해 나가서 요청했다, 떠나도록 그 도시로부터.

16:40 ἐξελθόντες δὲ ἀπὸ τῆς φυλακῆς εἰσῆλθον πρὸς τὴν
Λυδίαν καὶ ἰδόντες παρεκάλεσαν τοὺς ἀδελφοὺς καὶ
ἐξῆλθαν.

이제 그들이 나간 후에, 그 감옥으로부터 (이동해서) 들어갔다, 뤼디아(루디아)(의
집)으로. 그리고 보고서(만난 후에) 그들이 권면/위로했다, 형제들을. 그리고 그들
은 나갔다/떠났다.

사도행전 17장

17:1 Διοδεύσαντες δὲ τὴν Ἀμφίπολιν καὶ τὴν Ἀπολλωνίαν
ἦλθον εἰς Θεσσαλονίκην ὅπου ἦν συναγωγὴ τῶν
Ἰουδαίων.

이제 통과해 지나가다가, 그 암피폴리스(암비볼리)와 그 아폴로니아(아볼로니아)
를, 갔다/도착했다, 데살로니키(데살로니가)로, 거기에 유대인들의 회당이 있었
다.

17:2 κατὰ δὲ τὸ εἰωθὸς τῷ Παύλῳ εἰσῆλθεν πρὸς αὐτοὺς
καὶ ἐπὶ σάββατα τρία διελέξατο αὐτοῖς ἀπὸ τῶν
γραφῶν,

이제 그 관습/습관 따라, 바울에게, 그가 들어갔다, 그들을 향해, 그리고 3(번의) 안식일들에 철저히 말했다/토론했다, 그들에게, 성경들로부터.

17:3 διανοίγων καὶ παρατιθέμενος ὅτι τὸν χριστὸν ἔδει παθεῖν καὶ ἀναστῆναι ἐκ νεκρῶν καὶ ὅτι οὗτός ἐστιν ὁ χριστὸς [ὁ] Ἰησοῦς ὃν ἐγὼ καταγγέλλω ὑμῖν.

철저히 열고 나란히 두어서, 즉 그리스도께서 반드시 고난 겪으시고 죽은 자들로부터 일어나셔야 함. 그리고 즉, 그분이 그리스도 예수이시다, 내가 너희들에게 선포/전하는 그분!

17:4 καί τινες ἐξ αὐτῶν ἐπείσθησαν καὶ προσεκληρώθησαν τῷ Παύλῳ καὶ τῷ Σιλᾷ, τῶν τε σεβομένων Ἑλλήνων πλῆθος πολύ, γυναικῶν τε τῶν πρώτων οὐκ ὀλίγαι.

그리고(그러자) 그들 중 어떤 이들은 확신/설득당했고 할당되었다/합류되었다, 바울과 실라에게. 또한 경건한 헬라인들 중에서 많은 무리가, 또한 최고위의 부인들 중에서, 적지 않은 이들이.

17:5 Ζηλώσαντες δὲ οἱ Ἰουδαῖοι καὶ προσλαβόμενοι τῶν ἀγοραίων ἄνδρας τινὰς πονηροὺς καὶ ὀχλοποιήσαντες ἐθορύβουν τὴν πόλιν καὶ ἐπιστάντες τῇ οἰκίᾳ Ἰάσονος ἐζήτουν αὐτοὺς προαγαγεῖν εἰς τὸν δῆμον·

이제 시기하여, 유대인들이 그리고 데려와서 시장들의 사람들 중에서, 어떤 악한 자들을, 그리고 무리로 만들어서 소요/혼란을 일으켰다, 그 도시를. 그리고 습격하여 야손의 집에, 계속 찾았다, 그들을, 끌고 가려고, 백성에게로.

17:6 μὴ εὑρόντες δὲ αὐτοὺς ἔσυρον Ἰάσονα καί τινας ἀδελφοὺς ἐπὶ τοὺς πολιτάρχας βοῶντες ὅτι οἱ τὴν οἰκουμένην ἀναστατώσαντες οὗτοι καὶ ἐνθάδε πάρεισιν,

발견하지 못하게 되자, 이제 그들을, 그들이 끌어당겼다(끌고 갔다), 야손을 그리고 어떤 형제들도 도시 통치자들 앞에, 소리 지르며, 즉 세상을 뒤집는/혼란시키는 이자들이 여기에도 가까이 있다/왔다!

17:7 οὓς ὑποδέδεκται Ἰάσων· καὶ οὗτοι πάντες ἀπέναντι τῶν δογμάτων Καίσαρος πράσσουσιν βασιλέα ἕτερον λέγοντες εἶναι Ἰησοῦν.

그들을, (손님으로) 환대했다, 야손이. 그리고 이 사람들이 모두 반대하여, 가이사의 법/명령들을, 그들은 행동한다, 다른 왕, 예수가 있다고 말하면서.

17:8 ἐτάραξαν δὲ τὸν ὄχλον καὶ τοὺς πολιτάρχας ἀκούοντας ταῦτα,

이제 그들이 자극/선동(동요)했다, 그 무리를 그리고 도시 통치자들을, 이 말을 들음으로(이 말을 듣게 함으로).

17:9 καὶ λαβόντες τὸ ἱκανὸν παρὰ τοῦ Ἰάσονος καὶ τῶν

λοιπῶν ἀπέλυσαν αὐτούς.

그리고(결국) 받은 후에, 충분/합당한 보석금을, 야손과 나머지 사람들로부터, 놓아주었다, 그들을.

17:10 Οἱ δὲ ἀδελφοὶ εὐθέως διὰ νυκτὸς ἐξέπεμψαν τόν τε Παῦλον καὶ τὸν Σιλᾶν εἰς Βέροιαν, οἵτινες παραγενόμενοι εἰς τὴν συναγωγὴν τῶν Ἰουδαίων ἀπῄεσαν.

이제 형제들이 즉시 밤을 통해 보냈다, 또한 바울을 그리고 실라를, 베로이아(베뢰아)로. 이들이 가까이 간 후에(도착한 후에), 유대인들의 회당으로, 떠났다/들어갔다.

17:11 οὗτοι δὲ ἦσαν εὐγενέστεροι τῶν ἐν Θεσσαλονίκῃ, οἵτινες ἐδέξαντο τὸν λόγον μετὰ πάσης προθυμίας καθ᾽ ἡμέραν ἀνακρίνοντες τὰς γραφὰς εἰ ἔχοι ταῦτα οὕτως.

이제 그들은 더 좋은 태생/태도였다, 데살로니키(데살로니가)에 있는 사람들보다. 그들은 받아들였다, 그 말씀을 모든 열망을 가지고, 날마다 철저히 점검/추구하면서, 성경들을. 이것들에 그러한 것이 있는가 하며.

17:12 πολλοὶ μὲν οὖν ἐξ αὐτῶν ἐπίστευσαν καὶ τῶν Ἑλληνίδων γυναικῶν τῶν εὐσχημόνων καὶ ἀνδρῶν οὐκ ὀλίγοι.

한편으로 그러므로 많은 이들이 그들 중에서 믿었다, 그리고(또한) 헬라 귀족 부인들 중에서 그리고 남자들 중에서, 적지 않은 (수의) 사람들이.

17:13 Ὡς δὲ ἔγνωσαν οἱ ἀπὸ τῆς Θεσσαλονίκης Ἰουδαῖοι ὅτι καὶ ἐν τῇ Βεροίᾳ κατηγγέλη ὑπὸ τοῦ Παύλου ὁ λόγος τοῦ θεοῦ, ἦλθον κἀκεῖ σαλεύοντες καὶ ταράσσοντες τοὺς ὄχλους.

이제 알았을 때, 데살로니키(데살로니가)로부터 (온) 유대인들이 즉 베로이아(베뢰아)에서도 선포/전파된다는 것을, 바울에 의해 하나님의 말씀이, 그들이 갔다/왔다, 거기도, 흔들고 선동하면서(그렇게 했다), 무리들을.

17:14 εὐθέως δὲ τότε τὸν Παῦλον ἐξαπέστειλαν οἱ ἀδελφοὶ πορεύεσθαι ἕως ἐπὶ τὴν θάλασσαν, ὑπέμεινάν τε ὅ τε Σιλᾶς καὶ ὁ Τιμόθεος ἐκεῖ.

이제 즉시 그때 바울을 멀리 보냈다, 형제들이, 가도록 그 바다 곁(바닷가까지). 남아/머물렀다, 또한(다만) 실라와 티모테(디모데)는 거기에.

17:15 οἱ δὲ καθιστάνοντες τὸν Παῦλον ἤγαγον ἕως Ἀθηνῶν, καὶ λαβόντες ἐντολὴν πρὸς τὸν Σιλᾶν καὶ τὸν Τιμόθεον ἵνα ὡς τάχιστα ἔλθωσιν πρὸς αὐτὸν ἐξῄεσαν.

이제 호위/아래에 두어진 사람들이 바울을 인도했다, 아테네(아덴)까지. 그리고 명령을 받은 후에, 실라와 티모데(디모데)를 향해(대해), 최대한 신속히 오도록, 그(바울)에게로, 그들은 떠났다.

17:16 Ἐν δὲ ταῖς Ἀθήναις ἐκδεχομένου αὐτοὺς τοῦ Παύλου παρωξύνετο τὸ πνεῦμα αὐτοῦ ἐν αὐτῷ θεωροῦντος κατείδωλον οὖσαν τὴν πόλιν.

이제 아테네(아덴)에서, 기다리고 있을 때, 그들을, 바울이 계속 예민하게 자극받았다, 그의 영이, 그 안에서, 보고서, 우상으로 가득한 상태를, 그 도시에.

17:17 διελέγετο μὲν οὖν ἐν τῇ συναγωγῇ τοῖς Ἰουδαίοις καὶ τοῖς σεβομένοις καὶ ἐν τῇ ἀγορᾷ κατὰ πᾶσαν ἡμέραν πρὸς τοὺς παρατυγχάνοντας.

그가 토론/논쟁했다, 한편으로 그러므로 회당에서 유대인들과 경건한 사람들과, 시장/광장에서도 모든 날마다, 만나는(스치는) 사람들을 향해.

17:18 τινὲς δὲ καὶ τῶν Ἐπικουρείων καὶ Στοϊκῶν φιλοσόφων συνέβαλλον αὐτῷ, καί τινες ἔλεγον· τί ἂν θέλοι ὁ σπερμολόγος οὗτος λέγειν; οἱ δέ· ξένων δαιμονίων δοκεῖ καταγγελεὺς εἶναι, ὅτι τὸν Ἰησοῦν καὶ τὴν ἀνάστασιν εὐηγγελίζετο.

어제 어떤 이들도, 에피쿠로스(철학자)들과 스토아(철학자)들 중에서, 계속 논쟁했다, 그(바울)와. 그리고 어떤 이들은 계속 말했다. 무엇을 하기 원하는가? 이 떠벌이(단편적인 지식의 부스러기를 주워 모아서 소화도 안 된 것을 떠들어대는 방랑자)가 무슨 말 하려고 하는가? 이제 [또, 어떤] 이들은 [말했다], 외국 신들을 전하려는 사람인가 보다! 즉(왜냐하면) 그 예수를, 그리고 부활을, 그가 계속 복음으로 전했다(전했기 때문이다).

17:19 ἐπιλαβόμενοί τε αὐτοῦ ἐπὶ τὸν Ἄρειον πάγον ἤγαγον λέγοντες· δυνάμεθα γνῶναι τίς ἡ καινὴ αὕτη ἡ ὑπὸ σοῦ λαλουμένη διδαχή;

또한 그를 붙잡은 후에, 아레스의 반석/언덕 위로, 그들이 인도했다/끌고 갔다, 계속 말하며, 우리가 알 수 있느냐, 이 새로운 것이 무엇인지, 너에 의해 발화되는 그 가르침이?

17:20 ξενίζοντα γάρ τινα εἰσφέρεις εἰς τὰς ἀκοὰς ἡμῶν· βουλόμεθα οὖν γνῶναι τίνα θέλει ταῦτα εἶναι.

왜냐하면, 낯선 어떤 것들을 네가 안으로 가져온다, 우리들의 귀 안으로. 그러므로 우리는 의도/희망한다, 알기를, 그것들이 무슨 뜻인지.

17:21 Ἀθηναῖοι δὲ πάντες καὶ οἱ ἐπιδημοῦντες ξένοι εἰς οὐδὲν ἕτερον ηὐκαίρουν ἢ λέγειν τι ἢ ἀκούειν τι καινότερον.

이제 아테네 사람들과 그곳에 거주하는 외국인들은 다른 것에는 시간을 쓰지 않았다, 어떤 가장 새로운 것(가장 최신의 사상)들을 말하거나 듣는 것을 제외하고.

17:22 Σταθεὶς δὲ [ὁ] Παῦλος ἐν μέσῳ τοῦ Ἀρείου πάγου ἔφη· ἄνδρες Ἀθηναῖοι, κατὰ πάντα ὡς δεισιδαιμονεστέρους ὑμᾶς θεωρῶ.

이제 선 후에, 바울이, 아레스의 바위(언덕) 가운데에, 그가 말했다. 아테네 사람들아! 모든 것 따라(모든 면에서), 더 종교적인/영적인 것들에 관심이 많은 너희들을 내가 본다(인지한다).

17:23 διερχόμενος γὰρ καὶ ἀναθεωρῶν τὰ σεβάσματα ὑμῶν εὗρον καὶ βωμὸν ἐν ᾧ ἐπεγέγραπτο· Ἀγνώστῳ θεῷ. ὃ οὖν ἀγνοοῦντες εὐσεβεῖτε, τοῦτο ἐγὼ καταγγέλλω ὑμῖν.

왜냐하면 내가 관통해/두루 다녀 보니, 그리고 다시/자세히 보니, 너희들의 숭배물을, 내가 발견했다, 한 단을, 그것에 새겨 넣은 것을, 알지 못하는 신에게(라고). 그러므로 너희들이 알지 못하면서 경배하는 그 신에 대해, 내가 알려 주겠다, 너희들에게.

17:24 ὁ θεὸς ὁ ποιήσας τὸν κόσμον καὶ πάντα τὰ ἐν αὐτῷ, οὗτος οὐρανοῦ καὶ γῆς ὑπάρχων κύριος οὐκ ἐν χειροποιήτοις ναοῖς κατοικεῖ

그 신은 만드신 분, 우주와 그 안에 모든 것들을. 그분은 하늘과 땅의 주인이 되시니, 손으로 만든 성전 안에 거주하지 않으신다.

17:25 οὐδὲ ὑπὸ χειρῶν ἀνθρωπίνων θεραπεύεται προσδεόμενός τινος, αὐτὸς διδοὺς πᾶσιν ζωὴν καὶ πνοὴν καὶ τὰ πάντα·

사람들의 손들에 의해 섬김받지 않으신다, 무엇인가 필요한 것이 있으셔서(있으신 것처럼), 그분은 주시며 모든 것에, 생명과 호흡을, 그리고 모든 것들을.

17:26 ἐποίησέν τε ἐξ ἑνὸς πᾶν ἔθνος ἀνθρώπων κατοικεῖν ἐπὶ παντὸς προσώπου τῆς γῆς, ὁρίσας προστεταγμένους καιροὺς καὶ τὰς ὁροθεσίας τῆς κατοικίας αὐτῶν

그분은 만드셨다, 또한 하나(한 사람)로부터 모든 사람들의 민족을, 거주/살도록 모든 땅의 표면에, 한계를 정하심으로, 그들의 시간들과 거주의 경계들을.

17:27 ζητεῖν τὸν θεόν, εἰ ἄρα γε ψηλαφήσειαν αὐτὸν καὶ εὕροιεν, καί γε οὐ μακρὰν ἀπὸ ἑνὸς ἑκάστου ἡμῶν ὑπάρχοντα.

구하도록 하나님을, 혹시 아마도 그래서 그들이 만져/느껴 볼 수 있으리라, 그분을. 그리고 그들이 발견하게 되리라. 그러기에 멀지 않다, 우리들의(우리들 중에서) 각자 한 (사람)으로부터 그분이 계시는 것이.

17:28 ἐν αὐτῷ γὰρ ζῶμεν καὶ κινούμεθα καὶ ἐσμέν, ὡς καί

τινες τῶν καθ᾽ ὑμᾶς ποιητῶν εἰρήκασιν· τοῦ γὰρ καὶ γένος ἐσμέν.

그분 안에, 왜냐하면/그러므로 우리가 산다, 그리고 움직이게 된다, 너희들의 시인들 따라(중에서) 어떤 이들도 (말한) 것처럼, 말했다. 왜냐하면/그러므로 우리들도 그분의 혈통/후손이다[라고].

17:29 γένος οὖν ὑπάρχοντες τοῦ θεοῦ οὐκ ὀφείλομεν νομίζειν χρυσῷ ἢ ἀργύρῳ ἢ λίθῳ, χαράγματι τέχνης καὶ ἐνθυμήσεως ἀνθρώπου, τὸ θεῖον εἶναι ὅμοιον.

그러므로 우리가 하나님의 혈통/후손이 되었으니, 우리가 하지 않는 것이 마땅하다, 간주하는 것이(여기는 것이), 금 혹은 은 혹은 돌에 기술과 사람의 고안의 새김으로, 그 신을 유사하게 되게 하는 것을(신처럼 만드는 것을).

17:30 τοὺς μὲν οὖν χρόνους τῆς ἀγνοίας ὑπεριδὼν ὁ θεός, τὰ νῦν παραγγέλλει τοῖς ἀνθρώποις πάντας πανταχοῦ μετανοεῖν,

그것들을 한편으로 그러므로 무지의 시간/시대에는 간과하셨으나, 하나님께서, 그것들을 지금은 선언/명령하신다, 사람들에게 모든 것들을, 모든 장소에서, 회개하도록.

17:31 καθότι ἔστησεν ἡμέραν ἐν ᾗ μέλλει κρίνειν τὴν οἰκουμένην ἐν δικαιοσύνῃ, ἐν ἀνδρὶ ᾧ ὥρισεν, πίστιν παρασχὼν πᾶσιν ἀναστήσας αὐτὸν ἐκ νεκρῶν.

그 이유는 그가 세우셨다 날을, 그날 안에(그날에) 그분이 심판하시려 하신다, (공)의로, (한) 사람 안에(예수님으로), 그에게 그분께서 정하신, 믿음을(믿을 만한 증거를) 전시하심으로/보여 주심으로, [또한] 모든 이들에게, 일어나게 하심으로, 그를, 죽은 자들로부터.

17:32 Ἀκούσαντες δὲ ἀνάστασιν νεκρῶν οἱ μὲν ἐχλεύαζον, οἱ δὲ εἶπαν· ἀκουσόμεθά σου περὶ τούτου καὶ πάλιν.

이제 그들이 들은 후에, 죽은 자들의 부활을, 한편으로 (어떤) 이들은 계속 조롱했다, 이제 (어떤) 이들은 말했다, 우리가 너의 (말을) 들을 것이다, 이것에 대해서, 또한(다음에) 다시.

17:33 οὕτως ὁ Παῦλος ἐξῆλθεν ἐκ μέσου αὐτῶν.

그리고 나서, 바울은 떠났다, 그들의 가운데에서부터.

17:34 τινὲς δὲ ἄνδρες κολληθέντες αὐτῷ ἐπίστευσαν, ἐν οἷς καὶ Διονύσιος ὁ Ἀρεοπαγίτης καὶ γυνὴ ὀνόματι Δάμαρις καὶ ἕτεροι σὺν αὐτοῖς.

이제 어떤 남자들이 딱 붙어서(함께하며) 그에게 믿었다, 그들 중에는, 디오니시우스(디오누시오)도 [있었다], 아레이오스 파고스(아레오바고) 회의의 회원(법정의 판사)인, 그리고 디마리스(다마리)라는 여자와 다른 이들도 그들과 함께(했다).

사도행전 18장

18:1 Μετὰ ταῦτα χωρισθεὶς ἐκ τῶν Ἀθηνῶν ἦλθεν εἰς Κόρινθον.

이것들 후에, 떠나서, 아테네(아덴)들로부터, 그는 갔다, 코린토(고린도)로.

18:2 καὶ εὑρών τινα Ἰουδαῖον ὀνόματι Ἀκύλαν, Ποντικὸν τῷ γένει προσφάτως ἐληλυθότα ἀπὸ τῆς Ἰταλίας καὶ Πρίσκιλλαν γυναῖκα αὐτοῦ, διὰ τὸ διατεταχέναι Κλαύδιον χωρίζεσθαι πάντας τοὺς Ἰουδαίους ἀπὸ τῆς Ῥώμης, προσῆλθεν αὐτοῖς

그리고 발견해서(만나서) 어떤 유대인을 이름으로 아퀼라(아굴라)를, 폰토스(본도) 출생(출신), 최근에 이탈리아로부터 온, 그의 아내 프리스킬라(브리스길라)도(함께), 클라우디우스(글라우디오)의 명령 때문에, 떠나라고, 모든 유대인들을(은), 로마로부터, 그(바울)는 접근/다가갔다, 그들에게.

18:3 καὶ διὰ τὸ ὁμότεχνον εἶναι ἔμενεν παρ' αὐτοῖς, καὶ ἠργάζετο· ἦσαν γὰρ σκηνοποιοὶ τῇ τέχνῃ.

그리고(아울러) 같은 기술/직업이기에, 그는 계속 거주했다, 그들과 함께. 그리고 그는 계속 일했다, 왜냐하면 그들은 천막 제조업자들이었다, 직업/생업으로.

18:4 Διελέγετο δὲ ἐν τῇ συναγωγῇ κατὰ πᾶν σάββατον ἔπειθέν τε Ἰουδαίους καὶἝλληνας.

이제 그는 계속 철저하게 말(강론, 토론)했다, 회당 안에서, 모든 안식일마다. 그는 계속 설득했다, 한편으로 유대인들을, 헬라인들도.

18:5 Ὡς δὲ κατῆλθον ἀπὸ τῆς Μακεδονίας ὅ τε Σιλᾶς καὶ ὁ Τιμόθεος, συνείχετο τῷ λόγῳ ὁ Παῦλος διαμαρτυρόμενος τοῖς Ἰουδαίοις εἶναι τὸν χριστὸν Ἰησοῦν.

이제 내려오자(왔을 때), 마케도니아(마게도냐)로부터, 한편으로 그 실라가 그리고 티모테(도), 함께 사로잡혔다, 그 말씀에, 바울이. [그 결과] 철저하게 증거하면서, 유대인들에게, 그리스도라고, 예수님을.

18:6 ἀντιτασσομένων δὲ αὐτῶν καὶ βλασφημούντων ἐκτιναξάμενος τὰ ἱμάτια εἶπεν πρὸς αὐτούς· τὸ αἷμα ὑμῶν ἐπὶ τὴν κεφαλὴν ὑμῶν· καθαρὸς ἐγὼ ἀπὸ τοῦ νῦν εἰς τὰ ἔθνη πορεύσομαι.

이제 반대/저항하면서, 그들이 그리고(또한) 중상/비방하면서(비방하자), 심하게 흔들어서, 그 옷들을, 그(바울)가 말했다, 그들을 향해. 너희들의 그 피가 너희들의 그 머리 위에(로 돌아갈 것이다)! 나는 깨끗하다, 이제부터, 이방인들에게로 나는 갈 것이다!

18:7 καὶ μεταβὰς ἐκεῖθεν εἰσῆλθεν εἰς οἰκίαν τινὸς

ὀνόματι Τιτίου Ἰούστου σεβομένου τὸν θεόν, οὗ ἡ οἰκία ἦν συνομοροῦσα τῇ συναγωγῇ.

그리고 (떠나) 옮긴 후에, 거기서부터, 그는 들어갔다, 집 안으로 어떤 사람의, 이름으로 티티오스 유스토스(디도 유스도), 하나님을 경외하는 사람, 그의 그 집은 인접하여 있었으니(있었다), 그 회당으로.

18:8 Κρίσπος δὲ ὁ ἀρχισυνάγωγος ἐπίστευσεν τῷ κυρίῳ σὺν ὅλῳ τῷ οἴκῳ αὐτοῦ, καὶ πολλοὶ τῶν Κορινθίων ἀκούοντες ἐπίστευον καὶ ἐβαπτίζοντο.

이제 크리스포(그리스보), 그 회당장이 믿었다, 주님을, 그의 온 집과 함께, 그리고 코린토(고린도) 사람들 중에서 많은 이들이 듣고서 믿었다, 그리고 그들이 세례받았다.

18:9 Εἶπεν δὲ ὁ κύριος ἐν νυκτὶ δι᾽ ὁράματος τῷ Παύλῳ· μὴ φοβοῦ, ἀλλὰ λάλει καὶ μὴ σιωπήσῃς,

이제 말씀하셨다, 그 주님께서, 밤에 환상을 통해, 바울에게. 너는 두려워 말라! 오히려 말하라! 그리고 침묵하지 말라!

18:10 διότι ἐγώ εἰμι μετὰ σοῦ καὶ οὐδεὶς ἐπιθήσεταί σοι τοῦ κακῶσαί σε, διότι λαός ἐστίν μοι πολὺς ἐν τῇ πόλει ταύτῃ.

그 이유는, 내가 너와 함께한다, 그리고 아무도 공격/대적하지 못할 것이다, 너에게, 너를 악하게/해롭게 하고자, 그 이유는, 백성이다, 나에게, 많은 이들이, 이 도시 안에!

18:11 Ἐκάθισεν δὲ ἐνιαυτὸν καὶ μῆνας ἓξ διδάσκων ἐν αὐτοῖς τὸν λόγον τοῦ θεοῦ.

이제 그는 주저 앉았다/머물렀다, 1년 그리고 6개월을, 가르치면서, 그들 안에 하나님의 그 말씀을.

18:12 Γαλλίωνος δὲ ἀνθυπάτου ὄντος τῆς Ἀχαΐας κατεπέστησαν ὁμοθυμαδὸν οἱ Ἰουδαῖοι τῷ Παύλῳ καὶ ἤγαγον αὐτὸν ἐπὶ τὸ βῆμα

이제 갈리우스(갈리오)가 아카이아(아가야)의 총독으로 있을 때, 반대하여 일어났다, 만장일치/한마음으로(일제히) 유대인들이, 바울에게. 그리고(그래서) 인도했다(끌고 갔다) 그를, 그 베마/재판 장소 위에.

18:13 λέγοντες ὅτι παρὰ τὸν νόμον ἀναπείθει οὗτος τοὺς ἀνθρώπους σέβεσθαι τὸν θεόν.

말하면서(말하기를), 즉 율법을 반대하여(떠나서, 상관없이) 선동한다, 이 사람이, 사람들을, 경배/예배하도록, 하나님을.

18:14 μέλλοντος δὲ τοῦ Παύλου ἀνοίγειν τὸ στόμα εἶπεν ὁ Γαλλίων πρὸς τοὺς Ἰουδαίους· εἰ μὲν ἦν ἀδίκημά τι ἢ ῥᾳδιούργημα πονηρόν, ὦ Ἰουδαῖοι, κατὰ λόγον ἂν ἀνεσχόμην ὑμῶν,

이제 바울이 하려고 하는데, 그 입을 열기를, 말했다, 그 갈리우스(갈리오)가 유대인들을 향해, 한편으로 만약 불의한 것이(너희들이 불의하다고 주장하는 것이) 어떤 나쁜 범죄행위라면, 유대인들아! 그 말/사건에 대항하여, 내가 너희들의 [고소를] 견디어 줄 것이다.

18:15 εἰ δὲ ζητήματά ἐστιν περὶ λόγου καὶ ὀνομάτων καὶ νόμου τοῦ καθ᾽ ὑμᾶς, ὄψεσθε αὐτοί· κριτὴς ἐγὼ τούτων οὐ βούλομαι εἶναι.

이제/그러나 만약 핵심들이 언어(용어)와 이름들과 법에 관한 것이라면, 너희들 아래에(관련하여) 너희들이 볼 것이다(너희들이 처리하라), 스스로! 심판/재판관이, 나는, 이러한 것들의, 되기를 원하지 않는다!

18:16 καὶ ἀπήλασεν αὐτοὺς ἀπὸ τοῦ βήματος.

그리고 쫓아냈다, 그들을, 그 베마/재판 장소로부터.

18:17 ἐπιλαβόμενοι δὲ πάντες Σωσθένην τὸν ἀρχισυνάγωγον ἔτυπτον ἔμπροσθεν τοῦ βήματος· καὶ οὐδὲν τούτων τῷ Γαλλίωνι ἔμελεν.

이제 사로잡은 후에, 모든 이들이 소스테네(소스데네)를, [즉] 그 회당장을, 계속 때렸다, 그 베마/재판 장소의 정면에서. 그리고(그러나) 이것들에 대해 아무것도, 아니었다, 갈리우스(갈리오)에게, 그가 관심/상관할.

18:18 Ὁ δὲ Παῦλος ἔτι προσμείνας ἡμέρας ἱκανὰς τοῖς ἀδελφοῖς ἀποταξάμενος ἐξέπλει εἰς τὴν Συρίαν, καὶ σὺν αὐτῷ Πρίσκιλλα καὶ Ἀκύλας, κειράμενος ἐν Κεγχρεαῖς τὴν κεφαλήν, εἶχεν γὰρ εὐχήν.

이제 바울은 여전히 머물고 나서, 충분한 날들을, 형제들에게 작별 인사한 후에, 항해했다, 시리아(수리아)로, 그리고 그와 함께 프리스킬라(브리스길라)와 아퀼라(아굴라)도. 머리(카락)를 자르고서, 켕그레아이(겐그레아)에서. 왜냐하면 그가 맹세를 가지고 있었기 때문이다(맹세한 것이 있었기 때문이다).

18:19 κατήντησαν δὲ εἰς Ἔφεσον κἀκείνους κατέλιπεν αὐτοῦ, αὐτὸς δὲ εἰσελθὼν εἰς τὴν συναγωγὴν διελέξατο τοῖς Ἰουδαίοις.

이제 그들이 도착했다, 에페소(에베소)에, 그리고 저들(동행자들)을 남겨 두었다, 거기에. 이제(하지만) 그(바울)는 들어가서 회당에, 토론/논쟁하였다, 유대인들에게(유대인들과).

18:20 ἐρωτώντων δὲ αὐτῶν ἐπὶ πλείονα χρόνον μεῖναι οὐκ ἐπένευσεν,

이제 그들이 요청하면서(요청했지만), 많은 시간에(동안) 머물기를, [하지만] 그는 동의하지 않았다.

18:21 ἀλλ᾽ ἀποταξάμενος καὶ εἰπών· πάλιν ἀνακάμψω πρὸς ὑμᾶς τοῦ θεοῦ θέλοντος, ἀνήχθη ἀπὸ τῆς

Ἐφέσου,

오히려 작별하고서, 그리고 말하기를, 다시 내가 돌아올 것이다, 너희를 향해, 하나님의 뜻하심으로(있으면). 그는 항해했다/출항했다, 에페소(에베소)에서부터.

18:22 καὶ κατελθὼν εἰς Καισάρειαν, ἀναβὰς καὶ ἀσπασάμενος τὴν ἐκκλησίαν κατέβη εἰς Ἀντιόχειαν.

그리고 내려온/상륙한 후, 카이사리아(가이사랴)로, 올라가서 그리고 인사(환영) 한 후에, 그 교회를, 그는 내려갔다, 안티오키아(안디옥)으로.

18:23 Καὶ ποιήσας χρόνον τινὰ ἐξῆλθεν διερχόμενος καθεξῆς τὴν Γαλατικὴν χώραν καὶ Φρυγίαν, ἐπιστηρίζων πάντας τοὺς μαθητάς.

그리고 만든 후에/보낸 후에, 일정 시간을, 그는 나갔다/떠났다, 관통해서(두루 다니며), 순서대로, 그 갈라티아(갈라디아) 땅을 그리고 프리기아(브루기아)를, 확고 하게 하면서, 모든 제자를.

18:24 Ἰουδαῖος δέ τις Ἀπολλῶς ὀνόματι, Ἀλεξανδρεὺς τῷ γένει, ἀνὴρ λόγιος, κατήντησεν εἰς Ἔφεσον, δυνατὸς ὢν ἐν ταῖς γραφαῖς.

이제 [한] 유대인이, 어떤 (사람) 아폴로(아볼로)가, 이름으로, 알렉산드리아 출생 으로, [그] 남자는 유식/유창한 사람으로, 도착했다, 에페소(에베소)에, [구약] 성 경들에 능력 있는 사람으로.

18:25 οὗτος ἦν κατηχημένος τὴν ὁδὸν τοῦ κυρίου καὶ ζέων τῷ πνεύματι ἐλάλει καὶ ἐδίδασκεν ἀκριβῶς τὰ περὶ τοῦ Ἰησοῦ, ἐπιστάμενος μόνον τὸ βάπτισμα Ἰωάννου·

그는 교육받았다(교육받은 사람이었다), 주님의 그 길을, 그리고 뜨거운 사람으로, 영으로, 계속 말하고 가르쳤다, 정확하게, 예수님에 대한 것들을 [숙고/이해의 마 음에] 둔 상태로, 오직 그 요한의 세례만.

18:26 εὐτόνως γὰρ τοῖς Ἰουδαίοις διακατηλέγχετο δημοσίᾳ ἐπιδεικνὺς διὰ τῶν γραφῶν εἶναι τὸν χριστὸν Ἰησοῦν.

그는 또한 시작했다, 담대히 말하기를, 회당에서. 이제 그의 [말] 듣고서, 프리 스킬라(브리스길라)와 아퀼라(아굴라)는 데려갔다, 그를. 그리고 더 정확하게(정성 스럽게, 부족한 부분을 채워서) 그에게 설명해 주었다, 하나님의 그 길을.

18:27 βουλομένου δὲ αὐτοῦ διελθεῖν εἰς τὴν Ἀχαΐαν, προ- τρεψάμενοι οἱ ἀδελφοὶ ἔγραψαν τοῖς μαθηταῖς ἀποδέξασθαι αὐτόν, ὃς παραγενόμενος συνεβάλετο πολὺ τοῖς πεπιστευκόσιν διὰ τῆς χάριτος·

이제 그가 결심하여서(결심했기에) 건너가기를, 아카이아(아가야)로, 격려하고 나 서, 형제들이 기록/편지했다, 제자들에게, 그를 환영하라고. 그가 도착하니/해 서, 도움을 주었다, 많은 믿는 자들에게, 은혜를 통해.

18:28 εὐτόνως γὰρ τοῖς Ἰουδαίοις διακατηλέγχετο δημοσίᾳ ἐπιδεικνὺς διὰ τῶν γραφῶν εἶναι τὸν χριστὸν Ἰησοῦν.

왜냐하면 잘 짜여진 방식으로(탁월한 수사학으로) 유대인들에, 철저하게 입증했다, 공개적으로 보여 주며(증명하며, 압도하며) [구약] 성경들을 통해, 그리스도(메시아)라고 예수를.

사도행전 19장

19:1 Ἐγένετο δὲ ἐν τῷ τὸν Ἀπολλῶ εἶναι ἐν Κορίνθῳ Παῦλον διελθόντα τὰ ἀνωτερικὰ μέρη [κατ]ελθεῖν εἰς Ἔφεσον καὶ εὑρεῖν τινας μαθητὰς

이제 이런 일이 있었다, 아폴로(아볼로)가 코린토(고린도)에 있을 때에, 바울에게. 그가 관통해 지나간 후에 위쪽 지역들을, 내려가고자 에페소(에베소)로, 그리고 만나고자 어떤 제자들을.

19:2 εἶπέν τε πρὸς αὐτούς· εἰ πνεῦμα ἅγιον ἐλάβετε πιστεύσαντες; οἱ δὲ πρὸς αὐτόν· ἀλλ' οὐδ' εἰ πνεῦμα ἅγιον ἔστιν ἠκούσαμεν.

또한 그가 말했다, 그들을 향해, 성령을 너희가 취했느냐/받았느냐, 너희가 믿을 때? 이제 그들이 그를 향해, 오히려 (전혀) 성령이 있다는 것도 우리는 듣지 못했다.

19:3 εἶπέν τε· εἰς τί οὖν ἐβαπτίσθητε; οἱ δὲ εἶπαν· εἰς τὸ Ἰωάννου βάπτισμα.

또한 그가 말했다. 그러면 너희들은 무슨 세례를 받았느냐? 이제 그들이 말했다. 그 요한의 세례 안으로.

19:4 εἶπεν δὲ Παῦλος· Ἰωάννης ἐβάπτισεν βάπτισμα μετανοίας τῷ λαῷ λέγων εἰς τὸν ἐρχόμενον μετ' αὐτὸν ἵνα πιστεύσωσιν, τοῦτ' ἔστιν εἰς τὸν Ἰησοῦν. αὐτούς, ἐλάλουν τε γλώσσαις καὶ ἐπροφήτευον.

이제 말했다, 바울이. 요한은 세례 주었다, 회개의 세례를, 백성에게, 말하며, 그의 뒤에 오시는 분을 믿도록 하였다. 그분이 바로 예수님이다.

19:5 ἀκούσαντες δὲ ἐβαπτίσθησαν εἰς τὸ ὄνομα τοῦ κυρίου Ἰησοῦ,

이제 그들이 듣고 나서, 세례받았다, 주 예수의 이름으로(안으로).

19:6 καὶ ἐπιθέντος αὐτοῖς τοῦ Παύλου [τὰς] χεῖρας ἦλθεν τὸ πνεῦμα τὸ ἅγιον ἐπ' αὐτούς, ἐλάλουν τε γλώσσαις καὶ ἐπροφήτευον.

그리고 얹자, 그들 위에, 바울의 손들을, 오셨다, 그 성령님이 그들 위에. 또한 그들이 계속 말했다, 방언들로, 그리고 계속 예언했다.

19:7 ἦσαν δὲ οἱ πάντες ἄνδρες ὡσεὶ δώδεκα.

이제 되었다, 그 모든 사람들이 약 12(명).

19:8 Εἰσελθὼν δὲ εἰς τὴν συναγωγὴν ἐπαρρησιάζετο ἐπὶ μῆνας τρεῖς διαλεγόμενος καὶ πείθων [τὰ] περὶ τῆς βασιλείας τοῦ θεοῦ.

이제 들어간 후에, 그 회당 안으로, 그는 담대하게 말했다, 3달 동안, 철저하게 말하고 설득하면서, 그 하나님의 나라에 대해.

19:9 ὡς δέ τινες ἐσκληρύνοντο καὶ ἠπείθουν κακολογοῦντες τὴν ὁδὸν ἐνώπιον τοῦ πλήθους, ἀποστὰς ἀπ' αὐτῶν ἀφώρισεν τοὺς μαθητὰς καθ' ἡμέραν διαλεγόμενος ἐν τῇ σχολῇ Τυράννου.

이제(그러나) 그때 어떤 이들은 계속 굳게 되었고, 어떤 이들은 믿지 않았다, 악하게 말하며, 그 길(진리)을 무리들 앞에서. 그래서(그렇게 했기에) 그들로부터 떠나서 그는 구별하여 세웠다, 제자들을, 날마다, 철저히 말하며, 튀란노(두란노)의 휴식(배움) 공간에서.

19:10 τοῦτο δὲ ἐγένετο ἐπὶ ἔτη δύο, ὥστε πάντας τοὺς κατοικοῦντας τὴν Ἀσίαν ἀκοῦσαι τὸν λόγον τοῦ κυρίου, Ἰουδαίους τε καὶ Ἕλληνας.

이제 이렇게 했다, 2년간, 그 결과 아시아에 거주하는 모든 사람들이 듣게 되었다, 주님의 그 말씀을, 유대인들도 또한 헬라인들도.

19:11 Δυνάμεις τε οὐ τὰς τυχούσας ὁ θεὸς ἐποίει διὰ τῶν χειρῶν Παύλου,

또한 평범하지 않은 능력들을, 하나님께서 계속 행하셨다, 바울의 손들을 통해.

19:12 ὥστε καὶ ἐπὶ τοὺς ἀσθενοῦντας ἀποφέρεσθαι ἀπὸ τοῦ χρωτὸς αὐτοῦ σουδάρια ἢ σιμικίνθια καὶ ἀπαλλάσσεσθαι ἀπ' αὐτῶν τὰς νόσους, τά τε πνεύματα τὰ πονηρὰ ἐκπορεύεσθαι.

그래서 그 결과 병든 사람들 위에, 그의 몸으로부터 가져온 수건들이나 앞치마들을 [올리면], 그리고(그러면) 제거되었다, 그들로부터 그 병들이, 또한 그 악한 영들도 떠났다.

19:13 Ἐπεχείρησαν δέ τινες καὶ τῶν περιερχομένων Ἰουδαίων ἐξορκιστῶν ὀνομάζειν ἐπὶ τοὺς ἔχοντας τὰ πνεύματα τὰ πονηρὰ τὸ ὄνομα τοῦ κυρίου Ἰησοῦ λέγοντες· ὁρκίζω ὑμᾶς τὸν Ἰησοῦν ὃν Παῦλος κηρύσσει.

이제 시도했다, 어떤 돌아다니는 유대인들이 부르기를, 악한 영들을 붙잡은 자들에게(대해) 주 예수의 이름을 말하면서, 내가 맹세/명령한다, 너희에게, 바울이 전하는 그 예수를!

19:14 ἦσαν δέ τινος Σκευᾶ Ἰουδαίου ἀρχιερέως ἑπτὰ υἱοὶ τοῦτο ποιοῦντες.

이제 어떤 스큐아(스게와)라는 유대인 제사장의 7 아들들이 이렇게 행동하기를 계속했다.

19:15 ἀποκριθὲν δὲ τὸ πνεῦμα τὸ πονηρὸν εἶπεν αὐτοῖς· τὸν [μὲν] Ἰησοῦν γινώσκω καὶ τὸν Παῦλον ἐπίσταμαι, ὑμεῖς δὲ τίνες ἐστέ;

이제 대답하면서, 그 악한 영이 말했다, 그들에게. (한편으로) 예수를 내가 알고, 그 바울도 잘 안다, 이제(그런데) 너희들은 누구냐?

19:16 καὶ ἐφαλόμενος ὁ ἄνθρωπος ἐπ᾽ αὐτοὺς ἐν ᾧ ἦν τὸ πνεῦμα τὸ πονηρόν, κατακυριεύσας ἀμφοτέρων ἴσχυσεν κατ᾽ αὐτῶν ὥστε γυμνοὺς καὶ τετραυματισμένους ἐκφυγεῖν ἐκ τοῦ οἴκου ἐκείνου.

그리고 뛰어올라, 그 [귀신 들린] 사람이 그들 위에, 그 사람 안에는 악한 영이 있다. 둘 다/모두를 억압하면서, 그들을 대항해, 그 결과, 벌거벗고 상처 입은 상태로 도망가게 되었다, 저 집으로부터.

19:17 τοῦτο δὲ ἐγένετο γνωστὸν πᾶσιν Ἰουδαίοις τε καὶ Ἕλλησιν τοῖς κατοικοῦσιν τὴν Ἔφεσον καὶ ἐπέπεσεν φόβος ἐπὶ πάντας αὐτοὺς καὶ ἐμεγαλύνετο τὸ ὄνομα τοῦ κυρίου Ἰησοῦ.

이제 이것이 알게 되었다(알려졌다), 모든 유대인들에게, 또한 헬라인들에게도, 에페소(에베소)에 거주하는. 그리고(그러자) 엄습했다, 두려움이, 그들 모두 위에, 그리고 크게 여겨졌다, 주 예수님의 그 이름이.

19:18 Πολλοί τε τῶν πεπιστευκότων ἤρχοντο ἐξομολογούμενοι καὶ ἀναγγέλλοντες τὰς πράξεις αὐτῶν.

또한 믿게 된 자들 중에서 많은 이들이 왔다, 인정하고 (공개적으로) 고백하면서, 그들이 행한 것들을.

19:19 ἱκανοὶ δὲ τῶν τὰ περίεργα πραξάντων συνενέγκαντες τὰς βίβλους κατέκαιον ἐνώπιον πάντων, καὶ συνεψήφισαν τὰς τιμὰς αὐτῶν καὶ εὗρον ἀργυρίου μυριάδας πέντε.

이제 마술을 행하던 사람들 중에서 상당수의 사람들이 그 (마술) 책들을 모은 후에 계속 불태웠다, 모든 이들 앞에서, 그리고(그래서) 합산/계산했다, 그것들의 그 값들을. 그리고(그러자) 발견했다, 은으로 오만으로.

19:20 Οὕτως κατὰ κράτος τοῦ κυρίου ὁ λόγος ηὔξανεν καὶ ἴσχυεν.

그 결과(그처럼), 힘을 따라(힘있게), 그 주님의 말씀이 계속 성장하고 계속 강하였다.

19:21 Ὡς δὲ ἐπληρώθη ταῦτα, ἔθετο ὁ Παῦλος ἐν τῷ πνεύματι διελθὼν τὴν Μακεδονίαν καὶ Ἀχαΐαν πορεύεσθαι εἰς Ἱεροσόλυμα εἰπὼν ὅτι μετὰ τὸ γενέσθαι με ἐκεῖ δεῖ με καὶ Ῥώμην ἰδεῖν.

이제 이것들이 완성되어진 즈음에, 바울은 세웠다, 그 영 안에(성령으로 혹은 마음으로), 관통해 가서 마케도니아(마게도냐)와 아카이아(아가야)로(를), 예루살렘으로 가기를, 말하면서, 즉 내가 그곳에 등장한 후에, 내가 로마도 반드시 보아야만 한다.

19:22 ἀποστείλας δὲ εἰς τὴν Μακεδονίαν δύο τῶν διακονούντων αὐτῷ, Τιμόθεον καὶ Ἔραστον, αὐτὸς ἐπέσχεν χρόνον εἰς τὴν Ἀσίαν.

이제 보낸 후에, 마케도니아(마게도냐)로, 그와 동역하는 사람들 중에서 2명을, 티모테(디모데)와 에라스토(에라스도)를, 그는 머물렀다, [적당한] 시간에(동안) 아시아에.

19:23 Ἐγένετο δὲ κατὰ τὸν καιρὸν ἐκεῖνον τάραχος οὐκ ὀλίγος περὶ τῆς ὁδοῦ.

이제 일어났다, 저 시간에 따라(즈음에) 소동이, 적지 않게, 그 길(진리)에 대하여.

19:24 Δημήτριος γάρ τις ὀνόματι, ἀργυροκόπος, ποιῶν ναοὺς ἀργυροῦς Ἀρτέμιδος παρείχετο τοῖς τεχνίταις οὐκ ὀλίγην ἐργασίαν,

왜냐하면 어떤 데메트리오(데메드리오)라는 이름의 사람이, 은세공업자가, 아르테미스(아데미)의 성전들을 은으로 만드는 사람이, 계속 제공했다, 장인(기술자)들에게, 적지 않은 이윤을.

19:25 οὓς συναθροίσας καὶ τοὺς περὶ τὰ τοιαῦτα ἐργάτας εἶπεν· ἄνδρες, ἐπίστασθε ὅτι ἐκ ταύτης τῆς ἐργασίας ἡ εὐπορία ἡμῖν ἐστιν

그리고 모은 후에, 이러한 직업에 연관된 사람들을, 그가 말했다. 사람들아! 너희들이 잘 안다, 즉 이 직업으로부터, 그 부유함이 우리에게 있다[는 것을].

19:26 καὶ θεωρεῖτε καὶ ἀκούετε ὅτι οὐ μόνον Ἐφέσου ἀλλὰ σχεδὸν πάσης τῆς Ἀσίας ὁ Παῦλος οὗτος πείσας μετέστησεν ἱκανὸν ὄχλον λέγων ὅτι οὐκ εἰσὶν θεοὶ οἱ διὰ χειρῶν γινόμενοι.

그리고 너희들이 보고 들었다, 즉 에페소(에베소)뿐만 아니라 오히려 아시아 거의 모두에 (대해), 이 바울이 설득하여 변경시킨다, 상당한 무리를, 말하면서, 즉 신들이 아니다, (사람의) 손들을 통해 되어진(만들어진) 것들은.

19:27 οὐ μόνον δὲ τοῦτο κινδυνεύει ἡμῖν τὸ μέρος εἰς ἀπελεγμὸν ἐλθεῖν ἀλλὰ καὶ τὸ τῆς μεγάλης θεᾶς Ἀρτέμιδος ἱερὸν εἰς οὐθὲν λογισθῆναι, μέλλειν τε καὶ καθαιρεῖσθαι τῆς μεγαλειότητος αὐτῆς ἣν ὅλη ἡ Ἀσία καὶ ἡ οἰκουμένη σέβεται.

이제 오직 위태롭게 할 뿐 아니라, 우리에게, 그 부분/조각(사업)을, 비천하게 가도록(비천해지도록), 오히려(더하여) 큰 여신 아르테미스(아데미)의 신전을 아무것도 아닌 것이 되도록 여겨지게 되게 하여, 또한 낮아지게 의도되도록, 온 아시아와 세상에서 숭배하는 그녀의 위대함.

19:28 Ἀκούσαντες δὲ καὶ γενόμενοι πλήρεις θυμοῦ ἔκραζον λέγοντες· μεγάλη ἡ Ἄρτεμις Ἐφεσίων.

이제 그들이 듣고 나서, 분노가 가득해져서, 계속 부르짖었다, 말하면서. 위대하다! 그 에페소(에베소) 사람들의 아르테미스(아데미) 여신이여!

19:29 καὶ ἐπλήσθη ἡ πόλις τῆς συγχύσεως, ὥρμησάν τε ὁμοθυμαδὸν εἰς τὸ θέατρον συναρπάσαντες Γάϊον καὶ Ἀρίσταρχον Μακεδόνας, συνεκδήμους Παύλου.

그리고(그러자) 채워졌다, 그 도시(성)가, 혼합/혼란(소요)으로, 또한 그들이 돌진/몰려들었다, 한마음으로, 극장(경기장) 안으로, 사로잡아서 가이오와 마케도니아(마게도냐) 사람 아리스타르코(아리스다고)를, 바울의 동료 여행자인.

19:30 Παύλου δὲ βουλομένου εἰσελθεῖν εἰς τὸν δῆμον οὐκ εἴων αὐτὸν οἱ μαθηταί·

이제 바울이 결심했으나, 들어가기를, 그 군중 안으로, 계속 허용하지 않았다, 그를, 그 제자들이.

19:31 τινὲς δὲ καὶ τῶν Ἀσιαρχῶν, ὄντες αὐτῷ φίλοι, πέμψαντες πρὸς αὐτὸν παρεκάλουν μὴ δοῦναι ἑαυτὸν εἰς τὸ θέατρον.

이제 그리고 아시아 지도자들 중에서 어떤 사람들이, 그(바울)에게 친구들인, 그를 향해 [사람을] 보내어서, 계속 부탁했다, 주지 말라고(들어가게 하지 말라고), 자신을, 그 극장 안으로.

19:32 ἄλλοι μὲν οὖν ἄλλο τι ἔκραζον· ἦν γὰρ ἡ ἐκκλησία συγκεχυμένη καὶ οἱ πλείους οὐκ ᾔδεισαν τίνος ἕνεκα συνεληλύθεισαν.

한편으로, 그러므로, 여러 사람들이 여러 가지를 어떤 소리를 계속 질렀다. 왜냐하면(그러므로) 모인 무리가 혼란에 빠졌다, 그리고 대다수 알지 못했다, 어떤 이유로 그들이 모였는지를.

19:33 ἐκ δὲ τοῦ ὄχλου συνεβίβασαν Ἀλέξανδρον, προβαλόντων αὐτὸν τῶν Ἰουδαίων· ὁ δὲ Ἀλέξανδρος κατασείσας τὴν χεῖρα ἤθελεν ἀπολογεῖσθαι τῷ δήμῳ.

이제 그 무리로부터 같이 밀었다(내보냈다), 알렉산더를 유대인들이 그를 앞으로 던진 후에(나온 후에), 이제 알렉산더가 아래로 흔들어서, 그 손을, 계속 원했다, 변호하기를, 군중에게.

19:34 ἐπιγνόντες δὲ ὅτι Ἰουδαῖός ἐστιν, φωνὴ ἐγένετο μία ἐκ πάντων ὡς ἐπὶ ὥρας δύο κραζόντων· μεγάλη ἡ Ἄρτεμις Ἐφεσίων.

이제 철저히 알고서, 즉 그가 유대인이라는 것을, 소리가 일어났다, 하나가(하나로) 모두들로부터, 약 2시간 동안, 외치면서, 크도다/위대하다! 에페소(에베소) 사람들의 그 아르테미스(아데미)여!

19:35 Καταστείλας δὲ ὁ γραμματεὺς τὸν ὄχλον φησίν· ἄνδρες Ἐφέσιοι, τίς γάρ ἐστιν ἀνθρώπων ὃς οὐ γινώσκει τὴν Ἐφεσίων πόλιν νεωκόρον οὖσαν τῆς μεγάλης Ἀρτέμιδος καὶ τοῦ διοπετοῦς;

이제 진정시킨 후에, 그 서기관이 그 군중을, 그가 발화했다. 사람들아! 에페소(에베소)인들아! 왜냐하면/그러므로 사람들 중에 누구인가, 알지 못하는 자가, 에페소(에베소) 사람들 중에서? [이] 도시를 큰/위대한 아르테미스(아데미)의 성전 봉사자라는 것을, 그리고(즉) 제우스로부터 떨어진(주어진)?

19:36 ἀναντιρρήτων οὖν ὄντων τούτων δέον ἐστὶν ὑμᾶς κατεσταλμένους ὑπάρχειν καὶ μηδὲν προπετὲς πράσσειν.

그러므로 부인할 수 없는(간과할 수 없는) 것이다, 이 일들이. 너희들은 진정하는 상태여야 하며, 아무것도 성급하게 행동해서는 안 된다.

19:37 ἠγάγετε γὰρ τοὺς ἄνδρας τούτους οὔτε ἱεροσύλους οὔτε βλασφημοῦντας τὴν θεὸν ἡμῶν.

왜냐하면, 너희들이 인도(이끌고) 있다, 이 사람들을, (그들은) 신전 약탈자들도 아니고 우리들의 여신을 모독하지도 않은 자들을.

19:38 εἰ μὲν οὖν Δημήτριος καὶ οἱ σὺν αὐτῷ τεχνῖται ἔχουσιν πρός τινα λόγον, ἀγοραῖοι ἄγονται καὶ ἀνθύπατοί εἰσιν, ἐγκαλείτωσαν ἀλλήλοις.

한편으로 그러므로, 만약 데메트리오(데메드리오)와 그와 함께한 장인(기술자)들이 있다면, 누군가에게, 말(소송)을. 장이 서는 날들(재판에 관련된 업무들)에 그들이 인도될 수 있고, 총독들도 있으니, 서로들을 고소하라!

19:39 εἰ δέ τι περαιτέρω ἐπιζητεῖτε, ἐν τῇ ἐννόμῳ ἐκκλησίᾳ ἐπιλυθήσεται.

이제(그러나) 만약 그 이상의 무엇(어떤 것)에 대해 너희들이 추구한다면, 합법적인 모임(에클레시아) 안에서 풀어야 할 것이다.

19:40 καὶ γὰρ κινδυνεύομεν ἐγκαλεῖσθαι στάσεως περὶ τῆς σήμερον, μηδενὸς αἰτίου ὑπάρχοντος περὶ οὗ [οὐ] δυνησόμεθα ἀποδοῦναι λόγον περὶ τῆς συστροφῆς ταύτης.

그리고 왜냐하면/그러므로 우리는 고소당할 위험이 있다, 반란으로, 오늘의 (사건에) 대해(인해), 아무런 원인도 존재하지 않기에, 이 일에 대해. 우리는 할 수 없을 것이다, 넘겨줄(보고할) 말이, 이 집회에 대하여.

19:41 καὶ ταῦτα εἰπὼν ἀπέλυσεν τὴν ἐκκλησίαν.

그리고 이렇게 말해서, 그는 해산시켰다, 그 모임(에클레시아)을.

사도행전 20장

20:1 Μετὰ δὲ τὸ παύσασθαι τὸν θόρυβον μεταπεμψάμενος ὁ Παῦλος τοὺς μαθητὰς καὶ παρακαλέσας, ἀσπασάμενος ἐξῆλθεν πορεύεσθαι εἰς Μακεδονίαν.

이제 멈춘 후에, 그 소동이, 소환(호출)한 후에, 바울이 제자들을, 그리고 권면한 후에, (작별) 인사하고 떠났다, 마케도니아(마게도냐)로 가고자.

20:2 διελθὼν δὲ τὰ μέρη ἐκεῖνα καὶ παρακαλέσας αὐτοὺς λόγῳ πολλῷ ἦλθεν εἰς τὴν Ἑλλάδα

이제 관통한 후에, 저(마케도니아) 부분/지역들을, 그들을 권면하고, 많은 말로, 그는 갔다(이르렀다), 헬라로.

20:3 ποιήσας τε μῆνας τρεῖς· γενομένης ἐπιβουλῆς αὐτῷ ὑπὸ τῶν Ἰουδαίων μέλλοντι ἀνάγεσθαι εἰς τὴν Συρίαν, ἐγένετο γνώμης τοῦ ὑποστρέφειν διὰ Μακεδονίας.

또한 3달을 만들어서(지내다가), 그에게 음모가 일어나서, 유대인들에 의해, 시리아(수리아)로 승선하고자 의도할 때에, 인식/결정되었다, 마케도니아(마게도냐)를 통해 돌아서 가는 것을(으로).

20:4 συνείπετο δὲ αὐτῷ Σώπατρος Πύρρου Βεροιαῖος, Θεσσαλονικέων δὲ Ἀρίσταρχος καὶ Σεκοῦνδος, καὶ Γάϊος Δερβαῖος καὶ Τιμόθεος, Ἀσιανοὶ δὲ Τύχικος καὶ Τρόφιμος.

이제 그와 계속 함께 갔다, 퓌로(부로)의 (아들) 소파트로(소바더), [즉] 베로이아(베뢰아) 사람이 이제 데살로니키(데살로니가) 사람 아리스타르코(아리스다고) 그리고 세쿤도(세군도)가 그리고 데르베(더베) 사람 가이오 그리고 티모테오(디모데)가 아시아 사람 튀키코(두기고) 그리고 트로피모(드로비모)가.

20:5 οὗτοι δὲ προελθόντες ἔμενον ἡμᾶς ἐν Τρῳάδι,

이제 그들이 앞서 간 후에, 계속 머물렀다(기다렸다), 우리들을, 트로아스(드로아)에서.

20:6 ἡμεῖς δὲ ἐξεπλεύσαμεν μετὰ τὰς ἡμέρας τῶν ἀζύμων ἀπὸ Φιλίππων καὶ ἤλθομεν πρὸς αὐτοὺς εἰς τὴν Τρῳάδα ἄχρι ἡμερῶν πέντε, ὅπου διετρίψαμεν ἡμέρας ἑπτά.

이제 우리들은 출항했다, 누룩들이 없는 날들 후에 필리피(빌립보)에서, 그리고 우리는 갔다, 그들을 향해, 트로아스(드로아)로 5일까지(안에). 그곳에서 우리는 지냈다, 7일을.

20:7 Ἐν δὲ τῇ μιᾷ τῶν σαββάτων συνηγμένων ἡμῶν κλάσαι ἄρτον, ὁ Παῦλος διελέγετο αὐτοῖς μέλλων ἐξιέναι τῇ ἐπαύριον, παρέτεινέν τε τὸν λόγον μέχρι μεσονυκτίου.

이에 안식일들의 첫 번째(날)에, 함께 모여, 우리가 부수려고(나누려고) 빵을, 바울이 철저히 말했다, 그들에게, 떠나기로 되어 있어서, 다음 날에, 그는 계속했다, 또한 그 말을 한밤중까지.

20:8 ἦσαν δὲ λαμπάδες ἱκαναὶ ἐν τῷ ὑπερῴῳ οὗ ἦμεν συνηγμένοι.

이제 등불들이 있었다, 상당히 많이, 위층에, 우리가 모인 그곳에.

20:9 καθεζόμενος δέ τις νεανίας ὀνόματι Εὔτυχος ἐπὶ τῆς θυρίδος, καταφερόμενος ὕπνῳ βαθεῖ διαλεγομένου τοῦ Παύλου ἐπὶ πλεῖον, κατενεχθεὶς ἀπὸ τοῦ ὕπνου ἔπεσεν ἀπὸ τοῦ τριστέγου κάτω καὶ ἤρθη νεκρός.

이제 앉아있었는데, 어떤 소년이, 이름으로 유튀코(유두고)가, 창문 위에(틈에), 잠에 깊게 압도된 채로, 바울이 계속 철저하게 말하니, 많음 위에, 잠으로부터/인해 압도당하여, 그가 떨어졌다, 3층으로부터, 아래로, 그리고 그가 죽은 채로 일으켜졌다.

20:10 καταβὰς δὲ ὁ Παῦλος ἐπέπεσεν αὐτῷ καὶ συμπεριλαβὼν εἶπεν · μὴ θορυβεῖσθε, ἡ γὰρ ψυχὴ αὐτοῦ ἐν αὐτῷ ἐστιν.

이제 바울이 내려가서 위로 덮었다, 그에게. 그리고 꼭 껴안은 후에 말했다. 너희들은 소란 떨지 말라! 왜냐하면 그의 혼이 그의 안에 있다!

20:11 ἀναβὰς δὲ καὶ κλάσας τὸν ἄρτον καὶ γευσάμενος ἐφ᾽ ἱκανόν τε ὁμιλήσας ἄχρι αὐγῆς, οὕτως ἐξῆλθεν.

이제 올라간 후에, 부셔서(나눠서) 그 빵을, 그리고 맛본 후에 상당한 시간 동안, 또한 이야기하고서 일출까지, 그 후에 그는 떠났다.

20:12 ἤγαγον δὲ τὸν παῖδα ζῶντα καὶ παρεκλήθησαν οὐ μετρίως.

이제 그들이 인도했다(이끌고 왔다), 그 살아난 아이(소년)를. 그리고(그래서) 그들은 위로받았다, 적지 않게.

20:13 Ἡμεῖς δὲ προελθόντες ἐπὶ τὸ πλοῖον ἀνήχθημεν ἐπὶ τὴν Ἆσσον ἐκεῖθεν μέλλοντες ἀναλαμβάνειν τὸν Παῦλον· οὕτως γὰρ διατεταγμένος ἦν μέλλων αὐτὸς πεζεύειν.

이제 우리들은 앞으로 가서, 배 위로 인도되었다, 앗소 위로(에서), 거기서부터 우리가 태우고자, 바울을. 왜냐하면 그렇게 지시했다, 그가 걸어가려고.

20:14 ὡς δὲ συνέβαλλεν ἡμῖν εἰς τὴν Ἆσσον, ἀναλαβόντες

αὐτὸν ἤλθομεν εἰς Μιτυλήνην,

이제 그가 연합/만나게 되었을 때, 우리를, 앗소로(에서) 우리가 그를 태워서 갔다, 미틸레네(미둘레네)로.

20:15 κἀκεῖθεν ἀποπλεύσαντες τῇ ἐπιούσῃ κατηντήσαμεν ἄντικρυς Χίου, τῇ δὲ ἑτέρᾳ παρεβάλομεν εἰς Σάμον, τῇ δὲ ἐχομένῃ ἤλθομεν εἰς Μίλητον.

거기서부터 항해해서, 그다음 날에 우리는 도착했다, 키오스(기오) 맞은 편에, 다음 날에 들렀다(이르렀다) 사모스(사모)로, 이제 그다음 날에 갔다, 밀레토스(밀레도)로.

20:16 κεκρίκει γὰρ ὁ Παῦλος παραπλεῦσαι τὴν Ἔφεσον, ὅπως μὴ γένηται αὐτῷ χρονοτριβῆσαι ἐν τῇ Ἀσίᾳ· ἔσπευδεν γὰρ εἰ δυνατὸν εἴη αὐτῷ τὴν ἡμέραν τῆς πεντηκοστῆς γενέσθαι εἰς Ἱεροσόλυμα.

왜냐하면 바울이 판단/작정했다, 지나쳐 가기로 에페소(에베소)를. 그가 지연하게 되지 않도록 하고자, 아시아에서. 왜냐하면 가능한 그가 오순절을(에) 도착하려고, 예루살렘.

20:17 Ἀπὸ δὲ τῆς Μιλήτου πέμψας εἰς Ἔφεσον μετεκαλέσατο τοὺς πρεσβυτέρους τῆς ἐκκλησίας.

이제 밀레토스(밀레도)에서부터 (사람을) 보내서, 에페소(에베소)로, 소환했다, 그 교회의 장로들을.

20:18 ὡς δὲ παρεγένοντο πρὸς αὐτὸν εἶπεν αὐτοῖς· Ὑμεῖς ἐπίστασθε, ἀπὸ πρώτης ἡμέρας ἀφ᾽ ἧς ἐπέβην εἰς τὴν Ἀσίαν, πῶς μεθ᾽ ὑμῶν τὸν πάντα χρόνον ἐγενόμην,

이제 그들이 가까이 오자(도착하자) 그를 향해, 그가 그들에게 말했다. 너희들이 마음에 두었다, 첫날부터, 내가 아시아로 발을 들여놓은 이래, 어떻게 너희들과 함께 모든 시간을 내가 하였는지/보냈는지.

20:19 δουλεύων τῷ κυρίῳ μετὰ πάσης ταπεινοφροσύνης καὶ δακρύων καὶ πειρασμῶν τῶν συμβάντων μοι ἐν ταῖς ἐπιβουλαῖς τῶν Ἰουδαίων,

주님께 종으로 섬기면서, 모든 겸손(낮아짐)과 눈물들과 시험들과 함께, [그 시험들은] 유대인들의 음모들로, 나에게 닥친 것들로.

20:20 ὡς οὐδὲν ὑπεστειλάμην τῶν συμφερόντων τοῦ μὴ ἀναγγεῖλαι ὑμῖν καὶ διδάξαι ὑμᾶς δημοσίᾳ καὶ κατ᾽ οἴκους,

내가 아무것도 감추지 않았다, 유익한 것들이라면, 오직 너희들에게 전하면서, 너희들을 가르치기를, 공개적인 장소에서도 각자의 집에서도.

20:21 διαμαρτυρόμενος Ἰουδαίοις τε καὶ Ἕλλησιν τὴν εἰς θεὸν μετάνοιαν καὶ πίστιν εἰς τὸν κύριον ἡμῶν

Ἰησοῦν.

철저히 증거하면서, 유대인들에게 또한 헬라인들에게도, 하나님에게(향한) 회
개함과 우리 주 예수님에게(향한) 믿음을.

20:22　Καὶ νῦν ἰδοὺ δεδεμένος ἐγὼ τῷ πνεύματι πορεύομαι
εἰς Ἰερουσαλὴμ τὰ ἐν αὐτῇ συναντήσοντά μοι μὴ
εἰδώς,

그리고 지금 보라! 내가 사로잡혀서 영에게, 내가 간다, 예루살렘으로. 그곳에
서 나에게 일어나게 될 일들을, 나는 알지 못한다.

20:23　πλὴν ὅτι τὸ πνεῦμα τὸ ἅγιον κατὰ πόλιν
διαμαρτύρεταί μοι λέγον ὅτι δεσμὰ καὶ θλίψεις με
μένουσιν.

더욱이 즉(오직) 성령님께서 도시(성)마다 나에게 철저히 증언하신다, 말씀하시
며, 즉 사슬/결박들과 시련/환란들이 나를 기다린다[라고].

20:24　ἀλλ᾽ οὐδενὸς λόγου ποιοῦμαι τὴν ψυχὴν τιμίαν
ἐμαυτῷ ὡς τελειῶσαι τὸν δρόμον μου καὶ τὴν
διακονίαν ἣν ἔλαβον παρὰ τοῦ κυρίου Ἰησοῦ,
διαμαρτύρασθαι τὸ εὐαγγέλιον τῆς χάριτος τοῦ
θεοῦ.

오히려/그러나 아무것도(전혀) 말/가치로, 나는 여기지 않는다, 그(나의) 혼을 값
비싼 것으로, 나 자신에게. 완성하는 데 있어서, 나의 여정을 그리고 그 섬김(사
명)을, 즉 주 예수님으로(부터) 내가 받은 그것을, 철저히 증거하기를, 하나님의
은혜의 그 복음을.

20:25　Καὶ νῦν ἰδοὺ ἐγὼ οἶδα ὅτι οὐκέτι ὄψεσθε τὸ
πρόσωπόν μου ὑμεῖς πάντες ἐν οἷς διῆλθον
κηρύσσων τὴν βασιλείαν.

그리고 지금, 보라! 내가 안다, 즉 더 이상 너희들이 볼 수 없을 것이다, 나의 얼
굴을. 너희들 모두를 너희들 안에서 내가 관통했다, 그 나라를 전파하면서(전파
했으나).

20:26　διότι μαρτύρομαι ὑμῖν ἐν τῇ σήμερον ἡμέρᾳ ὅτι
καθαρός εἰμι ἀπὸ τοῦ αἵματος πάντων·

그러므로 내가 증언한다, 너희들에게 바로 오늘에 즉, 나는 깨끗하다, 모든 이
들의 피로부터.

20:27　οὐ γὰρ ὑπεστειλάμην τοῦ μὴ ἀναγγεῖλαι πᾶσαν τὴν
βουλὴν τοῦ θεοῦ ὑμῖν.

왜냐하면 감추지 않았다, 전하기를, 하나님의 뜻을, 모두, 너희에게.

20:28　προσέχετε ἑαυτοῖς καὶ παντὶ τῷ ποιμνίῳ, ἐν ᾧ ὑμᾶς
τὸ πνεῦμα τὸ ἅγιον ἔθετο ἐπισκόπους ποιμαίνειν τὴν
ἐκκλησίαν τοῦ θεοῦ, ἣν περιεποιήσατο διὰ τοῦ

αἵματος τοῦ ἰδίου.

너희들은 주의하라, 자신들을 그리고 모든 양 떼들에게! 그(양 떼) 안에, 너희들을
그 성령님께서 세우셨다, 감독들을(로), 돌보도록 하나님의 그 교회를. 그것(그
교회)을 사셨다, 바로 그 자신의 피를 통해.

20:29 ἐγὼ οἶδα ὅτι εἰσελεύσονται μετὰ τὴν ἄφιξίν μου
λύκοι βαρεῖς εἰς ὑμᾶς μὴ φειδόμενοι τοῦ ποιμνίου,

내가 안다, 즉 들어올 것이다, 나의 떠남 후에, 늑대들이 너희들 안으로, 그 양
떼를 아끼지 않으면서.

20:30 καὶ ἐξ ὑμῶν αὐτῶν ἀναστήσονται ἄνδρες λαλοῦντες
διεστραμμένα τοῦ ἀποσπᾶν τοὺς μαθητὰς ὀπίσω
αὐτῶν.

그리고 바로 너희들로부터, 일어나게 될 것이다, 왜곡된 말을 하는 사람들이,
제자들을 빼내고자, 그들 뒤로 [따르게 하려고].

20:31 διὸ γρηγορεῖτε μνημονεύοντες ὅτι τριετίαν νύκτα
καὶ ἡμέραν οὐκ ἐπαυσάμην μετὰ δακρύων νουθετῶν
ἕνα ἕκαστον.

이러므로 너희들은 깨어 있으라! 기억하라(기억하면서)! 즉 3년을 밤과 낮에, 내
가 멈추지 않았다, 눈물들과 함께, 훈계하면서, 한 사람 각각을.

20:32 Καὶ τὰ νῦν παρατίθεμαι ὑμᾶς τῷ θεῷ καὶ τῷ λόγῳ τῆς
χάριτος αὐτοῦ, τῷ δυναμένῳ οἰκοδομῆσαι καὶ δοῦναι
τὴν κληρονομίαν ἐν τοῖς ἡγιασμένοις πᾶσιν.

그리고(그래서) 그것들을 지금 내가 제시한다/믿긴다, 너희들을, 하나님께, 그리
고 그분의 은혜의 말씀에. 그것으로 능력 있게(능력이) 되어 건축하도록 그리고
주도록 유산(상속권)을, 거룩하게 된 모든 자들 안에(서).

20:33 ἀργυρίου ἢ χρυσίου ἢ ἱματισμοῦ οὐδενὸς ἐπεθύμησα·

[누군가의] 금 혹은 은 혹은 옷을, 그 누구의 것도 내가 탐내지 않았다.

20:34 αὐτοὶ γινώσκετε ὅτι ταῖς χρείαις μου καὶ τοῖς οὖσιν
μετ' ἐμοῦ ὑπηρέτησαν αἱ χεῖρες αὗται.

너희들 스스로 안다, 즉 나 자신과 나와 함께하는 사람들의 필요들에, 공급하
였다, 이 [나의] 손들이(로).

20:35 πάντα ὑπέδειξα ὑμῖν ὅτι οὕτως κοπιῶντας δεῖ
ἀντιλαμβάνεσθαι τῶν ἀσθενούντων, μνημονεύειν τε
τῶν λόγων τοῦ κυρίου Ἰησοῦ ὅτι αὐτὸς εἶπεν·
μακάριόν ἐστιν μᾶλλον διδόναι ἢ λαμβάνειν.

항상 내가 전시했다/보여 주었다. 너희들에게, 즉 그렇게(이렇게) 너희들이 수고
하여 약한 자들과 나눠 가져야만 한다는 것을, 또한 주 예수님의 말씀들을 기
억해야 한다는 것을. 즉(왜냐하면) 그분께서 직접 말씀하셨다. 복되다, 더욱! 주
는 것이 받는 것보다!

20:36 Καὶ ταῦτα εἰπὼν θεὶς τὰ γόνατα αὐτοῦ σὺν πᾶσιν αὐτοῖς προσηύξατο.

그리고 이것들을 말한 후, 그의 무릎들을 세우고서 그들 모두들과 함께, 그가 기도했다.

20:37 ἱκανὸς δὲ κλαυθμὸς ἐγένετο πάντων καὶ ἐπιπεσόντες ἐπὶ τὸν τράχηλον τοῦ Παύλου κατεφίλουν αὐτόν,

이제 모두들의 상당한 눈물이 있었다. 그리고 그들이 포옹하고서 바울의 목 위로, 그에게 입 맞추었다.

20:38 ὀδυνώμενοι μάλιστα ἐπὶ τῷ λόγῳ ᾧ εἰρήκει, ὅτι οὐκέτι μέλλουσιν τὸ πρόσωπον αὐτοῦ θεωρεῖν. προέπεμπον δὲ αὐτὸν εἰς τὸ πλοῖον.

최고로 슬퍼하면서, 그가 발화한(쏟아 낸) 그 말에 대해(인하여), 즉 더 이상 할 수 없으리라, 그의 얼굴을 보는 것을. 이제 그들이 전송/보내 주었다, 그를 배 안으로.

사도행전 21장

21:1 Ὡς δὲ ἐγένετο ἀναχθῆναι ἡμᾶς ἀποσπασθέντας ἀπ' αὐτῶν, εὐθυδρομήσαντες ἤλθομεν εἰς τὴν Κῶ, τῇ δὲ ἑξῆς εἰς τὴν Ῥόδον κἀκεῖθεν εἰς Πάταρα,

이제 출항하기를/출항하고자 일어나는 때에, 우리가 (슬프게) 헤어지면서, 그들로부터, 우리는 곧게 나아갔다, 코스(고스)로, 이제 다음 날에 로도스(로도)로, 그곳에서부터 파타라(바다라)로.

21:2 καὶ εὑρόντες πλοῖον διαπερῶν εἰς Φοινίκην ἐπιβάντες ἀνήχθημεν.

그리고 우리가 발견하여 페니키아(베니게)로 넘어가는(건너가는) 배를, 우리는 승선하고 나서 인도되었다(출항했다).

21:3 ἀναφάναντες δὲ τὴν Κύπρον καὶ καταλιπόντες αὐτὴν εὐώνυμον ἐπλέομεν εἰς Συρίαν καὶ κατήλθομεν εἰς Τύρον· ἐκεῖσε γὰρ τὸ πλοῖον ἦν ἀποφορτιζόμενον τὸν γόμον.

이제 키프로스(구브로)를 우리가 보고서, 그리고 남겨 두면서, 그것(키프로스)을, 왼쪽에, 우리는 계속 항해했다, 시리아(수리아)로. 그리고 내려왔다(상륙했다) 티레(두로)로, 왜냐하면 거기서 그 배가 화물을 내려놓게 하였기 때문에.

21:4 ἀνευρόντες δὲ τοὺς μαθητὰς ἐπεμείναμεν αὐτοῦ ἡμέρας ἑπτά, οἵτινες τῷ Παύλῳ ἔλεγον διὰ τοῦ πνεύματος μὴ ἐπιβαίνειν εἰς Ἱεροσόλυμα.

이제 우리는 제자들을 찾아서, 그곳에 머물렀다, 7일들을. 그들이 바울에게 계속 말했다, 그 영을 통해, 예루살렘으로 올라가지 말라고.

21:5 ὅτε δὲ ἐγένετο ἡμᾶς ἐξαρτίσαι τὰς ἡμέρας, ἐξελθόντες ἐπορευόμεθα προπεμπόντων ἡμᾶς πάντων σὺν γυναιξὶν καὶ τέκνοις ἕως ἔξω τῆς πόλεως, καὶ θέντες τὰ γόνατα ἐπὶ τὸν αἰγιαλὸν προσευξάμενοι

이제 우리가 날들을 마무리한 후가 되자, 우리는 떠나려고 나아갔다, 우리를 전송하려고, 모두가 함께[했다], 아내들과 자녀들이, 도시(성)의 밖까지, 그리고 우리가 무릎들을 세운 후에, 해변 위에 기도하고서.

21:6 ἀπησπασάμεθα ἀλλήλους καὶ ἀνέβημεν εἰς τὸ πλοῖον, ἐκεῖνοι δὲ ὑπέστρεψαν εἰς τὰ ἴδια.

우리는 (작별) 인사했다, 서로를, 그리고 올라갔다, 배로. 이제 저들은 돌아갔다, 자신들의 집으로.

21:7 Ἡμεῖς δὲ τὸν πλοῦν διανύσαντες ἀπὸ Τύρου κατηντήσαμεν εἰς Πτολεμαΐδα καὶ ἀσπασάμενοι τοὺς ἀδελφοὺς ἐμείναμεν ἡμέραν μίαν παρ' αὐτοῖς.

이제 우리들은 그 배를/항해를 완료하여, 티레(두로)에서부터 우리가 도착했다, 프톨레마이스(돌레마이)로, 그리고 우리가 형제들을(에게) 인사한 후에, 우리는 머물렀다, 1일을, 그들과 함께.

21:8 τῇ δὲ ἐπαύριον ἐξελθόντες ἤλθομεν εἰς Καισάρειαν καὶ εἰσελθόντες εἰς τὸν οἶκον Φιλίππου τοῦ εὐαγγελιστοῦ, ὄντος ἐκ τῶν ἑπτά, ἐμείναμεν παρ' αὐτῷ.

이제 다음 날에 우리가 떠나서 갔다, 카이사리아(가이사랴)로, 그리고 우리는 들어가서, 복음 전도자 빌립의 집 안에, 7 사람들 중에 하나였던. 우리는 머물렀다, 그와 함께.

21:9 τούτῳ δὲ ἦσαν θυγατέρες τέσσαρες παρθένοι προφη-τεύουσαι.

이제 그(빌립)에게 있었다, 네 딸들이, 예언하는 처녀들.

21:10 Ἐπιμενόντων δὲ ἡμέρας πλείους κατῆλθέν τις ἀπὸ τῆς Ἰουδαίας προφήτης ὀνόματι Ἅγαβος,

이제 우리가 많은 날들을 머물고 있을 때, 어떤 사람이 내려왔다, 유대아(유대)로부터, 하가보(아가보)라는 이름의 선지자가.

21:11 καὶ ἐλθὼν πρὸς ἡμᾶς καὶ ἄρας τὴν ζώνην τοῦ Παύλου, δήσας ἑαυτοῦ τοὺς πόδας καὶ τὰς χεῖρας εἶπεν· τάδε λέγει τὸ πνεῦμα τὸ ἅγιον· τὸν ἄνδρα οὗ ἐστιν ἡ ζώνη αὕτη, οὕτως δήσουσιν ἐν Ἰερουσαλὴμ οἱ Ἰουδαῖοι καὶ παραδώσουσιν εἰς χεῖρας ἐθνῶν.

그리고 우리를 향해 온 후에, 그리고 바울의 (허리) 띠를 가져와서, 자신의 발들과 손들을 묶은 후에, 그는 말했다. 이렇게 성령님께서 말씀하신다, 이 띠의 사람을, 이처럼 묶을 것이다, 예루살렘에서, 유대인들이. 그리고 넘겨줄 것이다, 이방인들의 손으로.

21:12
ὡς δὲ ἠκούσαμεν ταῦτα, παρεκαλοῦμεν ἡμεῖς τε καὶ οἱ ἐντόπιοι τοῦ μὴ ἀναβαίνειν αὐτὸν εἰς Ἰερουσαλήμ.

이제 우리가 이것들(이 말들)을 들을 때, 우리는 계속 권면했다, 또한 그곳에 있는 사람들도 그가 올라가지 말기를, 예루살렘으로.

21:13
τότε ἀπεκρίθη ὁ Παῦλος· τί ποιεῖτε κλαίοντες καὶ συνθρύπτοντές μου τὴν καρδίαν; ἐγὼ γὰρ οὐ μόνον δεθῆναι ἀλλὰ καὶ ἀποθανεῖν εἰς Ἰερουσαλὴμ ἑτοίμως ἔχω ὑπὲρ τοῦ ὀνόματος τοῦ κυρίου Ἰησοῦ.

그때(그러자) 바울이 대답/반응했다. 어째서 너희들은 만드는가, 울며(울어서) 나의 마음을 두드려 부서지게? 왜냐하면 나는 묶일 뿐만 아니라, 죽을 것도, 예루살렘으로(향해) 준비되어 있다, 주 예수의 이름을 위해!

21:14
μὴ πειθομένου δὲ αὐτοῦ ἡσυχάσαμεν εἰπόντες· τοῦ κυρίου τὸ θέλημα γινέσθω.

이제 그가 설득되지 않기에, 우리는 침묵했다, 말하면서, 주님의 뜻이 이루어지리라!

21:15
Μετὰ δὲ τὰς ἡμέρας ταύτας ἐπισκευασάμενοι ἀνεβαίνομεν εἰς Ἰεροσόλυμα·

이제 이러한 날들 후에, 우리는 짐을 싸서 올라갔다, 예루살렘으로.

21:16
συνῆλθον δὲ καὶ τῶν μαθητῶν ἀπὸ Καισαρείας σὺν ἡμῖν, ἄγοντες παρ' ᾧ ξενισθῶμεν Μνάσωνί τινι Κυπρίῳ, ἀρχαίῳ μαθητῇ.

이제 함께 갔다, 카이사리아(가이사랴)부터 (온) 제자들도 우리와 함께, 곁으로 인도하여 우리가 환대받도록(유숙하도록) 어떤 키프로스(구브로) 사람, 나손에게, 오래된 제자에게.

21:17
Γενομένων δὲ ἡμῶν εἰς Ἰεροσόλυμα ἀσμένως ἀπεδέξαντο ἡμᾶς οἱ ἀδελφοί.

이제 우리가 이르러서, 예루살렘으로, 기쁘게 환영/받아들였다, 우리들을, 그 형제들이.

21:18
Τῇ δὲ ἐπιούσῃ εἰσῄει ὁ Παῦλος σὺν ἡμῖν πρὸς Ἰάκωβον, πάντες τε παρεγένοντο οἱ πρεσβύτεροι.

이제 다음 날에, 들어갔다, 바울이, 우리와 함께 야고보를 향해. 모두들 또한 참석해 있었다, 장로들이.

21:19
καὶ ἀσπασάμενος αὐτοὺς ἐξηγεῖτο καθ' ἓν ἕκαστον, ὧν ἐποίησεν ὁ θεὸς ἐν τοῖς ἔθνεσιν διὰ τῆς διακονίας αὐτοῦ.

그리고 그들에게 인사한 후에, 그(바울)가 이야기했다, 하나씩, 하나님께서 행하신 일들을 이방인들 안에서, 그의 섬김/사역을 통해.

21:20 Οἱ δὲ ἀκούσαντες ἐδόξαζον τὸν θεὸν εἶπόν τε αὐτῷ· θεωρεῖς, ἀδελφέ, πόσαι μυριάδες εἰσὶν ἐν τοῖς Ἰουδαίοις τῶν πεπιστευκότων καὶ πάντες ζηλωταὶ τοῦ νόμου ὑπάρχουσιν·

이제 들은 자들이 계속 영광을 돌렸다, 하나님께. 그들이 말했다, 또한 그에게, 당신은 본다(인식한다), 형제여! 수만(수천) 명들이 있다, 유대인들 중에서, 믿는 자들이, 그리고 모두 율법의 열정(질투)들 아래에 있다.

21:21 κατηχήθησαν δὲ περὶ σοῦ ὅτι ἀποστασίαν διδάσκεις ἀπὸ Μωϋσέως τοὺς κατὰ τὰ ἔθνη πάντας Ἰουδαίους λέγων μὴ περιτέμνειν αὐτοὺς τὰ τέκνα μηδὲ τοῖς ἔθεσιν περιπατεῖν.

이제 그들이 듣게 되었다, 당신에 대해, 즉 배교/변절을 네가 가르친다[라고], 모세로부터, 이방인들 속에 [있는] 모든 유대인들을(에게) 말한다고, 그들의 자녀들을 할례하지 말도록, [즉] 전통(관습)을 지키지 말도록.

21:22 τί οὖν ἐστιν; πάντως ἀκούσονται ὅτι ἐλήλυθας.

그러므로 어떻게 할까? 분명히 그들이 듣게 되리라, 즉 당신이 왔다는 것을.

21:23 τοῦτο οὖν ποίησον ὅ σοι λέγομεν· εἰσὶν ἡμῖν ἄνδρες τέσσαρες εὐχὴν ἔχοντες ἐφ᾽ ἑαυτῶν.

그러므로 이렇게 너는 하라, 우리가 당신에게 말하는 것을! 우리에게 4사람(남자)이 있다, 서원/맹세를 가진 자들이, 스스로.

21:24 τούτους παραλαβὼν ἁγνίσθητι σὺν αὐτοῖς καὶ δαπάνησον ἐπ᾽ αὐτοῖς ἵνα ξυρήσονται τὴν κεφαλήν, καὶ γνώσονται πάντες ὅτι ὧν κατήχηνται περὶ σοῦ οὐδέν ἐστιν ἀλλὰ στοιχεῖς καὶ αὐτὸς φυλάσσων τὸν νόμον.

그들을 당신이 받아들여서(데리고 가서) 정결케 되게 하여라! 그들과 함께, 그리고 당신이 돈을 내라, 그들 위에(위해)! 그들이 깎을 수 있도록, 그 머리(카락)를. 그리고(그러면) 알게 될 것이다, 즉 당신에 대해 들은 것들이 아무것도 아니다, 오히려 그도 지키는 사람이다, 율법을.

21:25 περὶ δὲ τῶν πεπιστευκότων ἐθνῶν ἡμεῖς ἐπεστείλαμεν κρίναντες φυλάσσεσθαι αὐτοὺς τό τε εἰδωλόθυτον καὶ αἷμα καὶ πνικτὸν καὶ πορνείαν.

이제 믿음을 가진 이방인들에 대해(에게) 우리들이 편지했다, 우리가 결정한 후에, 그들도 조심하도록 또한 우상의 제물을 그리고 피와 목 졸라 죽인 것과 음행(포르네이아의 문화)을.

21:26 Τότε ὁ Παῦλος παραλαβὼν τοὺς ἄνδρας τῇ ἐχομένῃ ἡμέρᾳ σὺν αὐτοῖς ἁγνισθείς, εἰσῄει εἰς τὸ ἱερὸν διαγγέλλων τὴν ἐκπλήρωσιν τῶν ἡμερῶν τοῦ ἁγνισμοῦ ἕως οὗ προσηνέχθη ὑπὲρ ἑνὸς ἑκάστου αὐτῶν ἡ προσφορά.

그때 바울이 그 사람들을 받아들여서(데리고), 가지는/주어지는 날에(다음 날에), 그들과 함께 깨끗하게 되게 한 후(정결 예식을 한 후에), 그는 성전 안으로 들어갔다, 철저히 알리며, 정결의 날들의 완성을, 드려져야 할 때까지, 그들 각자 한 사람을 위하여, 그 제사/제물이.

21:27 Ὡς δὲ ἔμελλον αἱ ἑπτὰ ἡμέραι συντελεῖσθαι, οἱ ἀπὸ τῆς Ἀσίας Ἰουδαῖοι θεασάμενοι αὐτὸν ἐν τῷ ἱερῷ συνέχεον πάντα τὸν ὄχλον καὶ ἐπέβαλον ἐπ' αὐτὸν τὰς χεῖρας

이제 그 7일이 완료되는 것이 다 되어갈 즈음에, 아시아 출신의 유대인들이 (자세히) 보고 나서, 그(바울)를 성전 안에서, 그들이 혼란을 일으켰다, 모든 무리를. 그리고(그래서) 그들이 던졌다/붙잡았다, 그를, 손들로.

21:28 κράζοντες· ἄνδρες Ἰσραηλῖται, βοηθεῖτε· οὗτός ἐστιν ὁ ἄνθρωπος ὁ κατὰ τοῦ λαοῦ καὶ τοῦ νόμου καὶ τοῦ τόπου τούτου πάντας πανταχῇ διδάσκων, ἔτι τε καὶ Ἕλληνας εἰσήγαγεν εἰς τὸ ἱερὸν καὶ κεκοίνωκεν τὸν ἅγιον τόπον τοῦτον.

외치면서, 이스라엘 사람들이여! 너희들은 도와주라! 이 사람은 백성과 율법과 이 장소를 적대하는 사람이다, 그것을 모든 이들에게 모든 곳에서 가르치면서. 심지어 헬라인들을 들여보냈다(인도했다), 성전 안으로, 그리고(그래서) 부정/오염시켰다, 이 거룩한 장소를.

21:29 ἦσαν γὰρ προεωρακότες Τρόφιμον τὸν Ἐφέσιον ἐν τῇ πόλει σὺν αὐτῷ, ὃν ἐνόμιζον ὅτι εἰς τὸ ἱερὸν εἰσήγαγεν ὁ Παῦλος.

왜냐하면 있다는 것을, 미리 보았기에, 에페소(에베소) 사람 트로피모(드로비모)가 (예루살렘) 도시(성) 안에, 그와 함께, 그를(그에 대해) 그들이 생각/가정했다, 즉 성전 안으로 데리고 들어갔다, 바울이.

21:30 ἐκινήθη τε ἡ πόλις ὅλη καὶ ἐγένετο συνδρομὴ τοῦ λαοῦ, καὶ ἐπιλαβόμενοι τοῦ Παύλου εἷλκον αὐτὸν ἔξω τοῦ ἱεροῦ καὶ εὐθέως ἐκλείσθησαν αἱ θύραι.

또한 흔들렸다(혼란이 일어났다), 그 온 도시(성)가 그리고 일어났다, 그 백성의 달려듦이. 그리고(그래서) 바울을 붙잡아서, 그를 끌고 나갔다, 그리고(그러자) 즉시 닫혔다, 그 문들이.

21:31 Ζητούντων τε αὐτὸν ἀποκτεῖναι ἀνέβη φάσις τῷ χιλιάρχῳ τῆς σπείρης ὅτι ὅλη συγχύννεται Ἰερουσαλήμ.

또한 추구하면서, 그를 죽이고자, 올라갔다, 소식이 수비대의 천부장에게, 즉

온 예루살렘이 혼란스럽게 되었다[라고].

21:32 ὃς ἐξαυτῆς παραλαβὼν στρατιώτας καὶ ἑκατοντάρχας κατέδραμεν ἐπ᾽ αὐτούς, οἱ δὲ ἰδόντες τὸν χιλίαρχον καὶ τοὺς στρατιώτας ἐπαύσαντο τύπτοντες τὸν Παῦλον.

그가 즉시 준비한 후에, 군사들과 백부장들을, 그가 달려 내려갔다, 그들 위에. 이제(하지만) 그들이 보고 나서, 천부장과 군사들을, 멈추었다, 바울을 때리기를.

21:33 τότε ἐγγίσας ὁ χιλίαρχος ἐπελάβετο αὐτοῦ καὶ ἐκέλευσεν δεθῆναι ἁλύσεσιν δυσίν, καὶ ἐπυνθάνετο τίς εἴη καὶ τί ἐστιν πεποιηκώς.

그때 가까이한 후에, 그 천부장이 사로잡았다, 그의(그를), 그리고 명령했다, 묶기를 2개의 쇠사슬(족쇄)로, 그리고 그가 질문했다. 그가 누구인지 그리고 그가 무슨 짓을 했는지를.

21:34 ἄλλοι δὲ ἄλλο τι ἐπεφώνουν ἐν τῷ ὄχλῳ. μὴ δυναμένου δὲ αὐτοῦ γνῶναι τὸ ἀσφαλὲς διὰ τὸν θόρυβον ἐκέλευσεν ἄγεσθαι αὐτὸν εἰς τὴν παρεμβολήν.

이제 다른 이들이 다른 말을, 어떤 자는 계속 소리 질렀다, 무리 안에서. 이제 그가 그 분명함을 알 수가 없었기에, 소란 때문에, 그가 지시했다, 끌고 가라고 그(바울)를 군영 안으로.

21:35 ὅτε δὲ ἐγένετο ἐπὶ τοὺς ἀναβαθμούς, συνέβη βαστάζεσθαι αὐτὸν ὑπὸ τῶν στρατιωτῶν διὰ τὴν βίαν τοῦ ὄχλου,

이제 그때 그가 도착했다, 계단(단상) 위에, 그가 함께 갔다, 들어 올려져서, 그(바울)를, 군사들에 의해, 무리의 폭력 때문에.

21:36 ἠκολούθει γὰρ τὸ πλῆθος τοῦ λαοῦ κράζοντες· αἶρε αὐτόν.

왜냐하면 계속 따라왔다, 백성의 그 군중이, 외치면서, 그를 제거하라[라고]!

21:37 Μέλλων τε εἰσάγεσθαι εἰς τὴν παρεμβολὴν ὁ Παῦλος λέγει τῷ χιλιάρχῳ· εἰ ἔξεστίν μοι εἰπεῖν τι πρὸς σέ; ὁ δὲ ἔφη· Ἑλληνιστὶ γινώσκεις;

또한 들어가게 하려고 의도할 때에, 막사(군영) 안으로, 바울이 말한다/말했다, 천부장에게. 나에게, 무엇인가를 당신을 향해 말하기가, 가능하겠는가? 이제/그러자 그가 발화했다. 네가 헬라어를 아느냐?

21:38 οὐκ ἄρα σὺ εἶ ὁ Αἰγύπτιος ὁ πρὸ τούτων τῶν ἡμερῶν ἀναστατώσας καὶ ἐξαγαγὼν εἰς τὴν ἔρημον τοὺς τετρακισχιλίους ἄνδρας τῶν σικαρίων;

그렇다면 너는 그 이집트 사람이 아니냐, 이날들 전에 선동해서 이끌어 내었던 자? 광야로 4천 명의 칼을 쓰는 자들을?

21:39　εἶπεν δὲ ὁ Παῦλος· ἐγὼ ἄνθρωπος μέν εἰμι Ἰουδαῖος, Ταρσεὺς τῆς Κιλικίας, οὐκ ἀσήμου πόλεως πολίτης· δέομαι δέ σου, ἐπίτρεψόν μοι λαλῆσαι πρὸς τὸν λαόν.

이제 바울이 말했다. 나는 한편으로(분명히) 유대아(유대)의 사람이다, 킬리키아(길리기아)의 타르수스(다소)(사람), 사소한(평범한) 도시가 아닌, (로마) 시민이다. 이제 내가 간청한다, 너의(너에게), 네가 허락하라, 나에게! 말하기를, 백성을 향해.

21:40　ἐπιτρέψαντος δὲ αὐτοῦ ὁ Παῦλος ἑστὼς ἐπὶ τῶν ἀναβαθμῶν κατέσεισεν τῇ χειρὶ τῷ λαῷ. πολλῆς δὲ σιγῆς γενομένης προσεφώνησεν τῇ Ἑβραΐδι διαλέκτῳ λέγων·

이제 그가 허락하니, 바울이 선 후에, 계단(단상) 위에[서] 아래로 흔들었다, 그 손으로 백성에게, 이제 많이(아주) 침묵하게 된 후에, 그가 연설했다, 히브리어 방언(아람어)으로, 말하기를.

사도행전 22장

22:1　Ἄνδρες ἀδελφοὶ καὶ πατέρες, ἀκούσατέ μου τῆς πρὸς ὑμᾶς νυνὶ ἀπολογίας.

사람들아! 형제들아! 그리고 아버지들아! 너희들은 들으라! 나의 (말을), 너희들을 향한, 지금, 변호의 (말을).

22:2　ἀκούσαντες δὲ ὅτι τῇ Ἑβραΐδι διαλέκτῳ προσεφώνει αὐτοῖς, μᾶλλον παρέσχον ἡσυχίαν. καὶ φησίν·

이제 그들이 듣고서, 즉 히브리 말로 그가 계속 불렀다/말했다, 그들에게. 더욱 그들이 보여 주었다, 침묵을, 그리고(그래서) 그가 말했다.

22:3　ἐγώ εἰμι ἀνὴρ Ἰουδαῖος, γεγεννημένος ἐν Ταρσῷ τῆς Κιλικίας, ἀνατεθραμμένος δὲ ἐν τῇ πόλει ταύτῃ, παρὰ τοὺς πόδας Γαμαλιὴλ πεπαιδευμένος κατὰ ἀκρίβειαν τοῦ πατρῴου νόμου, ζηλωτὴς ὑπάρχων τοῦ θεοῦ καθὼς πάντες ὑμεῖς ἐστε σήμερον·

나는 유대아(유대)의 사람이다, 나는 킬리키아(길리기아)의 타르수스(다소)에서 태어나서, 이제(또한) 양육(교육)받아서, 이 도시(성)에서, 가말리엘의 발들 곁에서, 나는 훈련받았으며 아버지(조상)의 율법의 엄격(정확)함에 따라, 하나님의 열심(질투)이 [내게] 있어서, 너희들 모두가 오늘의 [상태로] 이른 것처럼.

22:4　ὃς ταύτην τὴν ὁδὸν ἐδίωξα ἄχρι θανάτου δεσμεύων καὶ παραδιδοὺς εἰς φυλακὰς ἄνδρας τε καὶ γυναῖκας,

나는 바로 그 길(도/진리)을 박해했다, 죽음까지(죽이기까지), 묶어서 넘기면서 감옥 안으로, 남자들을 또한 여자들을.

22:5　ὡς καὶ ὁ ἀρχιερεὺς μαρτυρεῖ μοι καὶ πᾶν τὸ

πρεσβυτέριον, παρ᾽ ὧν καὶ ἐπιστολὰς δεξάμενος πρὸς τοὺς ἀδελφοὺς εἰς Δαμασκὸν ἐπορευόμην, ἄξων καὶ τοὺς ἐκεῖσε ὄντας δεδεμένους εἰς Ἰερουσαλὴμ ἵνα τιμωρηθῶσιν.

그리고(또한) 대제사장이 증언하듯이, 나에게(나에 대해) 그리고 모든 장로들이, 그들로부터 편지들을 내가 받은 후에, 형제들을 향해, 다마스쿠스(다메섹)로 내가 계속 갔다, 내가 끌어내서, 거기에 있는 사람들도, 묶게 만든 후에, 예루살렘으로 [가서] 처벌받게 하고자.

22:6 Ἐγένετο δέ μοι πορευομένῳ καὶ ἐγγίζοντι τῇ Δαμασκῷ περὶ μεσημβρίαν ἐξαίφνης ἐκ τοῦ οὐρανοῦ περιαστράψαι φῶς ἱκανὸν περὶ ἐμέ,

이제 나에게 (이런 일이) 일어났다, 내가 가다가 가까이 이를 때, 다마스쿠스(다메섹)에, 정오쯤, 갑자기 하늘로부터 주변을 비추기를, 상당한 빛이, 내 위에.

22:7 ἔπεσά τε εἰς τὸ ἔδαφος καὶ ἤκουσα φωνῆς λεγούσης μοι· Σαοὺλ Σαούλ, τί με διώκεις;

나는 엎드렸다, 또한 그 기초(땅)으로, 그리고 내가 들었다, 소리의(를), 말하기를, 사울아! 사울아! 어째서 나를 너는 추격/박해하느냐?

22:8 ἐγὼ δὲ ἀπεκρίθην· τίς εἶ, κύριε; εἶπέν τε πρός με· ἐγὼ εἰμι Ἰησοῦς ὁ Ναζωραῖος, ὃν σὺ διώκεις.

이제 내가 대답했다. 당신은 누구십니까? 주여! 또한 그분께서 말씀하셨다, 나에게. 나는 예수다, 나사렛 사람! 네가 추격/박해하는 자!

22:9 οἱ δὲ σὺν ἐμοὶ ὄντες τὸ μὲν φῶς ἐθεάσαντο τὴν δὲ φωνὴν οὐκ ἤκουσαν τοῦ λαλοῦντός μοι.

이제 나와 함께 있던 사람들이 한편으로 그 빛을 보았다, 이제(그러나) 그 음성을 그들은 듣지 못했다, 나에게 말씀하시는 [그 음성을].

22:10 εἶπον δέ· τί ποιήσω, κύριε; ὁ δὲ κύριος εἶπεν πρός με· ἀναστὰς πορεύου εἰς Δαμασκὸν κἀκεῖ σοι λαληθήσεται περὶ πάντων ὧν τέτακταί σοι ποιῆσαι.

이제 내가 말했다. 내가 무엇을 할까요, 주여? 이제 주님께서 말씀하셨다, 나를 향해, 너는 일어나라(일어나서)! 들어가라, 다마스쿠스(다메섹)로! 거기서 너에게 말할 것이다, 모든 것들에 대해, 네가 행하도록 지정된 것들을.

22:11 ὡς δὲ οὐκ ἐνέβλεπον ἀπὸ τῆς δόξης τοῦ φωτὸς ἐκείνου, χειραγωγούμενος ὑπὸ τῶν συνόντων μοι ἦλθον εἰς Δαμασκόν.

이제 내가 제대로 볼 수 없는 상태여서, 저 빛의 영광으로부터(인해), 내가 손으로 이끌리어, 나와 함께 있는 사람들에 의해, 내가 갔다, 다마스쿠스(다메섹)로.

22:12 Ἀνανίας δέ τις, ἀνὴρ εὐλαβὴς κατὰ τὸν νόμον, μαρτυρούμενος ὑπὸ πάντων τῶν κατοικούντων

Ἰουδαίων,

이제 하나니아(아나니아)[라는] 어떤 사람이, 경건한 사람이, 율법에 따라, 증거를 받은 사람이 [있었다], 그곳에 거주하는 모든 유대인들에 의해,

22:13 ἐλθὼν πρός με καὶ ἐπιστὰς εἶπέν μοι· Σαοὺλ ἀδελφέ, ἀνάβλεψον. κἀγὼ αὐτῇ τῇ ὥρᾳ ἀνέβλεψα εἰς αὐτόν.

그가 와서 나를 향해 그리고 옆에 서서 말했다, 나에게. 사울 형제! 너는 다시 (위로) 보라! 그래서 내가 바로 그 시간에 다시(위로) 보았다, 그에게로.

22:14 ὁ δὲ εἶπεν· ὁ θεὸς τῶν πατέρων ἡμῶν προεχειρίσατό σε γνῶναι τὸ θέλημα αὐτοῦ καὶ ἰδεῖν τὸν δίκαιον καὶ ἀκοῦσαι φωνὴν ἐκ τοῦ στόματος αὐτοῦ,

이제 그가 말했다. 우리 아버지(선조)들의 하나님께서 너를 미리 손에 두셨다/ 정하셨다, 그의 뜻을 알도록, 그리고 그 의인(예수님)을 보도록, 그리고 그분의 입으로부터 [나오는] 음성을 듣도록.

22:15 ὅτι ἔσῃ μάρτυς αὐτῷ πρὸς πάντας ἀνθρώπους ὧν ἑώρακας καὶ ἤκουσας.

즉(왜냐하면) 네가 증인이 될 것이다, 그분께, 모든 사람을 향해, 네가 보고 들은 것들의.

22:16 καὶ νῦν τί μέλλεις; ἀναστὰς βάπτισαι καὶ ἀπόλουσαι τὰς ἁμαρτίας σου ἐπικαλεσάμενος τὸ ὄνομα αὐτοῦ.

그리고 지금 어째서 너는 하려느냐(주저하느냐)? 너는 일어나서 세례받으라! 그리고(그래서) 씻어 없애라, 너의 죄들을! 그분의 이름을 부름으로(불러서).

22:17 Ἐγένετο δέ μοι ὑποστρέψαντι εἰς Ἰερουσαλὴμ καὶ προσευχομένου μου ἐν τῷ ἱερῷ γενέσθαι με ἐν ἐκστάσει

이제(이어서) 나에게 일어났다, 예루살렘으로 돌아온 후에, 그리고 내가 기도할 때에, 성전 안에서, 나를(내가), 황홀경 안에 [있게] 되었는데,

22:18 καὶ ἰδεῖν αὐτὸν λέγοντά μοι· σπεῦσον καὶ ἔξελθε ἐν τάχει ἐξ Ἰερουσαλήμ, διότι οὐ παραδέξονταί σου μαρτυρίαν περὶ ἐμοῦ.

그리고(그러자) 보게 되었다, 그분을, 나에게 말씀하시길, 너는 서둘러라! 그리고 나가라! 빨리, 예루살렘 밖으로. 그 이유는 그들이 받아들이지 않을 것이다, 너의 증거/증언을, 나에 대해(대한).

22:19 κἀγὼ εἶπον· κύριε, αὐτοὶ ἐπίστανται ὅτι ἐγὼ ἤμην φυλακίζων καὶ δέρων κατὰ τὰς συναγωγὰς τοὺς πιστεύοντας ἐπὶ σέ,

그리고(그래서) 나는 말했다. 주여! 그들이 잘 알고 있습니다, 즉 내가 가두었으며 때렸다는 것을, 회당들을 따라, 당신에 대해 믿는 자들을.

22:20 καὶ ὅτε ἐξεχύννετο τὸ αἷμα Στεφάνου τοῦ μάρτυρός

σου, καὶ αὐτὸς ἤμην ἐφεστὼς καὶ συνευδοκῶν καὶ φυλάσσων τὰ ἱμάτια τῶν ἀναιρούντων αὐτόν.

그리고 당신의 증인, 스테판(스데반)의 그 피를 흘릴 때, 나도 서서 있었습니다, 그리고 동의하며 지켰습니다. 그를 죽이는 자들의 겉옷들을.

22:21 καὶ εἶπεν πρός με· πορεύου, ὅτι ἐγὼ εἰς ἔθνη μακρὰν ἐξαποστελῶ σε.

그리고(그러자) 그분께서 말씀하셨다, 나를 향해. 너는 가거라! 곧 내가 이방인에게로 멀리 내가 보낼 것이다, 너를!

22:22 Ἤκουον δὲ αὐτοῦ ἄχρι τούτου τοῦ λόγου καὶ ἐπῆραν τὴν φωνὴν αὐτῶν λέγοντες· αἶρε ἀπὸ τῆς γῆς τὸν τοιοῦτον, οὐ γὰρ καθῆκεν αὐτὸν ζῆν.

이제 그들이 계속 들었다, 그의 그 말의(을) 거기까지. 그리고 그들이 올렸다, 그들의 (목)소리를 말하면서(높이면서). 제거하라, 이 땅으로부터, 이런 자를! 왜냐하면 그를 살려 두기에 적합하지 않다!

22:23 κραυγαζόντων τε αὐτῶν καὶ ῥιπτούντων τὰ ἱμάτια καὶ κονιορτὸν βαλλόντων εἰς τὸν ἀέρα,

또한 그들은 소리 지르고 겉옷들을 벗어 던지며, 그리고 먼지를 날리며, 공중으로.

22:24 ἐκέλευσεν ὁ χιλίαρχος εἰσάγεσθαι αὐτὸν εἰς τὴν παρεμβολήν, εἴπας μάστιξιν ἀνετάζεσθαι αὐτὸν ἵνα ἐπιγνῷ δι᾽ ἣν αἰτίαν οὕτως ἐπεφώνουν αὐτῷ.

외쳤다(명령했다), 그 천부장이, 그를 인도해 들어가기를, 막사(군영) 안으로, 말하며, 채찍질로 신문하도록, 그를. 철저히 알아보고자, 무슨 이유 때문에 이렇게 그들이 계속 소리치는지, 그에게.

22:25 ὡς δὲ προέτειναν αὐτὸν τοῖς ἱμᾶσιν, εἶπεν πρὸς τὸν ἑστῶτα ἑκατόνταρχον ὁ Παῦλος· εἰ ἄνθρωπον Ῥωμαῖον καὶ ἀκατάκριτον ἔξεστιν ὑμῖν μαστίζειν;

이제 당겨 묶었다, 그를, 가죽 줄들로(가죽 줄들을 이용해서 묶음으로), 그가 말했다, 서 있는 백부장을 향하여, 바울이. 만약 로마 사람을 그리고 재판도 없이, 합당하냐, 너희들이 채찍질하는 것이?

22:26 ἀκούσας δὲ ὁ ἑκατοντάρχης προσελθὼν τῷ χιλιάρχῳ ἀπήγγειλεν λέγων· τί μέλλεις ποιεῖν; ὁ γὰρ ἄνθρωπος οὗτος Ῥωμαῖός ἐστιν.

이제 그 백부장이 듣고서, 천부장에게 가서 알렸다, 말하기를, 어떻게 당신은 하려느냐? 왜냐하면 그 사람이 바로 로마인이다!

22:27 προσελθὼν δὲ ὁ χιλίαρχος εἶπεν αὐτῷ· λέγε μοι, σὺ Ῥωμαῖος εἶ; ὁ δὲ ἔφη· ναί.

이제 그 천부장이 와서, 그에게 말했다. 나에게 너는 말하라! 너는 로마인이냐? 이제 그가 발화했다. 그렇다!

22:28 ἀπεκρίθη δὲ ὁ χιλίαρχος· ἐγὼ πολλοῦ κεφαλαίου τὴν πολιτείαν ταύτην ἐκτησάμην. ὁ δὲ Παῦλος ἔφη· ἐγὼ δὲ καὶ γεγέννημαι.

이제 대답했다, 그 천부장이, 나는 많은 대가/금액으로 이 시민권을 얻었다. 이제 바울이 발화했다. 이제 나는 그리고(그렇게) 태어났다.

22:29 εὐθέως οὖν ἀπέστησαν ἀπ᾽ αὐτοῦ οἱ μέλλοντες αὐτὸν ἀνετάζειν, καὶ ὁ χιλίαρχος δὲ ἐφοβήθη ἐπιγνοὺς ὅτι Ῥωμαῖός ἐστιν καὶ ὅτι αὐτὸν ἦν δεδεκώς.

그러므로 즉시 그들이 물러갔다, 그로부터, 그를 심문하려고 했던 사람들이. 그리고 이제 천부장이 두려워졌다, 알게 되어서, 즉 그가 로마 사람이고, 즉 그를 묶었다는 것으로 인하여.

22:30 Τῇ δὲ ἐπαύριον βουλόμενος γνῶναι τὸ ἀσφαλές, τὸ τί κατηγορεῖται ὑπὸ τῶν Ἰουδαίων, ἔλυσεν αὐτὸν καὶ ἐκέλευσεν συνελθεῖν τοὺς ἀρχιερεῖς καὶ πᾶν τὸ συνέδριον, καὶ καταγαγὼν τὸν Παῦλον ἔστησεν εἰς αὐτούς.

이제 다음 날에 그 확실함(진상)을 알려고 의도/결의하여, 어째서 그가 고소되었는지, 유대인들에 의하여, 그가 그를 풀어 주었고 모도록 외쳤다(명령했다), 제사장들과 모든 (산헤드린) 공회를. 그리고 바울을 아래로 인도해서 세웠다, 그들에게로.

사도행전 23장

23:1 Ἀτενίσας δὲ ὁ Παῦλος τῷ συνεδρίῳ εἶπεν· ἄνδρες ἀδελφοί, ἐγὼ πάσῃ συνειδήσει ἀγαθῇ πεπολίτευμαι τῷ θεῷ ἄχρι ταύτης τῆς ἡμέρας.

이제 주목한 후에, 바울이 공회에게(향해) 말했다. 사람들아! 형제들아! 내가 모든 것에 선한 양심으로(양심적으로) 살아왔다, 하나님께, 오늘날까지.

23:2 ὁ δὲ ἀρχιερεὺς Ἁνανίας ἐπέταξεν τοῖς παρεστῶσιν αὐτῷ τύπτειν αὐτοῦ τὸ στόμα.

이제 그 대제사장 하나니아(아나니아)가 명령했다, 그의 옆에 서 있는 자들에게, 그의 입을 치라고/때리라고.

23:3 τότε ὁ Παῦλος πρὸς αὐτὸν εἶπεν· τύπτειν σε μέλλει ὁ θεός, τοῖχε κεκονιαμένε· καὶ σὺ κάθῃ κρίνων με κατὰ τὸν νόμον καὶ παρανομῶν κελεύεις με τύπτεσθαι;

그때(그러자) 바울이 그를 향해 말했다. 하나님께서 너를 때리실 것이다, 석회/회칠을 한 벽/담이여! 그리고 너는 앉아 있다, 나를 심판하려고, 율법에 따라,

그리고(그러나) 위법하면서, 외치느냐(명령하느냐), 나를 치라고(때리라고)?

23:4 οἱ δὲ παρεστῶτες εἶπαν· τὸν ἀρχιερέα τοῦ θεοῦ
λοιδορεῖς;

이제 옆에 서 있던 사람들이 말했다. 하나님의 대제사장을 네가 꾸중/모욕하느냐?

23:5 ἔφη τε ὁ Παῦλος· οὐκ ᾔδειν, ἀδελφοί, ὅτι ἐστὶν
ἀρχιερεύς· γέγραπται γὰρ ὅτι ἄρχοντα τοῦ λαοῦ σου
οὐκ ἐρεῖς κακῶς.

또한(그러자) 바울이 발화했다. 나는 알지 못했다, 즉 그가 대제사장이다[라는 것을]. 왜냐하면(그러므로) 기록되어졌다, 즉 너의 백성의 지도자를 너는 악하게(악한 것을) 쏟아 내듯 말하지 말라!

23:6 Γνοὺς δὲ ὁ Παῦλος ὅτι τὸ ἓν μέρος ἐστὶν
Σαδδουκαίων τὸ δὲ ἕτερον Φαρισαίων ἔκραζεν ἐν τῷ
συνεδρίῳ· ἄνδρες ἀδελφοί, ἐγὼ Φαρισαῖός εἰμι, υἱὸς
Φαρισαίων, περὶ ἐλπίδος καὶ ἀναστάσεως νεκρῶν
[ἐγὼ] κρίνομαι.

이제 바울이 알고 나서, 즉 한 부분은 사두개파 사람들이다, 이제 다른 (부분) 쪽은 바리새파 사람들[이라는 것을]. 그가 소리쳤다, 공회 안에서. 여러분! 형제들아! 나는 바리새인이다, 바리새인의 아들[이다]. 소망에 대해(인해) 그리고(즉) 죽은 자들의 부활(로 인해) 내가 심판받는다. [지금!]

23:7 τοῦτο δὲ αὐτοῦ εἰπόντος ἐγένετο στάσις τῶν
Φαρισαίων καὶ Σαδδουκαίων καὶ ἐσχίσθη τὸ πλῆθος.

이제 이러한 그의 발화함으로 [인해], 발생했다, 바리새인들과 사두개인들의 분쟁이. 그리고(그래서) 나눠졌다, 그 무리가.

23:8 Σαδδουκαῖοι μὲν γὰρ λέγουσιν μὴ εἶναι ἀνάστασιν
μήτε ἄγγελον μήτε πνεῦμα, Φαρισαῖοι δὲ
ὁμολογοῦσιν τὰ ἀμφότερα.

한편으로(참으로) 왜냐하면, 사두개인들은 말한다, 부활도 없고, 천사도 없고, 영도 없다고. 이제(그러나) 바리새인들은 인정/고백한다, 그 모든 것들을.

23:9 ἐγένετο δὲ κραυγὴ μεγάλη, καὶ ἀναστάντες τινὲς
τῶν γραμματέων τοῦ μέρους τῶν Φαρισαίων
διεμάχοντο λέγοντες· οὐδὲν κακὸν εὑρίσκομεν ἐν
τῷ ἀνθρώπῳ τούτῳ· εἰ δὲ πνεῦμα ἐλάλησεν αὐτῷ ἢ
ἄγγελος;

이제 일어났다, 거대한 부르짖음이, 그리고 일어나서, 바리새인들의 부분/편의 서기관들 몇 명이 심하게 다투었다, 말하면서, 아무것도 악한 것을 우리는 발견 못했다, 이 사람 안에서, 이제 만약, 영이 그에게 말했다면, 혹은 천사가!

23:10 Πολλῆς δὲ γινομένης στάσεως φοβηθεὶς ὁ χιλίαρχος

μὴ διασπασθῇ ὁ Παῦλος ὑπ᾽ αὐτῶν ἐκέλευσεν τὸ στράτευμα καταβὰν ἁρπάσαι αὐτὸν ἐκ μέσου αὐτῶν ἄγειν τε εἰς τὴν παρεμβολήν.

이제 많은/큰 분쟁/소요가 일어나게 되자, 두려워서 그 천부장이, 분리/찢어지지 않도록 그 바울이, 그들에 의해, 외쳤다(명령했다), 그 군사/군대를(에게) 내려가서 붙잡아 오도록, 그를, 그들의 가운데로부터, 또한 들어가도록, 그 병영(군영) 안으로.

23:11 Τῇ δὲ ἐπιούσῃ νυκτὶ ἐπιστὰς αὐτῷ ὁ κύριος εἶπεν· θάρσει· ὡς γὰρ διεμαρτύρω τὰ περὶ ἐμοῦ εἰς Ἰερουσαλήμ, οὕτως σε δεῖ καὶ εἰς Ῥώμην μαρτυρῆσαι.

이제 그 다가오는 밤에, 그에게 서신 후에, 주님께서 말씀하셨다. 너는 용기를 내라! 왜냐하면 네가 철저히 증언한 것처럼, 나에게 대한 것들을, 예루살렘에서, 마찬가지로 너는 로마에서도 증거해야만 한다.

23:12 Γενομένης δὲ ἡμέρας ποιήσαντες συστροφὴν οἱ Ἰουδαῖοι ἀνεθεμάτισαν ἑαυτοὺς λέγοντες μήτε φαγεῖν μήτε πιεῖν ἕως οὗ ἀποκτείνωσιν τὸν Παῦλον.

이제 날이 발생하자(밝아 오자), 유대인들이 연합을 만들어서(이루어서), 스스로 저주 아래 맹세했다, 말하면서, 먹지도 않고 마시지도 않기로, 바울을 죽일 때까지.

23:13 ἦσαν δὲ πλείους τεσσεράκοντα οἱ ταύτην τὴν συνωμοσίαν ποιησάμενοι,

이제 40명 이상이었다, 이러한 맹세를 한 자들이.

23:14 οἵτινες προσελθόντες τοῖς ἀρχιερεῦσιν καὶ τοῖς πρεσβυτέροις εἶπαν· ἀναθέματι ἀνεθεματίσαμεν ἑαυτοὺς μηδενὸς γεύσασθαι ἕως οὗ ἀποκτείνωμεν τὸν Παῦλον.

그들은 다가가서, 대제사장들과 장로들에게 말했다. 저주로 우리가 스스로 맹세했다, 맛보지 않기로(음식을 먹지 않기로), 바울을 죽이기까지.

23:15 νῦν οὖν ὑμεῖς ἐμφανίσατε τῷ χιλιάρχῳ σὺν τῷ συνεδρίῳ ὅπως καταγάγῃ αὐτὸν εἰς ὑμᾶς ὡς μέλλοντας διαγινώσκειν ἀκριβέστερον τὰ περὶ αὐτοῦ· ἡμεῖς δὲ πρὸ τοῦ ἐγγίσαι αὐτὸν ἕτοιμοί ἐσμεν τοῦ ἀνελεῖν αὐτόν.

지금 그러므로 너희들은 분명히 알려라 천부장에게! 공회와 함께, 어떻게든 그를 아래로 데려오게 너희들에게로, 더 자세히, 철저히 알아보려고 한다며, 그에 대한 것들을. 이제 우리는 그가 가까이(접근) 오기 전에, 준비하고 있겠다, 그를 제거하도록.

23:16 Ἀκούσας δὲ ὁ υἱὸς τῆς ἀδελφῆς Παύλου τὴν ἐνέδραν, παραγενόμενος καὶ εἰσελθὼν εἰς τὴν παρεμβολὴν ἀπήγγειλεν τῷ Παύλῳ.

이제 듣고 나서, 바울의 누이의 아들이, 그 매복을, 가까이 [다가]와서/달려가서, 들어간 후에, 병영 안으로, 알려 주었다, 바울에게.

23:17 προσκαλεσάμενος δὲ ὁ Παῦλος ἕνα τῶν ἑκατονταρχῶν ἔφη· τὸν νεανίαν τοῦτον ἀπάγαγε πρὸς τὸν χιλίαρχον, ἔχει γὰρ ἀπαγγεῖλαί τι αὐτῷ.

이제 바울이 소환하여, 백부장들 중의 한 명을, [그에게] 발화했다. 이 젊은이(소년)를 너는 이끌고 가라, 천부장을 향해. 왜냐하면 그가 가지고 있다, 어떤 알릴 말이, 그에게.

23:18 ὁ μὲν οὖν παραλαβὼν αὐτὸν ἤγαγεν πρὸς τὸν χιλίαρχον καὶ φησίν· ὁ δέσμιος Παῦλος προσκαλεσάμενός με ἠρώτησεν τοῦτον τὸν νεανίσκον ἀγαγεῖν πρὸς σὲ ἔχοντά τι λαλῆσαί σοι.

한편으로, 그러므로 그는 데리고 인도했다, 천부장을 향해, 그리고 그가 발화했다. 묶인자(죄수) 바울이 나를 소환해서(불러서) 요청했다, 이 젊은이를 인도해 달라고, 당신을 향해, 당신에게 어떤 할 말을 가지고 있기에.

23:19 ἐπιλαβόμενος δὲ τῆς χειρὸς αὐτοῦ ὁ χιλίαρχος καὶ ἀναχωρήσας κατ' ἰδίαν ἐπυνθάνετο, τί ἐστιν ὃ ἔχεις ἀπαγγεῖλαί μοι;

이제 잡은 후에, 그의 손을, 그 천부장이 그리고 자신의(사적인) 곳(장소)으로 철수해서(물러가서) 물어보았다. 무엇이냐, 네가 나에게 보고할 것이?

23:20 εἶπεν δὲ ὅτι οἱ Ἰουδαῖοι συνέθεντο τοῦ ἐρωτῆσαί σε ὅπως αὔριον τὸν Παῦλον καταγάγῃς εἰς τὸ συνέδριον ὡς μέλλον τι ἀκριβέστερον πυνθάνεσθαι περὶ αὐτοῦ.

이제 그가 말했다. 즉 유대인들이 결의했다, 당신에게 요청하기를, 어떻게든 내일 바울을 아래로 내려오도록, 공회로, 바울에 대해 더 정확한 무엇인가를 심문하기 위하는 척하면서.

23:21 σὺ οὖν μὴ πεισθῇς αὐτοῖς· ἐνεδρεύουσιν γὰρ αὐτὸν ἐξ αὐτῶν ἄνδρες πλείους τεσσεράκοντα, οἵτινες ἀνεθεμάτισαν ἑαυτοὺς μήτε φαγεῖν μήτε πιεῖν ἕως οὗ ἀνέλωσιν αὐτόν, καὶ νῦν εἰσιν ἕτοιμοι προσδεχόμενοι τὴν ἀπὸ σοῦ ἐπαγγελίαν.

그러므로 당신은 그들에게 설득당하지 말라! 왜냐하면 그들이 매복하고 있다, 그를 (죽이려고) 그들 중에서 40명 이상의 남자(사람)들이. 그들은 스스로 저주의 맹세를 했다, 먹지도 않고 마시지도 않기를, 그를 제거할 때까지. 그리고 지금 준비하여 기다리고 있다, 당신으로부터 약속/허락.

23:22 ὁ μὲν οὖν χιλίαρχος ἀπέλυσεν τὸν νεανίσκον παραγγείλας μηδενὶ ἐκλαλῆσαι ὅτι ταῦτα ἐνεφάνισας πρός με.

그러므로 한편으로 그 천부장이 보냈다, 그 젊은이를 명령/지시한 후에, 아무에게도 누설하지 않도록(누설하지 말라고), 즉 이 일들을 네가 나를 향해 보고했다[라고].

23:23 Καὶ προσκαλεσάμενος δύο [τινὰς] τῶν ἑκατονταρχῶν εἶπεν· ἑτοιμάσατε στρατιώτας διακοσίους, ὅπως πορευθῶσιν ἕως Καισαρείας, καὶ ἱππεῖς ἑβδομήκοντα καὶ δεξιολάβους διακοσίους ἀπὸ τρίτης ὥρας τῆς νυκτός,

그리고 소환한 후에, 백부장들 중에서 2명을, 말했다. 너희는 준비하라! 보병 200을, 카이사리아(가이사라)까지 그들이 갈 수 있도록, 그리고 기병 70명 그리고 창병(오른쪽에 무엇인가를 가진 사람) 200명, 밤의 제3시로부터.

23:24 κτήνη τε παραστῆσαι ἵνα ἐπιβιβάσαντες τὸν Παῦλον διασώσωσιν πρὸς Φήλικα τὸν ἡγεμόνα,

동물들(탈 것들)을 또한 준비하도록, 바울을 태워서 그들이 철저히 구하기 위해, 펠릭스(벨릭스) 총독을 향해.

23:25 γράψας ἐπιστολὴν ἔχουσαν τὸν τύπον τοῦτον·

편지를 써 주고서, 이런(다음과 같은) 내용을 담아서.

23:26 Κλαύδιος Λυσίας τῷ κρατίστῳ ἡγεμόνι Φήλικι χαίρειν.

[발신자] 클라우디오스(글라우디오) 뤼시아(루시아)는 [수신자] 존경하는 펠릭스(벨릭스) 총독님에게 인사드립니다.

23:27 Τὸν ἄνδρα τοῦτον συλλημφθέντα ὑπὸ τῶν Ἰουδαίων καὶ μέλλοντα ἀναιρεῖσθαι ὑπ᾽ αὐτῶν ἐπιστὰς σὺν τῷ στρατεύματι ἐξειλάμην μαθὼν ὅτι Ῥωμαῖός ἐστιν.

이 사람을(은) 사로잡혀 있었는데, 유대인들에 의해, 그리고 그들에 의해 죽임 당하게 될 상황에서, 내가 습격하여, 군사들과 함께, 내가 구출했다, 깨달아서 즉 그가 로마 사람이다[라는 것을].

23:28 βουλόμενός τε ἐπιγνῶναι τὴν αἰτίαν δι᾽ ἣν ἐνεκάλουν αὐτῷ, κατήγαγον εἰς τὸ συνέδριον αὐτῶν

또한 내가 결심하여, 그 원인/이유를 철저히 알아보려고, 무엇 때문에 그들이 그를 계속 소송하는지를, 내가 그들의 공회로 아래로 내려갔다.

23:29 ὃν εὗρον ἐγκαλούμενον περὶ ζητημάτων τοῦ νόμου αὐτῶν, μηδὲν δὲ ἄξιον θανάτου ἢ δεσμῶν ἔχοντα ἔγκλημα.

그를(그에 대해) 고소하는 것을 내가 발견했다, 그들의 율법의 논쟁들에 관한 것, 이제 사형이나 체포들의 고소가 될 만한 합당한 것은 전혀 없었다.

23:30 μηνυθείσης δέ μοι ἐπιβουλῆς εἰς τὸν ἄνδρα ἔσεσθαι

ἐξαυτῆς ἔπεμψα πρὸς σὲ παραγγείλας καὶ τοῖς κατηγόροις λέγειν [τὰ] πρὸς αὐτὸν ἐπὶ σοῦ.

이제 나에게 [누군가 비밀리에, 살해] 음모를 알려 주기를, 그 사람에게 있을 거라고, 조만간(임박하여) 내가 보냈다, 당신을 향해, 명령(지시)한 후에, 고소하는 사람들에게도 말하기를, 그를 향한 것(고소)들을 당신 앞에[서 진행하라고].

23:31 Οἱ μὲν οὖν στρατιῶται κατὰ τὸ διατεταγμένον αὐτοῖς ἀναλαβόντες τὸν Παῦλον ἤγαγον διὰ νυκτὸς εἰς τὴν Ἀντιπατρίδα,

한편으로/참으로(실제로), 그 군사들이 그들에게(자신들에게) 명령받은 대로(따라) 그 바울을 위로 올려서(취하여) 이끌었다, 밤을 통해, 안티파트리스(안디바드리)로.

23:32 τῇ δὲ ἐπαύριον ἐάσαντες τοὺς ἱππεῖς ἀπέρχεσθαι σὺν αὐτῷ ὑπέστρεψαν εἰς τὴν παρεμβολήν·

이제 다음 날에 맡긴 후에 기병들을(에게) 출발/나아가도록 그와 함께, 그들(나머지 군사들)은 돌아갔다, [예루살렘의] 병영으로.

23:33 οἵτινες εἰσελθόντες εἰς τὴν Καισάρειαν καὶ ἀναδόντες τὴν ἐπιστολὴν τῷ ἡγεμόνι παρέστησαν καὶ τὸν Παῦλον αὐτῷ.

그들은 카이사리아(가이사랴)로 들어간 후에, 그리고 넘겨주고 그 편지를 총독에게, 곁에 세웠다, 그리고 바울을 그에게.

23:34 ἀναγνοὺς δὲ καὶ ἐπερωτήσας ἐκ ποίας ἐπαρχείας ἐστίν, καὶ πυθόμενος ὅτι ἀπὸ Κιλικίας,

이제 철저히 읽고 나서 그리고 물어보기를, 어떤 영지로부터 그가 소속되었는가? 그리고(그러자) 확인한 후에, 즉 킬리키아(길리기아) 출신[이라는 것을].

23:35 διακούσομαί σου, ἔφη, ὅταν καὶ οἱ κατήγοροί σου παραγένωνται· κελεύσας ἐν τῷ πραιτωρίῳ τοῦ Ἡρῴδου φυλάσσεσθαι αὐτόν.

그(총독)가 발화했다. 나는 철저히 듣게 될 것이다, 너의(너에 대해), 너의 고소자들이 도착한 때에. 명령하고서 헤롯의 프라이토리온(재판정, 관저) 안에, 그를 지키도록.

사도행전 24장

24:1 Μετὰ δὲ πέντε ἡμέρας κατέβη ὁ ἀρχιερεὺς Ἀνανίας μετὰ πρεσβυτέρων τινῶν καὶ ῥήτορος Τερτύλλου τινός, οἵτινες ἐνεφάνισαν τῷ ἡγεμόνι κατὰ τοῦ Παύλου.

이제 5일들 후에, 내려왔다, 그 제사장 하나니아(아나니아)가, 어떤 장로들과 어떤 웅변가(변호사/대변인) 테르틸로(더둘로)와 함께. 그들이 고소/공표했다, 총독에게, 바울을 대항하여.

24:2-3 κληθέντος δὲ αὐτοῦ ἤρξατο κατηγορεῖν ὁ Τέρτυλλος λέγων· πολλῆς εἰρήνης τυγχάνοντες διὰ σοῦ καὶ διορθωμάτων γινομένων τῷ ἔθνει τούτῳ διὰ τῆς σῆς προνοίας, πάντῃ τε καὶ πανταχοῦ ἀποδεχόμεθα, κράτιστε Φῆλιξ, μετὰ πάσης εὐχαριστίας.

이제 그(바울)를 부른 후에, 고소하기를 시작했다. 그 테르툴로(더둘로)가 말하기를, 많은 평화를 우리가 누리면서, 당신 통해(덕분에) 그리고 제도들의 개선이 이루어졌다, 이 민족에게, 당신의 선견(지명)을 통해(덕분에). 또한 모든 것에 그리고 모든 장소에(언제, 어디서나) 우리가 받아들인다, 고귀한 펠릭스(벨릭스)여! 모든 감사와 함께(감사함으로).

24:4 ἵνα δὲ μὴ ἐπὶ πλεῖόν σε ἐγκόπτω, παρακαλῶ ἀκοῦσαί σε ἡμῶν συντόμως τῇ σῇ ἐπιεικείᾳ.

이제 많이 당신을 방해/힘들게 하지 않도록, 내가 부탁한다, 당신이 들어주기를, 우리들의 간략하게(우리의 간략하게 말함을), 당신에게(당신께서) 너그럽게.

24:5 εὑρόντες γὰρ τὸν ἄνδρα τοῦτον λοιμὸν καὶ κινοῦντα στάσεις πᾶσιν τοῖς Ἰουδαίοις τοῖς κατὰ τὴν οἰκουμένην πρωτοστάτην τε τῆς τῶν Ναζωραίων αἱρέσεως,

왜냐하면 우리가 발견했다, 이 사람을, [즉] 전염병을 그리고 소동/폭동을 일으키며, 세상에 따라서(퍼져 있는) 모든 유대인들에게, 또한(바로) 나사렛 사람 이단의 우두머리[라는 것을].

24:6 ὃς καὶ τὸ ἱερὸν ἐπείρασεν βεβηλῶσαι ὃν καὶ ἐκρατήσαμεν,

그는 그리고 성전을 신성모독하는 시도를 했다, 그를 그래서 우리가 붙잡았다.

24:7

[일부 사본에 담긴 내용 6b-8a] 그래서 우리의 율법대로 재판하려 했다. 그러나 천부장 뤼시아(루시아)가 와서 그를 우리 손에서 강제로 빼앗아 갔다. 그러고는 그를 고발하는 사람들에게 총독에게 가라고 명령했다(총독에게 직접 고소하라고 했다).

24:8 παρ' οὗ δυνήσῃ αὐτὸς ἀνακρίνας περὶ πάντων τούτων ἐπιγνῶναι ὧν ἡμεῖς κατηγοροῦμεν αὐτοῦ.

그(바울)로부터 당신은 할 수 있을 것이다, 직접 심문해 보면, 이 모든 것들에 대해, 제대로 알게 될 것이다, 우리가 그를 고소한 것에 대해(그 진상을).

24:9 συνεπέθεντο δὲ καὶ οἱ Ἰουδαῖοι φάσκοντες ταῦτα οὕτως ἔχειν.

이제 합세/동의했다, 유대인들도 주장하면서, 이것들이(이 말들이) 그렇게 가지고 있음을(옳다고).

24:10 Ἀπεκρίθη τε ὁ Παῦλος νεύσαντος αὐτῷ τοῦ ἡγεμόνος λέγειν· ἐκ πολλῶν ἐτῶν ὄντα σε κριτὴν τῷ ἔθνει τούτῳ ἐπιστάμενος εὐθύμως τὰ περὶ ἐμαυτοῦ ἀπολογοῦμαι,

또한(이어서) 대답했다, 바울이, 고개를 끄덕/신호함으로 그에게 총독이 말하라 고 함으로. 많은 해(year)들 (전)부터 당신이 된 것을, 재판관을, 이 민족에게, 내 가 잘 이해하고서, 기쁘게(좋게), 나 자신에 관한 것들을 내가 변호한다.

24:11

δυναμένου σου ἐπιγνῶναι ὅτι οὐ πλείους εἰσίν μοι ἡμέραι δώδεκα ἀφ᾽ ἧς ἀνέβην προσκυνήσων εἰς Ἰερουσαλήμ.

당신이 잘 알 수 있는 것으로, 즉 많지 않다, 나에게, 12일들이, 예루살렘으로 예배하고자 내가 올라온 이래로(그때부터 내가 예루살렘에 머문 시간이).

24:12

καὶ οὔτε ἐν τῷ ἱερῷ εὗρόν με πρός τινα διαλεγόμενον ἢ ἐπίστασιν ποιοῦντα ὄχλου οὔτε ἐν ταῖς συναγωγαῖς οὔτε κατὰ τὴν πόλιν,

그리고 성전 안에서 아무도 나를 보지 못했다, 누구를 향해 논쟁/토론을 하거 나 무리와 모의를 작당하는 것을, 회당들에서도 못했고, 도시들(거리들) 따라서 도 못했다.

24:13

οὐδὲ παραστῆσαι δύνανταί σοι περὶ ὧν νυνὶ κατηγοροῦσίν μου.

아무도(아무것도) 그들은 세울 수 없다, 당신에게, 지금 나의 고소에 관한 일들에 대해.

24:14

ὁμολογῶ δὲ τοῦτό σοι ὅτι κατὰ τὴν ὁδὸν ἣν λέγουσιν αἵρεσιν, οὕτως λατρεύω τῷ πατρῴῳ θεῷ πιστεύων πᾶσιν τοῖς κατὰ τὸν νόμον καὶ τοῖς ἐν τοῖς προφήταις γεγραμμένοις,

이제 내가 고백한다, 이것을 당신에게 즉 그들이 분파/이단이라고 말하는 그 길을 따라, 그렇게 나는 아버지(선조)의 하나님께 예배/섬긴 [것을], 율법에 따르 는 모든 것들을 믿으면서, 그리고 선지자들에 의해 기록되어진 모든 것들을.

24:15

ἐλπίδα ἔχων εἰς τὸν θεὸν ἣν καὶ αὐτοὶ οὗτοι προσδέχονται, ἀνάστασιν μέλλειν ἔσεσθαι δικαίων τε καὶ ἀδίκων.

소망을 내가 가지고 하나님을 향해, 그것을(그것은) 그들도 스스로 기다리는 것이다. [즉] 부활을(이) 이루어질 것이다, 의인들의 또한 악인들도.

24:16

ἐν τούτῳ καὶ αὐτὸς ἀσκῶ ἀπρόσκοπον συνείδησιν ἔχειν πρὸς τὸν θεὸν καὶ τοὺς ἀνθρώπους διὰ παντός.

이것 안에서(이것으로 인해) 나 스스로도 훈련/분투한다, 부족함 없는 양심을 가 지고자, 하나님과 사람들을 향해, 항상/언제나.

24:17

δι᾽ ἐτῶν δὲ πλειόνων ἐλεημοσύνας ποιήσων εἰς τὸ ἔθνος μου παρεγενόμην καὶ προσφοράς,

이제 많은 해(year)들을 지나(동안), 구제(자비) 모금/헌금을 내가 만들어서, 나의 민족에게, 내가 도착했다, 그리고 제물/봉헌을.

24:18
ἐν αἷς εὗρόν με ἡγνισμένον ἐν τῷ ἱερῷ οὐ μετὰ ὄχλου οὐδὲ μετὰ θορύβου,

그것들 가운데(그것들을 드리는 중에), 그들이 나를 발견했다, 정결하게 되어진 것을(정결 예식을 하고 있는 것을), 성전 안에서, 군중(모임)과 함께하지도 않았고 소란(소요)도 함께하지 않았는데.

24:19
τινὲς δὲ ἀπὸ τῆς Ἀσίας Ἰουδαῖοι, οὓς ἔδει ἐπὶ σοῦ παρεῖναι καὶ κατηγορεῖν εἴ τι ἔχοιεν πρός ἐμέ.

이제 어떤 아시아로부터 [온] 유대인들이, 그들을 당신 앞에 참석/세우는 것이 마땅하다(세워야만 한다), 그리고(그래서) 소송하도록, 만약 무엇(무엇인가 고소할 것)을 그들이 가지고 있다면, 나를 향해.

24:20
ἢ αὐτοὶ οὗτοι εἰπάτωσαν τί εὗρον ἀδίκημα στάντος μου ἐπὶ τοῦ συνεδρίου,

혹은 그 사람들이 직접(스스로) 말하라(말하게 하라)! 무엇을 그들이 발견했는가, 잘못된 것을? 내가 공회 앞에 섰을 때.

24:21
ἢ περὶ μιᾶς ταύτης φωνῆς ἧς ἐκέκραξα ἐν αὐτοῖς ἑστὼς ὅτι περὶ ἀναστάσεως νεκρῶν ἐγὼ κρίνομαι σήμερον ἐφ' ὑμῶν.

혹은(그저) 이러한 한 소리에 대해(인해), 그것은 내가 외쳤다(외친 것이다), 그들 가운데 서서, 즉 죽은 자들의 부활에 대해, 내가 심판받는다, 오늘, 너희들 앞에서.

24:22
Ἀνεβάλετο δὲ αὐτοὺς ὁ Φῆλιξ, ἀκριβέστερον εἰδὼς τὰ περὶ τῆς ὁδοῦ εἴπας· ὅταν Λυσίας ὁ χιλίαρχος καταβῇ, διαγνώσομαι τὰ καθ' ὑμᾶς·

이제 연기했다, 그들(그것들)을 그 펠릭스(벨릭스)가, 가장(아주) 정확하게 알고 있기에(있음에도), 그 길에 대한 것들을, 그가 말했다. 천부장 뤼시아(루시아)가 내려오는 때에(내려오게 되면), 내가 판결하리라, 너희들에 관한 것들을.

24:23
διαταξάμενος τῷ ἑκατοντάρχῃ τηρεῖσθαι αὐτὸν ἔχειν τε ἄνεσιν καὶ μηδένα κωλύειν τῶν ἰδίων αὐτοῦ ὑπηρετεῖν αὐτῷ.

명령하고서, 그를 지키도록, 또한 풀림(자유)을 가지도록, 그리고 아무도 금지/방해 못하도록, 그의 지인들 중에서, 그를 섬기는 것을.

24:24
Μετὰ δὲ ἡμέρας τινὰς παραγενόμενος ὁ Φῆλιξ σὺν Δρουσίλλῃ τῇ ἰδίᾳ γυναικὶ οὔσῃ Ἰουδαίᾳ μετεπέμψατο τὸν Παῦλον καὶ ἤκουσεν αὐτοῦ περὶ τῆς εἰς Χριστὸν Ἰησοῦν πίστεως.

이제 며칠 후에, 가까이 와서(참석해서), 그 펠릭스(벨릭스)가 유대아(유대) 여자인 자신의 아내 드루실라와 함께, 그가 호출했다(사람을 보내 데리고 오게 했다), 바울을. 그리고 그(펠릭스)가 들었다, 그(바울)의 [말을], 그리스도 예수를 믿음에 관하여.

24:25 διαλεγομένου δὲ αὐτοῦ περὶ δικαιοσύνης καὶ ἐγκρατείας καὶ τοῦ κρίματος τοῦ μέλλοντος, ἔμφοβος γενόμενος ὁ Φῆλιξ ἀπεκρίθη· τὸ νῦν ἔχον πορεύου, καιρὸν δὲ μεταλαβὼν μετακαλέσομαί σε,

이제 그의 철저하게 강론/말함으로, 의와 절제와 다가오는 심판에 관해, 강한 두려움이 생겨서 그 펠릭스(벨릭스)가 대답(반응)했다. 지금 가진 것은(지금의 입장으로는), 너는 가라! 이제 시간/기회를 내가 가지게 되면, 내가 너를 부를 것이다.

24:26 ἅμα καὶ ἐλπίζων ὅτι χρήματα δοθήσεται αὐτῷ ὑπὸ τοῦ Παύλου· διὸ καὶ πυκνότερον αὐτὸν μεταπεμπόμενος ὡμίλει αὐτῷ.

그리고 동시에 기대하면서, 즉 재물(뇌물)들을(이) 그에게 주어질까 [하고], 바울에 의해(부터), 그런 이유로 더 자주 그를 호출하여, 그(펠릭스)는 대화했다, 그(바울)와 [함께].

24:27 Διετίας δὲ πληρωθείσης ἔλαβεν διάδοχον ὁ Φῆλιξ Πόρκιον Φῆστον, θέλων τε χάριτα καταθέσθαι τοῖς Ἰουδαίοις ὁ Φῆλιξ κατέλιπεν τὸν Παῦλον δεδεμένον.

이제 [그렇게] 2년이 가득 채워지고 나서, 취했다(받아들였다), 계승자를/후임으로 그 펠릭스(벨릭스)가 포르키우스 페스투스(보르기오 베스도)를, 또한(하지만) 유대인들에게 호의(은혜)를 얻기 원해서, 그 펠릭스(벨릭스)는 내버려두었다, 바울을, 묶인 채로.

사도행전 25장

25:1 Φῆστος οὖν ἐπιβὰς τῇ ἐπαρχείᾳ μετὰ τρεῖς ἡμέρας ἀνέβη εἰς Ἱεροσόλυμα ἀπὸ Καισαρείας,

그러므로(그래서) 페스투스(베스도)는 그 지역에 도착하고 3일 후에 올라갔다, 예루살렘으로 카이사리아(가이사랴)로부터,

25:2 ἐνεφάνισάν τε αὐτῷ οἱ ἀρχιερεῖς καὶ οἱ πρῶτοι τῶν Ἰουδαίων κατὰ τοῦ Παύλου καὶ παρεκάλουν αὐτὸν

또한(다시금) 나타났다, 그에게, 대제사장들과 유대인들의 첫 번째 사람(지도자)들이 바울을 대적하고 그를 소환(고소)하였다.

25:3 αἰτούμενοι χάριν κατ' αὐτοῦ ὅπως μεταπέμψηται αὐτὸν εἰς Ἱερουσαλήμ, ἐνέδραν ποιοῦντες ἀνελεῖν αὐτὸν κατὰ τὴν ὁδόν.

은혜(호의)를 요청하면서, 그를 따라(그에게), 그래서(그 목적은) 호출해 달라고 그를 예루살렘으로, 매복하였다가 그를 제거하려고, 그 길을 따라(그 길에서).

25:4   ὁ μὲν οὖν Φῆστος ἀπεκρίθη τηρεῖσθαι τὸν Παῦλον εἰς Καισάρειαν, ἑαυτὸν δὲ μέλλειν ἐν τάχει ἐκπορεύεσθαι·

한편으로 그러므로(그러자) 페스투스(베스도)는 대답했다, 바울이 (계속) 지켜지고 있을 것을 카이사리아(가이사랴)에, 이제(그리고) 자신이 할 것(하려는 것)을, [즉] 신속히 떠날 것을.

25:5   οἱ οὖν ἐν ὑμῖν, φησίν, δυνατοὶ συγκαταβάντες εἴ τί ἐστιν ἐν τῷ ἀνδρὶ ἄτοπον κατηγορείτωσαν αὐτοῦ.

그러므로, 너희들 안에 [있는] 자들이, 그가 발화했다. 능력(실력)/권력 있는 자들이 함께 내려가서, 만약 그 사람 안에 제자리에서 벗어난 것이 있다면, 너희들은 고소하라, 그의 [죄에 대해서]!

25:6   Διατρίψας δὲ ἐν αὐτοῖς ἡμέρας οὐ πλείους ὀκτὼ ἢ δέκα, καταβὰς εἰς Καισάρειαν, τῇ ἐπαύριον καθίσας ἐπὶ τοῦ βήματος ἐκέλευσεν τὸν Παῦλον ἀχθῆναι.

이제 지낸 후에(보낸 후에), 그들 안에서 날들을(여러 날을), 8일 혹은 10일 [정도], 많지 않은 날들을, 카이사리아(가이사랴)로 내려간 후에, 다음 날에 앉아서, 베마/재판석 위에, 외쳤다(명령했다), 바울을 이끌어 오기를.

25:7   παραγενομένου δὲ αὐτοῦ περιέστησαν αὐτὸν οἱ ἀπὸ Ἱεροσολύμων καταβεβηκότες Ἰουδαῖοι πολλὰ καὶ βαρέα αἰτιώματα καταφέροντες ἃ οὐκ ἴσχυον ἀποδεῖξαι,

이제 그가 가까이 오자, 그를 둘러섰다, 예루살렘으로부터 내려온 유대인들이, 많고 무거운(심각한) 고소/고발들을 제시했으나, 그것들이 보여 주기/증명하기를 해내지 못했다.

25:8   τοῦ Παύλου ἀπολογουμένου ὅτι οὔτε εἰς τὸν νόμον τῶν Ἰουδαίων οὔτε εἰς τὸ ἱερὸν οὔτε εἰς Καίσαρά τι ἥμαρτον.

바울의 변증/변호하기를, 즉 유대인들의 율법에 아니고(잘못하지 않았고) 성전에 아니며(잘못하지 않았으며), 카이사르(가이사)에게도 아닌(잘못하지 않았으니), 내가 어떤 죄도 짓지 않았다.

25:9   Ὁ Φῆστος δὲ θέλων τοῖς Ἰουδαίοις χάριν καταθέσθαι ἀποκριθεὶς τῷ Παύλῳ εἶπεν· θέλεις εἰς Ἱεροσόλυμα ἀναβὰς ἐκεῖ περὶ τούτων κριθῆναι ἐπ᾽ ἐμοῦ;

이제 페스투스(베스도)가 유대인들에게 호의(은혜) 얻기를 원하여, 대답하기를(대답으로), 바울에게 말했다. 너는 원하느냐, 예루살렘으로 네가 올라가서, 거기서, 이것들에 대해 재판받기를, 내 앞에서?

25:10   εἶπεν δὲ ὁ Παῦλος· ἐπὶ τοῦ βήματος Καίσαρος ἑστώς εἰμι, οὗ με δεῖ κρίνεσθαι. Ἰουδαίους οὐδὲν ἠδίκησα ὡς καὶ σὺ κάλλιον ἐπιγινώσκεις.

이제 그 바울이 말했다. 카이사르(가이사)의 베마/재판석 앞에 내가 서 있으니, 거기서 내가 재판받아 마땅하다. 아무 유대인들에게(도) 내가 불의한 것을 하지 않았다, 당신도 너무나 잘 아는 것처럼.

25:11 εἰ μὲν οὖν ἀδικῶ καὶ ἄξιον θανάτου πέπραχά τι, οὐ παραιτοῦμαι τὸ ἀποθανεῖν· εἰ δὲ οὐδέν ἐστιν ὧν οὗτοι κατηγοροῦσίν μου, οὐδείς με δύναται αὐτοῖς χαρίσασθαι· Καίσαρα ἐπικαλοῦμαι.

한편으로 그러므로 만약 내가 불의한 것을 했고 사형에 합당한 행동을 어떤 것이라도 했다면, 죽기를 거절/반대하지 않을 것이다. 이제(그러나) 만약 [사실이] 아니라면, 이들이 나에 대해 고소하는 것이, 아무도 나를 그들에게 호의(은혜) 베풀 수 없다(넘겨줄 수 없다). [오히려] 카이사르(가이사)를 나는 부른다(상소한다)!

25:12 τότε ὁ Φῆστος συλλαλήσας μετὰ τοῦ συμβουλίου ἀπεκρίθη· Καίσαρα ἐπικέκλησαι, ἐπὶ Καίσαρα πορεύσῃ.

그때 페스투스(베스도)가 함께 이야기한 후에, 함께한 사람들(콘실리움/고문들)과 함께, 그가 대답했다. 카이사르(가이사)를 불렀으니(상소했으니), 카이사르 앞에 네가 갈 것이다.

25:13 Ἡμερῶν δὲ διαγενομένων τινῶν Ἀγρίππας ὁ βασιλεὺς καὶ Βερνίκη κατήντησαν εἰς Καισάρειαν ἀσπασάμενοι τὸν Φῆστον.

이제 어떤(어느 정도) 날들이 지난 후에, 아그리파(아그립바) 왕과 베르니케(버니게) 가 내려왔다, 카이사리아(가이사랴)로 페스투스(베스도)를(에게) 문안 인사하려고.

25:14 ὡς δὲ πλείους ἡμέρας διέτριβον ἐκεῖ, ὁ Φῆστος τῷ βασιλεῖ ἀνέθετο τὰ κατὰ τὸν Παῦλον λέγων· ἀνήρ τίς ἐστιν καταλελειμμένος ὑπὸ Φήλικος δέσμιος,

이제 많은 날들이 지난 즈음에, 그곳에, 그 페스투스(베스도)가 왕에게 전달했다, 바울에 따른 일들을 말하면서. 어떤 사람(남자)을 남겨 두었다, 펠릭스(벨릭스)에 의해 묶은 이(죄수)를.

25:15 περὶ οὗ γενομένου μου εἰς Ἱεροσόλυμα ἐνεφάνισαν οἱ ἀρχιερεῖς καὶ οἱ πρεσβύτεροι τῶν Ἰουδαίων αἰτούμενοι κατ᾽ αὐτοῦ καταδίκην.

그에 대하여, 내가 예루살렘으로 등장했을 때, 분명히 했다, 유대인들의 대제사장들과 장로들이, 요청하면서, 그를 적대하며, 유죄 판결을.

25:16 πρὸς οὓς ἀπεκρίθην ὅτι οὐκ ἔστιν ἔθος Ῥωμαίοις χαρίζεσθαί τινα ἄνθρωπον πρὶν ἢ ὁ κατηγορούμενος κατὰ πρόσωπον ἔχοι τοὺς κατηγόρους τόπον τε ἀπολογίας λάβοι περὶ τοῦ ἐγκλήματος.

그들을 향하여 내가 대답했다. 즉, 로마인들에게 [합당한] 관습/법이 아니다(라고), 호의(은혜) 베푸는 것이, 어떤 사람을(에게) 그 고소에 대해 변론/변명을 가지는 장소/기회(변론할 수 있는 기회를 먼저 주기) 전에, 고소당하는 자가 얼굴에 따라(앞에서) 고소하는 자들을(에게 넘겨주는 것이).

25:17 συνελθόντων οὖν [αὐτῶν] ἐνθάδε ἀναβολὴν μηδεμίαν ποιησάμενος τῇ ἑξῆς καθίσας ἐπὶ τοῦ βήματος ἐκέλευσα ἀχθῆναι τὸν ἄνδρα·

그러므로(그라자) 그들이 함께 와서(왔기에) 여기에, 지연(연기) 없이 내가 만들어서, 다음 날에, 내가 베마/재판석에 앉은 후에 소리쳤다(명령했다), 그 사람을 이끌어 오도록.

25:18 περὶ οὗ σταθέντες οἱ κατήγοροι οὐδεμίαν αἰτίαν ἔφερον ὧν ἐγὼ ὑπενόουν πονηρῶν,

그에 대하여 고소자들이 서서(섰지만), 아무것도 이유를 그들이 제시하지 못했다, 내가 악(잘못)이라고 가정/생각하는 것들 중에서.

25:19 ζητήματα δέ τινα περὶ τῆς ἰδίας δεισιδαιμονίας εἶχον πρὸς αὐτὸν καὶ περί τινος Ἰησοῦ τεθνηκότος ὃν ἔφασκεν ὁ Παῦλος ζῆν.

이제 어떤 논쟁들을, 자신들의 종교(미신)에 관하여/대해서, 그들이 가지고 있었으나, 그를 향해, 그리고 어떤 죽은 예수라는 자에 대한(대하여), 바울은 살았다고 주장하는 자.

25:20 ἀπορούμενος δὲ ἐγὼ τὴν περὶ τούτων ζήτησιν ἔλεγον εἰ βούλοιτο πορεύεσθαι εἰς Ἱεροσόλυμα κἀκεῖ κρίνεσθαι περὶ τούτων.

이제 곤경/의혹이 있어서, 내가 이 일들의 조사에 대해(조사를 하는 데 있어서), 내가 말했다(물어보았다), 하려고 하는지를(의도가 있는지를), 예루살렘에 가서, 거기서 재판받을지를, 이 일에 대해.

25:21 τοῦ δὲ Παύλου ἐπικαλεσαμένου τηρηθῆναι αὐτὸν εἰς τὴν τοῦ Σεβαστοῦ διάγνωσιν, ἐκέλευσα τηρεῖσθαι αὐτὸν ἕως οὗ ἀναπέμψω αὐτὸν πρὸς Καίσαρα.

이제 그 바울의 호소함으로(요청함으로) 그를 지켜 주기를, 황제(존엄자/폐하)의 심판으로, [그래서] 나는 소리쳤다(명령했다), 그를 지키도록, 그를 카이사르(가이사)를 향해 올려 보내기까지.

25:22 Ἀγρίππας δὲ πρὸς τὸν Φῆστον· ἐβουλόμην καὶ αὐτὸς τοῦ ἀνθρώπου ἀκοῦσαι. αὔριον, φησίν, ἀκούσῃ αὐτοῦ.

이제 아그리파(아그립바)가 페스투스(베스도)를 향해, 내가 희망한다 그(나) 자신도, 그 사람의 듣기(청문회)를! [그러자] 내일![이라고] 그가 발화했다. 당신이 그의 [말을] 듣게 될 것이다.

25:23 Τῇ οὖν ἐπαύριον ἐλθόντος τοῦ Ἀγρίππα καὶ τῆς Βερνίκης μετὰ πολλῆς φαντασίας καὶ εἰσελθόντων εἰς τὸ ἀκροατήριον σύν τε χιλιάρχοις καὶ ἀνδράσιν τοῖς κατ' ἐξοχὴν τῆς πόλεως καὶ κελεύσαντος τοῦ Φήστου ἤχθη ὁ Παῦλος.

그러므로(그래서) 다음 날에, 아그리파(아그립바)와 베르니케(버니게)가 많은 위용(허식)과 함께 와서, 청문회 장소 안으로 들어가서 또한 천부장들과 도시(성)의 높은 지위의 사람들과 그리고 페스투스(베스도)의 외침(명령)을 하자, 바울을 데려왔다.

25:24 καὶ φησιν ὁ Φῆστος· Ἀγρίππα βασιλεῦ καὶ πάντες οἱ συμπαρόντες ἡμῖν ἄνδρες, θεωρεῖτε τοῦτον περὶ οὗ ἅπαν τὸ πλῆθος τῶν Ἰουδαίων ἐνέτυχόν μοι ἔν τε Ἱεροσολύμοις καὶ ἐνθάδε βοῶντες μὴ δεῖν αὐτὸν ζῆν μηκέτι.

그리고 페스투스(베스도)가 발화했다. 아그리파(아그립바) 왕과 우리와 함께한 사람들이여! 너희들은 보라(본다), 이 사람을! 그에 대해 유대인들의 군중 전부가 나에게 간청했다. 예루살렘에서와 여기서 모두, 소리치며, 더 이상 그를 생존하도록 허용하면 절대로 안 된다고.

25:25 ἐγὼ δὲ κατελαβόμην μηδὲν ἄξιον αὐτὸν θανάτου πεπραχέναι, αὐτοῦ δὲ τούτου ἐπικαλεσαμένου τὸν Σεβαστὸν ἔκρινα πέμπειν.

이제 내가 철저히 조사해 보았다(조사해서 알았다), 그를 사형으로 처리할 합당함이 전혀 없음을. 이제(그러나) 그의 이러한 호소로 인해(했기에), 황제를(황제에게) 내가 보내기로 심판/결정했다.

25:26 περὶ οὗ ἀσφαλές τι γράψαι τῷ κυρίῳ οὐκ ἔχω, διὸ προήγαγον αὐτὸν ἐφ' ὑμῶν καὶ μάλιστα ἐπὶ σοῦ, βασιλεῦ Ἀγρίππα, ὅπως τῆς ἀνακρίσεως γενομένης σχῶ τί γράψω·

그에 대해 확실한 어떤 것을 기록하는 것에, 주(황제)께, 내가 가진 것이 없다. 이러하므로 내가 앞으로 이끌었다, 그를 너희들 앞에, 그리고 특별히 당신 앞에, 아그리파(아그립바) 왕이시여! 그래서 철저한 심판/심문이 일어난 후에, 내가 무엇인가 기록할 것이 있을까 하여.

25:27 ἄλογον γάρ μοι δοκεῖ πέμποντα δέσμιον μὴ καὶ τὰς κατ' αὐτοῦ αἰτίας σημᾶναι.

왜냐하면 말이 안 되는(불합리한) 것으로, 나에게 생각한다(보인다), 묶인 자(죄수)를 보내는 것이, 그에 대항한(고소하는) 이유도 적시하지 않고서.

사도행전 26장

26:1 Ἀγρίππας δὲ πρὸς τὸν Παῦλον ἔφη· ἐπιτρέπεταί σοι περὶ σεαυτοῦ λέγειν. τότε ὁ Παῦλος ἐκτείνας τὴν χεῖρα ἀπελογεῖτο·

이제 아그리파(아그립바)가 바울을 향해 발화했다. 너에게 허락되어진다, 말하기를. 그때(그러자) 바울은 그 손을 쭉 뻗고 나서(경례한 후에), 변호하기 시작했다.

26:2 Περὶ πάντων ὧν ἐγκαλοῦμαι ὑπὸ Ἰουδαίων, βασιλεῦ Ἀγρίππα, ἥγημαι ἐμαυτὸν μακάριον ἐπὶ σοῦ μέλλων σήμερον ἀπολογεῖσθαι

모든 것들에 대해, 즉 유대인들에 의해 고소당한 것들[에 대해], 아그리파(아그립바) 왕이여! 나는 나 자신을 복되게 여긴다, 당신 앞에서, 오늘 변호/변명하는 것에(기회를 얻은 것에 대해).

26:3 μάλιστα γνώστην ὄντα σε πάντων τῶν κατὰ Ἰουδαίους ἐθῶν τε καὶ ζητημάτων, διὸ δέομαι μακροθύμως ἀκοῦσαί μου.

최고 수준의 지식자(전문가)가 당신이니, 모든 것들의, 즉 유대인들의 관습 그리고 또한 추구/논쟁들에 따라(대해). 이러하므로 내가 양해를 구한다, 오래 참음으로 나의 (말)을 들어주기를.

26:4 Τὴν μὲν οὖν βίωσίν μου [τὴν] ἐκ νεότητος τὴν ἀπ' ἀρχῆς γενομένην ἐν τῷ ἔθνει μου ἔν τε Ἱεροσολύμοις ἴσασιν πάντες [οἱ] Ἰουδαῖοι

한편으로 그러므로 나의 생활 방식, [즉] 젊은 시절부터, 나의 민족 안에 나타났을 때부터, 또한 예루살렘에서 모든 것들을, 잘 알고 있다, 유대인들이.

26:5 προγινώσκοντές με ἄνωθεν, ἐὰν θέλωσιν μαρτυρεῖν, ὅτι κατὰ τὴν ἀκριβεστάτην αἵρεσιν τῆς ἡμετέρας θρησκείας ἔζησα Φαρισαῖος.

위로/처음부터 미리 알아서(알았기에/알고 있기에), 만약 그들이 증거하기를 원한다면(검증해 보면 알게 될 것이다), 즉 우리 종파의 가장 정확한/엄격한 선택/분파를 따라서, 내가 바리새인으로 생활했다.

26:6 καὶ νῦν ἐπ' ἐλπίδι τῆς εἰς τοὺς πατέρας ἡμῶν ἐπαγγελίας γενομένης ὑπὸ τοῦ θεοῦ ἕστηκα κρινόμενος,

그리고 지금(도) 우리 아버지/선조들에게 약속된 소망에 대해(인하여) 하나님에 의해, 내가 서 있는 것이다, [지금 이렇게] 재판받으며.

26:7 εἰς ἣν τὸ δωδεκάφυλον ἡμῶν ἐν ἐκτενείᾳ νύκτα καὶ ἡμέραν λατρεῦον ἐλπίζει καταντῆσαι, περὶ ἧς ἐλπίδος ἐγκαλοῦμαι ὑπὸ Ἰουδαίων, βασιλεῦ.

그것(약속)을 위해 우리들의 12지파가 열심히 밤과 낮을(으로) 섬기며/예배하며 소망한다, 이르기를/얻기를 이러한 소망에 대해(인하여), 내가 고소당한다(당한 것이다), 유대인들에 의해, 왕이여!

26:8 τί ἄπιστον κρίνεται παρ' ὑμῖν εἰ ὁ θεὸς νεκροὺς ἐγείρει;

어째서/왜, 불신을(으로) 판단되는가, 너희들에게? 만약 하나님께서 죽은 자들을 일으키신다면?

26:9 Ἐγὼ μὲν οὖν ἔδοξα ἐμαυτῷ πρὸς τὸ ὄνομα Ἰησοῦ τοῦ Ναζωραίου δεῖν πολλὰ ἐναντία πρᾶξαι,

한편으로(한때는) 그러므로 나는(도) 스스로 생각했다, 나사렛 예수의 이름을 향해, 많은 것(모든 것)을 적대적으로 행동하는 것이 당연/합당하다고.

26:10 ὃ καὶ ἐποίησα ἐν Ἱεροσολύμοις, καὶ πολλούς τε τῶν ἁγίων ἐγὼ ἐν φυλακαῖς κατέκλεισα τὴν παρὰ τῶν ἀρχιερέων ἐξουσίαν λαβὼν ἀναιρουμένων τε αὐτῶν κατήνεγκα ψῆφον.

그리고/그래서 그것을 내가 행했다, 예루살렘에서 그리고 또한 성도들 중에서, 많은 이들을 내가 감옥 안에 감금했다, 대제사장에게서 [받은] 그 권세를 내가 가지고, 또한 그들이 제거될 때, 내가 조약돌/투표를 던졌다(찬성했다).

26:11 καὶ κατὰ πάσας τὰς συναγωγὰς πολλάκις τιμωρῶν αὐτοὺς ἠνάγκαζον βλασφημεῖν περισσῶς τε ἐμμαινόμενος αὐτοῖς ἐδίωκον ἕως καὶ εἰς τὰς ἔξω πόλεις.

그리고 모든 회당들을 따라, 많이(빈번히/철저히) 그들을 처벌하여(하면서) 심한 모독의 말을 하도록, 내가 강압하였다. 또한 그들에게 노발대발하며(극단적인 분노를 품고) 내가 추격/박해했다, 외부(외국) 도시(성)들까지도 [가서].

26:12 Ἐν οἷς πορευόμενος εἰς τὴν Δαμασκὸν μετ' ἐξουσίας καὶ ἐπιτροπῆς τῆς τῶν ἀρχιερέων

그러한 일들에(일들을 위해), 내가 갔을 때, 다마스쿠스(다메섹)로, 대제사장들의 권위와 권한(허락/위임)을 함께(받아 가지고).

26:13 ἡμέρας μέσης κατὰ τὴν ὁδὸν εἶδον, βασιλεῦ, οὐρανόθεν ὑπὲρ τὴν λαμπρότητα τοῦ ἡλίου περιλάμψαν με φῶς καὶ τοὺς σὺν ἐμοὶ πορευομένους.

낮의 한가운데, 그 길을 따라, 내가 보았다, 왕이여! 하늘로부터 태양의 빛남보다 월등함이 나를 주변으로 비추며/비취는 것을, [그] 빛을, 그리고 나와 함께 걸어가던/여행하던 사람들을.

26:14 πάντων τε καταπεσόντων ἡμῶν εἰς τὴν γῆν ἤκουσα φωνὴν λέγουσαν πρός με τῇ Ἑβραΐδι διαλέκτῳ· Σαοὺλ Σαούλ, τί με διώκεις; σκληρόν σοι πρὸς κέντρα λακτίζειν.

또한 우리 모두가 엎드러지니(졌을 때) 땅으로, 내가 들었다, 나를 향해 말하는 소리를, 히브리어(방언/아람어)로. 사울아! 사울아! 왜 나를 너는 박해하느냐? 힘 들다/고생이다, 너에게, [가축 모는] 막대기들을 향해 고집스럽게/완고하게 뒷발질하는 것이.

26:15 ἐγὼ δὲ εἶπα· τίς εἶ, κύριε; ὁ δὲ κύριος εἶπεν· ἐγώ εἰμι Ἰησοῦς ὃν σὺ διώκεις.

이제 내가 쏟아 냈다/발화했다. 당신은 누구십니까? 주여! 이제 그 주님께서
발화/쏟아 내셨다, 나는 예수다. 네가 박해하는 자!

26:16   ἀλλ' ἀνάστηθι καὶ στῆθι ἐπὶ τοὺς πόδας σου· εἰς
τοῦτο γὰρ ὤφθην σοι, προχειρίσασθαί σε ὑπηρέτην
καὶ μάρτυρα ὧν τε εἶδές [με] ὧν τε ὀφθήσομαί σοι,

오히려 너는 일어나라! 그리고 너는 서라, 너의 발들 위에(발로)! 왜냐하면 이것
들을 위해 내가 너에게 보였다, 너를 선정하려고 하속(조수)과 증인을 [삼으려고],
또한 네가 나를 본 것들, 또한 내가 너에게 보여 줄 것들에 관하여.

26:17   ἐξαιρούμενός σε ἐκ τοῦ λαοῦ καὶ ἐκ τῶν ἐθνῶν εἰς
οὓς ἐγὼ ἀποστέλλω σε

내가 너를 구출해서(구출해 냄으로) 그 백성으로부터, 그리고 이방인들로부터, 그
들에게 내가 보낸다, 너를.

26:18   ἀνοῖξαι ὀφθαλμοὺς αὐτῶν, τοῦ ἐπιστρέψαι ἀπὸ
σκότους εἰς φῶς καὶ τῆς ἐξουσίας τοῦ σατανᾶ ἐπὶ
τὸν θεόν, τοῦ λαβεῖν αὐτοὺς ἄφεσιν ἁμαρτιῶν καὶ
κλῆρον ἐν τοῖς ἡγιασμένοις πίστει τῇ εἰς ἐμέ.

그들의 눈들을 열도록(열어서), 돌이키도록 어두움에서부터 빛으로 그리고 사탄
의 권세에서 하나님 앞에(으로), 그들이 취하도록(얻도록) 죄들의 용서를 그리고
유업을, 나를 믿음으로 거룩하게 된 사람들 안에서.

26:19   Ὅθεν, βασιλεῦ Ἀγρίππα, οὐκ ἐγενόμην ἀπειθὴς τῇ
οὐρανίῳ ὀπτασίᾳ

그러한 이유로, 아그리파(아그립바) 왕이여! 내가 불순종(거역/완고)하지 않았다,
하늘의(하늘에서 온) 비전(계시/환상/시작)에.

26:20   ἀλλὰ τοῖς ἐν Δαμασκῷ πρῶτόν τε καὶ Ἱεροσολύμοις,
πᾶσάν τε τὴν χώραν τῆς Ἰουδαίας καὶ τοῖς ἔθνεσιν
ἀπήγγελλον μετανοεῖν καὶ ἐπιστρέφειν ἐπὶ τὸν θεόν,
ἄξια τῆς μετανοίας ἔργα πράσσοντας.

오히려(그래서) 첫 번째로 다마스쿠스(다메섹)에 있는 사람들에게 그리고 또한 예
루살렘에 있는 사람들에게, 또한 모든 유대인의 지역과 이방인들에게 내가 계
속 전했다, 회개하기를 그리고 돌이키기를 하나님 앞으로, 회개에 합당한 일들
을 행하면서.

26:21   ἕνεκα τούτων με Ἰουδαῖοι συλλαβόμενοι [ὄντα] ἐν
τῷ ἱερῷ ἐπειρῶντο διαχειρίσασθαι.

이러한 것들의 이유로, 나를 유대인들이 함께 붙잡아서, 성전에서, 철저히(손으
로) 죽이려고 계속 시도했다.

26:22   ἐπικουρίας οὖν τυχὼν τῆς ἀπὸ τοῦ θεοῦ ἄχρι τῆς
ἡμέρας ταύτης ἔστηκα μαρτυρόμενος μικρῷ τε καὶ
μεγάλῳ οὐδὲν ἐκτὸς λέγων ὧν τε οἱ προφῆται
ἐλάλησαν μελλόντων γίνεσθαι καὶ Μωϋσῆς,

그러므로 내가 하나님으로부터의 도움을 받음으로(받았기에), 이 날까지(오늘까지), 내가 서 있다, 증거하면서 작은 사람에게 또한 큰 사람에게, 선지자들과 모세가 일어날 것이라고 말한 것들 외에는, 없이/없었다.

26:23 εἰ παθητὸς ὁ χριστός, εἰ πρῶτος ἐξ ἀναστάσεως νεκρῶν φῶς μέλλει καταγγέλλειν τῷ τε λαῷ καὶ τοῖς ἔθνεσιν.

[그것은 바로] 그 고통을 경험하신 그리스도께서 가장 먼저 죽은 자들의 부활로부터 빛을, 그가 선포하려 하신다, 또한 백성에게 그리고 이방인들에게도.

26:24 Ταῦτα δὲ αὐτοῦ ἀπολογουμένου ὁ Φῆστος μεγάλῃ τῇ φωνῇ φησιν· μαίνῃ, Παῦλε· τὰ πολλά σε γράμματα εἰς μανίαν περιτρέπει.

이제 이런 것들을 그(바울)가 변호하니, 페스투스(베스도)가 크게 소리 내어 발화한다/했다. 네가 미쳤다, 바울아! 그 많은 글(배움)들이 너를 미치게 변경시켰다(만들었다)!

26:25 ὁ δὲ Παῦλος· οὐ μαίνομαι, φησίν, κράτιστε Φῆστε, ἀλλ᾽ ἀληθείας καὶ σωφροσύνης ῥήματα ἀποφθέγγομαι.

이제 바울이, 내가 미치지 않았다[라고] 발화했다. 존귀한 페스투스(베스도)여! 오히려 참되고 제정신의 말들을 나는 표명/발표한다(분명히 말한다).

26:26 ἐπίσταται γὰρ περὶ τούτων ὁ βασιλεὺς πρὸς ὃν καὶ παρρησιαζόμενος λαλῶ, λανθάνειν γὰρ αὐτὸν [τι] τούτων οὐ πείθομαι οὐθέν· οὐ γάρ ἐστιν ἐν γωνίᾳ πεπραγμένον τοῦτο.

왜냐하면, 잘 안다, 이것들에 대해, 왕이, 그를 향해, 그리고(그래서) 내가 담대한 태도로 말한다(말한 것이다). 왜냐하면 그를(그에게) 감춘 것(모르는 것)이 이것들 중에 어떤 것이라도 아무것도 없음을 내가 확신되어진다. 왜냐하면 이러한 일이 구석(은밀한 장소)에서 이루어진 것이 아니기 때문이다.

26:27 πιστεύεις, βασιλεῦ Ἀγρίππα, τοῖς προφήταις; οἶδα ὅτι πιστεύεις.

당신은 믿는가? 아그리파(아그립바) 왕이여! 선지자들을? 내가 안다, 즉 당신이 믿는다는 것을!

26:28 ὁ δὲ Ἀγρίππας πρὸς τὸν Παῦλον· ἐν ὀλίγῳ με πείθεις Χριστιανὸν ποιῆσαι.

이제 아그리파(아그립바)가 바울을 향하여, 작은/짧은 (말)로 나를 네가 설득한다, 그리스도인을 만들고자(만들려고).

26:29 ὁ δὲ Παῦλος· εὐξαίμην ἂν τῷ θεῷ καὶ ἐν ὀλίγῳ καὶ ἐν μεγάλῳ οὐ μόνον σὲ ἀλλὰ καὶ πάντας τοὺς ἀκούοντάς μου σήμερον γενέσθαι τοιούτους ὁποῖος καὶ ἐγώ εἰμι παρεκτὸς τῶν δεσμῶν τούτων.

이제 그 바울이, 나는 소원/기도하노라! 어떻게든, 하나님께 간절히, 작든지/짧든지, 크든지/길든지, 당신뿐만 아니라 오히려 나의 (말) 듣는 모든 사람도 오늘, 되기를, 나 자신의 존재와 동일하게. 이것들의 묶음들 외에(제외하고).

26:30 Ἀνέστη τε ὁ βασιλεὺς καὶ ὁ ἡγεμὼν ἥ τε Βερνίκη καὶ οἱ συγκαθήμενοι αὐτοῖς,

일어났다, 그 왕과 그 총독 또한 그리고 베르니케(버니게)와 그들과 함께 앉았던 사람들 또한.

26:31 καὶ ἀναχωρήσαντες ἐλάλουν πρὸς ἀλλήλους λέγοντες ὅτι οὐδὲν θανάτου ἢ δεσμῶν ἄξιον [τι] πράσσει ὁ ἄνθρωπος οὗτος.

그리고 퇴장/물러나면서, 그들이 계속 말했다, 서로를 향해 말하기를 즉, 사형이나 묶임들에 해당(합당)하는 것이 아무것도 없다, 이 사람이 무엇을 행한 것이.

26:32 Ἀγρίππας δὲ τῷ Φήστῳ ἔφη· ἀπολελύσθαι ἐδύνατο ὁ ἄνθρωπος οὗτος εἰ μὴ ἐπεκέκλητο Καίσαρα.

이제 아그리파(아그립바)가 페스투스(베스도)에게 발화했다. 풀림 받기가 가능하다(가능했을 것이다), 이 사람이 만약 카이사르(가이사)를 부르지/호소하지 않았다면.

사도행전 27장

27:1 Ὡς δὲ ἐκρίθη τοῦ ἀποπλεῖν ἡμᾶς εἰς τὴν Ἰταλίαν, παρεδίδουν τόν τε Παῦλον καί τινας ἑτέρους δεσμώτας ἑκατοντάρχῃ ὀνόματι Ἰουλίῳ σπείρης Σεβαστῆς.

이제 이탈리아(로마)로 우리의 항해가 결정되자, 그들이 넘겨주었다, 바울을 또한 그리고 어떤 다른 묶인 자(죄수)들을 이울리오스(율리오)[라는] 이름을 가진 백부장에게, 아우구스투스(아구스도) 보병대의.

27:2 ἐπιβάντες δὲ πλοίῳ Ἀδραμυττηνῷ μέλλοντι πλεῖν εἰς τοὺς κατὰ τὴν Ἀσίαν τόπους ἀνήχθημεν ὄντος σὺν ἡμῖν Ἀριστάρχου Μακεδόνος Θεσσαλονικέως.

이제 승선한 후에, 아드라뮈테노(아드라뭇데노)에 모항(母港)을 둔 배에, 아시아 해안을 따라 항해가 예정된, 우리는 올라타게 되었다, 우리와 함께하면서, 데살로니키(데살로니가) [출신] 마케도니아(마게도냐) 사람 아리스타르코(아리스다고)와.

27:3 τῇ τε ἑτέρᾳ κατήχθημεν εἰς Σιδῶνα, φιλανθρώπως τε ὁ Ἰούλιος τῷ Παύλῳ χρησάμενος ἐπέτρεψεν πρὸς τοὺς φίλους πορευθέντι ἐπιμελείας τυχεῖν.

또한 다음 날 우리는 아래로 인도되었다/정박되었다, 시돈으로. 또한 친절하게 이울리오스(율리오)가 바울에게 호의를 베풀어 허락했다, 친구들을 향해 가서 환대(대접)받도록.

27:4

κἀκεῖθεν ἀναχθέντες ὑπεπλεύσαμεν τὴν Κύπρον διὰ τὸ τοὺς ἀνέμους εἶναι ἐναντίους

거기서부터 우리가 인도되어(항해서) [바람을 등지고] 엄호 아래 항해했다, 키프로스(구브로)를(로). 바람들의 반대(거스름)들 때문에.

27:5

τό τε πέλαγος τὸ κατὰ τὴν Κιλικίαν καὶ Παμφυλίαν διαπλεύσαντες κατήλθομεν εἰς Μύρα τῆς Λυκίας.

또한 그 바다를 [즉] 킬리키아(길리기아)와 팜필리아(밤빌리아)의 바다를 따라(해안을 따라), 우리는 (해협을) 지나서/통과해서 도착했다, 리키나(루기아)의 뮈라(무라)에.

27:6

Κἀκεῖ εὑρὼν ὁ ἑκατοντάρχης πλοῖον Ἀλεξανδρῖνον πλέον εἰς τὴν Ἰταλίαν ἐνεβίβασεν ἡμᾶς εἰς αὐτό.

그리고 거기서, 그 백부장이 발견하여, 알렉산드리아 배를, 이탈리아로 항해하려는, 그가 승선시켰다, 우리를 그것(배) 안으로.

27:7

ἐν ἱκαναῖς δὲ ἡμέραις βραδυπλοοῦντες καὶ μόλις γενόμενοι κατὰ τὴν Κνίδον, μὴ προσεῶντος ἡμᾶς τοῦ ἀνέμου ὑπεπλεύσαμεν τὴν Κρήτην κατὰ Σαλμώνην,

이제 충분한 날들 안에(동안), 우리가 천천히 항해하다가, 그리고 어렵게(간신히) 우리가 도착해서, 그 크니도스(니도) 맞은편(해변/앞바다)에, 바람이 우리를 위해 더 약해지지 않고 [접근하도록] 허용하지 않아서, 우리는 [바람에 순복해] 항해했다, 크레타(그레데)로, 살모네 항구 맞은편으로.

27:8

μόλις τε παραλεγόμενοι αὐτὴν ἤλθομεν εἰς τόπον τινὰ καλούμενον Καλοὺς λιμένας ᾧ ἐγγὺς πόλις ἦν Λασαία.

또한 어렵게(간신히) 그것의 해안을 따라 항해하다가, 미항(좋은 항구들)이라 불리는 어떤 장소에 우리는 도착했다. 그곳(항구) 근처에 라사아 도시(성)가 있었다.

27:9

Ἱκανοῦ δὲ χρόνου διαγενομένου καὶ ὄντος ἤδη ἐπισφαλοῦς τοῦ πλοὸς διὰ τὸ καὶ τὴν νηστείαν ἤδη παρεληλυθέναι παρῄνει ὁ Παῦλος

이제 충분한 시간이 지나간 후에(지나갔기에) 그리고 이미 항해가 위험했다, 그 금식 (절기)가 이미 지나갔기 때문에, 계속 강력하게 권고했다, 바울이.

27:10

λέγων αὐτοῖς· ἄνδρες, θεωρῶ ὅτι μετὰ ὕβρεως καὶ πολλῆς ζημίας οὐ μόνον τοῦ φορτίου καὶ τοῦ πλοίου ἀλλὰ καὶ τῶν ψυχῶν ἡμῶν μέλλειν ἔσεσθαι τὸν πλοῦν.

그들에게 말하기를, 사람들아! 내가 본다(인식/분별한다), 즉 화물과 배의 다침/상처와 함께 많은 상해/손실뿐만 아니라 오히려(또한) 우리의 혼(목숨)들도 그렇게 될 것 같다(그럴 가능성이 크다), 그(이번) 항해가.

27:11 ὁ δὲ ἑκατοντάρχης τῷ κυβερνήτῃ καὶ τῷ ναυκλήρῳ μᾶλλον ἐπείθετο ἢ τοῖς ὑπὸ Παύλου λεγομένοις.

이제(그러나) 그 백부장이 항해사와 선주/선장(의 말)에 의해 더욱 설득되었다, 바울에 의해 발화되어진 것들보다.

27:12 ἀνευθέτου δὲ τοῦ λιμένος ὑπάρχοντος πρὸς παραχειμασίαν οἱ πλείονες ἔθεντο βουλὴν ἀναχθῆναι ἐκεῖθεν, εἴ πως δύναιντο καταντήσαντες εἰς Φοίνικα παραχειμάσαι λιμένα τῆς Κρήτης βλέποντα κατὰ λίβα καὶ κατὰ χῶρον.

이제 그 항구의 불편함으로 인해, 과동(겨울나기) 위해, 거기서부터 떠나자는 의견의 사람들이 더 많이(대다수) 일어났다. 만약 어떻게든 피닉스(뵈닉스)로 넘어가서 겨울 지내기를 할 수 있기를 그들이 바랐다, [그곳은] 크레타(그레데)의 항구(도시)로 남서쪽과 북서쪽을 보고 있는.

27:13 Ὑποπνεύσαντος δὲ νότου δόξαντες τῆς προθέσεως κεκρατηκέναι, ἄραντες ἆσσον παρελέγοντο τὴν Κρήτην.

이제 남풍이 부드럽게 불자, 그들이 의도/기회를 잡았다고 생각하여, [닻을] 감아올린 후, 크레타(그레데) 해안에 근접하여(가까이로/따라서) 그들이 계속 항해했다.

27:14 μετ' οὐ πολὺ δὲ ἔβαλεν κατ' αὐτῆς ἄνεμος τυφωνικὸς ὁ καλούμενος εὐρακύλων·

이제 많은(시간)이 지나지 않아서, 던졌다/닥쳤다, 그것(배)에 대적하여 사나운 바람(태풍)이, 그것은 유라굴로(북풍과 동풍이 합쳐진 바람)라고 불리는 것이.

27:15 συναρπασθέντος δὲ τοῦ πλοίου καὶ μὴ δυναμένου ἀντοφθαλμεῖν τῷ ἀνέμῳ ἐπιδόντες ἐφερόμεθα.

이제 그 배가 사로잡혀서 그리고 그 바람을 견디며(감당하며) 나아갈 수 없게 되어, 우리는 내어 주고(포기하고) [견디다가] 쓸려가게 되었다(표류하게 되었다).

27:16 νησίον δέ τι ὑποδραμόντες καλούμενον Καῦδα ἰσχύσαμεν μόλις περικρατεῖς γενέσθαι τῆς σκάφης,

이제 어떤 작은 섬 아래로 지나가다가, 카우다(가우다)라고 불리는, 우리는 할 수 있었다, 어렵게(간신히) 작은 배(거룻배)를 안전하게 바로잡기를.

27:17 ἣν ἄραντες βοηθείαις ἐχρῶντο ὑποζωννύντες τὸ πλοῖον, φοβούμενοί τε μὴ εἰς τὴν Σύρτιν ἐκπέσωσιν, χαλάσαντες τὸ σκεῦος, οὕτως ἐφέροντο.

그것(거룻배)을 [끌어] 올린 후에, 줄들로 그 배를 둘러 감은 후, 시르티스(스르디스)/모래톱에 혹시라도 걸리지 않을까 두려워하여, 장비/닻을 내린 상태로 그렇게 견뎠다/떠밀려갔다(표류했다).

27:18 σφοδρῶς δὲ χειμαζομένων ἡμῶν τῇ ἑξῆς ἐκβολὴν

ἐποιοῦντο

이제 매우 많이/심각하게 우리가 폭풍우에 시달리다가, 다음 날에 방출(화물을 배 밖으로 던지기)을 실행했다.

27:19 καὶ τῇ τρίτῃ αὐτόχειρες τὴν σκευὴν τοῦ πλοίου ἔρριψαν.

그리고 3일째에 자신의 손들로, 그 배의 기구들(장비들)도 버렸다.

27:20 μήτε δὲ ἡλίου μήτε ἄστρων ἐπιφαινόντων ἐπὶ πλείονας ἡμέρας, χειμῶνός τε οὐκ ὀλίγου ἐπικειμένου, λοιπὸν περιῃρεῖτο ἐλπὶς πᾶσα τοῦ σῴζεσθαι ἡμᾶς.

이제 해의 나타남도 없고, 별들의 나타남도 없이, 많은 날들 동안 또한 작지 않은 풍랑의 상태에 놓여 있으니, 남은 것은 제거되었다, 우리가 구출되리라는 모든 소망이.

27:21 Πολλῆς τε ἀσιτίας ὑπαρχούσης τότε σταθεὶς ὁ Παῦλος ἐν μέσῳ αὐτῶν εἶπεν· ἔδει μέν, ὦ ἄνδρες, πειθαρχήσαντάς μοι μὴ ἀνάγεσθαι ἀπὸ τῆς Κρήτης κερδῆσαί τε τὴν ὕβριν ταύτην καὶ τὴν ζημίαν.

또한 많이(오랜 시간) 먹지 못함 아래에 있어서, 그때 바울이 선 후에(서서) 그들 가운데 말했다. 한편으로, 했어야 했다, 형제들아! 나에게 순복해서 출항하지 말기를, 크레타(그레데)로부터, 또한 얻기를(얻지 말아야 했다), 이러한 다침/상처와 상해/손실을.

27:22 καὶ τὰ νῦν παραινῶ ὑμᾶς εὐθυμεῖν· ἀποβολὴ γὰρ ψυχῆς οὐδεμία ἔσται ἐξ ὑμῶν πλὴν τοῦ πλοίου.

그리고 그것들을, 지금 내가 권면한다, 너희들을(은) 힘내기를. 왜냐하면 거절/상실이 혼(목숨)에는 아무것도 없을 것이다, 너희들로부터(중에서) 더욱/다만 배의(배에만 있을 것이다).

27:23 παρέστη γάρ μοι ταύτῃ τῇ νυκτὶ τοῦ θεοῦ, οὗ εἰμι [ἐγὼ] ᾧ καὶ λατρεύω, ἄγγελος

왜냐하면 나에게 서셨다, 이 밤에 하나님의, 내가 소속되어 있으며, 내가 섬기는 그분의 천사가.

27:24 λέγων· μὴ φοβοῦ, Παῦλε, Καίσαρί σε δεῖ παραστῆναι, καὶ ἰδοὺ κεχάρισταί σοι ὁ θεὸς πάντας τοὺς πλέοντας μετὰ σοῦ.

말하기를, 두려워 말라! 바울아! 카이사르(가이사)에게 너는 서야만 하니, 그리고 보라! 은혜/호의 베푸셨다, 너에게 하나님께서, 너와 함께 항해하는 모든 사람들을(에게도).

27:25 διὸ εὐθυμεῖτε, ἄνδρες· πιστεύω γὰρ τῷ θεῷ ὅτι οὕτως ἔσται καθ' ὃν τρόπον λελάληταί μοι.

이러므로 너희들은 힘을 내라! 사람들아! 왜냐하면 나는 믿는다, 하나님을, 즉 그분이 나에게 말씀하신 그 방식대로, 그대로 될 것이다.

27:26　εἰς νῆσον δέ τινα δεῖ ἡμᾶς ἐκπεσεῖν.
이제 어떤 섬으로 우리가 반드시 닿게 될 것이다.

27:27　Ὡς δὲ τεσσαρεσκαιδεκάτη νὺξ ἐγένετο διαφερομένων ἡμῶν ἐν τῷ Ἀδρίᾳ, κατὰ μέσον τῆς νυκτὸς ὑπενόουν οἱ ναῦται προσάγειν τινὰ αὐτοῖς χώραν.
이제 14번째 밤쯤에 (이런 일이) 일어났다, 우리가 아드리아(바다)에 표류하던 중에, 밤의 중간에 따라 계속 추측(짐작)했다, 항해자/선원들이 그들에게 어떤 구역/육지에 접근하는 것을.

27:28　καὶ βολίσαντες εὗρον ὀργυιὰς εἴκοσι, βραχὺ δὲ διαστήσαντες καὶ πάλιν βολίσαντες εὗρον ὀργυιὰς δεκαπέντε·
그리고(그래서) 수심을 측정했더니, 그들이 발견했다, 20오르귀아(양팔 벌린 거리)를. 이제 조금 더 떨어져서/나아가서 그 후에 그리고 다시 수심을 측정하니, 그들이 발견했다, 15오르귀아.

27:29　φοβούμενοί τε μή που κατὰ τραχεῖς τόπους ἐκπέσωμεν, ἐκ πρύμνης ῥίψαντες ἀγκύρας τέσσαρας ηὔχοντο ἡμέραν γενέσθαι.
또한 두려워서 어디에 암초들을 따라서 우리가 닿게 되지 않을까 하고, (배의) 후미에서 4개의 닻들을 던져 버리고, 그들은 계속 고대(기도)했다, 날이 일어나기를(밝아 오기를).

27:30　Τῶν δὲ ναυτῶν ζητούντων φυγεῖν ἐκ τοῦ πλοίου καὶ χαλασάντων τὴν σκάφην εἰς τὴν θάλασσαν προφάσει ὡς ἐκ πρῴρης ἀγκύρας μελλόντων ἐκτείνειν,
이제 선원들이 도망가고자 추구하니, 그 배로부터, 그리고(그래서) 작은 배(거룻배)를 내려 놓으니(끈을 풀어서 낮추니) 바다로, (배의) 앞부분에서 닻들을 내리려고 하는 것처럼 가장하여.

27:31　εἶπεν ὁ Παῦλος τῷ ἑκατοντάρχῃ καὶ τοῖς στρατιώταις· ἐὰν μὴ οὗτοι μείνωσιν ἐν τῷ πλοίῳ, ὑμεῖς σωθῆναι οὐ δύνασθε.
바울이 말했다, 백부장에게 그리고 군사들에게. 만약 이 사람들이 이 배 안에 머물지 않으면 너희들은 구원/구출되지 못할 것이다.

27:32　τότε ἀπέκοψαν οἱ στρατιῶται τὰ σχοινία τῆς σκάφης καὶ εἴασαν αὐτὴν ἐκπεσεῖν.
그때(이에) 군사들이 잘라 버렸다, 작은 배의 (연결된) 그 줄들을. 그리고 버렸다, 그것을 떨어지도록.

27:33　Ἄχρι δὲ οὗ ἡμέρα ἤμελλεν γίνεσθαι, παρεκάλει ὁ Παῦλος ἅπαντας μεταλαβεῖν τροφῆς λέγων·

τεσσαρεσκαιδεκάτην σήμερον ἡμέραν προσδοκῶντες ἄσιτοι διατελεῖτε μηθὲν προσλαβόμενοι.

이제 날이 일어나려고 하였다, 바울이 계속 권면했다, 사람들 전부를(에게), 음식을 받아먹도록, 말하면서, 오늘로 14번째 날들을, 너희들이 지속하며(기다리며) 음식 없이, 너희들이 계속한다(계속했다), 아무런 음식도 취하지 못한 상태로.

27:34 διὸ παρακαλῶ ὑμᾶς μεταλαβεῖν τροφῆς· τοῦτο γὰρ πρὸς τῆς ὑμετέρας σωτηρίας ὑπάρχει, οὐδενὸς γὰρ ὑμῶν θρὶξ ἀπὸ τῆς κεφαλῆς ἀπολεῖται.

이러므로 내가 권면한다, 너희들을(에게) 음식을 받아 먹도록, 왜냐하면 너희 자신의 구원/구출을 향하여(위하여) 시작한다(시작해야 할 일이다), 왜냐하면/그러므로 너희들 중에서 머리로부터 털 하나 파괴될(잃을) 사람은 아무도 없다.

27:35 εἴπας δὲ ταῦτα καὶ λαβὼν ἄρτον εὐχαρίστησεν τῷ θεῷ ἐνώπιον πάντων καὶ κλάσας ἤρξατο ἐσθίειν.

이제 이것들을 말한 후에, 그리고 빵을 취하여 감사했다, 하나님께, 모든 이들 앞에서. 그리고 부수어/떼어서 (나눠) 먹기를 시작했다.

27:36 εὔθυμοι δὲ γενόμενοι πάντες καὶ αὐτοὶ προσε-λάβοντο τροφῆς.

이제 좋은 열정/힘을 내어서, 모두가, 그리고 그들이 음식을 받아들였다(취하여 먹었다).

27:37 ἤμεθα δὲ αἱ πᾶσαι ψυχαὶ ἐν τῷ πλοίῳ διακόσιαι ἑβδομήκοντα ἕξ.

이제 우리가 있었다, 모든 혼(사람)들이, 그 배 안에, 276[명].

27:38 κορεσθέντες δὲ τροφῆς ἐκούφιζον τὸ πλοῖον ἐκβαλ-λόμενοι τὸν σῖτον εἰς τὴν θάλασσαν.

이제 음식을 충분히 먹은 후에, 그들이 가볍게 만들었다, 그 배를, 배 밖에 버려서, 그 밀(곡식)을 바다로.

27:39 Ὅτε δὲ ἡμέρα ἐγένετο, τὴν γῆν οὐκ ἐπεγίνωσκον, κόλπον δέ τινα κατενόουν ἔχοντα αἰγιαλὸν εἰς ὃν ἐβουλεύοντο εἰ δύναιντο ἐξῶσαι τὸ πλοῖον.

이제 날이 일어나자(밝아 오자), 그 땅(위치)을 그들은 제대로 알지 못했다. 이제 어떤 만(灣, bay)을 그들이 발견/알아차렸다, 해변을 가지고 있는. 그곳으로 그들이 결정했다, 그 배를 몰아/댈 수 있을지를, 가능하면(가능한) 그 배를 그곳으로 운전/운행하기를.

27:40 καὶ τὰς ἀγκύρας περιελόντες εἴων εἰς τὴν θάλασσαν, ἅμα ἀνέντες τὰς ζευκτηρίας τῶν πηδαλίων καὶ ἐπάραντες τὸν ἀρτέμωνα τῇ πνεούσῃ κατεῖχον εἰς τὸν αἰγιαλόν.

그리고 닻들을 끊은 후에 그들이 버렸다, 바다로. 동시에 키들의 [묶은] 줄들을 풀어/느슨하게 푼 후에, 그리고 돛들을 올려서 바람 부는 (방향)으로, 그들은 계속 나아갔다(유지했다), 해변/해안으로(항해).

27:41 περιπεσόντες δὲ εἰς τόπον διθάλασσον ἐπέκειλαν τὴν ναῦν καὶ ἡ μὲν πρῷρα ἐρείσασα ἔμεινεν ἀσάλευτος, ἡ δὲ πρύμνα ἐλύετο ὑπὸ τῆς βίας [τῶν κυμάτων].

이제 두 바다가 합쳐지는 장소 안으로 그들이 떨어지게/이르게 되자, 그들은 그 배를 몰았다(전속으로 전진시켰다). 그리고(그러나) 한편으로 배 앞부분은 박혀서 움직일 수 없는 상태가 되고 이제 배 뒷부분은 파괴되어 갔다, 강한 물결/파도에 의해.

27:42 Τῶν δὲ στρατιωτῶν βουλὴ ἐγένετο ἵνα τοὺς δεσμώτας ἀποκτείνωσιν, μή τις ἐκκολυμβήσας διαφύγῃ.

이제 군사들의 의도는 [다음과] 같았다(다음과 같이 일어났다), 죄수들을 그들이 죽이기로, 누가(누구든) 헤엄쳐서 도망가지 못하도록.

27:43 ὁ δὲ ἑκατοντάρχης βουλόμενος διασῶσαι τὸν Παῦλον ἐκώλυσεν αὐτοὺς τοῦ βουλήματος, ἐκέλευ—σέν τε τοὺς δυναμένους κολυμβᾶν ἀπορίψαντας πρώτους ἐπὶ τὴν γῆν ἐξιέναι

이제 그 백부장이 바울을 구원/구출하기로 결심/의도하여, 그들의 결심/의도를 막았다/금지시켰다. 또한 그는 명령했다, 수영할 수 있는 사람들이 [바다로] 뛰어 들어서, 먼저 육지에(로) 나가도록.

27:44 καὶ τοὺς λοιποὺς οὓς μὲν ἐπὶ σανίσιν, οὓς δὲ ἐπὶ τινων τῶν ἀπὸ τοῦ πλοίου. καὶ οὕτως ἐγένετο πάντας διασωθῆναι ἐπὶ τὴν γῆν.

그리고 그 남자(사람)들도 한편으로 널빤지 위에나, 이제(혹은) 그 배에서 나온 어떤 다른 물건 위로, 그리고(그래서) 그 결과 모두가 철저히 구원/구출받게 되었다, 땅 위에(땅 위로).

사도행전 28장

28:1 Καὶ διασωθέντες τότε ἐπέγνωμεν ὅτι Μελίτη ἡ νῆσος καλεῖται.

그리고 우리가 철저히 구출받은 후에, 그때, 우리는 제대로 알았다, 즉 몰타(멜리데)[로], 그 섬이 불린다[는 것을].

28:2 οἵ τε βάρβαροι παρεῖχον οὐ τὴν τυχοῦσαν φιλανθρωπίαν ἡμῖν, ἅψαντες γὰρ πυρὰν προσελάβοντο πάντας ἡμᾶς διὰ τὸν ὑετὸν τὸν ἐφεστῶτα καὶ διὰ τὸ ψῦχος.

또한 야만인(현지인)들이 계속 보여 주었다(제공해 주었다), 일반적이지 않은(조건 없는) 자비/친절을 우리에게. 왜냐하면(그 증거로) 불을 피워서 그들이 영접했다, 우리 모두를, 비가 내리기 때문에 그리고 추위 때문에.

28:3 Συστρέψαντος δὲ τοῦ Παύλου φρυγάνων τι πλῆθος καὶ ἐπιθέντος ἐπὶ τὴν πυράν, ἔχιδνα ἀπὸ τῆς θέρμης ἐξελθοῦσα καθῆψεν τῆς χειρὸς αὐτοῦ.

이제 바울이 모아서 나무들을 어떤/한 묶음을, 그리고 불 위에 올려놓았는데, 독사가 뜨거움/열기로부터 나와서 달라붙었다, 그의 손에.

28:4 ὡς δὲ εἶδον οἱ βάρβαροι κρεμάμενον τὸ θηρίον ἐκ τῆς χειρὸς αὐτοῦ, πρὸς ἀλλήλους ἔλεγον· πάντως φονεύς ἐστιν ὁ ἄνθρωπος οὗτος ὃν διασωθέντα ἐκ τῆς θαλάσσης ἡ δίκη ζῆν οὐκ εἴασεν.

이제 야만인(현지인)들이 볼 때에, 그의 손으로부터(손에) 달라붙은 그 동물(짐승/야수)을, 서로를 향해 그들이 계속 말했다. 전적으로 살인자다, 이 사람은! 바다[의 신으]로부터 철저히 구출/구조받은 그를 그 공의(디케, 정의의 신)가 살도록 허락하지 않았다.

28:5 ὁ μὲν οὖν ἀποτινάξας τὸ θηρίον εἰς τὸ πῦρ ἔπαθεν οὐδὲν κακόν,

한편으로 그러므로(하지만), 그가 그 동물(짐승/야수)을 흔들어서 떨어트리자, 불 안으로, 그는 아무런 악/해도 당하지 않았다.

28:6 οἱ δὲ προσεδόκων αὐτὸν μέλλειν πίμπρασθαι ἢ κατα-πίπτειν ἄφνω νεκρόν. ἐπὶ πολὺ δὲ αὐτῶν προσ-δοκώντων καὶ θεωρούντων μηδὲν ἄτοπον εἰς αὐτὸν γινόμενον μεταβαλόμενοι ἔλεγον αὐτὸν εἶναι θεόν.

이제 그들이 계속 예상하였다(기다렸다), 그가 부풀려지거나 쓰러져서 갑자기 죽을 것을. 이제 많은 (시간) 동안 그들이 예상/기다렸고 지켜보았다, 아무런 이상/잘못이 그에게 발생하지 않으니, 변경하여(태도를 바꾸어) 그들이 계속 말했다. 그는 신이다!

28:7 Ἐν δὲ τοῖς περὶ τὸν τόπον ἐκεῖνον ὑπῆρχεν χωρία τῷ πρώτῳ τῆς νήσου ὀνόματι Ποπλίῳ, ὃς ἀναδεξάμενος ἡμᾶς τρεῖς ἡμέρας φιλοφρόνως ἐξένισεν.

이제 그 장소의 근처에(가까운 곳에) 저 토지/소유지들이 있었다, 그 섬의 가장 높은 자에게 [소속된] 포플리오(보블리오)라는 이름으로. 그가 환대하여서 우리를 3일 동안, 호의적인 태도로/친절하게 손님 대접해 주었다.

28:8 ἐγένετο δὲ τὸν πατέρα τοῦ Ποπλίου πυρετοῖς καὶ δυσεντερίῳ συνεχόμενον κατακεῖσθαι, πρὸς ὃν ὁ Παῦλος εἰσελθὼν καὶ προσευξάμενος ἐπιθεὶς τὰς χεῖρας αὐτῷ ἰάσατο αὐτόν.

이제 (이런 일이) 있었다, 포플리오(보블리오)의 아버지가 고열과 이질에 사로잡혀서(걸려서) 누워 있었다, 그를 향해 바울이 들어가서 그리고 손들을 얹어서 기도하여, 그를 치유했다.

28:9
τούτου δὲ γενομένου καὶ οἱ λοιποὶ οἱ ἐν τῇ νήσῳ
ἔχοντες ἀσθενείας προσήρχοντο καὶ ἐθεραπεύοντο,

이제 이런 일이 일어나자, 그리고(그러자) 그 섬 안에 있는 남은 사람들이 약함/
질병을 가진 자들이, 계속 나아왔다 [바울에게], 그리고 치료/고침 받았다.

28:10
οἳ καὶ πολλαῖς τιμαῖς ἐτίμησαν ἡμᾶς καὶ ἀναγομένοις
ἐπέθεντο τὰ πρὸς τὰς χρείας.

그리고(그래서) 많은 존경/가치들로 우리를 평가/존경했다, 그리고 우리가 (배
로) 올라가자, 부과/더해 주었다(선물해 주었다), 필요들을 향한 것들을(우리에게 필
요한 것들을).

28:11
Μετὰ δὲ τρεῖς μῆνας ἀνήχθημεν ἐν πλοίῳ παρα-
κεχειμακότι ἐν τῇ νήσῳ, Ἀλεξανδρίνῳ, παρασήμῳ
Διοσκούροις.

이제 3달 후에 우리는 올라타게 되었다, 그 배 안에(배로), 겨울을 보낸 후에 그
섬에서, 알렉산드리아(에서 출발한 배)로, 디오스쿠로이(쌍둥이 神)가 옆에 새겨진
(기호, 문장으로 표시가 있는).

28:12
καὶ καταχθέντες εἰς Συρακούσας ἐπεμείναμεν ἡμέρας
τρεῖς,

그리고 우리가 내려간 후에 쉬라쿠사이(수라구사)로, 우리가 머물렀다, 3일을.

28:13
ὅθεν περιελόντες κατηντήσαμεν εἰς Ῥήγιον. καὶ μετὰ
μίαν ἡμέραν ἐπιγενομένου νότου δευτεραῖοι ἤλθομεν
εἰς Ποτιόλους,

그곳으로부터 우리가 둘러 가서(지그재그로 항해하여), 우리가 도착했다, 레기온에
그리고 1일 후에 남풍이 일어났기에 두 번째 날에 우리는 갔다(도착했다), 포티올
리아(보디올)로.

28:14
οὗ εὑρόντες ἀδελφοὺς παρεκλήθημεν παρ᾽ αὐτοῖς
ἐπιμεῖναι ἡμέρας ἑπτά· καὶ οὕτως εἰς τὴν Ῥώμην
ἤλθαμεν.

그곳에서 우리가 발견/만나서 형제들을, 우리는 초대받았다, 그들에 의해(곁에)
7일을 머물기를, 그리고 그 결과(그렇게) 로마로 우리가 갔다.

28:15
κἀκεῖθεν οἱ ἀδελφοὶ ἀκούσαντες τὰ περὶ ἡμῶν ἦλθαν
εἰς ἀπάντησιν ἡμῖν ἄχρι Ἀππίου φόρου καὶ Τριῶν
ταβερνῶν, οὓς ἰδὼν ὁ Παῦλος εὐχαριστήσας τῷ θεῷ
ἔλαβεν θάρσος.

그리고 그곳으로부터 형제들이 듣고 나서 우리에 관한 것(소식)들을, 그들이 갔
다, 우리를 마중하려고, 아피우스(압비오)의 마을/광장과 트레이스 타베르나이
(트레이스 타베르네-3개의 여관들)까지. 그들을 보고서 바울은 하나님께 감사하며 용
기/확신을 얻었다.

28:16 Ὅτε δὲ εἰσήλθομεν εἰς Ῥώμην, ἐπετράπη τῷ Παύλῳ μένειν καθ᾽ ἑαυτὸν σὺν τῷ φυλάσσοντι αὐτὸν στρατιώτῃ.

이제 우리가 로마로 들어갔을 때, 바울에게 허락되었다, 자신만(따로) 머물기를, 그를 지키는 (한) 군사와 함께.

28:17 Ἐγένετο δὲ μετὰ ἡμέρας τρεῖς συγκαλέσασθαι αὐτὸν τοὺς ὄντας τῶν Ἰουδαίων πρώτους· συνελθόντων δὲ αὐτῶν ἔλεγεν πρὸς αὐτούς· ἐγώ, ἄνδρες ἀδελφοί, οὐδὲν ἐναντίον ποιήσας τῷ λαῷ ἢ τοῖς ἔθεσιν τοῖς πατρῴοις δέσμιος ἐξ Ἱεροσολύμων παρεδόθην εἰς τὰς χεῖρας τῶν Ῥωμαίων,

이제 (이런 일이) 있었다, 3일 후에, 그가 소환하기를, 유대인들 중에서 첫 번째/ 높은 위치의 사람들을. 이제 그들이 모이자 그들을 향해 그가 말했다. 내가, 사 람들아! 형제들아! 아무것도 내가 적대적으로 행하지 않았는데, 백성에게나 선 조들의 관습들에 대해, 죄수가(죄수로) 예루살렘으로부터 넘겨졌다, 로마인들의 손에.

28:18 οἵτινες ἀνακρίναντές με ἐβούλοντο ἀπολῦσαι διὰ τὸ μηδεμίαν αἰτίαν θανάτου ὑπάρχειν ἐν ἐμοί.

그들은 나를 철저히 심문한 후에, 결의/결정하였다, 놓아주기를, 죽음/사형의 이유가 전혀 없었기 때문에, 내 안에(나에게).

28:19 ἀντιλεγόντων δὲ τῶν Ἰουδαίων ἠναγκάσθην ἐπικαλέσασθαι Καίσαρα οὐχ ὡς τοῦ ἔθνους μου ἔχων τι κατηγορεῖν.

이제(그러나) 유대인들의 반대로 인해, 나는 [억지로, 어쩔 수 없게 되었다] 카이사르 (가이사) 부르기를(상소하기를), [하지만] 나의 민족을 어떤 고소하려는 것은 아니 다.

28:20 διὰ ταύτην οὖν τὴν αἰτίαν παρεκάλεσα ὑμᾶς ἰδεῖν καὶ προσλαλῆσαι, ἕνεκεν γὰρ τῆς ἐλπίδος τοῦ Ἰσραὴλ τὴν ἅλυσιν ταύτην περίκειμαι.

그러므로 이런 이유로 내가 가까이 불렀다, 너희들을, 보고(만나서) 연설/이야기 하려고. 왜냐하면 이스라엘의 소망으로 인해 이 사슬에 내가 묶이게 되었다.

28:21 οἱ δὲ πρὸς αὐτὸν εἶπαν· ἡμεῖς οὔτε γράμματα περὶ σοῦ ἐδεξάμεθα ἀπὸ τῆς Ἰουδαίας οὔτε παραγενό- μενός τις τῶν ἀδελφῶν ἀπήγγειλεν ἢ ἐλάλησέν τι περὶ σοῦ πονηρόν.

이제 그들이 그를 향하여 말했다. 우리들은 너에 대해 글/편지들을 받지 못했 다(받은 것이 없다), 유대아(유대)로부터, 형제들 중에서, 누가 가까이 와서 통보하 거나 말한 적도 없다, 너에 대해 어떤 악한/나쁜 것을.

28:22 ἀξιοῦμεν δὲ παρὰ σοῦ ἀκοῦσαι ἃ φρονεῖς, περὶ μὲν

γὰρ τῆς αἱρέσεως ταύτης γνωστὸν ἡμῖν ἐστιν ὅτι
πανταχοῦ ἀντιλέγεται.

이제 우리가 합당/당연하게 여긴다, 너와 함께(너에 대해) 듣기를, 네가 생각하는
것들을. 한편으로 왜냐하면 이 종파에 대해서, 우리에게 알려진 것을(은), 즉 모
든 장소에서 반대 받는다(는 것이다).

28:23 Ταξάμενοι δὲ αὐτῷ ἡμέραν ἦλθον πρὸς αὐτὸν εἰς τὴν
ξενίαν πλείονες οἷς ἐξετίθετο διαμαρτυρόμενος τὴν
βασιλείαν τοῦ θεοῦ, πείθων τε αὐτοὺς περὶ τοῦ Ἰησοῦ
ἀπό τε τοῦ νόμου Μωϋσέως καὶ τῶν προφητῶν, ἀπὸ
πρωῒ ἕως ἑσπέρας.

이제 그에게 날을 정한 후에, 그들이 갔다/왔다, 그를 향해 그 숙소로, 많은 사
람들이. 그들에게 그는 계속 제시/상술했다, 하나님의 나라를 철저히 증언하면
서, 또한 그들을(에게) 예수님에 대해 설득하면서, 또한 모세의 율법과 선지자들
로부터, 새벽/아침부터 저녁까지.

28:24 καὶ οἱ μὲν ἐπείθοντο τοῖς λεγομένοις, οἱ δὲ ἠπίσ-
τουν·

그리고(그러자) 한편으로 들은 말들을 믿는 자들이 [있었고], 이제 믿지 않는 자들
이 [있었다].

28:25 ἀσύμφωνοι δὲ ὄντες πρὸς ἀλλήλους ἀπελύοντο
εἰπόντος τοῦ Παύλου ῥῆμα ἕν, ὅτι καλῶς τὸ πνεῦμα
τὸ ἅγιον ἐλάλησεν διὰ Ἠσαΐου τοῦ προφήτου πρὸς
τοὺς πατέρας ὑμῶν

이제 그들이 일치되지 않아서, 서로를 향해, 흩어졌다/헤어졌다, 바울이 한 말
을 쏟아 낸 후에, 즉 그 성령님께서 이사야 선지자를 통해 너희들의 선조들을
향해 잘 말씀하셨도다!

28:26 λέγων· πορεύθητι πρὸς τὸν λαὸν τοῦτον καὶ εἰπόν·
ἀκοῇ ἀκούσετε καὶ οὐ μὴ συνῆτε καὶ βλέποντες
βλέψετε καὶ οὐ μὴ ἴδητε·

말씀하기를, 너는 이 백성을 향해 가서 말하라! 들음에(듣고), 너희들이 들을 것
이다, 그리고(그러나) 너희들이 깨닫지 못한다(못하도다). 그리고 너희들이 보아라
(보고), 너희들이 볼 것이다, 그리고(그러나) 알지 못한다(못하도다).

28:27 ἐπαχύνθη γὰρ ἡ καρδία τοῦ λαοῦ τούτου καὶ τοῖς
ὠσὶν βαρέως ἤκουσαν καὶ τοὺς ὀφθαλμοὺς αὐτῶν
ἐκάμμυσαν· μήποτε ἴδωσιν τοῖς ὀφθαλμοῖς καὶ τοῖς
ὠσὶν ἀκούσωσιν καὶ τῇ καρδίᾳ συνῶσιν καὶ
ἐπιστρέψωσιν, καὶ ἰάσομαι αὐτούς.

왜냐하면 그 백성의 마음이 두꺼워졌기/강퍅해졌기 때문이다, 그리고 귀들이
(로) 무디게/둔하게 들었다, 그리고 그들의 눈들을 그들이 감았다, 눈들로 보고
귀들로 듣고 마음으로 깨달아서 돌이키지 못하도록 그리고(그래서) 그들을 내가

치료하게 될 것이다(즉, 그렇게 되지 않도록).

28:28 γνωστὸν οὖν ἔστω ὑμῖν ὅτι τοῖς ἔθνεσιν ἀπεστάλη τοῦτο τὸ σωτήριον τοῦ θεοῦ· αὐτοὶ καὶ ἀκούσονται.

그러므로 잘 알아라, 너희에게(너희들은)! 즉 이방인들에게 보내어졌다, 하나님의 이 구원이, 그리고(그러면) 그들은 들을 것이다.

28:29

[대다수 헬라어 사본에 이 구절이 없음] 그리고 그가 이것을 말하자, 유대인들은 떠났다, 그들끼리 많은 것들을 논쟁하면서.

28:30 Ἐνέμεινεν δὲ διετίαν ὅλην ἐν ἰδίῳ μισθώματι καὶ ἀπεδέχετο πάντας τοὺς εἰσπορευομένους πρὸς αὐτόν,

이제 온/만 2년간 그가 머물렀다, 자신의 임대 건물에서, 그리고 계속 환영했다, 그를 향해 (찾아) 오는 모든 사람들을.

28:31 κηρύσσων τὴν βασιλείαν τοῦ θεοῦ καὶ διδάσκων τὰ περὶ τοῦ κυρίου Ἰησοῦ Χριστοῦ μετὰ πάσης παρρησίας ἀκωλύτως.

하나님의 나라를 전파하면서, 주 예수 그리스도에 대한 것들을 가르치며, 모든 담대함과 함께, 방해 없이.